De la Révolution
à nos jours

Lydia Palmer

Consulting Editors

Evelyn Brush
Formerly Barat College
Lake Forest, Illinois

Janine Pefley
Kendall College
Evanston, Illinois

National Textbook Company
NTC a division of *NTC Publishing Group* • Lincolnwood, Illinois USA

1995 Printing

To Madame Yvonne Ricard,
without whose tireless and willing assistance
this book could not have been completed.

Liste des illustrations

A l'élève

POUR MIEUX comprendre cette langue que vous étudiez maintenant depuis quelque temps, il faut apprendre quelque chose du pays, la France. Pour mieux comprendre la France, il faut connaître un peu son histoire, sa géographie, ses coutumes, ses auteurs, sa littérature, ses célébrités.

L'étude d'une langue est une étude sans fin. Donc ne soyez pas découragé si vous l'apprenez lentement. Vous pouvez continuer à apprendre aussi longtemps que vous voudrez. "On apprend chaque jour quelque chose de nouveau."

Dans ce livre vous trouverez à la fois un peu d'histoire de la France et quelques extraits littéraires. Les sélections ont été faites pour vous intéresser, et j'espère que les pages que vous lirez ici vous donneront le désir de continuer longtemps l'étude de cette langue passionnante.

Acknowledgments

WE WISH to thank the following publishers and authors for their permission to reprint the selections listed below. (The numbers·refer to the selection's placement in the text.)

Curtis Brown Ltd.: (43) "La Révolution française," by Stanley Loomis, from *Du Barry* (translated into French).

Editions Bernard Grasset: (248) excerpt from *De Gaulle*, by François Mauriac.

Editions Gallimard: excerpts from the following: (267) "L'Hôte," by Albert Camus, from *L'Exile et le royaume;* (197) *Madame Curie*, by Eve Curie; (252) *Les Mains sales* by Jean-Paul Sartre; (207) *La Symphonie pastorale*, by André Gide.

Editions René Julliard: (232,250,292) excerpts from *Les Trois Vies de Charles de Gaulle* by David Schoenbrun (resumes of excerpts in French).

Editions René Julliard and Simon and Schuster Inc.: (32) "L'Arrestation du Cardinal," by Frances Mossiker, from *L'Affaire du collier* (The Queen's Necklace).

Editions Robert Laffont: (235) excerpts from chapters 16 and 17 of *Paris brûle-t-il? (Is Paris Burning?)*, by Larry Collins and Dominique Lapierre; (282) "Nous, les parents de gauche," by Jean-Paul Ollivier, from *Le Temps des filles*.

Holt, Rinehart and Winston, Inc.: (49) "Un Episode sous la Terreur," by Honoré de Balzac, from *Parmi les meilleurs contes*, edited by François Denoeu.

Houghton Mifflin Co.: (179) excerpts from *The Dreyfus Affair, a National Scandal*, by Betty Schechter (translated into French).

Librairie Arthème Fayard: (3) excerpts from *La Révolution française*, by Pierre Gaxotte.

Librairie Ernest Flammarion: (205) excerpts from *Histoire des Français*, by Pierre Gaxotte.

Librairie Hachette: (287) "Le Pays du shake-hand," by Pierre Daninos, from *Les Carnets du Major Thompson;* (217) excerpts from *Sido*, by Colette.

Presses Universitaires de France: (224) *Clochemerle-Babylone*, by Gabriel Chevallier.

Introduction

The study of a nation's history is also the study of its character and of its culture. Using an approach far removed from the dry recitation of fact and description of events, *De la Révolution a nos jours,* like *Le Passé vivant de la France* which precedes it, presents through literary selections a diverse and fascinating perspective on the people and events which have shaped the character of France today.

The devastations and triumphs wrought by the Revolution are brought forcefully to the student at the beginning of this book through the masterful interpretations of such writers as Alfred de Vigny, Honoré de Balzac, and Alexandre Dumas. A study of nineteenth century France includes a look at Napoleon, the man and the empire-builder, France's new rise and expansion, and the shattering Dreyful affair with its profound and far-reaching implications. Finally, magnificent contributions in science, literature, philosophy and politics form the basis for understanding modern day France, as students gain new insights into the complexities of contemporary life through the eyes of such people as Madame Curie, André Gide, François Muriac and Albert Camus.

Specifically directed to the advanced intermediate student of French, annotated marginal notes in French facilitate reading comprehension, and English notes clarify more complex expressions and historical illusions. Literary selections are appropriately introduced by notes which clarify the historical significance of events referred to, and biographical sketches of the authors provide additional insights into interpretations of the selections.

Students and teachers alike are sure to find *De la Révolution a nos jours* an interesting departure from traditional history texts and a most enjoyable learning experience.

Table des matières

La France en revolution

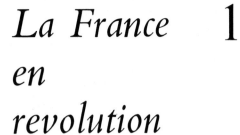

Ça ne durera pas toujours   *(Coll. de Vinck. Paris. Lauros-Giraudon)*

Le chevalier, au Moyen Age, est le symbole du courage, de la foi, et du système féodal.

L'Ancien Régime

PIERRE GAXOTTE (1895–   ), historien et journaliste, fut nommé membre de l'Académie française en 1953. Dans le premier chapitre de son livre: *La Révolution française*, il résume d'une façon brillante et claire toute l'histoire de l'Ancien Régime.

L'ANCIEN REGIME
par Pierre Gaxotte

LA FRANCE de l'Ancien Régime était un très grand et très vieil édifice qu'avaient bâti cinquante générations, embrassant plus de quinze cents années. Elles y avaient laissé chacune sa marque, ajoutant toujours au passé sans presque jamais rien en abattre ni retrancher. Aussi, le plan en était-il confus, les styles disparates, les morceaux irréguliers. Quelques parties abandonnées menaçaient ruine; d'autres étaient incommodes;° d'autres, trop luxueuses. Mais, somme toute, l'ensemble était cossu,° la façade avait grand air, on y vivait mieux et plus nombreux qu'ailleurs.

incommode ce qui est difficile d'utiliser
cossu riche

Les fondations les plus anciennes et les plus profondes étaient l'oeuvre de l'Eglise. Pendant douze siècles, elle y avait travaillé seule, ou presque seule.

Au temps de Rome, dans un monde dur et froid, elle avait apporté la consolation des misères, le courage de vivre, l'abnégation,[1] la charité, la patience, l'espoir d'une vie meilleure et juste. Quand l'Empire se fut écroulé° sous les coups des Barbares, elle avait été le refuge des lois et des lettres, des arts et de la politique. Elle avait caché, dans ses monastères, tout ce qui pouvait être sauvé de la culture humaine et de la science. En pleine anarchie, elle avait formé une société vivante et ordonnée dont la police et l'esprit rappelaient à eux seuls les temps calmes et les faisaient regretter. Bien mieux, la voici qui va au-devant des envahisseurs, les gagne, les apaise, les convertit, canalise leur flot,° limite leurs dévastations. Devant l'évêque représentant d'un au-delà° mystérieux, le Germain a peur et recule. Il épargne° les gens, les maisons, les terres. L'homme de Dieu devient le chef des cités, le défenseur

écroulé détruit

canaliser leur flot les diriger dans un sens déterminé
au-delà *m* un autre monde
épargner ne pas faire mal à

des foyers° et des métiers, le seul protecteur des humbles en ce monde.　　　**foyer** *m* ici, famille

Plus tard, quand le moment des pillages et des brûleries sera passé, quand il faudra reconstruire, administrer, négocier, les assemblées et les conseils s'ouvriront tout grands devant les clercs seuls capables de rédiger[2] un traité, de conduire une ambassade, de haranguer[3] un prince.

Dans les malheurs renaissants, dans l'effondrement° de l'Etat carolingien,　　**effondrement** *m* destruction dans cette nuit du IXe siècle remplie de bruits d'armes, tandis que de nouvelles invasions hongroises, sarrasines et normandes entament° ou re-　　**entamer** ici, menacer couvrent le pays, tandis que le peuple épars° flotte sans direction, l'Eglise,　　**épars** en désordre une fois encore, tient bon. Elle renoue les traditions interrompues, combat les désordres féodaux, réglemente les guerres privées, impose des trêves°　　**trêve** *f* arrêt des hostilités et des paix. Les grands moines Odon, Odilon, Bernard élèvent au-dessus des donjons et des villes le pouvoir moral de l'Eglise, l'idée de l'Eglise universelle, le rêve de l'unité chrétienne. Prédicateurs,° pacificateurs,　　**prédicateur** *m* orateur ecclésiastique conseillers de tout le monde, arbitres de toutes les querelles, ils interviennent partout et dans tout, véritables puissances internationales auxquelles les puissances terrestres ne résistent qu'en tremblant.

Autour des grands sanctuaires et des saintes abbayes se nouent relations et voyages. Le long des pistes° de terre où cheminent les longues processions　　**piste** *f* chemin des pèlerins, naissent les chansons épiques. Les forêts attaquées par les moines défricheurs[4] reculent.° A l'ombre des monastères, les campagnes se　　**reculer** c.-à-d. disparaître repeuplent. Des villages en ruine se relèvent. Les vitraux[5] des églises et les sculptures des cathédrales sont le livre d'images où le peuple s'instruit. Le pape est le dictateur de l'Europe. Il ordonne les croisades et défait les rois. Dotations,° richesses, honneurs, on met tout aux pieds des clercs et l'excès　　**dotation** *f* cadeau même de cette reconnaissance mesure la grandeur de leurs bienfaits.

Mais déjà un autre ouvrier s'était mis à l'oeuvre: le seigneur.

Quand l'Etat s'affaiblit, les individus les mieux armés prennent sa place. Quand le sceptre de Charlemagne eut glissé des mains débiles° de ses suc-　　**débile** faible cesseurs, une génération de soldats se leva pour en ramasser les morceaux.

Comme le territoire, la souveraineté s'émietta.°　　**s'émietter** se disperser en se divisant

Une germination touffue de pouvoirs locaux couvrit le sol. Fonctionnaires impériaux, grands propriétaires, aventuriers qui ont prospéré, brigands qui se sont rangés: ces nouveaux roitelets° ont mille origines. Violences, usurpa-　　**roitelet** *m* roi d'un tout petit Etat tions, contrats, immunités, partages, aliénations, opérant au hasard des circonstances: voilà les sources instables et incohérentes de leur pouvoir. Tous les attributs de la puissance publique se détachent, se brisent, se vendent, se volent. L'un s'empare d'un péage,[6] l'autre d'un marché. Il n'y a plus d'armée, il n'y a que des bandes. La justice se partage en mille juridictions spéciales: territoriale personnelle, censuelle,[7] haute et basse. Les âmes se dissolvent comme les droits. Une seule force demeure: la valeur, le courage, l'audace, la brutalité de l'individu.

L'insécurité est générale. On se bat partout. Les chroniques ne parlent que de meurtres,° de pillages, d'incendies, de villages rasés, de femmes violentées,　　**meurtre** *m* assassinat de laboureurs massacrés. Pour le faible, la vie n'est plus qu'une longue terreur. Autour du seigneur qui a un château, des guerriers, un trésor, les paysans se groupent en hâte. En échange de sa protection et de sa justice, ils lui abandonnent une part de leur travail et une part de leurs récoltes. Les plus malheureux s'attachent à lui pour la vie et pour celle de leurs descendants. Constructeur du moulin, du four° et du pont, il est maître de la circulation comme des échanges. Il enserre l'activité de ses hôtes et de ses serfs d'un réseau étroit de prélèvements[8] et de monopoles. Mais que sont ces servitudes en échange de la vie qu'on lui doit? **four** *m* ce qui sert à la cuisson

A une société désemparée, disjointe, dispersée, qui n'avait plus ni loi, ni guide, la féodalité a donné des cadres et des chefs. Si étroits qu'aient été les premiers, ils ont réussi à grouper les hommes. Si violents qu'aient été les seconds, ils ont rétabli les garanties élémentaires sans lesquelles il n'est pas possible de subsister. Leur service est onéreux,° leur bénéfice excessif. Mais, sans eux, la situation eût été pire encore. **onéreux** lourd

Et puis, le régime s'adoucira,° s'humanisera. L'Eglise y apportera un peu d'idéal. Il fera place aux communes qui seront comme des seigneuries bourgeoises et collectives. Le mouvement d'affranchissement faisant tache d'huile, les rudes barons comprendront que leurs intérêts sont en accord avec ceux de leurs protégés et que les ménager est encore le meilleur moyen de les retenir. **s'adoucir** devenir moins sévère

Au temps de Louis XII, dans un pays qui n'a plus besoin de leur protection et qui se passe déjà de leurs services, ils gardent une autorité telle que rien ne se fait d'important au village sans leur avis et leur approbation. On a pour eux un respect familier et une reconnaissance sans contrainte. On les invite aux fêtes de famille, aux repas de relevailles,[9] de mariage, de baptême et ils y font honneur. Ils sont parrains[10] des enfants et conseillers des parents. Dans l'ancien donjon[11] ouvert sur le dehors, percé de larges fenêtres, sans fossé ni défense, on a les mêmes préoccupations et presque la même vie que dans les chaumières[12] voisines. On pense aux récoltes, au bétail,° à la pluie, aux vignes, à la vente des grains. Seigneur et laboureurs se retrouvent à la foire. Si la journée a été bonne, ils trinquent[13] au cabaret, échangent de grasses plaisanteries et, entre deux verres, se donnent de grosses tapes cordiales. A la nuit tombante, on voit s'en retourner le seigneur, fièrement campé sur sa rossinante,° l'épée au côté, une miche° de pain sous le bras, avec son fermier en croupe.[14] **bétail** *m* animaux dans une ferme

rossinante *f* mauvais cheval
miche *f* gros pain rond

Tout cela pourtant n'était que souvenirs: les souverainetés locales étaient frappées de mort et, depuis longtemps déjà, le temps du Roi était venu.

Le Roi fut avant tout l'ouvrier de l'unité nationale et sa puissance s'accrut° à mesure que le sentiment en devenait plus impérieux dans les consciences populaires. Mais la tâche n'était point aisée et, avant que les parcelles déchirées de la patrie fussent rapprochées et soudées,° il y eut bien des siècles et bien des peines. **s'accroître** augmenter

soudé réuni

Le premier Capétien était un fort petit seigneur dont l'ambition consistait à se rendre de Paris à Etampes sans être enlevé ni rançonné. Les trois suivants se laissèrent aller à des entreprises qui dépassaient leurs forces et n'avancèrent pas beaucoup les affaires de la monarchie. Le cinquième, Louis VI, comprit qu'elle° devait concentrer son action sur un petit espace, restreindre son rôle de puissance générale et prendre pour un temps l'allure° d'une seigneurie localisée. Il passa vingt ans de son règne à purger les environs de Paris des brigands qui s'y étaient fortifiés et ce fut un jour de triomphe que celui où les routes d'Orléans et de Melun furent libérées. La royauté avait gagné en solidité ce qu'elle avait perdu en surface. Agissante et audacieuse, elle acquiert pour la première fois ce prestige qui tient, non à la majesté du rang et à la gloire des souvenirs, mais à la valeur personnelle, à la force et au succès.

elle c.-à-d. la monarchie
allure f attitude

Le mouvement, désormais, est donné.

Sans doute, les Capétiens eurent de la chance. Les premiers laissèrent tous des fils. Les minorités furent rares. Les Croisades les débarrassèrent des plus turbulents de leurs vassaux. Certains de leurs adversaires, Richard Coeur-de-Lion entre autres, moururent fort opportunément. Mais ils eurent surtout du bon sens, de la probité,° de la persévérance, de l'énergie, le sens des réalités et le goût de l'administration.

probité f honnêteté parfaite

Pour commencer, ils soustraient la couronne aux° caprices de l'élection, s'allient à l'Eglise et protègent les petites gens. Ils font régner la justice. Ils établissent l'ordre et la paix. Ils sont les chefs de la défense publique et les libérateurs du pays. Tour à tour, ils combattent Anglais, Allemands, Espagnols, Autrichiens. Avec l'âpreté° d'un fermier qui arrondit° son do- maine, ils reconquièrent l'héritage carolingien. Chaque règne — ou presque — marque une étape de la reconstruction. Sous Louis XIV, on travaille en- core à la frontière du Nord toujours trop vulnérable et trop proche de Paris. On annexe l'Artois, la Flandre, l'Alsace et, à l'autre bout de la France, le Roussillon. Sous Louis XV, la Lorraine et la Corse.

soustraire à ici, libérer de

âpreté f ténacité rude
arrondir agrandir

Mais ce beau pays, il ne suffit pas de la garder et de l'agrandir, il faut le mettre en valeur. Le Roi construit des routes, trace des canaux, creuse des ports, endigue les rivières, ouvre les écoles, crée des hôpitaux, protège des Universités et des Académies. Monuments de gloire et d'utilité le proclament à l'envi père de la patrie et bienfaiteur public.

Quand les vieux auteurs parlent de lui, ils paraissent saisis d'une dévotion surnaturelle. Il est, disent-ils, le premier des Rois. Aucun souverain ne peut lui être comparé, ni pour l'ancienneté de sa couronne ni pour l'éclat de son trône, ni pour l'étendue et la sainteté de son pouvoir. C'est un personnage divin que toute la nation honore et sert avec joie: "Tout l'Etat est en lui, écrit Bossuet, la volonté du peuple est enfermée dans la sienne; comme en Dieu est réunie toute perfection et toute vertu, ainsi toute la puissance des particuliers est réunie dans celle du Prince. . ." On disait couramment en Europe que le Français était "ivre d'amour pour son Roi." Le maréchal Marmont, né quinze ans avant la Révolution, raconte, dans un passage célèbre de ses *Mémoires*, quel prestige avait encore Louis XVI dans les derniers jours de la monarchie: "J'avais pour le Roi un sentiment difficile à définir, un sentiment de dévouement avec un caractère religieux. Le mot de Roi avait alors une magie, une puissance que rien n'avait altérées. Dans les coeurs droits et purs, cet amour devenait une espèce de culte." Et l'on citait avec complaisance cette phrase d'un ambassadeur vénitien du XVIe siècle: "Le royaume de France a toujours été reconnu par un consentement unanime des peuples, pour le premier et le plus excellent royaume de la chrétienté, tant par sa dignité et sa puissance que par l'autorité absolue de celui qui le gouverne."

Questions

1. Combien de temps l'Ancien Régime a-t-il duré en France?
2. Grâce à qui a-t-on pu garder une précieuse documentation sur la culture et la science de cette période?
3. Qui était alors le vrai chef des villes?
4. Qui fut vraiment à cette époque le dictateur de l'Europe?
5. Qui a remplacé l'influence de l'Eglise dans les affaires de l'Etat?
6. Quelles furent les causes de l'affaiblissement de l'Etat?
7. Quelle sorte de gouvernement cet affaiblissement prépara-t-il?
8. Décrivez le rôle du seigneur au temps de Louis XII.
9. Quelle dynastie parvint à régner plusieurs siècles en France?
10. Quel semblait être le sentiment général des populations envers leurs rois?

Notes

1 **abnégation** *f* sacrifice   2 **rédiger** to draw up   3 **haranguer** to make a speech to   4 **défricheur** *m* clearer of land   5 **vitraux** *m pl* stained-glass windows   6 **péage** *m* toll   7 **censuel** refers to the rent or tax common people paid to their feudal lord   8 **prélèvement** *m* appropriation   9 **relevailles** *f pl* ceremony in which a new mother is blessed by a priest   10 **parrains** *m pl* godparents   11 **donjon** *m* castle-keep   12 **chaumière** *f* thatched cottage   13 **trinquer** to drink a toast   14 **en croupe** riding behind

Louis XVI

LOUIS XVI naquit en 1754 et épousa à l'âge de seize ans la fille de l'impératrice Marie-Thérèse d'Autriche. La jeune princesse avait un an de moins que l'héritier du trône de France.

Louis était un prince timide et bien qu'il passât pour avoir l'esprit lourd,° il fut un excellent mari et un excellent père. Les jeunes époux devinrent roi et reine de France en 1774. Ils étaient bien jeunes pour une tâche si difficile.

avoir l'esprit lourd qui manque de pénétration

Louis XIV et Louis XV avaient légué à leur successeur tous les éléments d'une révolution: d'une part une dette nationale écrasante[1] qui était la conséquence de longues guerres sans succès; d'autre part une organisation politique datant du Moyen Age dans laquelle la noblesse et le clergé étaient en grande partie exempts d'impôts[2] et par conséquent ne contribuaient pas à maintenir un gouvernement puissant.

Pour gouverner la France dans ces conditions difficiles il eut fallu un roi énergique et prudent; mais Louis XVI n'était qu'un homme faible et indécis bien que rempli de bonnes intentions. Ses timides décisions politiques ne firent qu'attiser° le mécontentement général.

attiser exciter

Son premier choix de ministres fut ce qu'on pourrait appeler un "grand ministère"; cependant ce ministère échoua[3] bien qu'il fût composé d'hommes compétents et intègres. Comme il fallait faire des économies,[4] améliorer la répartition des impôts, supprimer les exemptions et les privilèges, les réformes soulevèrent l'indignation de tous.

En outre des difficultés extérieures se firent sentir de plus en plus. La guerre de l'indépendance américaine ne fut en réalité qu'un épisode de la rivalité anglo-française. Le roi ne pouvait rester indifférent à la situation politique en Amérique sans compromettre les intérêts de la France. Comme le dit si justement Jacques Bainville: "Qu'on pense à ce que serait aujourd'hui l'empire britannique s'il comprenait en outre les Etats-Unis."* Il se peut que la guerre d'Amérique ait donné l'impulsion nécessaire qui fit éclater[5] la Révolution française.

En 1792 la Convention nationale accusa Louis XVI de trahison, le condamna à mort et le fit exécuter.

---

* Jacques Bainville, *Histoire de France* (Paris: Librairie Arthème Fayard, 1924), p.304.

Le 21 janvier 1793, Louis XVI est exécuté sur la place de la Révolution. *(B.N. Paris. Giraudon)*

Marie-Thérèse-Charlotte de France, seule fille de Louis XVI et de Marie-Antoinette (sa soeur étant morte âgée de moins d'un an) naquit le 19 décembre 1778. A son entrée au Temple[6] le 13 août 1792, elle avait par conséquent moins de quatorze ans et dix-sept ans à peine quand elle en sortit le 17 septembre 1795. C'est elle qui est l'auteur de *La Relation* publiée sous le nom de Madame Royale le 21 janvier 1817.

Voilà ce qu'elle écrit au sujet de son père:

"Ainsi périt Louis XVI, roi de France et de Navarre, âgé de trente-neuf ans et cinq mois moins trois jours, après avoir régné dix-huit ans et avoir été en prison cinq mois et huit jours.

"Telle fut la vie du Roi, mon père, pendant un rigoureux emprisonnement. On n'y voit que piété, grandeur d'âme, fermeté, douceur, courage, bonté, patience à supporter les plus horribles calomnies,° clémence à pardonner de tout son coeur à ses assassins, grand amour de Dieu, de sa famille et de son peuple, dont il donna des marques jusqu'à son dernier soupir, et dont il a été recevoir la récompense dans le sein d'un Dieu tout-puissant et tout miséricordieux.°

 calomnie *f* fausse accusation

 miséricordieux qui pardonne

"L'abbé, qui l'avait suivi, lui dit au moment qu'il allait mourir: 'Allez, fils de saint Louis, les portes de l'éternité vous sont ouvertes.' Il reçut le coup de la mort le 21 janvier 1793, un lundi, à dix heures dix minutes."

Questions

1. A quel âge Louis XVI se maria-t-il?
2. Avec qui se maria-t-il?
3. Quel âge avait sa femme?
4. Quand les jeunes époux devinrent-ils roi et reine de France?
5. Décrivez l'état du gouvernement dont Louis XVI hérita.
6. Quelles qualités d'homme d'état avait Louis XVI?
7. Quelle fut l'impulsion qui précipita probablement la Révolution française?
8. Qui nous a laissé des détails sur la façon dont Louis supporta les rigueurs de l'emprisonnement?
9. Quand mourut-il?

Notes

1 **écrasant** crushing   2 **impôt** tax   3 **échouer** to fail   4 **faire des économies** to economize   5 **faire éclater** to cause to begin explosively   6 **le Temple** former Templar monastery in Paris used as a prison during the Revolution

Marie-Antoinette

MARIE-ANTOINETTE, archiduchesse d'Autriche née à Vienne en 1755, arriva en France en 1770 pour épouser le futur Louis XVI. A la cour de Versailles elle n'eut d'abord de société intime que celles de Mesdames les trois filles* de Louis XV. La plus aimable de ces princesses était Madame Victoire; aussi était-ce chez elle que Marie-Antoinette se plaisait à passer la plupart du temps.

Mademoiselle Jeanne-Louise-Henriette Genet qui devint plus tard Madame Campan était déjà à la cour comme lectrice[1] des princesses. La jeunesse et les qualités de celle-là attirèrent l'attention de Marie-Antoinette et elle fut bientôt sa première femme de chambre. Pendant vingt ans, dès les fêtes du mariage jusqu'à l'emprisonnement de la famille royale, Madame Campan ne quitta plus Marie-Antoinette. Elle ne put jamais partager la captivité de la reine et survécut à[2] la Terreur dont la fin est marquée par la chute de Robespierre le 24 juillet 1794. Bien que sa vie eût été épargnée, elle ne revit jamais sa chère maîtresse, car le 16 octobre 1793 Marie-Antoinette gravissait à son tour les marches de l'échafaud.[3]

Madame Campan établit une école et devint plus tard directrice de la Légion d'honneur, école fondée par Napoléon.

Voici ce qu'elle dit au sujet de la reine:

"Jamais dans aucun âge (et j'ai fréquenté[4] de jeunes personnes dont les grâces et l'aimable caractère seront connus longtemps après elles) je n'ai trouvé de femme d'un naturel aussi séduisant que Marie-Antoinette, à qui l'éclat éblouissant[5] de la couronne laissât un coeur aussi tendre, et qui sous le poids du malheur, se montrât plus compatissante[6] aux malheurs d'autrui; je n'en ai pas vu d'aussi franchement gaie dans la prospérité."

---

* La quatrième, Madame Louise, s'était retirée dans un couvent avant cette époque-ci.

Les moments de bonheur dans la vie de Marie-Antoinette furent bien trop courts; cependant elle fut heureuse comme reine, épouse et mère. En dépit de la sévérité de la critique en ce qui concerne son attitude envers le peuple, on peut dire qu'elle s'intéressa vraiment à la France et à ses sujets.

L'extrait suivant tiré du conte *La Veillée de Vincennes* d'Alfred de Vigny, bien que romancé, dépeint de la façon la plus charmante sa gaieté et l'intérêt que Marie-Antoinette portait aux humbles.

Questions

1. Où Marie-Antoinette naquit-elle?
2. A quel âge vint-elle à Paris?
3. Qui devint bientôt sa première femme de chambre?
4. Pendant combien de temps Mme Campan servit-elle la reine?
5. Partagea-t-elle le même sort que celui de sa maîtresse?
6. Quand Marie gravit-elle les marches de l'échafaud?
7. Comment Mme Campan décrivit-elle Marie dans ses mémoires?

Notes

1 **lectrice** *f* meaning she "read aloud" to the princesses   2 **survivre à** to outlast
3 **gravissait. . . échafaud** as her turn came, climbed the steps to the (guillotine's) platform   4 **fréquenter** to spend time in the company of   5 **éclat éblouissant** *m* dazzling glitter   6 **compatissant** compassionate

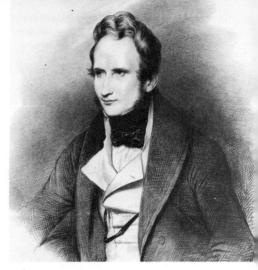

Alfred de Vigny, par Deveria. (*M. Carnavalet. Paris.
Lauros-Giraudon*)

L'Histoire de l'adjudant

ALFRED DE VIGNY (1797–1863) se sentit d'abord porté vers la carrière militaire
où s'étaient illustrés son père et ses ancêtres. Entré dans l'armée en 1813. il fut
très déçu par la vie militaire car il ne connut que la monotonie de la paix
pendant quatorze ans. Il démissionna en 1827.

L'oeuvre: *Servitude et grandeur militaires* d'où est tiré l'extrait suivant
dépeint le sens de l'honneur et l'obéissance aveugle qui sont les vertus
fondamentales du soldat. Cependant ce n'est pas l'aspect militaire qui nous
intéresse dans ce passage mais le récit de la rencontre d'un vieil adjudant et
de Marie-Antoinette dans le parc de Montreuil.°   **Montreuil** se trouve entre Paris et
Versailles

Deux jeunes lieutenants de la garde dont l'un est Vigny et l'autre son ami,
tous deux en garnison à la forteresse de Vincennes, entendent un soir de la
musique venant du château. Intrigués, ils décident d'écouter de plus près.
Au bruit du cliquetis de leurs épées, le maître du lieu qui est adjudant va
leur ouvrir la porte et les invite chez lui. Le concert donné par l'adjudant, sa
fille et son beau-fils continue. Ensuite on parle de musique, puis l'adjudant
parle de sa femme qui est décédée° et d'un portrait peint par la princesse de   **décédé** mort
Lamballe, amie intime de la reine Marie-Antoinette.

L'HISTOIRE DE L'ADJUDANT
par Alfred de Vigny

— VOICI, mon lieutenant, me dit-il, la vie que nous menons ici. Nous
nous reposons en chantant, ma fille, moi et mon gendre° futur.   **gendre** *m* beau-fils

Il regardait en même temps ces beaux jeunes gens avec une tendresse
toute rayonnante de bonheur.

— Voici, ajouta-t-il d'un air plus grave, en nous montrant un petit
portrait, la mère de ma fille.

Nous regardâmes la muraille° blanchie de plâtre de la modeste chambre, et   **muraille** *f* mur épais
nous y vîmes, en effet, une miniature qui représentait la plus gracieuse, la
plus fraîche petite paysanne que jamais Greuze★ ait douée de grands yeux

★ Greuze (Jean-Baptiste), peintre français, né à Tournus (1725–1805).

bleus et de bouche en forme de cerise.

— Ce fut une bien grande dame qui eut autrefois la bonté de faire ce portrait-là, me dit l'adjudant, et c'est une histoire curieuse que celle de la dot[1] de ma pauvre petite femme.

I

Et à nos premières prières de raconter son mariage, il nous parla ainsi:

— Vous saurez, mon lieutenant, que j'ai été élevé au village de Montreuil par monsieur le curé de Montreuil lui-même. Il m'avait fait apprendre quelques notes du plain-chant° dans le plus heureux temps de ma vie: le temps où j'étais enfant de choeur, où j'avais de grosses joues fraîches et rebondies,[2] que tout le monde tapait en passant; une voix claire, des cheveux blonds poudrés, une blouse et des sabots. Je ne me regarde pas souvent, mais je m'imagine que je ne ressemble plus guère à cela. J'étais fait ainsi pourtant, et je ne pouvais me résoudre à quitter une sorte de clavecin[3] aigre et discordant que le vieux curé avait chez lui. Je l'accordais[4] avec assez de justesse d'oreille, et le bon père, qui, autrefois, avait été renommé à Notre-Dame pour chanter et enseigner le faux-bourdon,° me faisait apprendre un vieux solfège.° Quand il était content, il me pinçait les joues à me les rendre bleues, et me disait: — Tiens, Mathurin, tu n'es que le fils d'un paysan et d'une paysanne; mais, si tu sais bien ton catéchisme et ton solfège, et que tu renonces à jouer avec le fusil rouillé[5] de la maison, on pourra faire de toi un maître de musique. Va toujours. Cela me donnait bon courage, et je frappais de tous mes poings sur les deux pauvres claviers,[6] dont les dièses[7] étaient presque tous muets.

Il y avait des heures où j'avais la permission de me promener et de courir; mais la récréation la plus douce était d'aller m'asseoir au bout du parc de Montreuil, et de manger mon pain avec les maçons et les ouvriers qui construisaient sur l'avenue de Versailles, à cent pas de la barrière, un petit pavillon de musique, par ordre de la Reine.★

C'était un lieu charmant, que vous pouvez voir à droite de la route de Versailles, en arrivant. Tout à l'extrémité du parc de Montreuil, au milieu d'une pelouse de gazon[8] entourée de grands arbres, si vous distinguez un pavillon qui ressemble à une mosquée et à une bonbonnière,° c'est cela que j'allais regarder bâtir.

Je prenais par la main une petite fille de mon âge, qui s'appelait Pierrette, que monsieur le curé faisait chanter aussi parce qu'elle avait une jolie voix. Elle emportait une grande tartine° que lui donnait la bonne du curé, qui était sa mère, et nous allions regarder bâtir la petite maison que faisait faire la Reine pour la donner à Madame.★★

Pierrette et moi, nous avions environ treize ans. Elle était déjà si belle, qu'on l'arrêtait sur son chemin pour lui faire compliment, et que j'ai vu de belles dames descendre de carrosse pour lui parler et l'embrasser! Quand elle

plain-chant *m* chant grégorien

faux-bourdon *m* chant d'église
solfège *m* règles de la musique

bonbonnière *f* boîte de bonbons

tartine *f* tranche de pain recouverte de beurre

★ Marie-Antoinette.
★★ Madame: Madame Elisabeth, soeur de Louis XVI.

avait un fourreau[9] rouge relevé dans ses poches et bien serré de la ceinture, on voyait bien ce que sa beauté serait un jour. Elle n'y pensait pas, et elle m'aimait comme son frère.

Nous sortions toujours en nous tenant par la main depuis notre petite enfance, et cette habitude était si bien prise, que de ma vie je ne lui donnai le bras. Notre coutume d'aller visiter les ouvriers nous fit faire la connaissance d'un jeune tailleur de pierres,° plus âgé que nous de huit ou dix ans. Il nous faisait asseoir sur un moellon° ou par terre à côté de lui et, quand il avait une grande pierre à scier,[10] Pierrette jetait de l'eau sur la scie, et j'en prenais l'extrémité pour l'aider; aussi ce fut mon meilleur ami dans ce monde. Il était d'un caractère très paisible, très doux, et quelquefois un peu gai. mais pas souvent. Il avait fait une petite chanson sur les pierres qu'il taillait,[11] et sur ce qu'elles étaient plus dures que le coeur de Pierrette, et il jouait en cent façons sur ces mots de Pierre, de Pierrette, de Pierrerie, de Pierrier, de Pierrot, et cela nous faisait rire tous trois. C'était un grand garçon grandissant encore, tout pâle et dégingandé,[12] avec de longs bras et de grandes jambes, et qui quelquefois avait l'air de ne pas penser à ce qu'il faisait. Il aimait son métier, disait-il, parce qu'il pouvait gagner sa journée en conscience, ayant songé à autre chose jusqu'au coucher du soleil. Son père, architecte, s'était si bien ruiné, je ne sais comment, qu'il fallait que le fils reprît son état par le commencement, et il s'y était fort paisiblement résigné. Lorsqu'il taillait un gros bloc, ou le sciait en long, il commençait toujours une petite chanson dans laquelle il y avait toute une historiette qu'il bâtissait à mesure qu'il allait, en vingt ou trente couplets, plus ou moins.

Quelquefois il me disait de me promener devant lui avec Pierrette, et il nous faisait chanter ensemble, nous apprenant à chanter en parties; ensuite il s'amusait à me faire mettre à genoux devant Pierrette, la main sur mon coeur, et il faisait les paroles d'une petite scène qu'il nous fallait redire après lui. Cela ne l'empêchait pas de bien connaître son état, car il ne fut pas un an sans devenir maître maçon. Il avait à nourrir, avec son équerre[13] et son marteau, sa pauvre mère et deux petits frères qui venaient le regarder travailler avec nous. Quand il voyait autour de lui tout son petit monde, cela lui donnait du courage et de la gaieté. Nous l'appelions Michel; mais, pour vous dire tout de suite la vérité, il s'appelait Michel-Jean Sedaine.★

tailleur de pierres *m* maçon
moellon *m* petite pierre

II

Monsieur le curé de Montreuil m'aimait beaucoup, j'étais traité par lui avec une amitié si paternelle, que j'avais oublié entièrement que j'étais né, comme il ne cessait de me le rappeler, d'un pauvre paysan et d'une-pauvre paysanne, enlevés° presque en même temps de la petite vérole,[14] et que je n'avais même

enlevé mort

★ Sedaine, Michel-Jean, poète dramatique français, né à Paris (1719–1797), auteur d'une comédie sérieuse (*Le Philosophe sans le savoir*), d'une comédie (*La Gageure imprévue*), et de livrets d'opéra-comique (*Le Déserteur*, et *Richard Coeur de lion, parmi d'autres.*)

pas vus. A seize ans, j'étais sauvage et sot; mais je savais un peu de latin, beaucoup de musique, et dans toute sorte de travaux de jardinage on me trouvait assez adroit. Ma vie était fort douce et fort heureuse, parce que Pierrette était toujours là, et que je la regardais toujours en travaillant, sans lui parler beaucoup cependant.

Un jour que je taillais les branches d'un des hêtres[15] du parc et que je liais un petit fagot, Pierrette me dit:

— Oh! Mathurin, j'ai peur. Voilà deux jolies dames qui viennent vers nous par le bout de l'allée. Comment allons-nous faire?

Je regardai et, en effet, je vis deux jeunes femmes qui marchaient vite sur les feuilles sèches, et ne se donnaient pas le bras. Il y en avait une un peu plus grande que l'autre, vêtue d'une petite robe de soie[16] rose. Elle courait presque en marchant, et l'autre, tout en l'accompagnant, marchait presque en arrière. Par instinct, je fus saisi d'effroi comme un pauvre paysan que j'étais, et je dis à Pierrette:

— Sauvons-nous!

Mais bah! nous n'eûmes pas le temps, et ce qui redoubla ma peur, ce fut de voir la dame rose faire signe à Pierrette, qui devint toute rouge et n'osa pas bouger, et me prit bien vite par la main pour se raffermir.° Moi, j'ôtai mon bonnet et je m'adossai° contre l'arbre, tout saisi.°

> **se raffermir** avoir plus de courage
> **s'adosser** appuyer le dos
> **saisi** étonné

Quand la dame rose fut tout à fait arrivée sur nous, elle alla tout droit à Pierrette, et, sans façon,[17] elle lui prit le menton pour la montrer à l'autre dame, en disant:

— Eh! je vous le disais bien: c'est tout mon costume de laitière[18] pour jeudi. — La jolie petite fille que voilà! Mon enfant, tu donneras tous tes habits, comme les voici, aux gens qui viendront te les demander de ma part,[19] n'est-ce pas? Je t'enverrai les miens en échange.

— Oh! madame! dit Pierrette en reculant.°

> **reculer** aller en arrière

L'autre jeune dame se mit à sourire d'un air fin, tendre et mélancolique, dont l'expression touchante est ineffaçable° pour moi. Elle s'avança, la tête penchée, et, prenant doucement le bras nu de Pierrette, elle lui dit de s'approcher, et qu'il fallait que tout le monde fît la volonté de cette dame-là.

> **ineffaçable** que le temps ne détruit pas

— Ne va pas t'aviser de[20] rien changer à ton costume, ma belle petite, reprit la dame rose, en la menaçant d'une petite canne de jonc à pomme d'or[21] qu'elle tenait à la main. Voilà un grand garçon qui sera soldat, et je vous marierai.

Elle était si belle, que je me souviens de la tentation incroyable que j'eus de me mettre à genoux; vous en rirez et j'en ai ri souvent depuis en moi-même; mais, si vous l'aviez vue, vous auriez compris ce que je dis. Elle avait l'air d'une petite fée bien bonne.

Elle parlait vite et gaiement, et, en donnant une petite tape sur la joue de Pierrette, elle nous laissa là tous les deux interdits° et tout imbéciles, ne sachant que faire; et nous vîmes les deux dames suivre l'allée du côté du Montreuil et s'enfoncer dans le parc derrière le petit bois.

> **interdit** incapable de répondre

Jeune fille debout, par J. B. Greuze. (*M. Denon, Châlon s/Saône. Lauros-Giraudon*)

Alors nous nous regardâmes et, en nous tenant toujours par la main, nous rentrâmes chez monsieur le curé; nous ne disions rien, mais nous étions bien contents.

Pierrette était toute rouge, et moi je baissais la tête. Il nous demanda ce que nous avions; je lui dis d'un grand sérieux:

— Monsieur le curé, je veux être soldat.

Il pensa en tomber à la renverse, lui qui m'avait appris le solfège!

— Comment, mon cher enfant, me dit-il, tu veux me quitter! Ah! mon Dieu! Pierrette, qu'est-ce qu'on lui a donc fait, qu'il veut être soldat? Est-ce que tu ne m'aimes plus, Mathurin? Qu'est-ce que nous t'avons donc fait, dis? et que vas-tu faire de la belle éducation que je t'ai donnée? C'était bien du temps perdu assurément. Mais réponds donc, méchant sujet! ajoutait-il en me secouant le bras.

Je me grattais le tête, et je disais toujours en regardant mes sabots:

— Je veux être soldat.

La mère de Pierrette apporta un grand verre d'eau froide à monsieur le curé, parce qu'il était devenu tout rouge, et elle se mit à pleurer.

Pierrette pleurait aussi et n'osait rien dire: mais elle n'était pas fâchée contre moi, parce qu'elle savait bien que c'était pour l'épouser que je voulais partir.

Dans ce moment-là, deux grands laquais poudrés entrèrent avec une femme de chambre qui avait l'air d'une dame, et ils demandèrent si la petite avait préparé les hardes° que la Reine et madame la princesse de Lamballe★ lui avaient demandées. — **hardes** *f pl* vêtements

Le pauvre curé se leva si troublé° qu'il ne put se tenir une minute debout, — **troublé** inquiet
et Pierrette et sa mère tremblèrent si fort qu'elles n'osèrent pas ouvrir une cassette qu'on leur envoyait en échange du fourreau et du bavolet,° et elles — **bavolet** *m* coiffure de paysanne
allèrent à la toilette[22] à peu près comme on va se faire fusiller.[23]

Seul avec moi, le curé me demanda ce qui s'était passé, et je le lui dis comme je vous l'ai conté, mais un peu plus brièvement.

— Et c'est pour cela que tu veux partir, mon fils? me dit-il en me prenant les deux mains; mais songe donc que la plus grande dame de l'Europe n'a parlé ainsi à un petit paysan comme toi que par distraction, et ne sait seulement pas ce qu'elle t'a dit. Si on lui racontait que tu as pris cela pour un ordre ou pour un horoscope, elle dirait que tu es un grand benêt,° et que tu peux — **benêt** *m* sot
être jardinier toute la vie, que cela lui est égal. Ce que tu gagnes en jardinant, et ce que tu gagnerais en enseignant la musique vocale t'appartiendraient, mon ami; au lieu que ce que tu gagneras dans un régiment ne t'appartiendra pas, et tu auras mille occasions de le dépenser en plaisirs défendus° par la — **défendu** pas permis
religion et la morale; tu perdras tous les bons principes que je t'ai donnés, et tu me forceras à rougir de toi.[24] Tu reviendras (si tu reviens) avec un autre caractère que celui que tu as reçu en naissant. Tu étais doux, modeste, docile;

★ Lamballe (Marie-Thérèse-Louise de Savoie-Carignan, princesse de), née à Turin (1749–1792). amie dévouée de Marie-Antoinette.

tu seras rude, impudent et tapageur.[25] La petite Pierrette ne se soumettra certainement pas à être la femme d'un mauvais garnement,° et sa mère l'en empêcherait quand elle le voudrait; et moi, que pourrai-je faire pour toi, si tu oublies tout à fait la Providence. Tu l'oublieras, vois-tu, la Providence, je t'assure que tu finiras par là.

garnement *m* quelqu'un sans manières

Je demeurai les yeux fixés sur mes sabots et les sourcils froncés en faisant la moue,[26] et je dis, en me grattant la tête:

— C'est égal, je veux être soldat.

Le bon curé n'y tint pas[27] et, ouvrant la porte toute grande, il me montra le grand chemin avec tristesse.

Je compris sa pantomime, et je sortis. J'en aurais fait autant à sa place, assurément. Mais je le pense à présent, et ce jour-là je ne le pensais pas. Je mis mon bonnet de coton sur l'oreille droite, je relevai le collet de ma blouse, pris mon baton et je m'en allai tout droit à un petit cabaret, sur l'avenue de Versailles, sans dire adieu à personne.

III

Dans ce petit cabaret, je trouvai trois braves dont les chapeaux étaient galonnés° d'or, l'uniforme blanc les revers[28] roses, les moustaches cirées de noir, les cheveux tout poudrés à frimas,° et qui parlaient aussi vite que des vendeurs d'orviétan.° Ces trois braves étaient d'honnêtes racoleurs.° Ils me dirent que je n'avais qu'à m'asseoir à table avec eux pour avoir une idée juste du bonheur parfait que l'on goûtait éternellement dans le Royal-Auvergne. Ils me firent manger du poulet, du chevreuil[29] et des perdreaux,[30] boire du vin de Bordeaux et de Champagne, et du café excellent; ils me jurèrent sur leur honneur que, dans le Royal-Auvergne, je n'en aurais jamais d'autres.

galonné décoré de rubans
à frimas de blanc
orviétan *m* médicament de charlatan, bon à tout
racoleur *m* celui qui recrute des militaires

Je vis bien depuis qu'ils avaient dit vrai.

Ils me jurèrent aussi, car ils juraient infiniment, que l'on jouissait de[31] la plus douce liberté dans le Royal-Auvergne; que les soldats y étaient incomparablement plus heureux que les capitaines des autres corps; qu'on y jouissait d'une société fort agréable en hommes et en belles dames, et qu'on y faisait beaucoup de musique, et surtout qu'on y appréciait fort ceux qui jouaient du "piano". Cette dernière circonstance me décida.

Le lendemain j'avais donc l'honneur d'être soldat au Royal-Auvergne. C'était un assez beau corps, il est vrai; mais je ne voyais plus ni Pierrette, ni monsieur le curé. Je demandai du poulet à dîner, et l'on me donna à manger cet agréable mélange de pommes de terre, de mouton et de pain qui se nommait, se nomme et se nommera toujours la "Ratatouille". On me fit apprendre la position du soldat sans armes avec une perfection si grande, que je servis de modèle, depuis, au dessinateur qui fit les planches de l'ordonnance de 1791,[32] ordonnance qui, vous le savez, mon lieutenant, est unchef-d'oeuvre de précision. On m'apprit l'école du soldat et l'école de peloton[33] de manière à exécuter la charge en douze temps, les charges précipitées et les charges à volonté, en compter les mouvements, aussi parfaitement que le plus roide° des caporaux du roi de Prusse, Frédéric le Grand, dont les vieux se souvenaient encore avec l'attendrissement° de gens qui aiment ceux qui les battent. On me fit l'honneur de me promettre que, si je me comportais[34] bien, je finirais par être admis dans la première compagnie de grenadiers. J'eus bientôt une queue[35] poudrée qui tombait sur ma veste blanche assez noblement; mais je ne voyais plus jamais ni Pierrette, ni sa mère, ni monsieur le curé de Montreuil, et je ne fasais point de musique.

Un beau jour, comme j'étais consigné à° la caserne° même où nous voici, pour avoir fait trois fautes dans le maniement d'armes, on me plaça dans la position des feux du premier rang, un genou sur le pavé,[36] ayant en face de moi un soleil éblouissant et superbe que j'étais forcé de coucher en joue, dans une immobilité parfaite, jusqu'à ce que la fatigue me fît ployer les bras à la saignée;[37] et j'étais encouragé à soutenir mon arme par la présence d'un honnête caporal, qui, de temps en temps, soulevait ma baïonnette avec sa crosse[38] quand elle s'abaissait; c'était une petite punition de l'invention de M. de Saint-Germain.

Il y avait vingt minutes que je m'appliquais à atteindre le plus haut degré de pétrification possible dans cette attitude, lorsque je vis au bout de mon fusil la figure douce et paisible de mon bon ami Michel, le tailleur de pierres.

— Tu viens bien à propos, mon ami, lui dis-je, et tu me rendrais un grand service si tu voulais bien, sans qu'on s'en aperçût, mettre un moment ta canne sous ma baïonnette. Mes bras s'en trouveraient mieux, et ta canne ne s'en trouverait pas plus mal.

— Ah! Mathurin, mon ami, me dit-il, te voilà bien puni d'avoir quitté Montreuil; tu n'as plus les conseils et les lectures du bon curé, et tu vas oublier tout à fait cette musique que tu aimais tant, et celle de la parade ne la vaudra certainement pas.

— C'est égal, dis-je, en élevant le bout du canon[39] de mon fusil, et le dégageant de sa canne, par orgueil; c'est égal, on a son idée.

— Tu ne cultiveras plus les espaliers° et les belles pêches de Montreuil avec ta Pierrette, qui est bien aussi fraîche qu'elles, et dont la lèvre porte aussi comme elles un petit duvet.[40]

— C'est égal, dis-je, encore, j'ai mon idée.

— Tu passeras bien longtemps à genou, à tirer sur[41] rien, avec une pierre de bois, avant d'être seulement caporal.

— C'est égal, dis-je encore, si j'avance lentement, toujours est-il vrai que j'avancerai; tout vient à point à qui sait attendre,[42] comme on dit, et quand je serai sergent, je serai quelque chose, et j'épouserai Pierrette. Un sergent, c'est un seigneur, et à tout seigneur tout honneur.

Michel soupira.

— Ah! Mathurin! Mathurin! me dit-il, tu n'es pas sage, et tu as trop d'orgueil et d'ambition, mon ami; n'aimerais-tu pas mieux être remplacé, si quelqu'un payait pour toi, et venir épouser ta petite Pierrette?

— Michel! Michel! lui dis-je, tu t'es beaucoup gâté° dans le monde; je ne   **se gâter** se corrompre
sais pas ce que tu y fais, et tu ne n'as plus l'air d'y être maçon, puisque au
lieu d'une veste tu as un habit noir de taffetas; mais tu ne m'aurais pas dit
ça dans le temps où tu répétais toujours: Il faut faire son sort° soi-même.   **sort** *m* destin
— Moi, je ne veux pas l'épouser avec l'argent des autres, et je fais moi-même
mon sort, comme tu vois. — D'ailleurs, c'est la Reine qui m'a mis ça dans la
tête, et la Reine ne peut pas se tromper en jugeant ce qui est bien à faire.
Elle a dit elle-même: Il sera soldat, et je les marierai; elle n'a pas dit: Il
reviendra après avoir été soldat.

— Mais, me dit Michel, si par hasard la Reine te voulait donner de quoi
l'épouser, le prendrais-tu?

— Non, Michel, je ne prendrais pas son argent si, par impossible, elle le
voulait.

— Et si Pierrette gagnait elle-même sa dot? reprit-il.

— Oui, Michel, je l'épouserais tout de suite, dis-je.

Ce bon garçon avait l'air tout attendri.

— Eh bien! reprit-il, je dirai cela à la Reine.

— Est-ce que tu es fou, lui dis-je, ou domestique dans sa maison?

— Ni l'un ni l'autre, Mathurin, quoique je ne taille plus la pierre.

— Que tailles-tu donc? dis-je.

— Hé! je taille des pièces, du papier et des plumes.

— Bah! dis-je, est-il possible?

— Oui, mon enfant, je fais de petites pièces toutes simples, et bien aisées
à comprendre. Je te ferai voir tout ça.

— Eh bien, tant mieux! dis-je, j'aime autant te voir travailler ça que tes
pierres de taille.

— Ah! ce que je bâtissais valait mieux que ce que je construis à présent.   **passer de mode** ne plus être à
Ça ne passait pas de mode° et ça restait plus longtemps debout. Mais en   la mode
tombant, ça pouvait écraser° quelqu'un; au lieu qu'à présent, quand ça   **écraser** tuer
tombe, ça n'écrase personne.

— C'est égal, je suis toujours bien aise, dis-je . . .

C'est-à-dire, aurais-je dit; car le caporal vint donner un si terrible coup de
crosse dans la canne de mon ami Michel, qu'il l'envoya là-bas, tenez, là-bas,
près de la poudrière.°   **poudrière** *f* magasin à poudre

En même temps il ordonna six jours de salle de police pour le
factionnaire° qui avait laissé entrer un bourgeois.   **factionnaire** *m* sentinelle

Sédaine comprit bien qu'il fallait s'en aller; il ramassa paisiblement sa
canne, et, en sortant du côté du bois, il me dit:

— Je t'assure, Mathurin, que je conterai tout ceci à la Reine.

IV

Ma petite Pierrette était une belle petite fille d'un caractère décidé, calme et
honnête. Elle ne se déconcertait° pas trop facilement et, depuis qu'elle avait   **se déconcerter** se troubler
parlé à la Reine, elle ne se laissait plus aisément faire la leçon;[43] elle savait

bien dire à monsieur le curé et à sa bonne qu'elle voulait épouser Mathurin, et elle se levait la nuit pour travailler à son trousseau, tout comme si je n'avais pas été mis à la porte[44] pour longtemps, sinon pour toute ma vie.

Un jour (c'était le lundi de Pâques, elle s'en était toujours souvenue, la pauvre Pierrette, et me l'a raconté souvent), un jour donc qu'elle était assise devant la porte de monsieur le curé, travaillant et chantant comme si de rien n'était, elle vit arriver vite, vite, un beau carrosse[45] dont les six chevaux trottaient dans l'avenue, d'un train[46] merveilleux, montés par deux petits postillons poudrés et roses, très jolis et si petits qu'on ne voyait de loin que leurs grosses bottes à l'écuyère.[47] Ils portaient de gros bouquets à leur jabot,[48] et les chevaux portaient aussi de gros bouquets sur l'oreille.

Ne voilà-t-il pas que l'écuyer[49] qui courait en avant des chevaux s'arrêta, précisément devant la porte de monsieur le curé, où la voiture eut la bonté de s'arrêter aussi et daigna° s'ouvrir toute grande. Il n'y avait personne dedans. Comme Pierrette regardait avec de grands yeux, l'écuyer ôta son chapeau très poliment et la pria de vouloir bien monter en carrosse.

Vous croyez peut-être que Pierrette fit des façons?[50] Point du tout; elle avait trop de bon sens pour cela. Elle ôta simplement ses deux sabots,° qu'elle laissa sur le bas de la porte, mit ses souliers à boucles d'argent, ploya proprement son ouvrage, et monta dans le carrosse en s'appuyant sur le bras du valet de pied, comme si elle n'eût fait autre chose de sa vie, parce que, depuis qu'elle avait changé de robe avec la Reine, elle ne doutait plus de rien.

Elle m'a dit souvent qu'elle avait eu deux grandes frayeurs° dans la voiture: la première, parce qu'on allait si vite que les arbres de l'avenue de Montreuil lui paraissaient courir comme des fous l'un après l'autre; la seconde, parce qu'il lui semblait qu'en s'asseyant sur les coussins blancs du carrosse, elle y laisserait une tache bleue et jaune de la couleur de son jupon. Elle le releva dans ses poches, et se tint toute droite au bord du coussin, nullement° tourmentée de son aventure et devinant bien qu'en pareille circonstance, il est bon de faire ce que tout le monde veut, franchement et sans hésiter.

D'après ce sentiment juste de sa position que lui donnait une nature heureuse, douce et disposée au bien et au vrai en toute chose, elle se laissa parfaitement donner le bras par l'écuyer et conduire à Trianon,° dans les appartements dorés, où seulement elle eut soin° de marcher sur la pointe du pied, par égard pour les parquets de bois de citron et de bois des Indes qu'elle craignait de rayer avec ses clous.[51]

Quand elle entra dans la dernière chambre, elle entendit un petit rire joyeux de deux voix très douces, ce qui l'intimida bien un peu et lui fit battre le coeur assez vivement; mais, en entrant, elle se trouva rassurée tout de suite: ce n'était que son amie la Reine.

daigner condescendre

sabot *m* chaussure paysanne (en bois)

frayeur *f* peur très vive

nullement pas du tout

Trianon château dans le parc de Versailles
avoir soin faire attention

La vie frivole de la Cour: Marie-Antoinette dans sa chambre. Peinture de Gautier-Dagoty. *(Chât. de Versailles. Giraudon)*

Madame de Lamballe était avec elle, mais assise dans une embrasure de fenêtre et établie devant un pupitre de peintre en miniature. Sur le tapis vert du pupitre, un ivoire tout préparé; près de l'ivoire, des pinceaux;[52] près des pinceaux, un verre d'eau.

— Ah! la voilà, dit la Reine d'un air de fête; et elle courut lui prendre les deux mains.

— Comme elle est fraîche, comme elle est jolie! Le joli modèle que cela fait pour vous! Allons, ne la manquez pas, madame de Lamballe! — Mets-toi là, mon enfant.

Et la belle Marie-Antoinette la fit asseoir de force sur une chaise. Pierrette était tout à fait interdite, et sa chaise si haute que ses petits pieds pendaient et se balançaient.

— Mais voyez donc comme elle se tient bien, continuait la Reine, elle ne se fait pas dire deux fois ce qu'on veut; je gage qu'elle a de l'esprit. Tiens-toi droite, mon enfant, et écoute-moi. Il va venir deux messieurs ici. Que tu les connaisses ou non, cela ne fait rien, et cela ne te regarde pas. Tu feras tout ce qu'ils te diront de faire. Je sais que tu chantes, tu chanteras. Quand ils te diront d'entrer et de sortir, d'aller et de venir, tu entreras, tu sortiras, tu iras, tu viendras, bien exactement, entends-tu? Tout cela est pour ton bien. Madame et moi nous les aiderons à t'enseigner quelque chose que je sais bien, et nous ne te demandons pour nos peines que de poser tous les jours une heure devant madame; cela ne t'afflige[53] pas trop fort, n'est-ce pas?"

Pierrette ne répondait qu'en rougissant et en pâlissant à chaque parole; mais elle était si contente qu'elle aurait voulu embrasser la petite Reine comme sa camarade.

Comme elle posait, les yeux tournés vers la porte, elle vit entrer deux hommes, l'un gros et l'autre grand. Quand elle vit le grand, elle ne put s'empêcher de crier: — Tiens! c'est. . .

Mais elle se mordit le doigt[54] pour se faire taire.

— Eh bien! comment la trouvez-vous, messieurs? dit la Reine; me suis-je trompée?

— N'est-ce pas que c'est "Rose" même? dit Sédaine.

— Une seule note, madame, dit le plus gros des deux, et je saurai si c'est la Rose de Monsigny,⋆ comme elle est celle de Sédaine.

— Voyons, ma petite, répétez cette gamme,[55] dit Grétry⋆⋆ en chantant "ut, ré, mi, fa, sol".

Pierrette la répéta.

— Elle a une voix divine, madame, dit-il.

La Reine frappa des mains et sauta.

— Elle gagnera sa dot, dit-elle.

⋆ Monsigny, Pierre Alexandre: compositeur français, né à Fauquembergues (1729–1817); un des fondateurs de l'opéra-comique en France.
⋆⋆ Grétry, André: compositeur français, né à Liège (1741–1813). Il a excellé dans l'opéra-comique.

Si je savais faire des surprises, mon lieutenant, continua l'adjudant, comme on en fait dans les livres, et faire attendre la fin d'une histoire en tenant la dragée° haute aux auditeurs,[56] et puis la faire goûter du bout des lèvres, et puis la relever, et puis la donner tout entière à manger, je trouverais une manière nouvelle de vous dire la suite de ceci: mais je vais de fil en aiguille,[57] tout simplement comme a été ma vie de jour en jour, et je vous dirai que, depuis le jour où mon pauvre Michel était venu me voir ici à Vincennes, et m'avait trouvé dans la position du premier rang, je maigris[58] d'une manière ridicule, parce que je n'entendis plus parler de notre petite famille de Montreuil, et que je vins à penser que Pierrette m'avait oublié tout à fait. Le régiment d'Auvergne était à Orléans depuis trois mois, et le mal du pays[59] commençait à m'y prendre. Je jaunissais à vue d'oeil et je ne pouvais plus soutenir mon fusil. Mes camarades commençaient à me prendre en grand mépris,[60] comme on prend ici toute maladie, vous le savez.

> **dragée** f bonbon

Il y en avait qui me dédaignaient° parce qu'ils me croyaient très malade, d'autres parce qu'ils soutenaient que je faisais semblant de l'être et, dans ce dernier cas, il ne me restait d'autre parti que de mourir pour prouver que je disais vrai, ne pouvant pas me rétablir tout à coup ni être assez mal pour me coucher; fâcheuse° position.

> **dédaigner** mépriser

> **fâcheux** désagréable

Un jour, un officier de ma compagnie vint me trouver, et me dit:

— Mathurin, toi qui sais lire, lis un peu cela.

Et il me conduisit sur la place de Jeanne-d'Arc, place qui m'est chère, où je lus une grande affiche de spectacle sur laquelle on avait imprimé ceci:

PAR ORDRE

Lundi prochain[7] représentation extraordinaire d'IRENE, pièce nouvelle de M. de VOLTAIRE, et de ROSE ET COLAS, par M. SEDAINE, musique de MONSIGNY, au bénéfice° de mademoiselle Colombe, célèbre cantatrice° de la Comédie-Italienne, laquelle paraîtra dans la seconde pièce. SA MAJESTE LA REINE a daigné promettre qu'elle honorerait le spectacle de sa présence.

> **au bénéfice** au profit
> **cantatrice** chanteuse professionnelle

— Eh bien, dis-je, mon capitaine, qu'est-ce que cela peut me faire, ça!

— Tu es un bon sujet, me dit-il, tu es beau garçon; je te ferai poudrer et friser pour te donner un peu meilleur air, et tu seras placé en faction° à la porte de la loge de la Reine.

> **faction** f service de garde

Ce qui fut dit fut fait. L'heure du spectacle venue, me voilà dans le corridor, en grande tenue° du régiment d'Auvergne, sur un tapis bleu, au milieu des guirlandes de fleurs en festons qu'on avait disposées° partout, et des lis épanouis,[61] sur chaque marche des escaliers du théâtre. Le directeur courait de tous côtés avec un air tout joyeux et agité. C'était un petit homme gros et rouge, vêtu d'un habit de soie bleu de ciel, avec un jabot florissant et

> **tenue** f costume
> **disposer** arranger

faisant la roue.° Il s'agitait en tous sens, et ne cessait de se mettre à la fenêtre en disant:

    — Ceci est la livrée[62] de madame la duchesse de Montmorency; ceci, le coureur de monsieur le duc de Lauzun; monsieur le prince de Guéménée vient d'arriver; monsieur de Lambesc vient après. Vous avez vu? Vous savez? Qu'elle est bonne, la Reine! Que la Reine est bonne!

    Il passait et repassait effaré,° cherchant Grétry, et le rencontra nez à nez dans le corridor précisément en face de moi.

    — Dites-moi, monsieur Grétry, mon cher monsieur Grétry, dites-moi, je vous en supplie, s'il ne m'est pas possible de parler à cette célèbre cantatrice que vous m'amenez. Certainement il n'est pas permis à un ignare et non-lettré° comme moi d'élever le plus léger doute sur son talent, mais encore voudrais-je bien apprendre de vous qu'il n'y a pas à craindre que la Reine ne soit mécontente. On n'a pas répété.

    — Hé! hé! répondit Grétry d'un air de persiflage,° il m'est impossible de vous répondre là-dessus,[63] mon cher monsieur; ce que je puis vous assurer, c'est que vous ne la verrez pas. Une actrice comme celle-là, monsieur, c'est une enfant gâtée. Mais vous la verrez quand elle entrera en scène.[64] D'ailleurs, quand ce serait une autre que mademoiselle Colombe, qu'est-ce que cela vous fait?

    — Comment, monsieur, moi, directeur du théâtre d'Orléans, je n'aurais pas le droit?. . . reprit-il en se gonflant les joues.

    — Aucun droit, mon brave directeur, dit Grétry. Eh! comment se fait-il que vous doutiez un moment d'un° talent dont Sédaine et moi avons répondu? poursuivit-il avec plus de sérieux.

    Je fus bien aise d'entendre ce nom cité avec autorité, et je prêtai plus d'attention.

    Le directeur, en homme qui savait son métier, voulut profiter de la circonstance.

    — Mais on me compte donc pour rien? disait-il; mais de quoi ai-je l'air? J'ai prêté mon théâtre avec un plaisir infini, trop heureux de voir l'auguste princesse qui. . .

    — A propos, dit Grétry, vous savez que je suis chargé de vous annoncer que ce soir la Reine vous fera remettre un somme égale à la moitié de la recette générale.[65]

    Le directeur saluait avec une inclination profonde en reculant toujours, ce qui prouvait le plaisir que lui faisait cette nouvelle.

    — Fi donc! monsieur, fi donc! je ne parle pas de cela, malgré le respect avec lequel je recevrai cette faveur; mais vous ne m'avez rien fait espérer qui vînt de votre génie. et. . .

    — Vous savez aussi qu'il est question de vous pour diriger[66] la Comédie-Italienne à Paris?

    — Ah! monsieur Grétry. . .

    — On ne parle que de votre mérite à la cour; tout le monde vous y aime

faire la roue faire le beau

effaré agité

ignare et non-lettré pas instruit

persiflage m ironie satirique

douter de ne pas avoir confiance en

beaucoup. et c'est pour cela que la Reine a voulu voir votre théâtre. Un directeur est l'âme de tout; de lui vient le génie des auteurs, celui des compositeurs,° des acteurs, des décorateurs, des dessinateurs, des allumeurs et des balayeurs;[67] c'est le principe et la fin de tout; la Reine le sait bien. Vous avez triplé° vos places, j'espère?

compositeur *m* celui qui compose de la musique

— Mieux que cela, monsieur Grétry, elles sont à un louis;° je ne pouvais pas manquer de respect à la cour au point de les mettre à moins.

tripler multiplier le prix par trois
louis *m* ancienne monnaie

En ce moment même tout retentit d'un grand bruit de chevaux et de grands cris de joie, et la Reine entra si vite, que j'eus à peine le temps de présenter les armes, ainsi que la sentinelle placée devant moi. De beaux seigneurs parfumés la suivaient, et une jeune femme, que je reconnus pour celle qui l'accompagnait à Montreuil.

Le spectacle commença tout de suite. Le Kain et cinq autres acteurs de la Comédie-Française étaient venus jouer la tragédie d'*Irène*, et je m'aperçus que cette tragédie allait toujours son train[68], parce que la Reine parlait et riait tout le temps qu'elle dura. On n'applaudissait pas, par respect pour elle, comme c'est l'usage encore, je crois, à la cour. Mais quand vint l'opéra-comique, elle ne dit plus rien, et personne ne souffla° dans sa loge.

souffler ici, ne rien dire

Tout d'un coup j'entendis une grande voix de femme qui s'élevait de la scène, et qui me remua les entrailles; je tremblai, et je fus forcé de m'appuyer sur mon fusil. Il n'y avait qu'une voix comme celle-là dans le monde, une voix venant du cœur, et résonnant dans la poitrine comme une harpe, une voix de passion.

J'écoutai, en appliquant mon oreille contre la porte, et à travers le rideau de gaze de la petite lucarne° de la loge, j'entrevis[69] les comédiens et la pièce qu'ils jouaient; il y avait une petite personne qui chantait.

lucarne *f* petite fenêtre

J'eus un frisson° extraordinaire par tout le corps quand je vis à quel point cette "Rose" ressemblait à Pierrette; c'était sa taille, c'était son même habit, son fourreau rouge et bleu, son jupon blanc, son petit air délibéré et naif, sa jambe si bien faite, et ses petits souliers à boucles d'argent avec ses bas rouges et bleus.

frisson *m* tremblement convulsif

Mon Dieu, me disais-je, comme il faut que ces actrices soient habiles pour prendre ainsi tout de suite l'air des autres! Voilà cette fameuse mademoiselle Colombe, qui loge dans un bel hôtel, qui est venue ici en poste,[70] qui a plusieurs laquais, et qui va dans Paris vêtue comme une duchesse, et elle ressemble autant que cela à Pierrette! mais on voit bien tout de suite que ce n'est pas elle. Ma pauvre Pierrette ne chantait pas si bien, quoique sa voix soit au moins aussi jolie.

Je ne pouvais pas cependant cesser de regarder à travers la glace, et j'y restai jusqu'au moment où l'on me poussa brusquement la porte sur le visage. La Reine avait trop chaud, et voulait que sa loge fut ouverte. J'entendis sa voix; elle parlait vite et haut:

— Je suis bien contente, le Roi s'amusera bien de notre aventure. Monsieur le premier gentilhomme de la chambre peut dire à mademoiselle

Colombe qu'elle ne se repentira pas de m'avoir laissé faire les honneurs de son nom. Oh! que cela m'amuse!

— Ma chère princesse, disait-elle à madame de Lamballe, nous avons attrapé tout le monde ici... tout ce qui est là fait une bonne action sans s'en douter.[71] Voilà ceux de la bonne ville d'Orléans enchantés de la grande cantatrice, et toute la cour qui voudrait l'applaudir. Oui, oui, applaudissons.

En même temps elle donna le signal des applaudissements, et toute la salle, ayant les mains déchaînées, ne laissa plus passer un mot de "Rose" sans l'applaudir à tout rompre.[72] La charmante Reine était ravie.

— C'est ici, dit-elle à M. de Biron, qu'il y a trois mille amoureux; mais ils le sont de Rose, et non de moi, cette fois.

La pièce finissait et les femmes en étaient à jeter leurs bouquets sur Rose.

— Et le véritable amoureux, où est-il donc? dit la Reine à M. le duc de Lauzun. Il sortit de la loge et fit signe à mon capitaine, qui rôdait° dans le corridor.

rôder errer au hasard

Le tremblement me reprit; je sentais qu'il allait m'arriver quelque chose, sans oser le prévoir ou le comprendre, ou seulement y penser.

Mon capitaine salua profondément et parla bas à M. de Lausun. La Reine me regarda; je m'appuyai sur le mur pour ne pas tomber. On montait l'escalier, et je vis Michel Sédaine suivi de Grétry et du directeur important et sot; ils conduisaient Pierrette, la vraie Pierrette, ma Pierrette de Montreuil.

Le directeur cria de loin: — Voici une belle soirée de dix-huit mille francs!

La Reine se retourna et, parlant hors de sa loge d'un air tout à la fois plein de franche gaieté et d'une bienfaisante finesse, elle prit la main de Pierrette:

— Viens, mon enfant, dit-elle, il n'y a pas d'autre état qui fasse gagner sa dot en une heure de temps sans péché.[73] Je reconduirai demain mon élève à M. le curé de Montreuil, qui nous absoudra toutes les deux, j'espère. Il te pardonnera bien d'avoir joué la comédie une fois dans ta vie, c'est le moins que puisse faire une femme honnête.°

honnête vertueu

Ensuite elle me salua. Me saluer! moi, qui étais plus d'à moitié mort, quelle cruauté!

— J'espère, dit-elle, que M. Mathurin voudra bien accepter à présent la fortune de Pierrette; je n'y ajoute rien, elle l'a gagnée elle-même.

Questions

1. Quel est le nom de l'adjudant?
2. Citez deux choses qu'il aimait faire dans son enfance.
3. Que bâtissait-on près de son village?
4. Qui l'accompagna au parc?
5. De qui y firent-ils la connaissance?
6. Pour quoi était-il spécialement doué?
7. Quelle sorte de travail Mathurin faisait-il?
8. Qui arriva un jour tandis que Mathurin travaillait en présence de sa petite amie?

Pour tromper son ennui, Marie-Antoinette se déguisait souvent en bergère: ci-dessus, la Laiterie du Hameau de Trianon, par Hazon. *(M. de Ile-de-France. Sceaux. Giraudon)*

9. Que dit une de ces dames à Pierrette?
10. Comment l'adjudant décrivit-il cette dame?
11. Qui était-elle et qui était sa compagne?
12. Pourquoi deux grands laquais et une femme de chambre vinrent-ils un jour chez le curé?
13. Que fit Mathurin peu après cette visite?
14. Quel est le nom du corps d'armée dans lequel Mathurin s'engagea?
15. Pourquoi voulut-il être soldat?
16. Quelles conditions semblaient nécessaires à Mathurin pour épouser Pierrette?
17. Qui vint voir Mathurin à la caserne? Que faisait-il alors?
18. Où emmena-t-on Pierrette un jour et pourquoi?
19. En quelle ville devait-on présenter un spectacle que la reine devait honorer de sa présence? Quel était ce spectacle?
20. Quelle fonction fut attribuée à Mathurin pour cette occasion?

21. Que fit la reine pendant la représentation de la tragédie *d'Irène*?
22. Que fit-elle pendant l'opéra comique?
23. Quelle voix Mathurin entendit-il venant de la scène?
24. Comment Pierrette avait-elle gagné sa dot?
25. Qui avait peint le petit portrait de sa femme que l'adjudant montra à ses visiteurs?

Notes

1 **dot** *f* dowry 2 **rebondi** chubby 3 **clavecin** *m* harpsichord 4 **accorder** to tune 5 **rouillé** rusty 6 **clavier** *m* keyboard 7 **dièse** *m* black key 8 **pelouse de gazon** *f* grass lawn 9 **fourreau** *m* tight-fitting dress 10 **scier** to saw 11 **tailler** to cut 12 **dégingandé** awkward 13 **équerre** *f* square (tool) 14 **petite vérole** *f* smallpox 15 **hêtre** *m* beech tree 16 **soie** *f* silk 17 **sans façon** without ceremony 18 **laitière** *f* milkmaid 19 **de ma part** on my behalf 20 **s'aviser de** to venture to 21 **canne de. . . . or** *f* Malacca cane with gold head 22 **toilette** *f* dressing room 23 **se faire fusiller** to a firing line 24 **rougir de toi** to be ashamed of you 25 **tapageur** boisterous 26 **en faisant la moue** pouting 27 **n'y tint pas** couldn't stand it any longer 28 **revers** *m* lapel 29 **chevreuil** *m* roe deer 30 **perdreau** *m* young partridge 31 **jouir de** to revel in 32 **ordonnance** *f* regulation 33 **peloton** *m* changed in Eng. to platoon 34 **se comporter** to behave 35 **queue** *f* pigtail (on a wig) 36 **pavé** *m* paving stone 37 **ployer. . . à la saigneé** to bend my arms at the elbows 38 **crosse** *f* stock 39 **canon** *m* barrel 40 **duvet** *m* down 41 **tirer sur** to fire at 42 **tout. . . attendre** all things come to him who waits 43 **se laisser faire la leçon** to let oneself be told what to do 44 **être mis à la porte** to be thrown out 45 **carrosse** *f* carriage 46 **train** *m* pace 47 **botte à écuyère** *f* riding boot 48 **jabot** *m* shirt frill 49 **écuyer** *m* squire 50 **faire des façons** to put on airs 51 **rayer. . . clous** to scratch with the nails of her shoes 52 **pinceau** *m* paintbrush 53 **affliger** to trouble 54 **se mordre le doigt** to bite one's finger 55 **gamme** *f* musical scale 56 **tenir. . . auditeurs** to keep the listeners in suspense 57 **aller de fil en aiguille** to go from one thing to the next 58 **maigrir** to waste away 59 **mal du pays** *m* homesickness 60 **prendre en grand mépris** to feel a great contempt for 61 **épanoui** in full bloom 62 **livrée** *f* livery 63 **répondre là-dessus** to comment on that 64 **en scène** onstage 65 **recette générale** box-office takings 66 **il est. . . diriger** you are being considered for the directorship of 67 **balayeur** *m* sweeper 68 **aller toujours son train** to go on in the same old way 69 **entrevoir** to catch a glimpse of 70 **en poste** by relay coach 71 **sans s'en douter** without being aware of it 72 **à tout rompre** furiously 73 **péché** *m* sin

L'Affaire du Collier*

L'ÉPOQUE la plus heureuse du règne de Louis XVI dura de 1778, année de la naissance du premier enfant royal, jusqu'en 1785 quand le règne fut bouleversé par un évènement aux répercussions violentes et inattendues.

Il s'agissait, disait-on, d'un collier acheté pour la reine par le cardinal de Rohan. Boehmer, joaillier[1] de la couronne, s'efforçait depuis plusieurs années à réunir un assortiment des plus beaux diamants pour en composer un collier à plusieurs rangs.[2] Il se proposait de le faire acheter par sa Majesté la reine. Cette dernière assura Boehmer qu'elle serait très affligée que l'on fît une dépense aussi considérable (un million six cent mille francs) pour un tel bijou. Elle ajouta qu'elle avait de beaux diamants qu'elle ne portait que quatre ou cinq fois par an et que la construction d'un navire était une dépense bien préférable à celle qu'il proposait.

Madame de La Motte, intrigante sans scrupules que Marie-Antoinette ne connaissait même pas de vue, avait trouvé le moyen de s'insinuer dans les grâces du grand aumônier[3] de France, le cardinal de Rohan. C'était un homme d'une moralité fort douteuse.° Elle lui fit croire qu'elle était l'amie secrète et intime de la reine. Contrefaisant° la signature de Marie-Antoinette, elle réussit à convaincre le cardinal d'acheter le collier de Boehmer pour la reine à l'insu du[4] roi. Une fois en possession des diamants, Madame de La Motte assura le cardinal qu'elle les avait bien remis à la reine.

douteux suspect
contrefaire imiter frauduleusement

---

* Ce résumé a été établi presque entièrement d'après les mémoires de Madame Campan.

Les répercussions se firent sentir quand Boehmer finit par se mettre en rapport avec la reine et essaya de recouvrer son argent, croyant que la reine était en possession du collier. Le roi et la reine furent stupéfaits et troublés par la demande de Boehmer. Le roi convoqua le cardinal dans son cabinet et le fit arrêter à la suite de l'entrevue car celui-ci n'avait pu se disculper.[5]

Vous lirez deux versions de l'arrestation du cardinal: celle de Madame Campan, amie dévouée de la reine, et celle de l'abbé Georgel, ami intime du cardinal.

Questions

1. Quand le règne de Louis et de Marie-Antoinette fut-il bouleversé par un évènement inattendu?
2. De quoi s'agit-il?
3. Pourquoi Marie ne voulut-elle pas accepter le collier?
4. Qui était le joaillier de la couronne?
5. Décrivez le cardinal de Rohan.
6. Pourquoi pourrait-on dire qu'il était facile de duper le cardinal dans ce cas-ci?
7. Quelle circonstance précipita "l'affaire"?

ARRESTATION DU CARDINAL*
par Frances Mossiker

Le 15 août [1785] était à Versailles une date importante: c'était à la fois le jour de l'Assomption — l'une des plus grandes fêtes religieuses — et la fête officielle de la reine. La grand-messe était célébrée par le Grand Aumônier de France, le cardinal prince de Rohan. Des visiteurs venus de Paris, des touristes de province, se pressaient en foule dans le Palais, car, au cours de l'année, c'était ce jour-là que la royauté se présentait sous son aspect le plus prestigieux. La famille royale au complet figurait dans le défilé,° avec les quatre enfants de France, les Comtes d'Artois et de Provence, leurs épouses et leurs enfants, Mesdames (les trois tantes célibataires) et tous les princes du sang. Le peuple s'entassait° dans les pièces accessibles au public, surtout le pourtour° de la Galerie des Glaces, que le majestueux cortège devait traverser en se dirigeant vers la chapelle. Les grands et les puissants du royaume, c'est-à-dire les membres de la plus haute noblesse et les ministres du roi, allaient occuper leurs places à l'Oeil-de-boeuf,° ce qui était pour eux un droit et un privilège.

Voilà quel était le jour "choisi par le baron de Breteuil, implacable ennemi du cardinal, pour l'abattre° en faisant tomber sur lui comme un coup de foudre[6] la colère du roi", nous rapporte dans ses mémoires l'Abbé Georgel. Car, nous dit-il au sujet du Baron:

défilé *m* marche de personnes

s'entasser se grouper en masse serrée
pourtour *m* périphérie

Oeil-de-boeuf *m* ici, pièce du château de Versailles où les courtisans attendaient le roi

abattre provoquer la chute de

---

* Dans un livre assez récent, *The Queen's Necklace*, (New York: Simon and Schuster, Inc., 1961), Frances Mossiker a réuni pour la première fois tous les documents qui existent aux Archives de France au sujet de cette affaire. Le texte que vous trouverez ici est celui du livre traduit en français: *L'Affaire du collier* (Paris: Editions René Juilliard, 1963) ch. 16.

"il voulait que ce prince en fût atteint, revêtu de la pourpre romaine et de ses habits pontificaux. En effet, le jour de l'Assomption, où le cardinal grand-aumônier devait accompagner le roi à la chapelle avec tous les attributs de ses dignités ecclésiastiques, le matin à 10 heures, une heure avant que Sa Majesté se rendit en cortège au service divin, le cardinal fut appelé par l'huissier° de la chambre dans le cabinet du roi: il se doutait bien,° en y allant, qu'on avait instruit le roi de l'affaire du collier; mais il était loin de prévoir le coup de théâtre que lui avait préparé son ennemi. Le baron de Breteuil, croyant M. le cardinal assez convaincu par le mémoire des joailliers et la déclaration de Saint-James, avait proposé de le faire publiquement arrêter au moment où il se rendrait chez le roi pour l'accompagner à la chapelle; mais Louis XVI, dont le jugement a toujours été sain° et le coeur bon, quoique profondément affecté du tableau qu'on lui avait mis sous les yeux ne voulut point punir sans avoir entendu le coupable. Sa Majesté voulut même, dans une affaire aussi majeure et aussi délicate, s'aider des conseils de deux hommes qu'il savait n'être pas les ennemis du cardinal; en conséquence, le garde des sceaux, Mirosmesnil, et le comte de Vergennes, ministre des affaires étrangères, furent mandés° dans le cabinet du roi. La reine y était avec le baron de Breteuil; on donna communication aux deux ministres appelés, du mémoire des joailliers et de la déclaration de Saint-James;[7] le baron de Breteuil lut son rapport. La reine parla avec cette énergie et cette sensibilité éloquente que lui donnaient. et la conscience de son innocence et la gravité de l'offense qui lui était personnelle: entraînée par un ressentiment dont on ne pouvait blâmer que l'excès, elle fit sentir qu'un pareil outrage méritait une punition prompte et éclatante. Les deux ministres appelés, frappés des preuves qu'on leur administrait, ne purent s'empêcher de partager les sentiments de cette princesse; ils opinèrent néanmoins pour faire appeler le cardinal, lui communiquer les preuves qui le faisaient paraître coupable, et ne se décider, sur le parti à prendre, qu'après l'avoir entendu: le baron de Breteuil ne fut pas de cet avis; mais le roi, naturellement juste, l'adopta; et le Grand-Aumônier fut appelé et introduit: quelle fut sa surprise quand il vit un pareil tribunal présidé par le roi et la reine! Recueillant° alors toutes les facultés de son âme, il se présenta avec l'attitude du respect et de la confiance."

Une réunion secrète derrière les portes verrouillées,° dans le cabinet personnel du roi, — réunion qui comprenait six personnes au total, et qui constituait le conseil suprême du pays: trois ministres de premier rang dans le cabinet, le roi, la reine et, comparaissant° devant eux, le cardinal de Rohan. Six personnes — et pourtant il existe deux comptes-rendus de ce qui fut dit dans cette pièce close. L'un est de l'Abbé Georgel, à qui le cardinal de Rohan avait raconté ce qui s'était passé, l'autre de Madame Campan, qui tenait ses renseignements de la reine.

huissier *m* gardien
se douter soupçonner

sain juste

mandé donné l'ordre de venir

recueillant rassemblant

verrouillé fermé à clef

comparaissant se dit de l'accusé qui se présente par ordre

Mémoires de l'abbé Georgel:

Le roi, prenant le mémoire de Boehmer et la déclaration de Saint-James, lui dit: "Lisez. . . " La lecture finie, le roi lui demanda: "Qu'avez-vous à opposer à de si graves inculpations?° — Sire, répondit le cardinal, les faits du mémoire sont vrais, mais les expressions de la déclaration de Saint-James ne sont pas exactes. J'ai fait l'acquisition du collier pour la reine. — Et qui vous en a chargé? interrompit cette princesse. — Vous, madame. — Moi! qui ne vous ai pas parlé depuis votre retour de Vienne; moi! qui affiche° en toute occasion pour vous le froid le plus glacial et l'éloignement le mieux caractérisé; moi! qui n'ai jamais voulu vous accorder les audiences que vous m'avez demandées avec une espèce d'opiniâtreté.° — Votre Majesté, reprit le cardinal, m'y a autorisé par un écrit signé de sa main. — Où est cet écrit? dit le roi. — Sire, je l'ai à Paris dans mon portefeuille. — Cet écrit, s'écria la reine avec le ton qui décèle° une noble, mais impétueuse agitation, est une imposture." A ce mot, le cardinal, qui croyait toujours être sûr de son fait, jeta sur la reine un regard peut-être trop peu respectueux. Marie-Antoinette qui le remarqua, se sentit enflammée du plus noble courroux.° Le roi, qui s'en aperçut, dit au cardinal: "Sortez."

inculpation *f* accusation

afficher montrer publiquement

opiniâtreté *f* obstination

déceler laisser paraître

courroux *m* colère

.   .   .

Mémoires de Mme Campan:

. . . le roi le fit demander à midi, dans son cabinet. . . "Vous avez acheté des diamants à Boehmer, lui dit le roi. — Oui, sire. — Qu'en avez vous fait? — Je croyais qu'ils avaient été remis à la reine. — Qui vous avait chargé de cette commission? — Une dame nommée la comtesse de La Motte-Valois qui m'a présenté une lettre de la reine. . . Alors la reine l'interrompit, et lui dit: "Comment, monsieur, avez-vous pu croire, vous à qui je n'ai pas adressé la parole depuis huit ans, que je vous choisissais pour conduire cette négo-ciation, et par l'entremise° d'une pareille femme? — Je vois bien, répondit le cardinal, que j'ai été cruellement trompé; je paierai le collier; l'envie que j'avais de plaire à Votre Majesté m'a fasciné les yeux; je n'ai vu nulle super-cherie,° et j'en suis fâché." Alors il sortit de sa poche un portefeuille dans lequel était la lettre de la reine à Madame de La Motte, pour lui donner cette commission. Le roi la prit, et la montrant au cardinal, lui dit: "Ce n'est ni l'écriture de la reine, ni sa signature: comment un prince de la maison de Rohan, et un Grand-Aumônier de France, a-t-il pu croire que la reine signait Marie-Antoinette de France? Personne n'ignore que les reines ne signent que leur nom de baptême. . . "

L'écriture n'était pas plus imitée que le protocole. . .

"Mais, monsieur. . ."

entremise *f* intermédiaire

supercherie *f* tromperie calculée

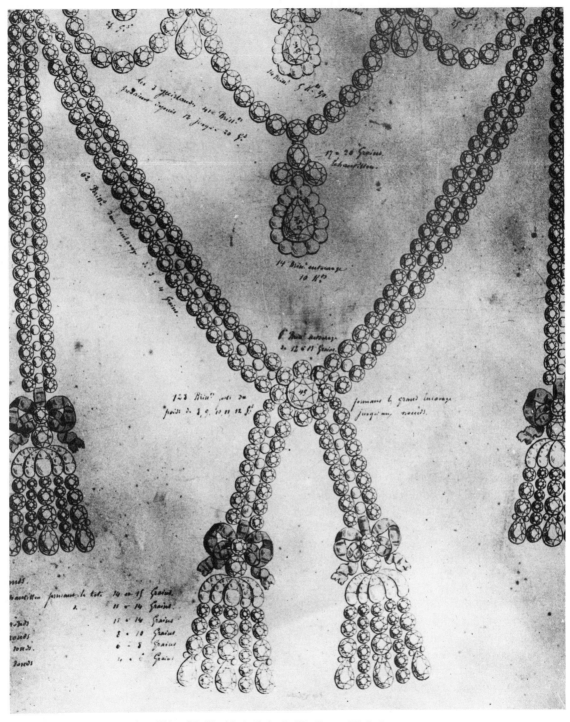

Une reproduction exacte du célèbre "Collier de la Reine". *(Harlingue-Viollet)*

. . . Expliquez-moi donc, continua le roi, toute cette énigme, je ne veux pas vous trouver coupable, je désire votre justification. Expliquez-moi ce que signifient toutes ces démarches° auprès de Böhmer, ces assurances et ces billets?" (Le cardinal pâlissait alors à vue d'oeil, et s'appuyant contre la table:) — "Sire, je suis trop troublé pour répondre à Votre Majesté d'une manière. . . — Remettez-vous,° monsieur le cardinal, et passez dans mon cabinet, vous y trouverez du papier, des plumes et de l'encre: écrivez ce que vous avez à me dire." . . . M. de Vergennes et le garde des sceaux furent d'avis d'apaiser° cette affaire, et d'en éviter le scandale. L'opinion du baron de Breteuil prévalut,° le ressentiment de la reine la favorisait. . . La reine concevait si peu ce qui pouvait avoir donné lieu à l'intrigue dont elle allait être victime, qu'au moment où le roi interrogeait le cardinal, il lui vint à l'esprit une idée effrayante. Elle pensa. avec cette rapidité que font naître l'intérêt personnel et l'extrême agitation que, si le projet de la perdre aux yeux du roi et des Français était le motif caché de cette intrigue, le cardinal allait peut-être affirmer qu'elle avait le collier; qu'il avait été honoré de sa confiance pour cette acquisition faite à l'insu du roi, et indiquer un endroit secret de son appartement où il l'aurait fait cacher par quelque traître. Le besoin d'argent et la basse escroquerie° étaient les seules bases de cette criminelle affaire.

. . . Le cardinal passa dans le cabinet du roi, et revint, un quart d'heure après, avec un écrit aussi peu clair que l'avaient été ses réponses verbales; le roi dit alors: "Retirez-vous, monsieur."

.   .   .

L'abbé Georgel:

La reine, mêlant alors ses larmes à sa colère, demanda hautement justice: son air, ses expressions imposèrent silence au garde des sceaux et à M. de Vergennes qui restèrent muets. Le baron de Breteuil proposa de s'assurer sur-le-champ° de la personne du cardinal. Le roi, que les pleurs de la reine avaient ému, en donna l'ordre au duc de Villeroi, son capitaine des gardes, et au baron de Breteuil. Le Grand-Aumônier, qui venait de sortir de chez Louis XVI, parcourait le galerie en attendant que Sa Majesté sortît pour aller à la chapelle; son visage, qu'il avait su composer, n'annonçait aucune altération, lorsque tout à coup il entend le baron de Breteuil s'écrier à haute voix: "Arrêtez le cardinal de Rohan!" Ce cri et l'arrivée du duc de Villeroi qui signifia à ce prince l'ordre qu'il en avait reçu du roi, attirèrent toute l'attention de la foule qui était ce jour-là dans la galerie de Versailles, et fixèrent tous les regards sur cette scène si étrange. Le cardinal se trouva sur-le-champ entouré du capitaine des gardes, du baron de Breteuil et de l'aide-major des gardes du corps. On remarqua sensiblement que le duc de Villeroi était peiné; que le visage du baron de Breteuil était rayonnant de satisfaction, et que la physionomie du cardinal était calme. Ce prince, dans ce terrible moment qui aurait dû bouleverser° tous ses sens, donna une

démarche *f* conduite

se remettre se calmer

apaiser calmer

prévaloir avoir l'avantage

escroquerie *f* tromperie frauduleuse

sur-le-champ à l'instant même

bouleverser mettre dans la confusion

preuve bien étonnante de sa présence d'esprit: malgré l'escorte qui l'environnait, et à la faveur de la foule qui suivait, il s'arrête, et se baissant, le visage tourné vers le mur comme pour remettre sa boucle[8] ou sa jarretière,[9] il saisit rapidement son crayon et trace à la hâte quelques mots sur un chiffon de papier placé sous sa main dans son bonnet carré rouge: il se relève, et continue son chemin. En rentrant chez lui, ses gens formaient une haie,[10] il y glisse, sans qu'on s'en aperçoive, ce chiffon dans la main d'un valet de chambre de confiance qui l'attendait sur la porte de son appartement. . . . le valet de chambre courait à bride abattue° pour se rendre à Paris: il arriva au Palais-Cardinal entre midi et une heure; son cheval tomba mort à l'écurie. J'étais dans mon appartement; le valet de chambre, l'air effaré,° la pâleur de la mort sur le visage, entre chez moi en me disant: "Tout est perdu, le prince est arrêté." Aussitôt il tombe évanoui, et laisse tomber le papier dont il était porteur. Revenu à lui, il me raconte ce qui venait d'arriver. Je vis qu'il était à l'instant d'exécuter l'ordre contenu dans le billet crayonné: on n'y distinguait qu'imparfaitement les traits sacramentaux. Le valet de chambre, initié dans les secrets de son maître, me donna le mot de l'énigme. Bientôt le petit portefeuille rouge fut à l'abri des recherches: il renfermait toutes les petites lettres de la correspondance. Ce fut alors que ce valet de chambre me donna en gémissant les détails que j'ignorais sur le collier, sur les liaisons trop intimes du prince avec madame de La Motte et Cagliostro[11] . . .

M. le cardinal revint vers les trois heures de Versailles à Paris, dans sa voiture où se trouvait le comte d'Agout, sous aide-major des gardes du corps, chargé d'en répondre[12] jusqu'à nouvel ordre; il avait défense de le laisser[13] parler à personne; il devait même ne point le perdre de vue jusqu'à l'arrivée du ministre de la cour et du lieutenant de police qui devaient se rendre au Palais-Cardinal pour mettre le scellé[14] sur les papiers. Le comte d'Agout qui exerçait à regret le ministère d'une surveillance aussi sévère, s'arrêta, en descendant de voiture, sous prétexte de quelques besoins, laissant ainsi au prince la liberté d'arriver seul dans son appartement. Je me rendis bien vite par une porte dérobée° dans sa garde-robe, où il arriva. Le valet de chambre venait de le tranquilliser sur le *petit porte-feuille rouge*; c'était sa plus grande inquiétude. En m'abordant il me dit: "Vous devez être bien étonné; mais soyez sûr que je ne suis pas un fou, et que j'ai été autorisé à faire ce que j'ai fait; j'en ai les preuves: soyez tranquille; nous nous reverrons peut-être ce soir." La conversation ne put être prolongée; le comte d'Agout était monté; et, par attention pour son honnêteté, M. le cardinal ne voulut plus se séparer de lui. Le baron de Breteuil, M. de Crosne, lieutenant de police, et un secrétaire, arrivèrent à quatre heures: ils se firent ouvrir les portes et annoncer de la part du roi. M. de Breteuil, en arrivant à son ambassade à Vienne, m'avait prédit, en 1775, dix ans auparavant, qu'il commanderait un jour au prince Louis de Rohan, et qu'il lui ferait sentir le poids de son ministère. Il avait prophétisé; il jouissait ce jour-là de ce cruel avantage; il se présenta chez M. le cardinal avec l'air et le ton d'un vainqueur qui a renversé son ennemi.

à bride abattue à toute vitesse

effaré stupéfait

dérobé secret

Cet ennemi, quoique sous les chaînes de l'autorité, ne montra jamais plus de dignité et de grandeur. Le ministre lui demanda d'abord, par ordre du roi, l'écrit qu'il avait annoncé lui avoir été remis de la part de la reine pour l'acquisition du collier: le cardinal le lui remit contre un récépissé° d'une   **récépissé** *m* un reçu pièce qu'il regardait comme essentielle à sa justification; pièce néanmoins qui aurait consommé sa ruine si la Providence n'avait permis qu'on découvrit le faussaire° et le fil de cette infernale intrigue. L'on mit ensuite le   **faussaire** *m* ce qui déguise la vérité scellé sur les papiers. Le ministre en partant dit au comte d'Agout, que le roi permettait à M. le cardinal de recevoir ses parents et les personnes de sa maison. Le baron de Breteuil et le lieutenant de police vinrent ensuite dans mon appartement mettre aussi le scellé sur mes papiers. En se retirant, ce ministre, en me fixant avec complaisance, me dit avec le ton de l'ironie: "Monsieur l'abbé, nous ne sommes plus aujourd'hui à Vienne. — Monsieur, lui répondis-je, je m'en aperçois bien; alors vous ne pouviez que menacer, aujourd'hui vous agissez avec la force en main." M. le cardinal reçut incontinent° la visite de sa nombreuse parenté consternée; lui seul, au milieu   **incontinent** immédiatement d'eux, avait un visage serein. Je soupai en tiers° avec Son Eminence et le   **en tiers** c.-à-d. avec deux autres comte d'Agout: je me retirai à onze heures. Ce ne fut qu'à onze heures et demie que le comte d'Agout lui montra l'ordre du roi qu'avait apporté M. de Breteuil, de la conduire ce soir-là même à la Bastille. Le comte de Launay, gouverneur de cette prison d'Etat, vint à minuit le prendre dans son carrosse. Le cardinal parut très étonné d'un ordre aussi rigoureux et aussi extrême. Lorsque je le quittai, il ne s'attendait qu'à partir pour son diocèse; il sentit alors que le trouble gagnait son âme agitée: il eut néanmoins assez d'empire sur lui pour faire sur-le-champ, avec dignité, le sacrifice qu'on exigeait de sa liberté . . .

En effet, le cardinal ramassa toutes ses forces, et jamais peut-être il ne déploya° plus de dignité et de courage que quand il se vit aux prises avec   **déployer** manifester toute l'effervescence de l'autorité royale et ministérielle déchaînée contre lui.

Le prince de Soubise, cousin du cardinal, avait eu, vers les sept heures, une audience particulière du roi, pour supplier Sa Majesté, au nom de toute la maison de Rohan, de vouloir bien les éclairer sur le délit° qui avait né-   **délit** *m* faute causant un dommage à qq'un cessité un si grand éclat. Louis XVI en parut peiné, et dit: "Je ne veux pas sa perte; mais c'est pour lui-même que je dois m'assurer de sa personne." Sa Majesté confia ensuite au prince de Soubise les griefs[15] de la reine et l'histoire de l'acquisition du collier. Avant de partir pour la Bastille, le cardinal eut la certitude que les petites lettres du portefeuille rouge étaient brûlées, à deux ou trois près,° qui me furent confiées en cas de besoin.   **près** à l'exception de

. . .

Madame Campan:

La destruction de la totalité des correspondances de son éminence, et particulièrement de celle de Madame de La Motte, jeta une impénétrable

Les dépenses les plus extravagantes de la Cour n'étaient pas pour des bijoux, mais pour les fêtes: Fête de nuit au Petit Trianon, par Châtelet. *(Chât. de Versailles. Giraudon)*

obscurité sur toute cette intrigue. . . .

Dès le commencement de cette funeste° affaire, l'inconsidération et l'imprévoyance[16] semblaient avoir dicté toutes les démarches de la cour; l'obscurité qui en résulta laissa le champ libre aux fables qui composèrent les volumineux mémoires écrits de part et d'autre.

. . . ils (les La Motte) descendaient d'un Valois, bâtard des princes de ce nom.

Cette famille de Valois avait cessé de paraître depuis fort longtemps. Des vices héréditaires les avaient successivement jetés dans la plus grande misère.

J'ai entendu dire que le dernier de ces Valois connu avait occupé la terre de Gros-Bois; que venant rarement à la cour, Louis XIII lui demanda ce qu'il faisait pour rester toujours à la campagne; et que ce M. de Valois se borna à[17] lui répondre: *Sire, je n'y fais que ce que je dois.* Peu de temps après, on découvrit qu'il faisait à Gros-Bois de la fausse monnaie . . .

. . . Madame de La Motte avait épousé un simple garde-du-corps de Monsieur; elle logeait à Versailles dans un très médiocre hôtel garni,[18] à la Belle-Image;° et l'on ne peut concevoir comment une personne aussi obscure était parvenue à se faire croire amie de la reine, qui malgré son extrême bonté, n'accordait d'audience que très rarement, et seulement aux personnes titrées. . .

. . . Madame, belle-soeur du roi, avait été la seule protectrice de cette femme, et cette protection s'était bornée à lui faire accorder une mince pension de douze ou quinze cents francs . . .

. . . Non seulement la reine, mais tout ce qui approchait Sa Majesté n'avait jamais eut la moindre relation avec cette intrigante . . .

La reine chercha inutilement à se rappeler les traits de cette femme dont elle avait entendu parler comme d'une intrigante qui venait souvent, le dimanche, dans la galerie de Versailles; et lorsqu'à l'époque où le procès du cardinal occupait toute la France, on mit en vente le portrait de la comtesse de La Motte-Valois, Sa Majesté me dit, un jour où j'allais à Paris, de lui acheter cette gravure que l'on disait assez ressemblante, pour qu'elle vît si elle lui retracerait une personne qu'elle devait avoir aperçue dans la galerie.★

funeste désastreux

la Belle-Image nom de cet hôtel

★ On sait que le public, à l'exception des gens vêtus comme ceux de la dernière classe du peuple, entrait dans la galerie et dans les grands appartements de Versailles, comme dans le parc. *(Note de madame Campan).*

Questions

1. Pourquoi le 15 août 1785 était-il une date importante?
2. Qui figurait dans le défilé royal?
3. Par où le défilé passa-t-il?
4. Qui était l'ennemi implacable du cardinal de Rohan?
5. Que voulait-il qu'il arrivât au cardinal?
6. Quelle décision l'esprit de justice de Louis XVI lui fit-il prendre?
7. Que voulaient la reine et le baron de Breteuil?

8. Quels deux comptes-rendus a-t-on de la réunion secrète qui eut lieu dans le cabinet du roi?

9. Quelles différences trouvez-vous entre les deux comptes-grendus?

10. Décrivez l'arrestation du cardinal d'après le récit de l'abbé Georgel.

11. Que fit le cardinal de suite après son arrestation?

12. Où était l'abbé Georgel à ce moment-là?

13. Qui arriva le premier au Palais-Cardinal et avec quelle mission?

14. Quelle était la plus grande inquiétude du cardinal en arrivant chez lui?

15. Quels personnages arrivèrent ensuite, de la part du roi?

16. Quand fut-il conduit à la Bastille?

17. Qui était le prince de Soubise et que lui confia Louis XVI?

18. Selon Mme Campan qu'est-ce qui explique l'impénétrable obscurité de toute cette intrigue?

19. De quelle famille Mme de la Motte faisait-elle partie?

20. Pourquoi était-il difficile de croire que Mme La Motte aurait pu être intime avec la reine?

Notes

1 **joaillier** *m* jeweller   2 **à plusieurs rangs** with several strands   3 **grand aumônier** *m* chief almoner (almsgiver) to the king   4 **à l'insu de** without the knowledge of   5 **se disculper** to exonerate oneself   6 **coup de foudre** *m* thunderbolt   7 **Saint-James** financier. Boehmer had told him that he had sold the necklace to a Constantinople sultan.   8 **boucle** *f* buckle   9 **jarretière** *f* garter   10 **former une haie** to form a line   11 **Cagliostro** Italian doctor (charlatan) very popular at Louis XVI's court   12 **répondre de** to be responsible for   13 **avoir défense de le laisser** to avoid allowing him to   14 **mettre le scellé** to seal (up)   15 **grief** *m* grievance   16 **imprévoyance** *f* lack of foresight   17 **se borner à** to limit oneself to   18 **garni** furnished

La Revolution française

Stanley Loomis, écrivain américain né à New York, publia la biographie d'une dame très célèbre dans l'histoire de France — Madame la comtesse du Barry. D'une naissance très humble elle devait devenir la dernière maîtresse de Louis XV.

Tiré de ce livre voici un extrait qui explique brièvement les origines de la Révolution française et l'influence exercée sur celle-ci par la jeune république américaine.

LA REVOLUTION FRANÇAISE*
par Stanley Loomis

Le 4 mai 1789, à Versailles, cette machine démodée qu'était la monarchie française, vieille de quatorze siècles, se mit à craquer pour de bon.° **craquer pour de bon** menacer une ruine irrévocable

Privé de ministres compétents, abandonné de sa cour, déchiré de toute part par des conseils égoïstes et contradictoires, le Roi découragé, décida d'accorder la première place au problème insoluble des dettes nationales, avant les recommandations de la nation. Le même roi, pourvu d'un peu plus de volonté et à une autre époque de l'histoire de son pays, aurait pu devenir le souverain le plus révéré de sa dynastie.

Ce sont les dettes et les dettes seules qui poussèrent Louis XVI à réunir les états généraux.° Homme d'une extrême sobriété, il fut la victime sans défense d'un système d'intérêts enchevêtrés,° aussi sombre, compliqué et tortueux que les rues de quelque village médiéval. **états généraux** assemblée consultative sans pouvoir législatif **enchevêtré** embrouillé

"Vingt-cinq millions d'égoïstes unifiés" écrivait l'ambassadeur de Prusse en France en 1788. "Forts de leur union, ils méprisaient toutes les autres nations."

Ils en viennent aux armes chaque fois qu'est tenté le moindre effort pour supprimer les abus et remédier aux maux.

* Extrait de son livre *Du Barry* traduit en français.

Depuis les dames de la Cour à Versailles, qui depuis 1670 avaient joui du privilège de vendre les bougies des appartements de la reine (on remplaçait les bougies tous les jours, qu'elles aient été allumées ou non) jusqu'au gendarme de province qui recevait sa part sur le tarif° appliqué aux manipulations des graines locales, tous avaient leurs propres intérêts à protéger. Tous désiraient ardemment des réformes, pas un n'était décidé à y sacrifier.

tarif *m* liste des prix fixes

La France aurait bien pu aller de l'avant, vacillant sous le fardeau° de ses dettes qui s'accumulaient (il s'agissait pour ainsi dire d'une dépense fixe et permanente) si Louis XVI n'avait pas commis l'erreur fatale de supporter l'Amérique dans sa guerre d'indépendance.

fardeau *m* ce qui pèse lourdement

Financièrement parlant, il est impossible de calculer ce que cette folie coûta à la France; le taux° s'éleva à bien des millions de nos dollars.

taux *m* ici, le total

Afin de pouvoir entretenir ses armées, une fois la guerre finie, le gouvernement américain demanda avec insistance et reçut fréquemment de grands prêts en argent liquide;[1] ceci à une époque où le trésor de la France se trouvait déjà saigné à blanc[2] par le premier soutien que la France avait apporté aux Américains. Pour cet acte de générosité, si insensé° qu'il fût, la France ne reçut, ni n'espéra recevoir, quoi que ce soit° en retour.

insensé contraire au bon sens
quoi que ce soit c.-à-d. aucune récompense

"Votre souverain peut apparemment s'offrir le luxe de parler un langage d'idéaliste"; tel fut le bref commentaire de Frédéric Le Grand à l'ambassadeur de France à Berlin à ce sujet.

Le malheureux Louis XVI reçut peu d'honneurs du pays qui lui avait été confié.

Des documents étudiés récemment ne laissent aucun doute sur le fait que l'offre d'un soutien financier à la cause américaine fut celle du roi, et non celle de ses ministres. Ce fut une décision capitale dans l'enchaînement des événements qui conduisirent Louis XVI à l'échafaud.

Bien que personne n'eût pu prévoir ses conséquences lointaines, la convocation des états généraux fut à l'origine d'agitations extrêmes à travers tout le royaume. Il est probable que Madame du Barry se trouvait parmi les milliers de visiteurs qui se répandirent dans la ville de Versailles pour assister à la procession traditionnelle des Trois Ordres, lorsque ceux-ci défilèrent en direction de l'église Saint Louis. Elle aura sans doute prêté un intérêt tout particulier à la famille royale, lorsque les membres de celle-ci défilèrent un à un, le roi si manifestement peu royal, malgré toute la splendeur de ses habits, avec la même maladresse qu'elle lui connaissait déjà du temps qu'il était dauphin. La foule fit entendre un tonnerre d'applaudissements au passage du roi. On l'avait toujours aimé; presque jusqu'à la fin de sa vie, Louis XVI occupa une grande place dans le cœur de ses sujets. Ceux-ci réservaient toute leur haine pour la reine, la superbe° étrangère. C'est un silence mortel, interrompu seulement par des sifflements ou des insultes qui saluait Marie-Antoinette; sur le cœur de celle-ci pesait d'ailleurs un souci plus lourd que la haine de la cour ou du peuple. Le dauphin, son fils aîné

superbe de somptueuse apparence

âgé de onze ans, était mourant. On l'avait transporté jusqu'à une fenêtre pour qu'il puisse voir son père et sa mère passer dans leurs habits royaux. Une seule fois durant l'austère parade, le visage de Marie-Antoinette changea d'expression. Elle éleva son regard jusqu'à la fenêtre où se trouvait son fils, et sourit.

La froideur du silence avec laquelle la reine fut accueillie se fit plus insultante et significative comparée à la vague d'applaudissements qui salua son ennemi implacable, le duc d'Orléans.★ Celui-ci s'enorgueillissait° déjà des sympathies qu'il comptait parmi les membres du tiers état.° Fou d'ambition et de désir de vengeance, il avait longtemps fait des plans pour renverser les Bourbons et installer les Orléans sur le trône de France.

s'enorgueillir se glorifier
tiers état ceux qui n'étaient ni nobles ni ecclésiastiques

Le regard de la comtesse ne se serait pas longtemps attardé° sur les représentants modestement vêtus du tiers état; ceux-ci étaient d'ailleurs déjà déchirés par des querelles bruyantes, dûs à des ambitions contradictoires, qui égalaient en intensité celles de la Cour.

s'attarder rester

Personne n'aurait distingué parmi eux un juge d'Arras, collet monté,° du nom de Robespierre, dont les lèvres pincées exprimaient la désapprobation° et sur le nez duquel était posée une paire de lunettes teintées de vert.

collet monté c.-à-d. d'un air hautain
désapprobation f action de désapprouver

Ce n'était plus qu'une affaire de semaines pour que le tiers état se proclame Assemblée nationale; cet acte entraîna une vague d'anarchie à travers tout le pays: on brûlait des châteaux, on détruisait des documents municipaux et on se battait dans les villes. Une atmosphère imprégnée d'attente se répandit sur la France. Paris ressemblait à l'une de ces villes, qui, ayant perçu la première secousse° d'un tremblement de terre, attend la seconde avec appréhension.

secousse f choc

Les "troubles", car c'est ainsi qu'on les nommait, non sans euphémisme, même pendant les jours sanglants de la Terreur, contribuèrent peu à bouleverser la vie au jour le jour de Madame du Barry et de ses amies. Elles continuèrent à aller au théâtre, rendirent visite à leurs amies et donnèrent des réceptions.

Une charmante lettre de madame d'Angivillier, l'épouse du directeur des monuments de Versailles, nous donne un bref aperçu des préoccupations de cette dame à la date du 12 juin, 1789: "Recevez, chère Comtesse, tous nos remerciements pour vos bonnes pensées. Ce temps délicieux me rappelle la douceur de flâner° dans vos bois ravissants et comme il serait agréable de vous avoir près de nous. Mais nous sommes contrariés par un engagement antérieur,³ pour samedi; nous ne pouvons le décommander sans offenser les députés. Si cela ne vous dérange pas, nous arriverons mardi prochain vers trois heures. Faites nous savoir si cela vous convient ainsi. Nous nous ferons alors un plaisir de corriger notre erreur involontaire et nous pourrons

flâner errer sans but précis

★ Le duc d'Orléans, Louis-Philippe-Joseph, connu sous le nom de Phillipe Egalité (1747–1793) joua un grand rôle sous la Révolution, à laquelle il n'avait pas tardé à adhérer, au point de voter à la Convention la mort de son cousin Louis XVI.

apprécier cette perfection de l'art et de la nature que l'on trouve à Louveciennes. Transmettez nos cordiales salutations à madame Lebrun, la belle enchanteresse,⋆ qui pourrait se dispenser de son art pour exécuter un charmant portrait de vous. Je vous prie d'excuser toutes ces taches d'eau sur le papier. Ainsi, vous saurez que je suis dans mon bain et que, désirant vous répondre dès que possible, je n'ai pu attendre de sortir de cette enceinte° de vapeur où je passe mes journées."

> enceinte *f* espace clos

Au cours de ce même mois, Madame du Barry fut remarquée par un autre de ces visiteurs qui se rendaient souvent au fameux pavillon, espérant sans doute y apercevoir la propriétaire, par la même occasion, "la plus curieuse relique du règne précédent."

Gouverneur Morris, ministre de l'Amérique en France, notait dans son journal: "Cet après-midi nous visitons le pavillon de Madame du Barry. Ce temple est consacré aux plaisirs du Roi Louis XV. Il est d'un goût raffiné et les finitions° en sont exquises. La vue est très agréable, quoique très vaste; au sortir de là, nous voyons Madame. Elle a passé depuis longtemps la fleur de l'âge et se fait accompagner d'un vieux fat,° Flesselles, le Prévôt des Marchandises. Ils se dirigent vers le pavillon, peut-être pour rendre hommage à ces autels que le Souverain fit élever. Du pavillon nous grimpons la colline et nous nous engageons entre la maison et l'étang,° qui sent d'ailleurs abominablement mauvais, pour regarder danser les villageois."

> finitions *f* détails du décor
>
> fat *m* homme vaniteux
>
> étang *m* étendue d'eau peu profonde

Gouverneur Morris, qui s'était aventuré trop loin, dut faire silence sur la "lascivité"[4] de Louis XV, car à cette époque, sa propre vie à Paris était moins qu'édifiante. Ni Morris, ni Madame du Barry n'auraient pu imaginer qu'en l'espace de moins d'un mois, Flesselles, son compagnon, serait mort, sa tête portée à bout de pique, par les rues.

Au printemps et pendant les premiers mois d'été de cette année, Madame Lebrun travaillait sur le troisième portrait de Madame du Barry. Assises dans les jardins de Louveciennes, les deux femmes fixaient au loin leur regard, sur les flèches de la ville où le sang allait bientôt couler.

Au mois de juillet, le grondement éloigné des canons devint presque incessant et Madame Lebrun, alarmée, rentra à Paris. La Bastille avait été prise. Enivrée° de son sentiment de puissance, la populace marchait dans les rues, brandissant des têtes et des cœurs humains à bout de piques.

> enivré exalté

Terrifiée, Vigée-Lebrun ne retourna pas à Louveciennes comme elle l'avait prévu. Déguisée en paysanne, elle quitta Paris aussi vite qu'elle le pût. C'est seulement lorsqu'elle eut passé la frontière italienne que cette femme sensible, poussa un soupir de soulagement. Dans toutes les directions, un long défilé d'humbles charrettes,[5] de voitures modestes, transportant "des paysannes" aux mains délicates et des "fermiers" aux petits pieds mignons et grassouillets,[6] se répandirent hors de Paris en direction de la Suisse ou de

---

⋆ Madame Elisabeth Vigée-Lebrun, peintre, célèbre surtout par ses portraits des membres de la cour.

l'Italie. Une semaine après la prise de la Bastille, Versailles était aussi vide qu'un grand hôtel en fin de saison.

La Révolution française avait commencé.

Questions

1. Quel âge avait la monarchie française lorsqu'elle se mit à craquer pour de bon?
2. Pourquoi Louis XVI fut-il amené à réunir les états généraux?
3. Pourquoi l'Assemblée ne put-elle pas venir à bout des réformes financières si nécessaires?
4. Pourquoi Louis XVI aurait-il pu devenir le souverain le plus révéré de sa dynastie?
5. Quelle fut la plus grande erreur commise par Louis XVI?
6. Que la France reçut-elle en remerciement de sa générosité?
7. Décrivez l'attitude de la foule vis à vis de Louis et de Marie Antoinette pendant le défilé de Versailles à Paris.
8. Quel souci pesait plus lourd que les insultes de la foule sur le cœur de la reine?
9. Que révèle une lettre de madame d'Angivillier sur la vie du Paris de ce temps-là?
10. Qui était Mme Vigée-Lebrun?
11. Quand la Bastille fut-elle prise?
12. Décrivez le défilé qui suit.
13. Comment fut Versailles une semaine après la prise de la Bastille?

Notes

1 **argent liquide** *m* cash   2 **être saigné à blanc** to be bled white   3 **Nous. . . antérieur** a previous engagement prevents us from accepting   4 **lascivité** *f* desire for that which is agreeable, especially to the senses   5 **charrette** *f* cart   6 **grassouillet** plump

Le défilé qui suit la prise de la Bastille. Dessin de Prieur. *(M. du Louvre. Giraudon)*

Un Episode sous la terreur

HONORÉ DE BALZAC (1799–1850) romancier de génie, est l'auteur de l'ouvrage monumental: *La Comédie humaine* dans lequel il se proposa d'animer toute une société — un monde complet — créé par sa puissante imagination. Il montra pendant toute sa vie un vif intérêt pour la politique. Il voulut peindre les mœurs de la société depuis la Révolution jusqu'au règne de Louis-Philippe mais la mort vint interrompre la tâche qu'il s'était tracée.

Dans un de ses meilleurs contes *Un Episode sous la Terreur*, il évoque les tristes événements de 1793.

UN EPISODE SOUS LA TERREUR
par Honoré de Balzac

I

LE 22 JANVIER 1793, vers huit heures du soir, une vieille dame descendait, à Paris l'éminence° rapide° qui finit devant l'église Saint-Laurent, dans le faubourg[1] Saint-Martin. Il avait tant neigé pendant toute la journée, que les pas s'entendaient à peine.° Les rues étaient désertes. La crainte assez naturelle qu'inspirait le silence s'augmentait de toute la terreur qui faisait alors gémir° la France;★ aussi la vieille dame n'avait-elle encore rencontré personne; sa vue affaiblie° depuis longtemps ne lui permettait pas d'ailleurs d'apercevoir dans le lointain, à la lueur des lanternes, quelques passants clairsemés° comme des ombres dans l'immense voie° de ce faubourg. Elle allait courageusement seule à travers cette solitude, comme si son age était un talisman qui dût la préserver de tout malheur.

éminence *f* élévation du terrain
rapide très incliné

à peine presque pas
gémir souffrir

affaibli rendu moins fort
clairsemé peu nombreux
voie *f* route

★ Le roi Louis XVI avait été guillotiné le 21 janvier 1793 (la veille du jour où commence cette histoire). La "terreur" ici exprime la peur que tous éprouvaient en cette période de la Révolution. Le régime de la Terreur sous Robespierre date de septembre 1793.

Quand elle eut dépassé la rue des Morts, elle crut distinguer le pas lourd et ferme d'un homme qui marchait derrière elle. Elle s'imagina qu'elle n'entendait pas ce bruit pour la première fois; elle s'effraya° d'avoir été suivie et tenta d'aller plus vite encore afin d'atteindre° à une boutique assez bien éclairée, espérant pouvoir vérifier à la lumière les soupçons dont elle était saisie. Aussitôt qu'elle se trouva dans le rayon de lueur horizontale qui partait de cette boutique, elle retourna brusquement la tête, et entrevit° une forme humaine dans le brouillard; cette indistincte vision lui suffit; elle chancela° un moment sous le poids de la terreur dont elle fut accablée,° car elle ne douta plus alors qu'elle n'eût été escortée par l'inconnu depuis le premier pas qu'elle avait fait hors de chez elle, et le désir d'échapper à un espion lui prêta des forces. Incapable de raisonner, elle double le pas, comme si elle pouvait se soustraire° à un homme nécessairement plus agile qu'elle.

Après avoir couru pendant quelques minutes, elle parvint° à la boutique d'un pâtissier, y entra et tomba, plutôt qu'elle ne s'assit, sur une chaise placée devant le comptoir. Au moment où elle fit crier le loquet² de la porte, une jeune femme, occupée à broder,³ leva les yeux, reconnut, à travers les carreaux du vitrage,⁴ la mante° de forme antique et de soie violette dans laquelle la vieille dame était enveloppée, et s'empressa° d'ouvrir un tiroir comme pour y prendre une chose qu'elle devait lui remettre. Non seulement le geste et la physionomie de la jeune femme exprimèrent le désir de se débarrasser° promptement de l'inconnue, comme si c'eût été une de ces personnes qu'on ne voit pas avec plaisir, mais encore elle laissa échapper une expression d'impatience en trouvant le tiroir vide; puis, sans regarder la dame, elle sortit précipitamment° du comptoir, alla vers l'arrière-boutique, et appela son mari qui parut tout à coup.

— Où donc as-tu mis. . .? lui demanda-t-elle d'un air de mystère en lui désignant la vieille dame par un coup d'œil et sans achever° sa phrase.

Quoique le pâtissier ne pût voir que l'immense bonnet de soie noire environné de nœuds en rubans violets qui servait de coiffure à l'inconnue, il disparut après avoir jeté à sa femme un regard qui semblait dire: — Crois-tu que je vais laisser cela dans ton comptoir? Etonnée du silence et de l'immobilité de la vieille dame, la marchande revint auprès d'elle; et, en la voyant, elle se sentit saisie d'un mouvement de compassion ou peut-être aussi de curiosité. Quoique le teint° de cette femme fût naturellement livide° comme celui d'une personne vouée à des austérités° secrètes, il était facile de reconnaître qu'une émotion récente y répandait° une pâleur extraordinaire. Sa coiffure était disposée de manière à cacher ses cheveux, sans doute blanchis par l'âge, car la propreté° du collet° de sa robe annonçait qu'elle ne portait pas de poudre. Ce manque d'ornement faisait contracter à sa figure une sorte de sévérité religieuse. Ses traits étaient graves et fiers. Autrefois les manières et les habitudes des gens de qualité étaient si différentes de celles des gens appartenant aux autres classes, qu'on devinait facilement une personne noble. Aussi la jeune femme était-elle persuadée que l'inconnue

s'effrayer avoir peur

atteindre arriver

entrevoir voir incomplètement

chanceler perdre l'équilibre
être accablé de être écrasé par

se soustraire echapper

parvenir arriver

mante *f* sorte de manteau

s'empresser se dépêcher

se débarrasser se séparer

précipitament à la hâte

achever finir

teint *m* coloris du visage
livide sans couleur
austérité sévérité
répandre manifester

propreté *f* netteté
collet *m* partie du vêtement qui entoure le cou

était une "ci-devant",° et qu'elle avait appartenu à la cour.[5]

— Madame, lui dit-elle involontairement et avec respect en oubliant que ce titre était proscrit.★

La vieille dame ne répondit pas. Elle tenait ses yeux fixés sur le vitrage de la boutique, comme si un objet effrayant y eût été dessiné.

— Qu'as-tu, citoyenne? demanda la maître du logis° qui reparut aussitôt.

Le citoyen pâtissier tira la dame de sa rêverie en lui tendant une petite boîte de carton couverte en papier bleu.

— Rien, rien, mes amis, répondit-elle d'une voix douce.

Elle leva les yeux sur le pâtissier comme pour lui jeter un regard de remerciement; mais en lui voyant un bonnet rouge★★ sur la tête, elle laissa échapper un cri.

— Ah! vous m'avez trahie!

La jeune femme et son mari répondirent par un geste d'horreur qui fit rougir l'inconnue, soit de les avoir soupçonnés, soit de plaisir.

— Excusez-moi, dit-elle alors avec une douceur enfantine. Puis tirant un louis d'or de sa poche, elle le présenta au pâtissier: — Voici le prix convenu,[6] ajouta-t-elle.

Il y a une indigence° que les indigents savent deviner. Le pâtissier et sa femme se regardèrent et se montrèrent la vieille femme en se communiquant une même pensée. Ce louis d'or devait être le dernier. Les mains de la dame tremblaient en offrant cette pièce qu'elle contemplait avec douleur et sans avarice; mais elle semblait connaître toute l'étendue° du sacrifice. Le jeûne° et la misère étaient gravés sur cette figure en traits aussi lisibles° que ceux de la peur et des habitudes ascétiques. Il y avait dans ses vêtements des vestiges de magnificence. C'était de la soie usée,[7] une mante propre quoique passée, des dentelles[8] soigneusement raccommodées;° enfin les haillons[9] de l'opulence. Les marchands, placés entre la pitié et l'intérêt, commencèrent par soulager° leur conscience en paroles.

— Mais, citoyenne, tu parais bien faible.

— Madame aurait-elle besoin de prendre quelque chose? reprit la femme en coupant la parole à° son mari.

— Nous avons de bien bon bouillon, dit le pâtissier.

— Il fait si froid, madame aura peut-être été saisie° en marchant; mais vous pouvez vous reposer ici et vous chauffer un peu.

— Nous ne sommes pas aussi noirs que le diable! s'écria le pâtissier.

Gagnée par l'accent de bienveillance qui animait les paroles des charitables boutiquiers, la dame avoua qu'elle avait été suivie par un homme et qu'elle avait peur de revenir seule chez elle.

★ Les titres de noblesse avaient été abolis, de même que la monarchie, par l'assemblée révolutionnaire, la Convention, qui gouvernait la France depuis le 21 septembre 1792.

★★ Le bonnet phrygien en feutre ou en laine rouge avec une crête, porté autrefois par les habitants de la Phrygie, province d'Asie Mineure, était donné à Rome à un esclave libéré; il avait été adopté en 1789 comme symbole de la liberté.

"ci-devant" c.-à-d. un noble de l'Ancien Régime

logis *m* maison

indigence *f* extrême pauvreté

étendue *f* importance
jeûne *m* absence de nourriture
lisible facile à lire

raccommodé remis en bon état

soulager calmer

couper. . . à interrompre

être saisi être pris (de froid)

— Ce n'est que cela? reprit l'homme au bonnet rouge. Attends-moi. citoyenne.

Il donna le louis à sa femme. Puis mû° par cette espèce de reconnaissance qui se glisse dans l'âme d'un marchand quand il reçoit un prix exorbitant d'une marchandise de médiocre valeur, il alla mettre son uniforme de garde national, prit son chapeau, passa son briquet° et reparut sous les armes; mais sa femme avait eu le temps de réfléchir. Comme dans bien d'autres cœurs, la réflexion ferma la main ouverte de la bienfaisance.° Inquiète et craignant de voir son mari dans quelque mauvaise affaire, la femme du pâtissier essaya de le tirer par le pan de son habit[10] pour l'arrêter; mais, obéissant à un sentiment de charité, le brave homme offrit sur-le-champ à la vieille dame de l'escorter.

— Il paraît que l'homme dont a peur la citoyenne est encore à rôder° devant la boutique, dit vivement la jeune femme.

— Je le crains, dit naïvement la dame.

— Si c'était un espion? si c'était une conspiration? N'y va pas et reprends-lui la boîte.

Ces paroles, soufflées° à l'oreille du pâtissier par sa femme, glacèrent° le courage impromptu dont il était possédé.

— Eh! je m'en vais lui dire deux mots et vous en débarrasser sur-le-champ,° s'écria le pâtissier en ouvrant la porte et sortant avec précipitation.

La vieille dame, passive comme un enfant et presque hébétée,° se rassit sur sa chaise. L'honnête marchand ne tarda pas à reparaître. Son visage, assez rouge de son naturel et enluminé d'ailleurs par le feu du four, était devenu subitement blême;° une si grande frayeur l'agitait que ses jambes tremblaient et que ses yeux ressemblaient à ceux d'un homme ivre.°

— Veux-tu nous faire couper le cou, misérable aristocrate? s'écria-t-il avec fureur. Songe à nous montrer les talons,° ne reparais jamais ici, et ne compte pas sur moi pour te fournir des éléments de conspiration!

En achevant ces mots, le pâtissier essaya de reprendre à la vieille dame la petite boîte qu'elle avait mise dans une de ses poches. A peine les mains hardies° du pâtissier touchèrent-elles ses vêtements, que l'inconnue, préférant se livrer aux dangers de la route sans autre défenseur que Dieu, plutôt que de perdre ce qu'elle venait d'acheter, retrouva l'agilité de sa jeunesse; elle s'élança° vers la porte, l'ouvrit brusquement, et disparut aux yeux de la femme et du mari stupéfaits et tremblants.

Aussitôt que l'inconnue se trouva dehors, elle se mit à marcher avec vitesse; mais ses forces la trahirent bientôt, car elle entendit l'espion par lequel elle était impitoyablement suivie, faisant crier la neige qu'il pressait de son pas pesant; elle fut obligée de s'arrêter, il s'arrêta; elle n'osait ni lui parler, ni le regarder, soit par suite de la peur dont elle était saisie, soit par manque d'intelligence. Elle continua son chemin en allant lentement. L'homme ralentit alors son pas de manière à rester à une distance qui lui permettait de veiller sur elle. L'inconnu semblait être l'ombre même de

mû (de mouvoir) animé

passer un briquet fixer à la ceinture un sabre

bienfaisance f action de faire du bien à quelqu'un

rôder aller et venir

souffler parler à voix basse
glacer intimider

sur-le-champ tout de suite

hébété ayant l'air stupide

subitement blême soudainement très pâle
ivre qui a trop bu

montrer les talons s'enfuir

hardi audacieux

s'élancer se jeter

cette vieille femme. Neuf heures sonnèrent quand le couple silencieux repassa devant l'église de Saint-Laurent. Il est dans la nature de toutes les âmes, même la plus infirme,° qu'un sentiment de calme succède à une agitation violente, car, si les sentiments sont infinis, nos organes sont bornés.° Aussi l'inconnue, n'éprouvant aucun mal de son prétendu persécuteur, voulut-elle voir en lui un ami secret empressé de la protéger; elle réunit toutes les circonstances qui avaient accompagné les apparitions de l'étranger, comme pour trouver des motifs plausibles à cette consolante opinion, et il lui plut alors de reconnaître en lui plutôt de bonnes que de mauvaises intentions.

infirme faible

borné limité

Oubliant l'effroi que cet homme venait d'inspirer au pâtissier, elle avança donc d'un pas ferme dans les régions supérieures du faubourg Saint-Martin. Après une demi-heure de marche, elle parvint à une maison située auprès de l'embranchement formé par la rue principale du faubourg et par celle qui mène à la barrière de Pantin. Ce lieu est encore aujourd'hui un des plus déserts de tout Paris. La bise,° passant sur les buttes Saint-Chaumont★ et de Belleville, sifflait à travers les maisons, ou plutôt les chaumières,[11] semées dans ce vallon presque inhabité où les clôtures° sont en murailles faites avec de la terre et des os. Cet endroit désolé semblait être l'asile° naturel de la misère et du désespoir. L'homme qui s'acharnait° à la poursuite de la pauvre créature assez hardie pour traverser nuitamment° ces rues silencieuses parut frappé du spectacle qui s'offrait à ses regards. Il resta pensif, debout et dans une attitude d'hésitation, faiblement éclairé par un réverbère dont la lueur indécise° perçait à peine le brouillard.

bise *f* vent du nord

clôture *f* séparation entre les jardins
asile *m* refuge
s'acharner poursuivre passionnément
nuitamment pendant la nuit

indécis indistinct

La peur donna des yeux à la vieille femme, qui crut apercevoir quelque chose de sinistre dans les traits de l'inconnu; elle sentit ses terreurs se réveiller et profita de l'espèce d'incertitude qui arrêtait cet homme pour se glisser dans l'ombre vers la porte de la maison solitaire;° elle fit jouer un ressort,[12] et disparut avec une rapidité fantasmagorique.° Le passant, immobile, contemplait cette maison, qui présentait en quelque sorte le type des misérables habitations de ce faubourg. Cette chancelante bicoque° bâtie en moellons° était revêtue d'une couche de plâtre[13] jauni, si fortement lézardée,° qu'on craignait de la voir tomber au moindre effort du vent. Le toit de tuiles brunes, et couvert de mousse s'affaissait[14] en plusieurs endroits de manière à faire croire qu'il allait céder° sous le poids de la neige. Chaque étage avait trois fenêtres dont les châssis,[15] pourris° par l'humidité et disjoints par l'action du soleil, annonçaient que le froid devait pénétrer dans les chambres.

solitaire situé dans un lieu désert
fantasmagorique à la manière d'un fantôme

bicoque *f* habitation misérable
moellon *m* très petite pierre
lézardé crevassé

céder capituler

pourri détérioré

Cette maison isolée ressemblait à une vieille tour que le temps oubliait de détruire. Une faible lumière éclairait les croisées° qui coupaient irrégulièrement la mansardée[16] par laquelle ce pauvre édifice était terminé, tandis que le reste de la maison se trouvait dans une obscurité complète.

croisée *f* fenêtre

★ Aujourd'hui appelées Buttes-Chaumont, un parc dans le nord-est de Paris.

Avant de subir le supplice de la guillotine, les malheureux condamnés passaient dans les rues, où le peuple se moquait d'eux. *(B.N. Paris. Coll. Viollet)*

II

La vieille dame ne monta pas sans peine l'escalier rude° et grossier° le long duquel on s'appuyait sur une corde en guise de° rampe.[17] Elle frappa mystérieusement à la porte du logement qui se trouvait dans la mansarde et s'assit avec précaution sur une chaise que lui présenta un vieillard.

— Cachez-vous, cachez-vous! lui dit-elle. Quoique nous ne sortions que bien rarement, nos démarches[18] sont connues, nos pas sont épiés.°

— Qu'y a-t-il de nouveau? demanda une autre vieille femme assise auprès du feu.

— L'homme qui rôde autour de la maison depuis hier m'a suivie ce soir.

A ces mots, les trois habitants de ce taudis° se regardèrent en laissant

rude rustique
grossier inélégant
en guise de qui sert comme

épié observé secrètement

taudis *m* habitation misérable

paraître sur leurs visages les signes d'une terreur profonde. Le vieillard fut le moins agité des trois, peut-être parce qu'il était le plus en danger. . . Les regards des deux femmes, attachés sur ce vieillard, laissaient facilement deviner qu'il était l'unique objet de leur vive° sollicitude.

    — Pourquoi désespérer de Dieu, mes sœurs? dit-il d'une voix sourde, mais onctueuse;° nous chantions ses louanges° au milieu des cris que poussaient les assassins et les mourants au couvent des Carmes.★ S'il a voulu que je fusse sauvé de cette boucherie, c'est sans doute pour me réserver à une destinée que je dois accepter sans murmure. Dieu protège les siens, il peut en disposer° à son gré.° C'est de vous, et non de moi qu'il faut s'occuper.

    — Non, dit l'une des deux vieilles femmes, qu'est-ce que notre vie en comparaison de celle d'un prêtre?

    — Une fois que je me suis vue hors de l'abbaye de Chelles,★★ je me suis considérée comme morte! s'écria celle des deux religieuses qui n'était pas sortie.

    — Voici, reprit celle qui arrivait en tendant la petite boîte au prêtre, voici les hosties.[19] Mais, s'écria-t-elle, j'entends monter les degrés!°

    A ces mots, tous trois, ils se mirent à écouter. Le bruit cessa.

    — Ne vous effrayez pas, dit le prêtre, si quelqu'un essaie de parvenir jusqu'à vous. Une personne sur la fidélité de laquelle nous pouvons compter a dû prendre toutes ses mesures pour passer la frontière,★ et viendra chercher les lettres que j'ai écrites au duc de Langeais et au marquis de Bauséant,★★ afin qu'ils puissent aviser° aux moyens de vous arracher° à cet affreux pays, à la mort ou à la misère qui vous y attendent.

    — Vous ne nous suivrez donc pas? s'écrièrent doucement les deux religieuses en manifestant une sorte de désespoir.

    — Ma place est là où il y a des victimes, dit le prêtre avec simplicité.

    Elles se turent et regardèrent leur hôte avec une sainte admiration.

    — Sœur Marthe, dit-il en s'adressant à la religieuse qui était allée chercher les hosties, cet envoyé devra répondre *Fiat voluntas* au mot *Hosanna*.★★★

vif ardent

onctueux pieux
louange *f* éloge

disposer de se servir de
à son gré selon son dessein

degré *m* marche

aviser informer
s'arracher s'enlever

    ★ Le couvent des Carmes était situé près de la Sorbonne et fut démoli en 1812. Des éléments de la population parisienne , pris de panique du fait de l'invasion de la frontière de l'Est par Prussiens, excités par des révolutionnaires comme Marat, en rendirent responsables les royalistes et les prêtres. Ils se précipitèrent dans les prisons et les couvents et y massacrèrent environ 1200 personnes. Le massacre commença le 2 septembre 1792 au couvent des Carmes et dura quatre jours.

    ★★ L'abbaye.de Chelles, abbaye de femmes fondée au VIᵉ siècle, supprimée en 1790 et aujourd' hui en ruines. Elle se trouve à dix milles à l'est de Paris, sur la Marne.

    ★★★ Après la prise de la Bastille (14 juillet 1789) beaucoup de nobles français, dont les frères du roi, se réfugièrent en Allemagne et en Belgique. Ils y formèrent une armée qui se battit contre la République. Le grand écrivain romantique, Chateaubriand, en fit partie.

    ★★★★ Ce duc de Langeais est le frère de la sœur Agathe de l'histoire. Le marquis est le frère de sœur Marthe qui est allée chercher les hosties.

    ★★★★★ *Fiat voluntas:* Que votre volonté soit faite. *Hosanna:* Gloire à Dieu. Ces mots étaient des mots de passe pour les membres du clergé qui faisaient partie de la "Résistance" à la République. Ils étaient 40.000 (la moitié du clergé) qui avaient refusé de prêter serment à la constitution républicaine. Ces prêtres "non-assermentés" furent exilés ou emprisonnés; beaucoup se cachèrent en France.

— Il y a quelqu'un dans l'escalier! s'écria l'autre religieuse en ouvrant une cachette pratiquée[20] sous le toit.

Cette fois, il fut facile d'entendre, au milieu du plus profond silence, les pas d'un homme qui faisait retentir° les marches. [. . .] Le prêtre se coula° péniblement dans une espèce d'armoire, et la religieuse jeta quelques hardes° sur lui.

retentir produire un son fort
se couler se glisser
harde *f* vieux vêtement

— Vous pouvez fermer, sœur Agathe, dit-il d'une voix étouffée.°

étouffé faible

A peine le prêtre était-il caché, que trois coups frappés sur la porte firent tressaillir[21] les deux saintes filles, qui se consultèrent des yeux sans oser prononcer une parole. Elles paraissaient avoir toutes deux une soixantaine d'années. Séparées du monde depuis quarante ans, elles étaient comme des plantes habituées à l'air d'une serre,[22] et qui meurent si on les en sort. Accoutumées à la vie du couvent, elles n'en pouvaient plus concevoir d'autre. Un matin, leurs grilles[23] ayant été brisées, elles avaient frémi° de se trouver libres. On peut aisément se figurer° l'espèce d'imbécilité factice° que les événements de la révolution avaient produite dans leurs âmes innocentes. Incapables d'accorder° leurs idées claustrales° avec les difficultés de la vie, et ne comprenant même pas leur situation, elles ressemblaient à des enfants dont on avait pris soin jusqu'alors, et qui, abandonnés par leur providence maternelle, priaient au lieu de crier. Aussi, devant le danger qu'elles prévoyaient[24] en ce moment, demeurèrent-elles muettes° et passives, ne connaissant d'autre défense que la résignation chrétienne.

frémir être agité d'un tremblement
se figurer s'imaginer
factice artificiel
accorder réconcilier
claustral qui appartient à un couvent

muet ne parlant pas

L'homme qui demandait à entrer interpréta ce silence à sa manière, il ouvrit la porte et se montra tout à coup. Les deux religieuses frémirent en reconnaissant le personnage qui, depuis quelque temps, rôdait autour de leur maison et prenait des informations sur leur compte;[25] elles restèrent immobiles en le contemplant avec une curiosité inquiète. [. . .] Cet homme était de haute taille et gros; mais rien dans sa démarche, dans son air ni dans sa physionomie, n'indiquait un méchant homme. Il imita l'immobilité des religieuses, et promena lentement ses regards sur la chambre où il se trouvait.

Deux nattes de paille,[26] posées sur des planches, servaient de lit aux deux religieuses. Une seule table était au milieu de la chambre, et il y avait dessus un chandelier de cuivre,[27] quelques assiettes, trois couteaux et un pain rond. Le feu de la cheminée était modeste. Quelques morceaux de bois entassés° dans un coin, attestaient d'ailleurs la pauvreté des deux recluses. [. . .] Une relique, sans doute sauvée du pillage de l'abbaye de Chelles, ornait le manteau de la cheminée. Trois chaises, deux coffres[28] et une mauvaise commode[29] complétaient l'ameublement de cette pièce. Une porte pratiquée auprès de la cheminée faisait conjecturer qu'il existait une seconde chambre.

entassé empilé

L'inventaire de cette cellule fut bientôt fait par le personnage qui s'était introduit sous de si terribles auspices au sein de ce ménage. Un sentiment de commisération se peignit sur sa figure, et il jeta un regard de bienveillance° sur les deux filles, au moins aussi embarrassé qu'elles. L'étrange

bienveillance *f* disposition favorable

silence dans lequel ils demeurèrent tous trois dura peu, car l'inconnu finit par deviner la faiblesse morale et l'inexpérience des deux pauvres créatures, et il leur dit alors d'une voix qu'il essaya d'adoucir: — Je ne viens point ici en ennemi, citoyennes. . . . Il s'arrêta et se reprit pour dire: Mes sœurs, s'il vous arrivait quelque malheur, croyez que je n'y aurais pas contribué. J'ai une grâce à réclamer de[30] vous.

Elles gardèrent toujours le silence.

— Si je vous importunais,° si. . . je vous gênais,° parlez librement, je me retirerais; mais sachez que je vous suis tout dévoué; que s'il est quelque bon office° que je puisse vous rendre, vous pouvez m'employer sans crainte, et que moi seul, peut-être, suis au-dessus de la loi, puisqu'il n'y a plus de roi.★

importuner ennuyer
gêner embarrasser

office m service

Il y avait un tel accent de vérité dans ces paroles, que la sœur Agathe, celle des deux religieuses qui appartenait à la maison de Langeais, et dont les manières semblaient annoncer qu'elle avait autrefois connu l'éclat° des fêtes et respiré l'air de la cour, s'empressa d'indiquer une des chaises comme pour prier leur hôte° de s'asseoir. L'inconnu manifesta une sorte de joie mêlée de tristesse en comprenant ce geste et attendit pour prendre place que les deux respectables° filles fussent assises.

éclat m magnificence

hôte ici, personne qui reçoit l'hospitalité

respectable vénérable

— Vous avez donné asile, reprit-il, à un vénérable prêtre non-assermenté, qui a miraculeusement échappé aux massacres des Carmes.

— Hosanna! dit la soeur Agathe en interrompant l'étranger et le regardant avec une inquiète curiosité.

— Il ne se nomme pas ainsi, je crois, répondit-il.

— Mais, monsieur, dit vivement la sœur Marthe, nous n'avons pas de prêtre ici, et. . .

— Il faudrait alors avoir plus de soin et de prévoyance, répliqua doucement l'étranger en avançant le bras vers la table et y prenant un bréviaire.° Je ne pense pas que vous sachiez le latin, et. . .

bréviaire m livre des offices religieux

Il ne continua pas, car l'émotion extraordinaire qui se peignit sur les figures des deux pauvres religieuses lui fit craindre d'être allé trop loin; elles étaient tremblantes et leurs yeux s'emplirent de larmes.

— Rassurez-vous, leur dit-il d'une voix franche,° je sais le nom de votre hôte et les vôtres, et depuis trois jours je suis instruit de votre détresse et de votre dévouement pour le vénérable abbé de. . .

franc sincère

— Chut! dit naïvement soeur Agathe en mettant un doigt sur les lèvres.

— Vous voyez, mes sœurs, que si j'avais conçu l'horrible dessein° de vous trahir, j'aurais déjà pu l'accomplir plus d'une fois. . . .

dessein m intention

En entendant ces paroles, le prêtre se dégagea de sa prison et reparut au milieu de la chambre.

— Je ne saurais croire, monsieur, dit-il à l'inconnu, que vous soyez un de nos persécuteurs, et je me fie à° vous. Que voulez-vous de moi?

se fier à avoir confiance en

La sainte confiance du prêtre, la noblesse répandue dans tous ses traits auraient désarmé des assassins. Le mystérieux personnage qui était venu

---

★ Le roi Louis XVI avait été guillotiné la veille (21 janvier 1793).

animer cette scène de misère et de résignation contempla pendant un moment le groupe formé par ces trois êtres; puis il prit un ton de confidence, s'adressa au prêtre en ces termes:

— Mon père, je venais vous supplier de célébrer une messe mortuaire pour le repos de l'âme. . . d'un. . . d'une personne sacrée et dont le corps ne reposera jamais dans la terre sainte.★ . . .

Le prêtre frissonna involontairement. Les deux religieuses, ne comprenant pas encore de qui l'inconnu voulait parler, restèrent le cou tendu,[31] le visage tourné vers les deux interlocuteurs, et dans une attitude de curiosité. L'ecclésiastique examina l'étranger; une anxiété non équivoque° était peinte sur sa figure, et ses regards exprimaient d'ardentes supplications.

équivoque incertain

— Eh bien! répondit le prêtre, ce soir, à minuit, revenez, et je serai prêt à célébrer le seul service funèbre que nous puissions offrir en expiation du crime dont vous parlez.

L'inconnu tressaillit, mais une satisfaction tout à la fois douce et grave parut triompher d'une douleur secrète. Après avoir respectueusement salué le prêtre et les deux saintes filles, il disparut en témoignant° une sorte de reconnaissance muette qui fut comprise par ces trois âmes généreuses.

témoigner ici, faire paraître

III

Environ deux heures après cette scène, l'inconnu revint, frappa discrètement à la porte du grenier,° et fut introduit par mademoiselle de Bauséant, qui le conduisit dans la seconde chambre de ce modeste réduit,° où tout avait été préparé pour la cérémonie. Entre deux tuyaux[32] de la cheminée, les deux religieuses avaient apporté la vieille commode dont les contours antiques étaient ensevelis° sous un magnifique devant d'autel[33] en moire[34] verte. Un grand crucifix d'ébène et d'ivoire attaché sur le mur jaune en faisait ressortir° la nudité et attirait nécessairement les regards. Quatre petits cierges fluets° que les sœurs avaient réussi à fixer sur cet autel improvisé en les scellant dans de la cire à cacheter,[35] jetaient une lueur pâle et mal réfléchie par le mur. [. . .] Le carreau° était humide. Le toit, qui, des deux côtés, s'abaissait rapidement, comme dans les greniers, avait quelques lézardes par lesquelles passait un vent glacial. Rien n'était moins pompeux, et cependant rien peut-être ne fut plus solennel que cette cérémonie lugubre. [. . .]

grenier *m* partie la plus haute d'un bâtiment
réduit *m* très petite et misérable pièce

enseveli ici, caché
ressortir apparaître par contraste
cierge fluet *m* chandelle mince et délicate

carreau *m* plancher de tuile

De chaque côté de l'autel, les deux vieilles recluses, agenouillées sur la tuile du plancher sans s'inquiéter de son humidité mortelle, priaient de concert° avec le prêtre, qui, revêtu de ses habits pontificaux, disposait° un calice d'or orné de pierres précieuses, vase sacré sauvé sans doute du pillage de l'abbaye de Chelles. Auprès d'un ciboire,[36] monument d'une royale magnificence, l'eau et le vin destinés au saint sacrifice, étaient contenus dans deux verres à peine dignes du dernier cabaret. Faute de[37] missel,° le prêtre

de concert ensemble
disposer arranger

missel *m* livre qui contient les prières de la messe

★ Il s'agit de Louis XVI dont le corps, immédiatement après son exécution, avait été brûlé dans de la chaux vive. Les restes avaient été enterrés au cimetière de la Madeleine.

avait posé son bréviaire sur un coin de l'autel. Une assiette commune était préparée pour le lavement des mains innocentes et pures de sang. Tout était immense, mais petit; pauvre, mais noble; profane et saint tout à la fois.

L'inconnu vint pieusement s'agenouiller entre les deux religieuses. Mais tout à coup, en apercevant un crêpe au calice et au crucifix, car, n'ayant rien pour annoncer la destination de cette messe funèbre, le prêtre avait mis Dieu lui-même en deuil, il fut assailli° d'un souvenir si puissant, que des gouttes de sueur se formèrent sur son large front. Les quatre silencieux acteurs de cette scène se regardèrent alors mystérieusement; puis, leurs âmes, agissant à l'envi° les unes sur les autres, se communiquèrent ainsi leurs sentiments et se confondirent° dans une commisération religieuse; il semblait que leur pensée eût évoqué le martyr° dont les restes avaient été dévorés par de la chaux vive,[38] et que son ombre fût devant eux dans toute sa royale majesté. Ils célébraient un obit° sans le corps du défunt. Sous ces tuiles et ces lattes[39] disjointes, quatre chrétiens allaient intercéder auprès de Dieu pour un roi de France, et faire son convoi° sans cercueil. [. . .] Toute la monarchie était là dans les prières d'un prêtre et deux pauvres filles; mais peut-être aussi la Révolution était-elle représentée par cet homme dont la figure trahissait trop de remords° pour ne pas croire qu'il accomplissait les voeux d'un immense repentir.

Au lieu de prononcer les paroles latines: *Introibo ad altare Dei,*★ etc., le prêtre, par une inspiration divine, regarda les trois assistants qui figuraient° la France chrétienne et leur dit pour effacer les misères de ce taudis:

— Nous allons entrer dans le sanctuaire de Dieu!

A ces paroles jetées avec une onction pénétrante, une sainte frayeur° saisit l'assistant et les deux religieuses. [. . .] La ferveur de l'inconnu était vraie. Aussi le sentiment qui unissait les prières de ces quatre serviteurs de Dieu et du roi fut-il unanime. Les paroles saintes retentissaient comme une musique céleste au milieu du silence. Il y eut un moment où les pleurs gagnèrent l'inconnu, ce fut at *Pater Noster.* Le prêtre y ajouta cette prière latine, qui fut sans doute comprise par l'étranger: *Et remitte scelus regicidis sicut Ludovicus eis remisit semetipse.* (Et pardonnez aux régicides comme Louis XVI leur a pardonné lui-même.★)

Les deux religieuses virent deux grosses larmes traçant un chemin humide le long des joues mâles de l'inconnu et tombant sur le plancher. L'office des morts fut récité. Le *Domine salvum fac regem,* (Dieu, sauve le roi) chanté à voix basse, attendrit° ces fidèles royalistes, qui pensèrent que l'enfant-roi★★ pour lequel ils suppliaient en ce moment le Très-Haut, était captif entre les mains de ses ennemis. L'inconnu frissonna en songeant qu'il pouvait encore se commettre un nouveau crime auquel il serait sans doute forcé de participer.

être assailli être attaqué vivement

à l'envi réciproquement

se confondre se mêler

martyr *m* qui meurt pour une cause; ici, c'est Louis XVI

obit *m* cérémonie religieuse consacrée au repos de l'âme d'un mort

convoi *m* cortège funèbre

remords *m* regret

figurer symboliser

frayeur *f* peur

attendrir rendre tendre

★ *Introibo ad altare Dei:* J'irai à l'autel de Dieu.
★★ Louis XVI leur a pardonné lui-même. Avant de mourir, il a prié pour ses assassins.
★★★★ Louis XVII, fils de Louis XVI, qui était alors emprisonné à Paris dans la prison du Temple avec sa mère Marie-Antoinette. Il avait huit ans. Il mourut deux ans plus tard, dans cette même prison.

Quand le service funèbre fut terminé, le prêtre fit un signe aux deux religieuses, qui se retirèrent. Aussitôt qu'il se trouva seul avec l'inconnu, il alla vers lui d'un air doux et triste; puis il lui dit d'une voix paternelle:

— Mon fils, si vous avez trempé vos mains dans le sang° du roi martyr, confiez-vous à° moi. Il n'est pas de faute qui, aux yeux de Dieu, ne soit effacée par un repentir aussi touchant et aussi sincère que le vôtre paraît l'être.

Aux premiers mots prononcés par l'ecclésiastique, l'étranger laissa échapper un mouvement de terreur involontaire; mais il reprit une contenance calme, et regarda avec assurance le prêtre étonné:

— Mon père, lui dit-il d'une voix visiblement altérée, nul n'est plus innocent que moi du sang versé.

— Je dois vous croire, dit le prêtre.

Il fit une pause pendant laquelle il examina derechef° son pénitent; puis persistant à le prendre pour un de ces peureux° conventionnels qui livrèrent° une tête inviolable° et sacrée afin de conserver la leur, il reprit d'une voix grave:

— Songez, mon fils, qu'il ne suffit pas, pour être absous° de ce grand crime, de n'y avoir point coopéré. Ceux qui, pouvant défendre le roi, ont laissé leur épée dans le fourreau,[40] auront un compte bien lourd à rendre devant le roi des cieux. Oh! oui, ajouta le vieux prêtre en agitant la tête de droite à gauche par un mouvement expressif, oui, bien lourd! car, en restant oisifs,° ils sont devenus les complices involontaires de cet épouvantable° forfait.

— Vous croyez, demanda l'inconnu stupéfait, qu'une participation indirecte sera punie. Le soldat qui a été commandé pour former la haie est-il donc coupable?

Le prêtre demeura indécis.° Heureux de l'embarras dans lequel il mettait ce puritain de la royauté et le plaçant entre le dogme de l'obéissance passive qui doit, selon les partisans de la monarchie, dominer les codes militaires, et le dogme tout aussi important qui consacre le respect dû à la personne des rois, l'étranger s'empressa de voir dans l'hésitation du prêtre une solution favorable à des doutes par lesquels il paraissait tourmenté. Puis, pour ne pas laisser le vénérable janséniste[41] réfléchir plus longtemps, il dit:

— Je rougirais° de vous offrir un salaire° quelconque° du service funéraire que vous venez de célébrer pour le repos de l'âme du roi et pour l'acquit[42] de ma conscience. On ne peut payer une chose inestimable que par une offrande qui soit aussi hors de prix.° Daignez° donc accepter, monsieur, le don que je vous fais d'une sainte relique. Un jour viendra peut-être où vous en comprendrez la valeur.

En achevant ces mots, l'étranger présentait à l'ecclésiastique une petite boîte extrêmement légère; le prêtre la prit involontairement pour ainsi dire, car la solennité des paroles de cet homme, le ton qu'il y mit, le respect avec lequel il tenait cette boîte, l'avaient plongé dans une profonde surprise. Ils

tremper. . . sang participer au meurtre
se confier à faire des confidences

derechef une seconde fois
peureux qui manque la résolution
livrer abandonner
inviolable celui qui a une immunité légale

absous pardonné

oisif ici, non engagé
épouvantable atroce

indécis incertain

rougir ici, avoir honte
salaire m récompense
quelconque n'importe lequel

hors de prix de telle valeur qu'on ne peut en fixer un prix
daigner vouloir bien

Robespierre voulait établir le culte de la Vertu. A cette fin, il fit régner la Terreur, jusqu'à 1794, lorsqu'il mourut, à son tour, sous la guillotine. *(M. Carnavalet. Paris. Giraudon)*

rentrèrent alors dans la pièce où les deux religieuses les attendaient.

— Vous êtes, leur dit l'inconnu, dans une maison dont le propriétaire, Mucius Scaevola,★ ce plâtrier qui habite le premier étage, est célèbre dans la section par son patriotisme; mais il est secrètement attaché aux Bourbons. Jadis, il était piqueur° de Monseigneur le prince de Conti,★★ et il lui doit sa fortune. En ne sortant pas de chez lui, vous êtes plus en sûreté ici qu'en aucun lieu de la France. Restez-y. Des âmes pieuses veilleront° à vos besoins, et vous pourrez attendre sans danger des temps moins mauvais. Dans un an, au 21 janvier — en prononçant ces derniers mots, il ne put dissimuler un mouvement involontaire — si vous adoptez ce triste lieu pour asile, je reviendrai célébrer avec vous la messe expiatoire. . .

Il n'acheva pas. Il salua les muets habitants du grenier, jeta un dernier regard sur les symptômes° qui déposaient de° leur indigence et il disparut.

Pour les deux innocentes religieuses, une semblable aventure avait tout l'intérêt d'un roman; aussi, dès que le vénérable abbé les instruisit du mystérieux présent si solennellement fait par cet homme, la boîte fut-elle placée par elles sur la table, et les trois figures inquiètes, faiblement éclairées par la chandelle, trahirent-elles une indescriptible curiosité. Mademoiselle de Langeais ouvrit la boîte, y trouva un mouchoir de batiste très fine, souillé° de sueur; et, en le dépliant ils y reconnurent des taches.

— C'est du sang! dit le prêtre.

— Il est marqué de la couronne royale! s'écria l'autre soeur.

Les deux soeurs laissèrent tomber la précieuse relique avec horreur. Pour ces deux âmes naïves, le mystère dont s'enveloppait l'étranger devint inexplicable; et, quant au prêtre, dès ce jour il ne tenta même pas de se l'expliquer.

Les trois prisonniers ne tardèrent° pas à s'apercevoir, malgré la Terreur, qu'une main puissante était étendue sur eux. D'abord, ils reçurent du bois et des provisions; puis les deux religieuses devinèrent qu'une femme était associée à leur protecteur, quand on leur envoya du linge et des vêtements qui pouvaient leur permettre de sortir sans être remarquées par les modes aristocratiques des habits qu'elles avaient été forcées de conserver; enfin Mucius Scaevola leur donna deux cartes civiques.° Souvent des avis° nécessaires à la sûreté du prêtre lui parvinrent par des voies détournées,° et il reconnut une telle opportunité° dans ces conseils qu'ils ne pouvaient être donnés que par une personne initiée aux secrets de l'Etat. Malgré la famine qui pesa sur Paris, les proscrits trouvèrent à la porte de leur taudis des rations de pain blanc qui y étaient régulièrement apportées par des mains invisibles; néanmoins° ils crurent reconnaître dans Mucius Scaevola le mystérieux agent de cette bienfaisance toujours aussi ingénieuse qu'intelli-

piqueur *m* valet s'occupant spécialement des chevaux

veiller donner ses soins

symptôme *m* signe
déposer de attester

souillé sali

tarder être lent à venir

carte civique *f* carte d'identité
avis *m* conseil
détourné pas direct
opportunité *f* ce qui est favorabl

néanmoins malgré ce qui vient d'être dit

★ Mucius Scaevola, selon la légende, était un Romain qui se brûla la main pour se punir d'avoir tué un secrétaire au lieu de Porsenna, roi étrusque qui assiégeait Rome. Ici, c'est un nom d'emprunt.
★★ Les Conti étaient une famille de princes célèbres aux XVIIᵉ et XVIIIᵉ siècles.

gente. Les nobles habitants du grenier ne pouvaient pas douter que leur protecteur ne fût le personnage qui était venu faire célébrer la messe expiatoire dans la nuit du 22 janvier 1793; aussi devint-il l'objet d'un culte tout particulier pour ces trois êtres qui n'espéraient qu'en lui et ne vivaient que par lui. Ils avaient ajouté pour lui des prières spéciales dans leurs prières. . . . Leur reconnaissance étant, pour ainsi dire, renouvelée tous les jours, s'allia nécessairement à un sentiment de curiosité qui devint plus vif de jour en jour. Les circonstances qui avaient accompagné l'apparition de l'étranger étaient l'objet de leurs conversations, ils formaient mille conjectures sur lui, et c'était un bienfait d'un nouveau genre que la distraction dont il était le sujet pour eux. Ils se promettaient bien de ne pas laisser échapper l'étranger à leur amitié le soir où il reviendrait, selon sa promesse, célébrer le triste anniversaire de la mort de Louis XVI.

Cette nuit, si impatiemment attendue, arriva enfin. A minuit, le bruit des pas pesants de l'inconnu retentit dans le vieil escalier de bois, la chambre avait été parée° pour le recevoir, l'autel était dressé.° Cette fois, les sœurs ouvrirent la porte d'avance, et toutes deux s'empressèrent d'éclairer l'escalier. Mademoiselle de Langeais descendit même quelques marches pour voir plus tôt son bienfaiteur.

paré embelli
dressé ici, préparé

— Venez, lui dit-elle, d'une voix émue et affectueuse, venez, l'on vous attend.

L'homme leva la tête, jeta un regard sombre sur la religieuse, et ne répondit pas; elle sentit comme un vêtement de glace tombant sur elle, et garda le silence; à son aspect, la reconnaissance et la curiosité expirèrent° dans tous les cœurs. Il était peut-être moins froid, moins taciturne, moins terrible qu'il ne le parut à ces âmes que l'exaltation de leurs sentiments disposait aux épanchements° de l'amitié. Les trois pauvres prisonniers, qui comprirent que cet homme voulait rester un étranger pour eux, se résignèrent. Le prêtre crut remarquer sur les lèvres de l'inconnu un sourire promptement réprimé° au moment où il s'aperçut des apprêts° qui avaient été faits pour le recevoir; il entendit la messe et pria; mais il disparut après avoir répondu par quelques mots de politesse négative à l'invitation que lui fit Mademoiselle de Langeais de partager la petite collation° préparée.

expirer mourir

épanchement *m* manifestation

réprimé arrêté
apprêts *m pl* préparatifs

collation *f* léger repas

Après le 9 thermidor,* les religieuses et l'abbé de Marolles purent aller dans Paris, sans y courir le moindre danger. La première sortie du vieux prêtre fut pour un magasin de parfumerie, à l'enseigne de *La Reine des Fleurs,* tenu par les citoyen et citoyenne Ragon, anciens parfumeurs de la cour, restés fidèles à la famille royale, et dont se servaient les Vendéens** pour correspondre avec les princes et le comité royaliste de Paris. L'abbé, mis

---

* 27 juillet 1794, où le dictateur rouge, Robespierre, fut renversé par la Convention. Les révolutionnaires avaient changé les noms des mois et des jours. L'année commençait le 22 septembre, avec l'automne. Les mois avaient de jolis noms qui rappelaient le temps (thermidor, mois de la chaleur) et les récoltes (fructidor). Ce calendrier républicain fut employé de 1793 à 1806.
** Gens de la Vendée, partie maritime du Poitou qui est une province de l'Ouest de la France. Après l'exécution de Louis XVI, les Bretons et les Vendéens se révoltèrent contre la République. Il fallut une armée puissante et deux ans d'une guerre cruelle pour les soumettre.

comme le voulait cette époque,★★★ se trouvait sur le pas de la porte de cette boutique, située entre Saint-Roch et la rue des Frondeurs, quand une foule, qui remplissait la rue Saint-Honoré, l'empêcha de sortir.

— Qu'est-ce? dit-il à madame Ragon.

— Ce n'est rien, reprit-elle, c'est la charrette et le bourreau[43] qui vont à la place Louis XV★★★★. Ah! nous l'avons vu bien souvent l'année dernière; mais aujourd'hui, quatre jours après l'anniversaire du 21 janvier,★★★★★ on peut regarder cet affreux cortège sans chagrin.

— Pourquoi? dit l'abbé, ce n'est pas chrétien ce que vous dites.

— Eh! c'est l'exécution des complices de Robespierre; ils se sont défendus tant qu'ils ont pu, mais ils vont à leur tour où ils ont envoyé tant d'innocents.

Une foule qui remplissait la rue Saint-Honoré passa comme un flot.° **flot** *m* vague Au-dessus des têtes, l'abbé de Marolles, cédant à un mouvement de curiosité, vit debout sur la charrette, celui qui, trois jours auparavant, écoutait sa messe.

— Qui est-ce? dit-il, celui qui. . .

— C'est le bourreau, répondit M. Ragon, en nommant l'exécuteur des hautes oeuvres par son nom monarchique.★

— Mon ami! mon ami! cria madame Ragon, M. l'abbé se meurt.

Et la vieille dame prit un flacon de vinaigre pour faire revenir le vieux prêtre évanoui.° **évanoui** ayant perdu connaissance

— Il m'a sans doute donné, dit-il, le mouchoir avec lequel le roi s'est essuyé le front, en allant au martyre. Pauvre homme. . . le couteau d'acier (l'exécuteur) a eu du cœur quand toute la France en manquait!

Les parfumeurs crurent que le pauvre prêtre avait le délire.

Paris, janvier 1831

★ L'abbé était en civil; c'est-à-dire, il n'avait pas le droit de porter ses vêtements ecclésiastiques dans la rue.
★★ C'est aujourd'hui la place de la Concorde. Louis XVI y fut guillotiné.
★★★ Balzac, assez mauvais historien, a commis une erreur de six mois et quatre jours, car les complices de Robespierre furent exécutés le 29 juillet et non le 25 janvier. Robespierre avait été guillotiné deux jours avant.
★★★★ Son titre officiel, sous la République, était exécuteur des hautes œuvres. Le nom du bourreau était Charles-Henri Sanson. Avant d'être guillotiné (1793) il écrivit dans son testament qu'une somme importante qu'il laissait devait être consacrée à célébrer chaque année une messe expiatoire à l'anniversaire de la mort de Louis XVI qu'il avait guillotiné. Son fils, Henri, lui succéda comme bourreau et exécuta Marie-Antoinette. Les royalistes célèbrent encore aujourd'hui cette messe dans la chapelle expiatoire bâtie en 1821 à l'endroit où Louis XVI et Marie-Antoinette avaient été enterrés 500 mètres au nord (à l'ouest de l'église de la Madeleine).

Questions

1. A quelle date ce conte commença-t-il?
2. Où la vieille dame marchait-elle?
3. Pourquoi était-elle effrayée?
4. Pourquoi tenta-t-elle d'aller plus vite?
5. Où arriva-t-elle?
6. Décrivez les habits de la vieille dame et la dame elle-même.

7. Quel titre était proscrit?
8. Comment fallait-il s'adresser à la "ci-devant" inconnue?
9. Comment le boutiquier se proposa-t-il d'aider la vieille dame?
10. Pourquoi ne le fit-il pas?
11. Décrivez le quartier où habitait la vieille dame.
12. Qu'avait-elle acheté à la pâtisserie?
13. Qui habitait aussi le logement de la vieille dame?
14. Pourquoi le prêtre se cachait-il?
15. Qui attendait-on?
16. Quel visiteur se présenta?
17. Pourquoi venait-il?
18. Quel service religieux le prêtre célébra-t-il à la demande de l'inconnu?
19. Comment remercia-t-il les religieux?
20. Quand cet inconnu devait-il revenir?
21. Décrivez des changements qui se produisirent dans la vie du prêtre et des deux religieuses après cette bizarre visite.
22. Décrivez la seconde visite de l'inconnu.
23. Quand les religieux purent-ils sortir sans courir le moindre danger?
24. Où alla le prêtre?
25. Que vit-il?
26. Pourquoi s'évanouit-il?
27. Quel était le nom du bourreau?
28. A quoi était destinée la somme importante qu'il laissait par testament?
29. Qui son fils exécuta-t-il?
30. Où se trouve la chapelle expiatoire?

Notes

1 **faubourg** *m* suburb 2 **loquet** *m* latch 3 **broder** to embroider 4 **vitrage** *m* glass window 5 **cour** *f* (royal) court 6 **convenu** agreed upon 7 **usé** worn 8 **dentelle** *f* lace 9 **haillon** *m* rag 10 **pan de son habit** *m* his coattails 11 **chaumière** *f* thatched cottage 12 **ressort** *m* spring 13 **revêtue d'une couche de plâtre** covered with a coat of plaster 14 **s'affaisser** to sink 15 **châssis** *m* window frame 16 **mansarde** *f* attic 17 **rampe** *f* handrail 18 **démarche** *f* activity 19 **hostie** *f* consecrated wafer 20 **cachette pratiquée** secret hiding place devised 21 **tressaillir** to quake 22 **serre** *f* greenhouse 23 **grille** *f* iron grating 24 **prévoir** to foresee 25 **sur le compte de** with regard to 26 **natte de paille** *f* straw mat 27 **cuivre** *m* copper 28 **coffre** *m* chest 29 **commode** *f* chest of drawers 30 **réclamer une grâce de** to beseech someone for a favor 31 **rester le cou tendu** to remain motionless in a rigid position 32 **tuyau** *m* (chimney) flue 33 **devant d'autel** *m* altar frontal 34 **moire** *f* watered silk 35 **cire à cacheter** *m* sealing wax 36 **ciboire** *m* sacred vase 37 **faute de** for want of 38 **chaux-vive** *f* quicklime 39 **latte** *f* lath 40 **fourreau** *m* sheath 41 **janséniste** advocate of a doctrine considered heretical by the Catholic church 42 **pour l'acquit** meaning to ease 43 **bourreau** *m* executioner

Solange

ALEXANDRE DUMAS (1802–1870) brillant écrivain connut le succès avec la représentation du mélodrame *Henri III et sa cour*. Romancier fécond, il est surtout célèbre par ses romans historiques tels que *Les Trois Mousquetaires* et *Le Comte de Monte-Cristo*.

L'extrait suivant intitulé *Solange* est tiré du roman *Les Mille et Un Fantômes*. C'est un récit que fait monsieur Ledru à un groupe d'amis réunis chez un médecin. C'est un conte horrible, une histoire macabre qui se déroule sous la Terreur en 1793. Nous y retrouvons le héros Albert (monsieur Ledru) et l'héroïne Solange à leur première rencontre.

SOLANGE
par Alexandre Dumas

PENDANT LE RECIT de monsieur Ledru, la nuit était tout à fait venue. Les habitants du salon n'apparaissaient plus que comme des ombres, ombres non seulement muettes, mais encore immobiles, tant on craignait que monsieur Ledru ne s'arrêtât; car on comprenait que, derrière le récit terrible qu'il venait de faire, il y avait un récit plus terrible encore.

On n'entendait donc pas un souffle. Le docteur seul ouvrait la bouche. Je lui saisis la main pour l'empêcher de parler, et en effet, il se tut.°   **se taire** rester sans parler

Au bout de quelques secondes, monsieur Ledru continua.

—Je venais de sortir de l'Abbaye, et je traversais la place Taranne pour me rendre à la rue de Tournon, que j'habitais, lorsque j'entendis une voix de femme appelant au secours.

Ce ne pouvait être des malfaiteurs: il était dix heures du soir à peine. Je courus vers l'angle de la place où j'avais entendu le cri, et je vis, à la lueur de la lune sortant d'un nuage, une femme qui se débattait° au milieu d'une   **se débattre** se défendre
patrouille[1] de sans-culottes.°   **sans-culottes** *m* nom donné aux révolutionnaires

Cette femme, de son côté, m'aperçut, et, remarquant à mon costume que je n'étais pas tout à fait un homme du peuple, elle s'élança vers moi en s'écriant:

La Femme du Sans Culotte

Pour se promener en toute sécurité dans les rues, une femme devait suivre la mode révolutionnaire: Madame Sansculotte. *(B.N. Est. Paris. Giraudon)*

— Eh! tenez, justement voici monsieur Albert que je connais; il vous dira que je suis bien la fille de la mère Ledieu, la blanchisseuse.[2]

Et en même temps la pauvre femme, toute pâle et toute tremblante, me saisit le bras, se cramponnant° à moi comme le naufragé[3] à la planche de son salut.

se cramponner s'attacher avec force

— La fille de la mère Ledieu tant que tu voudras; mais tu n'as pas de carte de civisme,° la belle fille, et tu vas nous suivre au corps de garde!

carte de civisme *f* carte d'identité

La jeune femme me serra le bras; je sentis tout ce qu'il y avait de terreur et de prière dans cette pression. J'avais compris.

Comme elle m'avait appelé du premier nom qui s'était offert à son esprit, je l'appelai, moi, du premier nom qui se présenta au mien.

— Comment! c'est vous, ma pauvre Solange! lui dis-je; que vous arrive-t-il donc?

— Là! voyez-vous, messieurs, reprit-elle.

— Il me semble que tu pourrais bien dire: citoyens.

— Ecoutez, monsieur le sergent, ce n'est point ma faute si je parle comme cela, dit la jeune fille; ma mère avait des pratiques° dans le grand monde, elle m'avait habituée à être polie, de sorte que c'est une mauvaise habitude que j'ai prise, je le sais bien, une habitude d'aristocrate; mais, que voulez-vous, monsieur le sergent, je ne puis pas m'en défaire.

pratique *f* cliente

Et il y avait dans cette réponse, faite d'une voix tremblante, une imperceptible raillerie° que seul je reconnus. Je me demandais quelle pouvait être cette femme. Le problème était impossible à résoudre. Tout ce dont j'étais sûr, c'est qu'elle n'était point la fille d'une blanchisseuse.

raillerie *f* moquerie

— Ce qui m'arrive? reprit-elle, citoyen Albert, voilà ce qui m'arrive. Imaginez-vous que je suis allée reporter du linge; que la maîtresse de la maison était sortie; que j'ai attendu, pour recevoir mon argent, qu'elle rentrât. Dame!° par le temps qui court, chacun a besoin de son argent. La nuit est venue; je croyais rentrer au jour. Je n'avais pas pris ma carte de civisme, je suis tombée au milieu de ces messieurs, pardon, je veux dire de ces citoyens; ils m'ont demandé ma carte, je leur ai dit que je n'en avais pas; ils ont voulu me conduire au corps de garde. J'ai crié, vous êtes accouru justement une connaissance; alors, j'ai été rassurée. Je me suis dit: Puisque monsieur Albert sait que je m'appelle Solange; puisqu'il sait que je suis la fille de la mère Ledieu, il répondra de moi; n'est-ce pas, monsieur Albert?

Dame! Ma foi!

— Certainement, je répondrai de vous, et j'en réponds.

— Bon! dit le chef de la patrouille, et qui me répondra de toi, monsieur le muscadin?[4]

— Danton.* Cela te va-t-il? est-ce un bon patriote, celui-là?

— Ah! si Danton répond de toi, il n'y a rien à dire.

— Eh bien! c'est jour de séance aux Cordeliers;° allons jusque-là.

Club des Cordeliers *m* club révolutionnaire fondé par Danton

— Allons jusque-là, dit le sergent. Citoyens sans-culottes, en avant, marche!

Le Club des Cordeliers se tenait dans l'ancien couvent des Cordeliers, rue de l'Observance; nous y fûmes en un instant. Arrivé à la porte, je déchirai une page de mon portefeuille, j'écrivis quelques mots au crayon, et je les remis au sergent en l'invitant à les porter à Danton, tandis que nous resterions aux mains du caporal et de la patrouille.

Le sergent entra dans le club, et revint avec Danton.

— Comment! me dit-il, c'est toi qu'on arrête, toi! toi, mon ami, toi l'ami de Camille!** toi, un des meilleurs républicains qui existent! Allons donc! Citoyen sergent, ajouta-t-il en se retournant vers le chef des sans-culottes, je te réponds de lui. Cela te suffit-il?

— Tu réponds de lui; mais réponds-tu d'elle? reprit l'obstiné sergent.

— D'elle? De qui parles-tu?

— De cette femme, pardieu!

— De lui, d'elle, de tout ce qui l'entoure; es-tu content?

— Oui, je suis content, dit le sergent, surtout de t'avoir vu.

— Ah! pardieu! ce plaisir-là, tu peux te le donner gratis; regarde-moi tout à ton aise pendant que tu me tiens.

— Merci. Continue de soutenir comme tu le fais les intérêts du peuple, et, sois tranquille, le peuple te sera reconnaissant.

— Oh oui! avec cela que je compte là-dessus! dit Danton.

— Veux-tu me donner une poignée de main? continua le sergent.

— Pourquoi pas?

Et Danton lui donna la main.

— Vive Danton! cria le sergent.

— Vive Danton! répéta toute la patrouille.

Et elle s'éloigna conduite par son chef, qui à dix pas, se retourna, et, agitant son bonnet rouge, cria encore une fois: — Vive Danton! cri qui fut répété par ses hommes.

J'allais remercier Danton, lorsque son nom, plusieurs fois répété dans l'intérieur du club, parvint jusqu'à nous.

— Danton! Danton! criaient plusieurs voix; à la tribune!

— Pardon, mon cher, me dit-il, tu entends; une poignée de main, et laisse-moi rentrer. J'ai donné la droite au sergent, je te donne la gauche. Qui sait? le digne patriote avait peut-être la gale.°   **gale** *f* maladie de la peau

Et se retournant:

— Me voilà! dit-il de cette voix puissante qui soulevait et calmait les orages de la rue; me voilà, attendez-moi.

Et il se rejeta dans l'intérieur du club.

Je restai seul à la porte avec mon inconnue.

— Maintenant, madame, lui dis-je, où faut-il que je vous conduise? je suis à vos ordres.

---

* Danton (Georges Jacques), révolutionnaire qui fut éliminé quand il réclama la fin du régime de la Terreur.

** Camille Desmoulins, révolutionnaire qui fut guillotiné avec Danton

— Dame! chez la mère Ledieu, me répondit-elle en riant, vous savez bien que c'est ma mère.

— Mais où demeure la mère Ledieu?

— Rue Férou, n° 24.

— Allons chez la mère Ledieu, rue Férou, n° 24.

Nous redescendîmes la rue des Fossés-Monsieur-le Prince jusqu'à la rue des Fossés-Saint-Germain, puis la rue du Petit-Lion, puis nous remontâmes la place Saint-Sulpice, puis la rue Férou.

Tout ce chemin s'était fait sans que nous eussions échangé une parole.

Seulement, aux rayons de la lune, qui brillait dans toute sa splendeur, j'avais pu l'examiner à mon aise.

C'était une charmante personne de vingt à vingt-deux ans, brune, avec de grands yeux bleus, plus spirituels que mélancoliques; un nez fin et droit, des lèvres railleuses, des dents comme des perles, des mains de reine, des pieds d'enfant; tout cela ayant, sous le costume vulgaire de la fille de la mère Ledieu, conservé une allure aristocratique qui avait, à bon droit, éveillé la susceptibilité du brave sergent et de sa belliqueuse patrouille.

En arrivant à la porte, nous nous arrêtâmes, et nous nous regardâmes un instant en silence.

— Eh bien! que me voulez-vous, mon cher monsieur Albert? me dit mon inconnue en souriant.

— Je voulais vous dire, ma chère demoiselle Solange, que ce n'était point la peine de nous rencontrer pour nous quitter si vite.

— Mais je vous demande un million de pardons. Je trouve que c'est tout à fait la peine, au contraire, attendu que,° si je ne vous eusse pas rencontré, on m'eût conduite au corps de garde; on m'eût reconnue pour n'être pas la fille de la mère Ledieu; on eût découvert que j'étais une aristocrate, et l'on m'eût très probablement coupé le cou.   **attendu que** étant donné que

— Vous avouez donc que vous êtes une aristocrate?

— Moi, je n'avoue rien.

— Voyons, dites-moi au moins votre nom?

— Solange.

— Vous savez bien que ce nom, que je vous ai donné à tout hasard, n'est pas le vôtre.

— N'importe! je l'aime et je le garde, pour vous du moins.

— Quel besoin avez-vous de le garder pour moi, si je ne dois pas vous revoir?

— Je ne dis pas cela. Je dis seulement que, si nous nous revoyons, il est aussi inutile que vous sachiez comment je m'appelle que moi comment vous vous appelez. Je vous ai nommé Albert, gardez ce nom d'Albert, comme je garde le nom de Solange.

— Eh bien! soit; mais écoutez, Solange, lui dis-je.

— Je vous écoute, Albert, répondit-elle.

— Vous êtes une aristocrate, vous l'avouez?

— Quand je ne l'avouerais point, vous le devineriez, n'est-ce pas? Ainsi mon aveu perd beaucoup de son mérite.

— Et en votre qualité d'aristocrate, vous êtes poursuivie?

— Il y a bien quelque chose comme cela.

— Et vous vous cachez pour éviter les poursuites?

— Rue Férou, 24, chez la mère Ledieu, dont le mari a été cocher de mon père. Vous voyez que je n'ai pas de secrets pour vous.

— Et votre père?

— Je n'ai pas de secrets pour vous, mon cher monsieur Albert, en tant que ces secrets sont à moi; mais les secrets de mon père ne sont pas les miens. Mon père se cache de son côté en attendant une occasion d'émigrer. Voilà tout ce que je puis vous dire.

— Et vous, que comptez-vous faire?

— Partir avec mon père, si c'est possible; si c'est impossible, le laisser partir seul et aller le rejoindre.

— Et ce soir, quand vous avez été arrêtée, vous reveniez de voir votre père?

— J'en revenais.

— Ecoutez-moi, chère Solange!

— Je vous écoute.

— Vous avez vu ce qui s'est passé ce soir?

— Oui, et cela m'a donné le mesure de votre crédit.

— Oh! mon crédit n'est pas grand, par malheur. Cependant, j'ai quelques amis.

— J'ai fait connaissance ce soir avec l'un d'entre eux.

— Et vous le savez, celui-là n'est pas un des hommes les moins puissants de l'époque.

— Vous comptez employer son influence pour aider à la fuite de mon père?

— Non, je la réserve pour vous.

— Et pour mon père?

— Pour votre père, j'ai un autre moyen.

— Vous avez un autre moyen! s'écria Solange en s'emparant de° mes mains et en me regardant avec anxiété.

s'emparant de prenant vivement

— Si je sauve votre père, garderez-vous un bon souvenir de moi?

— Oh! je vous serai reconnaissante toute ma vie.

Et elle prononça ces mots avec une adorable expression de reconnaissance anticipée.

Puis me regardant avec un ton suppliant:

— Mais cela vous suffira-t-il? demanda-t-elle.

— Oui, répondis-je.

— Allons! je ne m'étais pas trompée, vous êtes un noble coeur. Je vous remercie au nom de mon père et au mien, et, quand vous ne réussiriez pas dans l'avenir, je n'en suis pas moins votre redevable° pour le passé.

redevable m/f qui est encore en dette

Un des plus grands hommes d'Etat
de la Révolution, Danton fut victime
de la Terreur qu'il voulait arrêter.
(Giraudon)

— Quand nous reverrons-nous, Solange?

— Quand avez-vous besoin de me revoir?

— Demain, j'espère avoir quelque chose de bon à vous apprendre.

— Eh bien! revoyons-nous demain.

— Où cela?

— Ici, si vous le voulez.

— Ici, dans la rue?

— Eh! mon Dieu! vous voyez que c'est encore le plus sûr; depuis une demi-heure que nous causons à cette porte, il n'est point passé une seule personne.

— Pourquoi ne monterais-je pas chez vous, ou pourquoi ne viendriez-vous pas chez moi?

— Parce que, venant chez moi, vous compromettez les braves gens qui m'ont donné asile; parce qu'en allant chez vous, je vous compromets.

— Oh bien! soit; je prendrai la carte d'une de mes parentes, et je vous la donnerai.

— Oui, pour qu'on guillotine votre parente, si par hasard je suis arrêtée.

— Vous avez raison, je vous apporterai une carte au nom de Solange.

— A merveille! vous verrez que Solange finira par être mon seul et véritable nom.

— Votre heure?

— La même où nous nous sommes rencontrés aujourd'hui. Dix heures, si vous voulez.

— Soit, dix heures.

— Et comment nous rencontrerons-nous?

— Oh! ce n'est pas bien difficile. A dix heures moins cinq minutes, vous serez à la porte; à dix heures, je descendrai.

— Donc, demain à dix heures, chère Solange.

— Demain, à dix heures, cher Albert.

Je voulus lui baiser la main, elle me présenta le front.

Le lendemain soir, à neuf heures et demie, j'étais dans la rue.

A dix heures moins un quart, Solange ouvrit la porte

Chacun de nous avait devancé l'heure.

Je ne fis qu'un bond jusqu'à elle.

— Je vois que vous avez de bonnes nouvelles, dit-elle en souriant.

— D'excellentes; d'abord voici votre carte.

— D'abord mon père?

Et elle repoussa ma main.

— Votre père est sauvé, s'il le veut.

— S'il le veut, dites-vous, que faut-il qu'il fasse?

— Il faut qu'il ait confiance en moi.

— C'est déjà chose faite.

— Vous l'avez vu?

— Oui.

— Vous vous êtes exposée.

— Que voulez-vous? Il le faut; mais Dieu est là!

— Et vous lui avez tout dit, à votre père?

— Je lui ai dit que vous m'aviez sauvé la vie hier, et que vous lui sauveriez peut-être la vie demain.

— Demain, oui, justement; demain, s'il veut, je lui sauve la vie.

— Comment cela? dites; voyons, parlez. Quelle admirable rencontre aurais-je faite si tout cela réussissait!

— Seulement. . . dis-je en hésitant.

— Eh bien?

— Vous ne pourrez point partir avec lui.

— Quant à cela, ne vous ai-je point dit que ma résolution était prise?

— D'ailleurs, plus tard, je suis sûr de vous avoir un passeport.

— Parlons de mon père d'abord, nous parlerons de moi après.

— Eh bien! je vous ai dit que j'avais des amis, n'est-ce pas?

— Oui.

— J'en ai été voir un aujourd'hui.

— Après?

— Un homme que vous connaissez de nom, et dont le nom est un garant de courage, de loyauté et d'honneur

— Et ce nom, c'est. . .

— Marceau.

— Le général Marceau?

— Justement.

— Vous avez raison; si celui-là a promis, il tiendra.

— Eh bien! il a promis.

— Mon Dieu! que vous me faites heureuse! Voyons, qu'a-t-il promis? dites!

— Il a promis de nous servir.

— Comment cela?

— Ah! d'une manière bien simple. Kléber★ vient de le faire nommer général en chef de l'armée de l'Ouest. Il part demain soir.

— Demain soir? Mais nous n'aurons le temps de rien préparer.

— Nous n'avons rien à préparer.

— Je ne comprends pas.

— Il emmène votre père.

— Mon père!

— Oui, en qualité de secrétaire. Arrivé en Vendée,° votre père engage à Marceau★★ sa parole de ne pas servir contre la France, et, une nuit, il gagne un camp vendéen; de la Vendée, il passe en Bretagne, en Angleterre. Quand il est installé à Londres, il vous donne de ses nouvelles, je vous procure un passeport, et vous allez le rejoindre à Londres.

Vendée lieu d'une insurrection contre-révolutionnaire

★ Kléber (Jean-Baptiste). Des pays européens, profitant de la Révolution en France, menacèrent l'invasion de tous côtés.

★★ Marceau (François Séverin), général français qui se distingua en Vendée.

— Demain! s'écria Solange. Mon père partirait demain!

— Mais il n'y a pas de temps à perdre.

— Mon père n'est pas prévenu.

— Prévenez-le.

— Ce soir?

— Ce soir.

— Mais comment, à cette heure?

— Vous avez une carte et mon bras.

— Vous avez raison. Ma carte?

Je la lui donnai; elle la mit dans sa poitrine.

— Maintenant, votre bras.

Je lui donnai mon bras et nous partîmes.

Nous descendîmes jusqu'à la place Taranne, c'est-à-dire jusqu'à l'endroit où je l'avais rencontrée la veille.

— Attendez-moi ici, me dit-elle.

Je m'inclinai et j'attendis.

Elle disparut au coin de l'ancien hôtel Matignon; puis, au bout d'un quart d'heure, elle reparut.

— Venez, dit-elle, mon père veut vous voir et vous remercier.

Elle reprit mon bras et me conduisit rue Saint-Guillaume, en face l'hôtel Mortemart.

Arrivée là, elle tira une clef de sa poche, ouvrit une petite porte bâtarde,° **porte bâtarde** *f* porte cachée
me prit par la main, me guida jusqu'au deuxième étage, et frappa d'une façon particulière.

Un homme de quarante-huit à cinquante ans ouvrit la porte. Il était vêtu en ouvrier, et paraissait exercer l'état de relieur de livres.[5]

Mais aux premiers mots qu'il me dit, aux premiers remerciements qu'il m'adressa, le grand seigneur s'était trahi.

— Monsieur, me dit-il, la Providence vous a envoyé à nous, et je vous reçois comme un envoyé de la Providence. Est-il vrai que vous pouvez me sauver, et surtout que vous voulez me sauver?

Je lui racontai tout. Je lui dis comment Marceau se chargeait de l'emmener en qualité de secrétaire, et ne lui demandait rien autre chose que la promesse de ne point porter les armes contre la France.

— Cette promesse, je vous la fais de bon coeur, et je la lui renouvellerai.

— Je vous en remercie en son nom et au mien.

— Mais quand Marceau part-il?

— Demain.

— Dois-je me rendre chez lui cette nuit?

— Quand vous voudrez; il vous attendra toujours.

Le père et la fille se regardèrent.

— Je crois qu'il serait plus prudent de vous y rendre dès ce soir, mon père, dit Solange.

— Soit. Mais si l'on m'arrête, je n'ai pas de carte de civisme.

— Voici la mienne.

— Mais vous?

— Oh! moi, je suis connu.

— Où demeure Marceau?

— Rue de l'Université, n° 40, chez sa soeur, mademoiselle Dégraviers-Marceau.

— M'y accompagnez-vous?

— Je vous suivrai par derrière, pour pouvoir ramener mademoiselle quand vous serez entré.

— Et comment Marceau saura-t-il que je suis l'homme dont vous lui avez parlé?

— Vous lui remettrez cette cocarde tricolore, c'est le signe de reconnaissance.

— Que ferai-je pour mon libérateur?

— Vous me chargerez du salut de votre fille, comme elle m'a chargé du vôtre.

— Allons.

Il mit son chapeau et éteignit les lumières.

Nous descendîmes à la lueur d'un rayon de lune qui filtrait par les fenêtres de l'escalier.

A la porte, il prit le bras de sa fille, appuya à droite, et, par la rue des Saints-Pères gagna la rue de l'Université. Je les suivais toujours à dix pas.

On arriva au numéro 40 sans avoir rencontré personne. Je m'approchai d'eux.

— C'est de bon augure dis-je; maintenant, voulez-vous que j'attende ou que je monte avec vous?

— Non, ne vous compromettez pas davantage; attendez ma fille ici.

Je m'inclinai.

— Encore une fois, merci et adieu, me dit-il, me tendant la main. La langue n'a point de mots pour traduire les sentiments que je vous ai voués. J'espère que Dieu un jour me mettra à même de vous exprimer toute ma reconnaissance.

Je lui répondis par un simple serrement de main.

Il entra. Solange le suivit. Mais elle aussi, avant d'entrer me serra la main.

Au bout de dix minutes, la porte se rouvrit.

— Eh bien? lui dis-je.

— Eh bien! reprit-elle, votre ami est bien digne d'être votre ami, c'est-à-dire qu'il a toutes les délicatesses. Il comprend que je serai heureuse de rester avec mon père jusqu'au moment du départ. Sa soeur me fait dresser un lit dans sa chambre. Demain, à trois heures de l'après-midi, mon père sera hors de tout danger. Demain, à dix heures du soir, comme aujourd'hui, si vous croyez que le remerciement d'une fille qui vous devra son père vaille la peine de vous déranger, venez le chercher rue Férou.

— Oh! certes, j'irai. Votre père ne vous a rien dit pour moi?

— Il vous remercie de votre carte, que voici, et vous prie de me renvoyer à lui le plus tôt qu'il vous sera possible.

— Ce sera quand vous voudrez, Solange, répondis-je le cœur serré.

— Faut-il au moins que je sache où rejoindre mon père, dit-elle. Oh! vous n'êtes pas encore débarrassé de moi.

Je pris sa main et la serrai contre mon cœur.

Mais elle, me présentant son front comme la veille:

— A demain! dit-elle.

Et, appuyant mes lèvres contre son front, ce ne fut plus seulement sa main que je serrai contre mon cœur, mais sa poitrine frémissante, mais son cœur bondissant.

Je rentrai chez moi, joyeux d'âme comme jamais je ne l'avais été. Etait-ce la conscience de la bonne action que j'avais faite, était-ce que déjà j'aimais l'adorable créature?

Je ne sais si je dormis ou si je veillai; je sais que toutes les harmonies de la nature chantaient en moi; je sais que la nuit me parut sans fin, le jour immense; je sais que, tout en poussant le temps devant moi, j'eusse voulu le retenir pour ne pas perdre une minute des jours que j'avais encore à vivre.

Le lendemain, j'étais à neuf heures dans la rue Férou. A neuf heures et demie, Solange parut.

Elle vint à moi et me jeta les bras autour du cou.

— Sauvé! dit-elle, mon père est sauvé, et c'est à vous que je dois son salut! Oh! que je vous aime!

Quinze jours après, Solange reçut une lettre qui lui annonçait que son père était en Angleterre.

Le lendemain, je lui apportai un passeport.

En le recevant, Solange fondit en larmes.

— Vous ne m'aimez donc pas? dit-elle.

— Je vous aime plus que ma vie, répondis-je; mais j'ai engagé ma parole à votre père, et, avant tout, je dois tenir ma parole.

— Alors, dit-elle, c'est moi qui manquerai à la mienne. Si tu as le courage de me laisser partir, Albert, moi je n'ai pas le courage de te quitter!

Hélas! elle resta.

De même qu'à la première interruption du récit de M. Ledru, il se fit un moment de silence.

Silence mieux respecté encore que la première fois, car on sentait qu'on approchait de la fin de l'histoire, et M. Ledru avait dit que, cette histoire, il n'aurait peut-être pas la force de la finir. Mais presque aussitôt il reprit:

— Trois mois s'étaient écoulés depuis cette soirée où il avait été question du départ de Solange, et, depuis cette soirée, pas un mot de séparation n'avait été prononcé.

Solange avait désiré un logement rue Taranne. Je l'avais pris sous le nom de Solange; je ne lui en connaissais pas d'autre, comme elle ne m'en connaissait pas d'autre qu'Albert. Je l'avais fait entrer dans une

Un comité révolutionnaire sous la Terreur: L'arbitraire de la "justice populaire". *(B.N. Est. Paris. Giraudon)*

institution de jeunes filles en qualité de sous-maîtresse, et cela pour la sous-traire plus sûrement aux° recherches de la police révolutionnaire, devenues plus actives que jamais.

soustraire à sauver de

Les dimanches et les jeudis, nous les passions ensemble dans ce petit appartement de la rue Taranne: de la fenêtre de la chambre à coucher, nous voyions la place où nous nous étions rencontrés pour la première fois.

Chaque jour nous recevions une lettre; elle au nom de Solange, moi au nom d'Albert.

Ces trois mois avaient été les plus heureux de ma vie.

Cependant, je n'avais pas renoncé à ce dessein qui m'était venu à la suite de ma conversation avec le valet du bourreau.[6] J'avais demandé et obtenu la permission de faire des expériences sur la persistance de la vie après le supplice,° et ces expériences m'avaient démontré que la douleur survivait au supplice et devait être terrible.

supplice m exécution

— Ah! voilà ce que je nie!° s'écria le docteur.

nier contester

— Voyons, reprit M. Ledru, nierez-vous que le couteau frappe à l'endroit de notre corps le plus sensible à cause des nerfs qui y sont réunis? Nierez-vous que le cou renferme tous les nerfs des membres supérieurs; le sympathique, le vague,° le phrénicus,° enfin la mœlle épinière,[7] qui est la source même des nerfs qui appartiennent aux membres inférieurs? Nierez-vous que le brisement, que l'écrasement de la colonne vertébrale osseuse ne produise une des plus atroces douleurs qu'il soit donné à une créature humaine d'éprouver?

vague m nerf vague, nerf pneumo-gastrique
phrénicus m nom d'un nerf

— Soit, dit le docteur; mais cette douleur ne dure que quelques secondes.

— Pendant ces quelques secondes, le "sentiment", la "personnalité", le "moi", restent vivants; la tête entend, voit, sent et juge la séparation de son être, et qui dira si la courte durée de la souffrance peut compenser l'horrible intensité de cette souffrance?

— Ainsi à votre avis, le décret de l'Assemblée constituante qui a substitué la guillotine à la potence[8] était une erreur philanthropique, et mieux valait être pendu que décapité?

— Sans aucun doute! répondit M. Ledru.

— Soit, dit le docteur, mais revenons aux expériences. J'ai hâte d'arriver à cette fameuse tête qui a parlé.

Je crus entendre comme un soupir s'échapper de la poitrine de M. Ledru. Quant à voir son visage, c'était impossible. Il faisait nuit complète.

— Oui, dit-il en effet, je m'écarte de mon sujet, docteur, revenons à mes expériences.

Malheureusement, les sujets ne me manquaient point.

Nous étions au plus fort des exécutions, on guillotinait trente ou quarante personnes par jour, et une si grande quantité de sang coulait sur la place de la Révolution, que l'on avait été obligé de pratiquer autour de l'échafaud un fossé[9] de trois pieds de profondeur.

Ce fossé était recouvert de planches.

Une de ces planches tourna sous le pied d'un enfant de huit ou dix ans, qui tomba dans ce hideux fossé et s'y noya.

Il va sans dire que je me gardai bien de dire à Solange à quoi j'occupais mon temps les jours où je ne la voyais pas; au reste, je dois avouer que j'avais d'abord éprouvé une si forte répugnance pour ces pauvres débris humains, que j'avais été effrayé de l'arrière-douleur que mes expériences ajoutaient peut-être au supplice. Mais enfin, je m'étais dit que ces études auxquelles je me livrais étaient faites au profit de la société tout entière, attendu que, si je parvenais jamais à faire partager mes convictions à une réunion de législateurs, j'arriverais peut-être à faire abolir la peine de mort.[10]

Au fur et à mesure° que mes expériences donnaient des résultats, je les consignais dans un mémoire.

au fur et à mesure
progressivement

Au bout de deux mois, j'avais fait sur la persistance de la vie après le supplice toutes les expériences que l'on peut faire. Je résolus de pousser ces expériences encore plus loin s'il était possible, à l'aide du galvanisme et de l'électricité.

On me livra le cimetière de Clamart, et l'on mit à ma disposition toutes les têtes et tous les corps des suppliciés.

On avait changé pour moi en laboratoire une petite chapelle qui était bâtie à l'angle du cimetière. Vous le savez, après avoir chassé les rois de leurs palais, on chassa Dieu de ses églises.

J'avais là une machine électrique, et trois ou quatre de ces instruments appelés "excitateurs".

Vers cinq heures arrivait le terrible convoi. Les corps étaient pêle-mêle dans le tombereau,[11] les têtes pêle-mêle dans un sac.

Je prenais au hasard une ou deux têtes et un ou deux corps; on jetait le reste dans la fosse commune.

Le lendemain, les têtes et les corps sur lesquels j'avais experimenté la veille étaient joints au convoi du jour. Presque toujours mon frère m'aidait dans ces expériences.

Au milieu de tous ces contacts avec la mort, mon amour pour Solange augmentait chaque jour. De son côté, la pauvre enfant m'aimait de toutes les forces de son coeur.

Bien souvent j'avais pensé à en faire ma femme, bien souvent nous avions mesuré le bonheur d'une pareille union; mais pour devenir ma femme, il fallait que Solange dise son nom, et son nom, qui était celui d'un émigré, d'un aristocrate, d'un proscrit,° portait la mort avec lui.

proscrit *m* c.-à-d. elle était aristocrate, donc condamnée

Son père lui avait écrit plusieurs fois pour hâter son départ, mais elle lui avait dit notre amour. Elle lui avait demandé son consentement à notre mariage, qu'il avait accordé; tout allait donc bien de ce côté-là.

Cependant, au milieu de tous ces procès terribles, un procès plus terrible que les autres nous avait profondément attristés tous deux.

C'était le procès de Marie-Antoinette.

Commencé le 4 octobre, ce procès se suivait avec activité: le 14 octobre, elle avait comparu devant le tribunal révolutionnaire; le 16, à quatre heures du matin, elle avait été condamnée; le même jour, à onze heures, elle était montée sur l'échafaud.

Le matin, j'avais reçu une lettre de Solange, qui m'écrivait qu'elle ne voulait point laisser passer une pareille journée sans me voir.

J'arrivai vers deux heures à notre petit appartement de la rue Taranne, et je trouvai Solange tout en pleurs. J'étais moi-même profondément affecté de cette exécution. La reine avait été si bonne pour moi dans ma jeunesse, que j'avais gardé un profond souvenir de cette bonté.

Oh! je me souviendrai toujours de cette journée; c'était un mercredi: il y avait dans Paris plus que de la tristesse, il y avait de la terreur.

Quant à moi, j'éprouvais un étrange découragement, quelque chose comme le pressentiment d'un grand malheur. J'avais voulu essayer de rendre des forces à Solange, qui pleurait, renversée dans mes bras, et les paroles consolatrices m'avaient manqué, parce que la consolation n'était pas dans mon coeur.

Nous passâmes, comme d'habitude, la nuit ensemble; notre nuit fut plus triste encore que notre journée. Je me rappelle qu'un chien, enfermé dans un appartement au-dessous du nôtre, hurla jusqu'à deux heures du matin.

Le lendemain nous nous informâmes: son maître était sorti en emportant la clef; dans la rue, il avait été arrêté, conduit au tribunal révolutionnaire; condamné à trois heures, il avait été exécuté à quatre.

Il fallait nous quitter; les classes de Solange commençaient à neuf heures du matin. Son pensionnat[12] était situé près du Jardin des Plantes. J'hésitai longtemps à la laisser aller. Elle-même ne pouvait se résoudre à me quitter. Mais rester deux jours dehors, c'était s'exposer à des investigations toujours dangereuses dans la situation de Solange.

Je fis avancer une voiture, et la conduisis jusqu'au coin de la rue des Fossés-Saint-Bernard; là je descendis pour la laisser continuer son chemin. Pendant toute la route, nous nous étions tenus embrassés sans prononcer une parole, mêlant nos larmes, qui coulaient jusque sur nos lèvres, mêlant leur amertume à la douceur de nos baisers.

Je descendis du fiacre; mais, au lieu de m'en aller de mon côté, je restai cloué à la même place, pour voir plus longtemps la voiture qui l'emportait. Au bout de vingt pas, la voiture s'arrêta. Solange passa sa tête par la portière, comme si elle eût deviné que j'étais encore là. Je courus à elle. Je remontai dans le fiacre; je refermai les glaces. Je la pressai encore une fois dans mes bras. Mais neuf heures sonnèrent à Saint-Etienne du Mont. J'essuyai ses larmes, je fermai ses lèvres d'un triple baiser, et sautant en bas de la voiture, je m'éloignai tout courant.

Il me sembla que Solange me rappelait; mais toutes ces larmes, toutes ces hésitations pouvaient être remarquées. J'eus le fatal courage de ne pas me retourner.

Je rentrai chez moi désespéré. Je passai la journée à écrire à Solange; le soir, je lui envoyai un volume.

Je venais de faire jeter ma lettre à la poste lorsque j'en reçus une d'elle.

Elle avait été fort grondée; on lui avait fait une foule de questions, et on l'avait menacée de lui retirer sa première sortie.

Sa première sortie était le dimanche suivant; mais Solange me jurait qu'en tout cas, dût-elle rompre avec la maîtresse de pension, elle me verrait ce jour-là.

Moi aussi, je le jurai; il me semblait que, si j'étais sept jours sans la voir, ce qui arriverait si elle n'usait pas de sa première sortie, je deviendrais fou.

D'autant plus que Solange exprimait quelqu' inquiétude: une lettre qu'elle avait trouvée à sa pension en y rentrant, et qui venait de son père, lui paraissait avoir été décachetée.

Je passai une mauvaise nuit, une plus mauvaise journée le lendemain. J'écrivis comme d'habitude à Solange, et, comme c'était mon jour d'expériences, vers trois heures je passai chez mon frère afin de l'emmener avec moi à Clamart.

Mon frère n'était pas chez lui; je partis seul.

Il faisait un temps affreux; la nature, désolée, se fondait en pluie, de cette pluie froide et torrentueuse qui annonce l'hiver. Tout le long de mon chemin j'entendais les crieurs publics hurler d'une voix éraillée° la liste des **éraillé** dur condamnés du jour; elle était nombreuse: il y avait des hommes, des femmes et des enfants. La sanglante moisson[13] était abondante, et les sujets ne me manqueraient pas pour la séance que j'allais faire le soir.

Les jours finissaient de bonne heure. A quatre heures, j'arrivai à Clamart; il faisait presque nuit.

L'aspect de ce cimetière, avec ses vastes tombes fraîchement remuées, avec ses arbres rares et cliquetant° au vent comme des squelettes, était **cliquetant** faisant du bruit en se choquant sombre et presque hideux.

Tout ce qui n'était pas terre retournée était herbe, chardons[14] ou orties.[15] Chaque jour la terre retournée envahissait la terre verte.

Au milieu de tous ces boursouflements du sol, la fosse du jour était béante° **béant** grand ouvert et attendait sa proie; on avait prévu le surcroît° de condamnés, et la fosse **surcroît** *m* augmentation était plus grande que d'habitude.

Je m'en approchai machinalement. Tout le fond était plein d'eau; pauvres cadavres nus et froids qu'on allait jeter dans cette eau froide comme eux!

En arrivant près de la fosse, mon pied glissa, et je faillis tomber[16] dedans; mes cheveux se hérissèrent. J'étais mouillé, j'avais le frisson, je m'acheminai vers mon laboratoire.

C'était, comme je l'ai dit, une ancienne chapelle; je cherchai des yeux, pourquoi cherchai-je? cela, je n'en sais rien; je cherchai des yeux s'il restait à la muraille, ou sur ce qui avait été l'autel,[17] quelque signe de culte;° la **culte** *m* hommage religieux rendu à la dinivité muraille était nue, l'autel était ras.[18] A la place où était autrefois le tabernacle, c'est-à-dire Dieu, c'est-à-dire la vie, il y avait un crâne dépouillé de[19] sa chair et de ses cheveux, c'est-à-dire la mort, c'est-à-dire le néant.[20]

J'allumai ma chandelle; je la posai sur ma table à expériences, toute chargée de ces outils de forme étrange que j'avais inventés moi-même, et je m'assis, rêvant à quoi? à cette pauvre reine que j'avais vue si belle, si heureuse, si aimée; qui, la veille, poursuivie des imprécations de tout un peuple, avait été conduite en charrette à l'échafaud, et qui, à cette heure, la tête séparée du corps, dormait dans la bière des pauvres, elle qui avait dormi sous les lambris dorés° des Tuileries, de Versailles et de Saint-Cloud.

lambris dorés *m pl* habitation opulente

Pendant que je m'abîmais dans ces sombres réflexions, la pluie redoublait, le vent passait en larges rafales,[21] jetant sa plainte lugubre parmi les branches des arbres, parmi les tiges des herbes qu'il faisait frissonner.

A ce bruit se mêla bientôt comme un roulement de tonnerre lugubre; seulement ce tonnerre, au lieu de gronder dans les nues,° bondissait sur le sol qu'il faisait trembler.

nue *f* nuage

C'était le roulement du rouge tombereau, qui revenait de la place de la Révolution et qui entrait à Clamart.

La porte de la petite chapelle s'ouvrit, et deux hommes ruisselants[22] d'eau entrèrent portant un sac.

L'un était ce même Legros que j'avais visité en prison, l'autre était un fossoyeur.[23]

— Tenez, monsieur Ledru, me dit le valet du bourreau, voilà votre affaire; vous n'avez pas besoin de vous presser ce soir; nous vous laissons tout le bataclan;° demain on les enterrera; il fera jour. Ils ne s'enrhumeront pas pour avoir passé une nuit à l'air.

bataclan *m* c.-à-d. ensemble de sacs de têtes

Et, avec un rire hideux, ces deux stipendiés[24] de la mort posèrent leur sac dans l'angle, près de l'ancien autel à ma gauche, devant moi.

Puis ils sortirent sans refermer la porte, qui se mit à battre contre son chambranle,[25] laissant passer des bouffées de vent qui faisaient vaciller la flamme de ma chandelle, qui montait pâle et pour ainsi dire mourante le long de sa mèche[26] noircie.

Je les entendis dételer[27] le cheval, fermer le cimetière et partir, laissant le tombereau plein de cadavres.

J'avais eu grande envie de m'en aller avec eux, mais je ne sais pourquoi quelque chose me retenait à ma place, tout frissonnant. Certes, je n'avais pas peur; mais le bruit du vent, le fouettement de cette pluie, le cri de ces arbres qui se tordaient, les sifflements de cet air qui faisait trembler ma lumière, tout cela secouait sur ma tête un vague effroi° qui, de la racine humide de mes cheveux, se répandait par tout mon corps.

effroi *m* peur

Tout à coup, il me sembla qu'une voix douce et lamentable à la fois, qu'une voix qui partait de l'enceinte même de la petite chapelle prononçait le nom d'Albert.

Oh! pour le coup,° je tressaillis. Albert! . . . Une seule personne au monde me nommait ainsi.

pour le coup cette fois

Mes yeux égarés firent lentement le tour de la petite chapelle, dont, si étroite qu'elle fût, ma lumière ne suffisait pas pour éclairer les parois,° et

paroi *f* mur

Solange est-elle parmi les victimes d'aujourd'hui? *(B.N. Paris. Giraudon)*

s'arrêtèrent sur le sac dressé à l'angle de l'autel, et dont la toile sanglante et bosselée[28] indiquait le funèbre contenu.

Au moment où mes yeux s'arrêtaient sur le sac, la même voix, mais plus faible, mais plus lamentable encore, répéta le même nom:

— Albert!

Je me redressai froid d'épouvante: cette voix semblait venir de l'intérieur du sac.

Je me tâtai° pour savoir si je dormais ou si j'étais éveillé; puis, raide, marchant comme un homme de pierre, les bras étendus, je me dirigeai vers le sac, où je plongeai une de mes mains.   **se tâter** se toucher

Alors, il me sembla que des lèvres encore tièdes s'appuyaient sur ma main.

J'en étais à ce degré de terreur où l'excès de la terreur même nous rend le courage. Je pris cette tête, et, revenant à mon fauteuil, où je tombai assis, je la posai sur la table.

Oh! je jetai un cri terrible. Cette tête, dont les lèvres semblaient tièdes encore, dont les yeux étaient à demi fermés, c'était la tête de Solange!

Je crus être fou.

Je criai trois fois:

— Solange! Solange! Solange!

A la troisième fois, les yeux se rouvrirent, me regardèrent, laissèrent tomber deux larmes, et jetant une flamme humide comme si l'âme s'en échappait, se refermèrent pour ne plus se rouvrir.

Je me levai fou, insensé, furieux; je voulais fuir; mais, en me relevant, j'accrochai la table avec le pan de mon habit;[29] la table tomba, entraînant la chandelle qui s'éteignit, la tête qui roula m'entraînant moi-même éperdu.[30] Alors il me sembla, couché à terre, voir cette tête glisser vers la mienne sur la pente des dalles: ses lèvres touchèrent mes lèvres, un frisson de glace passa par tout mon corps; je jetai un gémissement, et je m'évanouis.[31]

Le lendemain, à six heures du matin, les fossoyeurs me retrouvèrent aussi froid que la dalle sur laquelle j'étais couché.

Solange, reconnue par la lettre de son père, avait été arrêtée le jour même, condamnée le jour même, et exécutée le jour même.

Cette tête qui m'avait parlé, ces yeux qui m'avaient regardé, ces lèvres qui avaient baisé mes lèvres, c'étaient les lèvres, les yeux, la tête de Solange.

Questions

1. Expliquez comment Albert et Solange firent connaissance.
2. De quelle seule chose Albert était-il certain en observant Solange?
3. Que voulut le sergent de la patrouille que Solange lui montre?
4. Pourquoi allèrent-ils voir Danton?
5. Comment Solange avait-elle éveillé les soupçons du sergent et de sa patrouille?
6. Quelles décisions prirent Solange et Albert?

7. Comment Albert s'arrangea-t-il pour sauver le père de Solange?
8. Pourquoi Albert fut-il si heureux, en la quittant, de la savoir en sûreté avec son père chez les Marceau?
9. Pourquoi Solange ne partit-elle pas quand Albert lui apporta un passe-port?
10. Quel travail trouva-t-il pour elle?
11. Quel jour passèrent-ils ensemble?
12. Quelle était la profession d'Albert?
13. Quelles expériences avait-il faites?
14. Quelle conviction avait-il tirée de ses expériences?
15. Pourquoi Albert n'a-t-il pas épousé Solange?
16. Quel procès les attrista plus encore que bien d'autres?
17. Par quoi fut causée l'arrestation de Solange?

Notes

1 **patrouille** f patrol   2 **blanchisseuse** f laundress   3 **naufragé** m castaway
4 **muscadin** m dandy (implied meaning = royalist)   5 **relieur de livres** m
bookbinder   6 **bourreau** m executioner   7 **moelle épinière** f spinal marrow
8 **potence** f gallows   9 **pratiquer un fossé** to dig a ditch   10 **peine de mort** f
capital punishment   11 **tombereau** m tipcart   12 **pensionnat** m private boarding
school   13 **moisson** m harvest   14 **chardon** m thistle   15 **ortie** f nettle
16 **faillir tomber** to almost fall   17 **autel** m altar   18 **ras** bare   19 **dépouillé de**
stripped of   20 **néant** m nothingness   21 **rafale** f gust   22 **ruisselant** streaming
23 **fossoyeur** m gravedigger   24 **stipendié** m hireling   25 **chambranle** m door-
frame   26 **mèche** f wick   27 **dételer** to unhitch   28 **bosselé** (here) lumpy
29 **j'accrochai. . . habit** I caught my coattail on the table   30 **éperdu** aghast
31 **s'évanouir** to lose consciousness

La prison du Temple, où la famille royale fut enfermée avant d'être exécutée. *(B.N. Paris. Giraudon)*

Derniere Lettre de Marie-Antoinette a Madame Elisabeth[*]

LA PEINE de mort de Marie-Antoinette fut prononcée à quatre heures et demie du matin. La reine ne laissa percevoir aucune trace d'émotion. Ramenèe à la Conciergerie, non pas dans la cellule qu'elle occupait habituellement mais dans celle des condamnés, elle demanda aussitôt de quoi écrire. Elle écrivit à Madame Elisabeth, soeur de Louis XVI, la lettre qui suit.

Madame Elisabeth ne reçut jamais cette lettre. Dès qu'elle l'eut écrite, le concierge de la prison s'en empara[1] et la porta à l'accusateur public. Celui-ci, sans respecter les dernières volontés de la reine, la mit dans ses papiers où elle resta.

ce 16 octobre à 4 h
1/2 du matin

C'EST à vous, ma soeur, que j'écris pour la dernière fois. Je viens d'être condamnée non pas à une mort honteuse, elle ne l'est que pour les criminels, mais à aller rejoindre votre frère. Comme lui innocente, j'espère montrer la même fermeté que lui dans ses derniers moments. Je suis calme comme on l'est quand la conscience ne reproche rien; j'ai un profond regret d'abandonner mes pauvres enfants; vous savez que je n'existais que pour

---

[*] Tiré du livre *Louis XVI, Marie-Antoinette et Madame Elisabeth*, Lettres et Documents inédits, v. 6, publiés par F. Feuillet de Conches, Paris 1873. (L'orthographe a été un peu modernisée.)

eux et vous ma bonne et tendre soeur. Vous qui avez par votre amitié tout sacrifié pour être avec nous, dans quelle position je vous laisse! J'ai appris par le plaidoyer² même du procès que ma fille était séparée de vous. Hélas! la pauvre enfant, je n'ose pas lui écrire, elle ne recevrait pas ma lettre; je ne sais pas même si celle-cy vous parviendra; recevez pour eux deux icy ma bénédiction; j'espère qu'un jour lorsqu'ils seront plus grands, ils pourront se réunir avec vous et jouir° en entier de vos tendres soins; qu'ils pensent tous   **jouir** profiter deux à ce que je n'ai cessé de leur inspirer, que les principes et l'exécution exacte de leurs devoirs sont la première base de la vie, que leur amitié et leur confiance mutuelles en feront le bonheur. Que ma fille sente qu'à l'âge qu'elle a elle doit toujours aider son frère, par les conseils que l'expérience qu'elle aura de plus que lui, et son amitié pourront lui inspirer; que mon fils à son tour rende à sa soeur tous les soins, les services que l'amitié peut inspirer; qu'ils sentent enfin tous deux que dans quelque position où ils pourront se trouver, ils ne seront vraiment heureux que par leur union; qu'ils prennent exemple de nous; combien dans nos malheurs, notre amitié nous a donné de consolation; et dans le bonheur on jouit doublement quand on peut le partager avec un ami, et où en trouver de plus tendre, de plus uni que dans sa propre famille. Que mon fils n'oublie jamais les derniers mots de son père que je lui répète expressément: qu'il ne cherche jamais à venger notre mort. J'ai à vous parler d'une chose bien pénible à mon coeur, je sais combien cet enfant doit vous avoir fait de la peine; pardonnez-lui, ma chère soeur, pensez à l'âge qu'il a et combien il est facile de faire dire à un enfant ce qu'on veut, et même ce qu'il ne comprend pas. Un jour viendra, j'espère, où il ne sentira que mieux tout le prix de vos bontés et de votre tendresse pour tous deux. Il me reste à vous confier³ encore mes dernières pensêes, j'aurais voulu les écrire dès le commencement du procès; mais outre qu'on ne me laissait pas écrire, la marche a été si rapide que je n'en aurais réellement pas eu le temps.

Je meurs dans la Religion catholique, apostolique et romaine, dans celle de mes pères, dans celle où j'ai été élevée, et que j'ai toujours professée, n'ayant aucune consolation spirituelle à attendre, ne sachant pas si il existe encore icy des prêtres de cette religion, et même le lieu où je suis les exposerait trop si ils y entraient une fois. Je demande sincèrement pardon à Dieu de toutes les fautes que j'ai pu commettre depuis que j'existe; j'espère que dans sa bonté, il voudra bien recevoir mes derniers voeux, ainsi que ceux que je fais depuis longtemps pour qu'il veuille bien recevoir mon âme dans sa miséricorde° et sa bonté. Je demande pardon à tous ceux que je connais et à   **miséricorde** f pardon; grâce vous ma soeur en particulier, de toutes les peines que sans le vouloir j'aurais pu leur causer. Je pardonne à tous mes ennemis le mal qu'ils m'ont fait. Je dis icy adieu à mes tantes et à tous mes frères et soeurs. J'avais des amis, l'idée d'en être séparée pour jamais et leurs peines sont un des plus grands regrets que j'emporte en mourant; qu'ils sachent du moins que jusqu'à mon dernier moment j'ai pensé à eux.

Adieu, ma bonne et tendre soeur; puisse cette lettre vous arriver. Pensez toujours à moi, je vous embrasse de tout mon coeur, ainsi que ces pauvres et chers enfants; mon Dieu, qu'il est déchirant de les quitter pour toujours! Adieu, adieu, je ne vais plus m'occuper que de mes devoirs spirituels; comme je ne suis pas libre dans mes actions, on m'amènera peut-être un prêtre, mais je proteste ici que je ne lui dirai pas un mot, et que je le traiterai comme un être absolument étranger.

Après avoir écrit cette lettre couverte de la trace de ses larmes, Marie-Antoinette se jeta sur son lit, s'enveloppa les pieds d'une couverture et s'endormit avec calme.

On la réveilla à sept heures. A onze heures, la grille s'ouvrit. La reine sortit vêtue de blanc, les mains liées[4] derrière le dos; elle était pâle mais fière et admirable de calme, de noblesse et de tenue. Elle avait les cheveux coupés au ras du bonnet.[5] Elle avait d'elle-même décidé de se faire couper les cheveux. Bien qu'elle eût les pommettes rouges et les yeux injectés de sang, son regard ne laissait percevoir aucun signe de faiblesse morale. Elle monta sans aide dans la charrette. Il fallut une heure pour passer de la Conciergerie à la place de la Révolution.°

place de la Révolution
aujourd'hui place de la Concorde

A la vue de la guillotine, la veuve de Louis XVI sentit son sang refluer vers le coeur; elle jeta un regard douloureux du côté des Tuileries et promptement remise[6] descendit de la charrette pour monter d'un pas ferme à l'endroit même où son mari l'avait précédée. Elle pria avec ferveur, puis se tournant vers le bourreau: "Dépêchez-vous", dit-elle et baissant la tête elle se résigna à mourir.

Questions

1.* Quand Marie-Antoinette fut-elle condamnée à la peine de mort? Citez l'heure, le jour, le mois et l'année.
2. Où l'a-t-on ramenée après le jugement?
3. Que demanda-t-elle sur-le-champ?
4. A qui écrivit-elle?
5. Qui reçut la lettre?
6. Citez les regrets les plus profonds qu'éprouva Marie-Antoinette au moment de mourir.
7. Comment souhaite-t-elle que vivent ses enfants?
8. Qu'espère-t-elle pour elle-même?

Notes

1 **s'emparer de** to seize   2 **plaidoyer** *m* speech for the defense   3 **confier** to entrust   4 **lié** tied   5 **au ras du bonnet** meaning cut short so that her neck was bare   4 **remise** having regained (her) composure

La Reine Marie-Antoinette, sur la charrette qui la conduit au supplice, par David. *(B.N. Est. Coll. Viollet)*

"Le Gay Château," dessin de Victor Hugo, illustre bien la période romantique du XIXe siècle, tandis que la gare St-Lazare peinte par Monet, nous montre l'essor de la machine. *(Coll. Maison de Victor Hugo. Bulloz; Institut d'Art. Chicago. Giraudon)*

La France et Napoléon Bonaparte

COMME NOUS le savons déjà Louis XVI fut guillotiné le vingt et un janvier 1793. Quelques mois avant sa mort, la monarchie absolue avait été abolie et une nouvelle Assemblée élue au suffrage universel[1] avait proclamé la République.

Les rois d'Europe, alarmés par la mort du roi de France, formèrent une coalition contre la nouvelle République. Celle-ci fut attaquée par les armées de la coalition européenne à l'extérieur et par les royalistes à l'intérieur. La plupart des nobles restèrent loyaux à la monarchie.

Pour sauver la France et la République, la Convention* organisa un gouvernement de dictature dirigé par le Comité de Salut Public dont Maximilien de Robespierre était le chef. Ce fut lui qui, grâce à ce "Comité" dont il était l'âme, fit régner la Terreur en France. Pendant ce règne de terreur tout "citoyen" était suspect[2] et à la merci d'être condamné à mort sans interrogatoire. Robespierre fit guillotiner des milliers de suspects.

La Terreur ne cessa que lorsque Robespierre monta à son tour à l'échafaud[3] le 27 juillet 1794.

La coalition européenne fut battue et la paix rétablie; en 1795 un nouveau gouvernement — le Directoire — fut institué. Celui-ci gouverna du 26 octobre 1795 au 9 novembre 1799. Ce régime fut marqué par des coups d'Etat et une grave crise financière. Il ne faut pas oublier qu'une crise financière faisait partie des causes qui avaient contribué à précipiter la Révolution française.

Pour sauver l'œuvre de la Révolution menacée de cette crise financière, le Directoire confia le commandement de l'armée des Alpes à un jeune officier épris de gloire nommé Napoléon Bonaparte. Il fut chargé d'empêcher la réunion des armées piémontaises° et autrichiennes; de plus une campagne victorieuse pouvait résoudre la situation financière de la nation par un

piémontais c.-à-d. les soldats italiens du nord-ouest de l'Italie

---

* Assemblée révolutionnaire qui gouverna la France du 21 septembre 1792 au 26 octobre 1795. C'est la Convention qui condamna Louis XVI.

Pendant sa campagne égyptienne, le général Bonaparte est invité à assister aux fêtes commémorant la naissance de Mahomet. *(B.N. Paris. Lauros-Giraudon)*

important tribut de guerre.° Bonaparte mena son armée à travers les Alpes et l'Italie remportant victoires sur victoires et trouvant "honneur, gloire et richesse".

Napoléon Bonaparte, l'homme de génie qui établit les assises[4] de la France moderne, naquit le 15 août 1769 en Corse, île de la Méditerranée. Admis à l'Ecole militaire de Brienne en 1779, il fut reçu cinq ans plus tard à l'Ecole militaire de Paris. "Il ira loin si les circonstances le favorisent" disait son maître d'histoire. Il obtint l'année suivante le grade de lieutenant d'artillerie. Il se distingua comme chef de bataillon au siège de Toulon en 1793 et fut nommé général de brigade à l'âge de vingt-cinq ans. En 1796 ayant reçu le commandement de l'armée d'Italie, il remporta de très grandes victoires parmi lesquelles: Lodi, Arcole et Rivoli. Il revint ensuite à Paris où il fut l'objet de l'admiration générale.

En 1799 à l'âge de trente ans Napoléon fut nommé Premier consul. Après le triomphe de sa seconde campagne d'Italie qui se termina par la bataille de Marengo, il fut élu consul à vie en 1803. Pour la deuxième fois il avait donné une paix glorieuse à la France et sa gloire s'étendait au-delà du territoire français.

Dès lors commença l'admirable administration de Bonaparte. Il encouragea le commerce, réorganisa les finances, fit bâtir des ponts, des routes et des hospices.[5] Il établit le Code civil,[6] fonda la Banque de France, l'Université de France et la Légion d'honneur.

Le brillant officier nommé Premier général de la République, puis Premier consul pour dix ans, ensuite consul à vie, fut proclamé empereur sous le nom de Napoléon Ier le 18 mai 1804. Le peuple français ratifia (par 3.572.329 suffrages contre 2.569) l'établissement d'une dynastie nouvelle. Il fut sacré[7] par le pape le 2 décembre 1804 à Notre-Dame de Paris. Il se posa lui-même la couronne impériale sur la tête, puis une autre sur la tête de l'impératrice Joséphine, comme le montre le tableau du sacre par David.

Napoléon ne pouvait donner à la France la paix dont elle avait tant besoin. Des victoires s'imposaient pour maintenir sa puissance mais inquiétaient les souverains d'Europe. L'Angleterre, la Prusse, la Russie, l'Autriche et la Suède s'allièrent bientôt contre lui.

Dans une glorieuse campagne de 1805, les Autrichiens et les Russes furent vaincus à la bataille d'Austerlitz. Napoléon battit les Prussiens à Iéna et à Auerstaedt en 1806, les Russes à Eylau et à Friedland en 1807 et les Autrichiens à Wagram en 1809.

En 1810, Napoléon dominait toute l'Europe occidentale; pourtant il connut la défaite dans la guerre d'Espagne et dans la campagne de Russie. En 1812, il lança sa grande armée (près de 600.000 hommes) contre le tsar Alexandre Ier, subissant des revers[8] écrasants. Ayant atteint Moscou où il espérait obtenir des vivres° et une protection contre le froid, il n'y trouva que des ruines, car les Russes avaient incendié leur capitale afin d'exposer les armées de Napoléon à la famine et au froid et de les forcer à reculer.° Le sacrifice des Russes marque le commencement de la longue et cruelle retraite au cours de laquelle plus de 500.000 hommes périrent. Epuisée et réduite à moins de 50.000 hommes la "grande armée" fut écrasée par une coalition générale des souverains d'Europe.

En 1814, Napoléon dut abdiquer et accepter l'exil à l'île d'Elbe, située près des côtes d'Italie. Louis XVIII, frère de Louis XVI, devint le souverain de France.

Napoléon s'échappa de l'île d'Elbe un an plus tard; il rentra en France et reforma une armée. Sa tentative de reprendre le pouvoir et de vaincre les souverains d'Europe faillit réussir mais il fut de nouveau battu à Waterloo en Belgique en 1815. La période entre son retour de l'île d'Elbe et la bataille de Waterloo s'appelle les Cent-Jours.

Napoléon fut déporté à l'île de Sainte-Hélène par les Anglais dont il se constitua prisonnier. Il mourut sur cette petite île perdue au milieu de l'Atlantique en 1821.

Questions

1. Quelle forme du gouvernement remplaça la monarchie?
2. Pourquoi fallut-il organiser une dictature?
3. Comment s'appela-t-elle?
4. Qui la dirigea?
5. Quelle atmosphère régna en France pendant la dictature du "Comité de Salut Public"?
6. Quel gouvernement suivit celui de Robespierre?
7. Quelle crise menaça ce nouveau régime?
8. Que fit le jeune officier Napoléon Bonaparte?
9. Où naquit Napoléon?
10. Quelles furent les étapes de son ascension au pouvoir absolu?
11. Quelles réformes institua-t-il?
12. Que devait faire Napoléon pour maintenir sa puissance?
13. Quelles furent ses premières défaites militaires?
14. Pourquoi l'invasion de la Russie fut-elle désastreuse?
15. Que dut-il faire en 1814?
16. Où eut lieu sa défaite finale?
17. Par qui fut-il battu?
18. Après cette bataille célèbre de qui devint-il prisonnier?
19. Où mourut-il?
20. Pourquoi peut-on considérer Napoléon comme un homme de génie?

Notes

1 **élue au suffrage universel** elected by popular vote 2 **suspect** (considered) suspicious 3 **échafaud** *m* guillotine's platform 4 **assise** *f* foundation 5 **hospice** *m* almshouse 6 **Code civil** *m* basis of modern French jurisprudence 7 **sacrer** to annoint and crown 8 **subir des revers** to suffer setbacks

Napoléon Ier, empereur
(B.N. Paris. Giraudon)

Caricature de l'exil de Napoléon
(B.N. Paris. Lauros-Giraudon)

98   *De la Révolution à nos Jours*

Le Dialogue inconnu

C'EST ENCORE à Alfred de Vigny que nous emprunterons l'extrait suivant tiré de son oeuvre *Servitude et grandeur militaires* car il nous y donne un aperçu— du caractère de Napoléon. Vous vous rappelez que Vigny entra dans l'armée en 1813 et que Napoléon dut abdiquer en 1814, de sorte que Vigny ne servit que peu de temps sous l'Empire. Mais étant donné qu'il avait passé sa jeunesse durant la période napoléonienne, il fut fortement influencé par Napoléon comme beaucoup de ses contemporains.

Dans l'épisode qui suit, un capitaine, aide de Napoléon, raconte la conversation qu'il surprit entre Napoléon et le pape Pie VII. Cette conversation que nous pourrions appeler monologue nous révèle un aspect du caractère de l'empereur.

Il ne faut pas s'imaginer connaître le caractère de Napoléon d'après ce seul épisode car beaucoup d'historiens et d'écrivains lui ont consacré de nombreuses pages. Grâce à son intelligence il fut un grand chef d'Etat et grâce à son génie militaire il inspira l'obéissance et l'adoration à ses soldats. Certaines réformes qu'il institua sont encore en vigueur de nos jours.

LE DIALOGUE INCONNU
(L'HISTOIRE DU CAPITAINE RÉNAUD)
par Alfred de Vigny

EN EFFET, dit le capitaine Rénaud, je venais d'être nommé page de l'Empereur en 1804... Ah! la terrible année que celle-là! de quels événements elle était chargée quand elle nous arriva, et comme je l'aurais considérée avec attention, si j'avais su alors considérer quelque chose! Mais je n'avais pas d'yeux pour voir, pas d'oreilles pour entendre autre chose que les actions de l'Empereur, la voix de l'Empereur, les gestes de l'Empereur, les pas de l'Empereur. Son approche m'enivrait,° sa présence me magnétisait. La gloire d'être attaché à cet homme me semblait la plus grande chose qui fût au monde, et jamais un amant n'a senti l'ascendant de sa maîtresse avec des

enivrer exalter

émotions plus vives et plus écrasantes que celles que sa vue me donnait chaque jour. . . L'admiration d'un chef militaire devient une passion, un fanatisme, une frénésie,° qui font de nous des esclaves,[1] des furieux, des aveugles.

frénésie f enthousiasme fiévreux

★   ★   ★

Mais une lettre de mon père, et sa mort, que j'appris peu de temps après, produisirent en moi, tout enivré que j'étais et tout étourdi[2] du bruit de mes éperons,[3] une impression assez forte pour donner un grand ébranlement° à mon ardeur aveugle, et je commençai à examiner de plus près et avec plus de calme ce qu'il y avait de surnaturel dans l'éclat qui m'enivrait. Je me demandai, pour la première fois, en quoi consistait l'ascendant que nous laissions prendre sur nous aux hommes d'action revêtus d'un pouvoir absolu, et j'osai tenter quelques efforts intérieurs pour tracer des bornes, dans ma pensée, à cette donation volontaire de tant d'hommes à un homme. Cette première secousse° me fit entr'ouvrir la paupière, et j'eus l'audace de regarder en face l'aigle éblouissant qui m'avait enlevé tout enfant, et dont les ongles me pressaient les reins.

ébranlement m un trouble de l'équilibre

secousse f choc

Je ne tardai pas à trouver des occasions de l'examiner de plus près, et d'épier° l'esprit du grand homme, dans les actes obscurs de sa vie privée.

épier surveiller en secret

On avait osé créer des pages, comme je vous l'ai dit; mais nous portions l'uniforme d'officiers, en attendant la livrée verte à culottes rouges que nous devions prendre au sacre.[4] Nous servions d'écuyers,[5] de secrétaires et d'aides de camp jusque là, selon la volonté du maître, qui prenait ce qu'il trouvait sous sa main. Déjà il se plaisait à peupler ses antichambres; et comme le besoin de dominer le suivait partout, il ne pouvait s'empêcher de l'exercer dans les plus petites choses et tourmentait autour de lui ceux qui l'entouraient, par l'infatigable maniement d'une volonté toujours présente. Il s'amusait de ma timidité; il jouait avec mes terreurs et mon respect. — Quelquefois il m'appelait brusquement; et, me voyant entrer pâle et balbutiant,° il s'amusait à me faire parler longtemps pour voir mes étonnements et troubler mes idées. Quelquefois, tandis que j'écrivais sous sa dictée, il me tirait l'oreille tout d'un coup, à sa manière, et me faisait une question imprévue sur quelque vulgaire connaissance comme la géographie ou l'algèbre, me posant le plus facile problème d'enfant; il me semblait alors que la foudre tombait sur ma tête. Je savais mille fois ce qu'il me demandait; j'en savais plus qu'il ne le croyait, j'en savais même souvent plus que lui; mais son œil me paralysait. Lorsqu'il était hors de la chambre je pouvais respirer, le sang commençait à circuler dans mes veines, la mémoire me revenait et avec elle une honte inexprimable; la rage me prenait j'écrivais ce que j'aurais dû lui répondre; puis je me roulais sur le tapis, je pleurais, j'avais envie de me tuer.

balbutier parler avec difficulté

— Quoi! me disais-je, il y a donc des têtes assez fortes pour être sûres de tout et n'hésiter devant personne? Des hommes qui s'étourdissent par l'action sur toute chose, et dont l'assurance écrase les autres en leur faisant penser que la clef de tout savoir et de tout pouvoir, clef qu'on ne cesse de chercher, est dans leur poche, et qu'ils n'ont qu'à l'ouvrir pour en tirer lumière et autorité infaillibles!° — Je sentais pourtant que c'était là une force fausse et usurpée. Je me révoltais, je criais: "Il ment! Son attitude, sa voix, son geste, ne sont qu'une pantomime d'acteur, une misérable parade de souveraineté, dont il doit savoir la vanité. Il n'est pas possible qu'il croie en lui-même aussi sincèrement! Il nous défend à tous de lever le voile, mais il se voit nu par-dessous. Et que voit-il? un pauvre ignorant comme nous tous et, sous tout cela, la créature faible!"

— Cependant je ne savais comment voir le fond de cette âme déguisée. Le pouvoir et la gloire le défendaient sur tous les points; je tournais autour sans réussir à y rien surprendre, et ce porc-épic,[6] toujours armé, se roulait devant moi, n'offrant de tous côtés que des pointes acérées.° — Un jour pourtant, le hasard, notre maître à tous, les entr'ouvrit et, à travers ces piques et ces dards, fit pénétrer une lumière d'un moment. — Un jour, ce fut peut-être le seul de sa vie, il rencontra plus fort que lui et recula un instant devant un ascendant° plus grand que le sien. — J'en fus témoin, et me sentis vengé. — Voici comment cela m'arriva:

Nous étions à Fontainebleau.° Le Pape venait d'arriver. L'Empereur l'avait attendu impatiemment pour le sacre, et l'avait reçu en voiture, montant de chaque côté, au même instant, avec une étiquette en apparence négligée, mais profondément calculée de manière à ne céder ni prendre le pas; ruse italienne. Il revenait au château: tout y était en rumeur; j'avais laissé plusieurs officiers dans la chambre qui précédait celle de l'Empereur, et j'étais resté seul dans la sienne. — Je considérais une longue table qui portait, au lieu de marbre, des mosaiques romaines, et que surchargeait un amas[7] énorme de placets.° J'avais vu souvent Bonaparte rentrer et leur faire subir une étrange épreuve. Il ne les prenait ni par ordre, ni au hasard; mais quand leur nombre l'irritait, il passait sa main sur la table de gauche à droite et de droite à gauche, comme un faucheur,[8] et les dispersait jusqu'à ce qu'il en eût réduit le nombre à cinq ou six qu'il ouvrait. Cette sorte de jeu dédaigneux m'avait ému singulièrement. Tous ces papiers de deuil et de détresse repoussés et jetés sur le parquet, enlevés comme par un vent colère, ces implorations inutiles des veuves et des orphelins n'ayant pour chance de secours que la manière dont les feuilles volantes étaient balayées par le chapeau consulaire, toutes ces feuilles gémissantes, mouillées par des larmes de famille, traînant au hasard sous ses bottes et sur lesquelles il marchait comme sur ses morts du champ de bataille me représentaient la destinée présente de la France comme une loterie sinistre, et, toute grande qu'était la main indifférente et rude qui tirait les lots, je pensais qu'il n'était pas juste de livrer ainsi au caprice de ses coups de poing tant de fortunes obscures qui eussent été peut-être un jour aussi grandes que la sienne, si un point d'appui leur eût été donné. Je sentis mon coeur battre contre Bonaparte et se révolter, mais honteusement, mais en coeur d'esclave qu'il était. Je considérais ces

infaillible qui ne peut se tromper

acéré rendu perçant

ascendant *m* pouvoir

Fontainebleau château construit pour François 1er, situé au sud de Paris

placet *m* note écrite pour solliciter une chose

lettres abandonnées: des cris de douleur inentendus s'élevaient de leurs plis profanes;[9] et, les prenant pour les lire, les rejetant ensuite, moi-même je me faisais juge entre ces malheureux et le maître qu'ils s'étaient donné, et qui allait aujourd'hui s'asseoir plus solidement que jamais sur leurs têtes. Je tenais dans ma main l'une de ces petitions méprisées, lorsque le bruit des tambours qui battaient "aux champs" m'apprit l'arrivée subite de l'Empereur. Or, vous savez que, de même que l'on voit la lumière du canon avant d'entendre sa détonation, on le voyait toujours en même temps qu'on était frappé du bruit de son approche, tant ses allures° étaient promptes et tant il semblait **allure** *f* vitesse des mouvements pressé de vivre et de jeter ses actions les unes sur les autres! Quand il entrait à cheval dans la cour d'un palais, ses guides avaient peine à le suivre, et le poste n'avait pas le temps de prendre les armes, qu'il était déjà descendu de cheval et montait l'escalier. Cette fois, il avait quitté la voiture du Pape pour revenir seul, en avant et au galop. J'entendis ses talons résonner en même temps que le tambour. J'eus le temps à peine de me jeter dans l'alcôve d'un grand lit de parade[10] qui ne servait à personne, fortifié d'une balustrade de prince[11] et fermé heureusement, plus qu'à demi, par des rideaux semés d'abeilles.

L'Empereur était fort agité; il marcha seul dans la chambre comme quelqu'un qui attend avec impatience, et fit en un instant trois fois sa longueur, puis s'avança vers la fenêtre et se mit à y tambouriner une marche avec les ongles. Une voiture roula dans la cour, il cessa de battre, frappa des pieds deux ou trois fois comme impatienté de la vue de quelque chose qui se faisait avec lenteur, puis il alla brusquement à la porte et l'ouvrit au Pape.

Pie VII entra seul. Bonaparte se hâta de refermer la porte derrière lui, avec une promptitude de geôlier.° Je sentis une grande terreur, je l'avoue, en me voyant en tiers° avec de tels gens. Cependant je restai sans voix et sans mouvement, regardant et écoutant de toute la puissance de mon esprit.

geôlier *m* concierge d'une prison
en tiers être la troisième dans un groupe de trois

Le Pape était d'une taille élevée; il avait un visage allongé, jaune, souffrant, mais plein d'une noblesse sainte et d'une bonté sans bornes. Ses yeux noirs étaient grands et beaux, sa bouche était entr'ouverte par un sourire bienveillant auquel son menton avancé donnait une expression de finesse très spirituelle et très vive, sourire qui n'avait rien de la sécheresse politique. mais tout de la bonté chrétienne. Une calotte[12] blanche couvrait ses cheveux longs, noirs, mais sillonnés de larges mèches argentées.° Il portait négligemment sur ses épaules courbées un long camail° de velours rouge, et sa robe traînait sur ses pieds. Il entra lentement, avec la démarche calme et prudente d'une femme âgée. Il vint s'asseoir, les yeux baissés, sur un des grands fauteuils romains dorés et chargés d'aigles, et attendit ce que lui allait dire l'autre Italien.

sillonné. . . argentées c.-à-d. avec des cheveux blancs
camail *m* vêtement ecclésiastique

Ah! monsieur, quelle scène! quelle scène! je la vois encore — Ce ne fut pas le génie de l'homme qu'elle me montra, mais ce fut son caractère; et si son vaste esprit ne s'y déroula pas, du moins son cœur y éclata. — Bonaparte n'était pas alors ce que vous l'avez vu depuis; il n'avait point ce ventre de financier, ce visage joufflu et malade, ces jambes de goutteux,[13] tout cet infirme embonpoint° que l'art a malheureusement saisi pour en faire un "type", selon le langage actuel, et qui a laissé de lui, à la foule, je ne sais quelle forme populaire et grotesque qui le livre aux jouets d'enfants et le laissera peut-être un jour fabuleux et impossible comme l'informe Polichinelle.★ Il n'était point ainsi alors, monsieur, mais nerveux et souple, mais leste, vif et élancé convulsif dans ses gestes, gracieux dans quelques moments, recherché dans ses manières; la poitrine plate et rentrée entre les épaules, et tel encore que je l'avais vu à Malte,° le visage mélancolique et effilé.°

embonpoint *m* corpulence

Malte île de la Méditerranée entre la Sicile et l'Afrique
effilé mince et allongé

Il ne cessa point de marcher dans la chambre quand le Pape fut entré; il se mit à rôder autour du fauteuil comme un chasseur prudent et, s'arrêtant tout à coup en face de lui dans l'attitude raide et immobile d'un caporal, il reprit une suite de la conversation commencée dans leur voiture, interrompue par l'arrivée, et qu'il lui tardait de poursuivre.

—Je vous le répète, Saint-Père, je ne suis point un esprit fort, moi, et je n'aime pas les raisonneurs et les idéologues. Je vous assure que, malgré mes vieux républicains, j'irai à la messe.

Il jeta ces derniers mots brusquement au Pape comme un coup d'encensoir° lancé au visage, et s'arrêta pour en attendre l'effet, pensant que les circonstances tant, soit peu impies,° qui avaient précédé l'entrevue devaient donner à cet aveu subit et net une valeur extraordinaire. — Le Pape baissa les yeux et posa ses deux mains sur les têtes d'aigle qui formaient les bras de son fauteuil. Il parut, par cette attitude de statue romaine, qu'il disait clairement: Je me résigne d'avance à écouter toutes les choses profanes qu'il lui plaira de me faire entendre.

coup d'encensoir *m* c.-à-d. flatterie assez grossière

impie hostile à la religion

Bonaparte fit le tour de la chambre et du fauteuil qui se trouvait au milieu, et je vis, au regard qu'il jetait de côté sur le vieux pontife, qu'il n'était content ni de lui-même, ni de son adversaire, et qu'il se reprochait d'avoir trop lestement° débuté dans cette reprise de conversation. Il se mit donc à parler avec plus de suite ° en marchant circulairement et jetant à la dérobée° des regards perçants dans les glaces de l'appartement où se réfléchissait la figure grave du Saint-Père, et le regardant en profil quand il passait près de lui, mais jamais en face, de peur de sembler trop inquiet de l'impression de ses paroles.

lestement rapidement
avec plus de suite plus raisonnablement
à la dérobée furtivement

—Il y a quelque chose, dit-il, qui me reste sur le cœur, Saint-Père, c'est que vous consentez au sacre de la même manière que l'autre fois au concordat, comme si vous y étiez forcé. Vous avez un air de martyr devant moi, vous êtes là comme résigné, comme offrant au Ciel vos douleurs. Mais en vérité, ce n'est pas là votre situation, vous n'êtes pas prisonnier, par Dieu! vous êtes libre comme l'air.★★

★ Polichinelle, personnage comique des théâtres de marionnettes; bossu, braillard et querelleur il est différent de *Pulcinella* italien, dont il tire son nom. Celui-ci, vêtu de blanc, n'est pas difforme.

★★ Napoléon fut sacré le 18 mai, 1804. Pie VII ne retourna à Rome qu'en 1814, la même année que Napoléon fut obligé d'abdiquer à Fontainebleau et de se retirer à l'île d'Elbe (20 avril 1814).

Le célèbre tableau de David représentant le sacre de Napoléon, à Notre-Dame de Paris. *(M. du Louvre. Giraudon)*

Pie VII sourit avec tristesse et le regarda en face. Il sentait ce qu'il y avait de prodigieux dans les exigences de ce caractère despotique, à qui, comme à tous les esprits de même nature, il ne suffisait pas de se faire obéir si, en obéissant, on ne semblait encore avoir désiré ardemment ce qu'il ordonnait.

— Oui, reprit Bonaparte avec plus de force, vous êtes parfaitement libre; vous pouvez vous en retourner à Rome, la route vous est ouverte, personne ne vous retient.

Le Pape soupira et leva sa main droite et ses yeux au ciel sans répondre; ensuite il laissa retomber très lentement son front ridé et se mit à considérer la croix d'or suspendue à son cou.

Bonaparte continua à parler en tournoyant plus lentement. Sa voix devint douce et son sourire plein de grâce.

— Saint-Père, si la gravité de votre caractère ne m'en empêchait, je dirais, en vérité, que vous êtes un peu ingrat.° Vous ne paraissez pas vous souvenir assez des bons services que la France vous a rendus. Le conclave de Venise, qui vous a élu Pape, m'a un peu l'air d'avoir été inspiré par ma campagne d'Italie et par un mot que j'ai dit sur vous. L'Autriche ne vous traita pas bien alors, et j'en fus très affligé.° Votre Sainteté fut, je crois, obligée de revenir par mer à Rome, faute de pouvoir passer par les terres autrichiennes.

ingrat peu reconnaissant

affligé attristé

Il s'interrompit pour attendre la réponse du silencieux hôte qu'il s'était donné; mais Pie VII ne fit qu'une inclination de tête presque imperceptible, et demeura comme plongé dans un abattement° qui l'empêchait d'écouter.

abattement *m* découragement

Bonaparte alors poussa du pied une chaise près du grand fauteuil du Pape.

— Je tressaillis, parce qu'en venant chercher ce siège, il avait effleuré de son épaulette le rideau de l'alcôve où j'étais caché.

— Ce fut, en vérité, continua-t-il, comme catholique que cela m'affligea. Je n'ai jamais eu le temps d'étudier beaucoup la théologie, moi; mais j'ajoute encore une grande foi à la puissance de l'Église; elle a une vitalité prodigieuse, Saint-Père. Voltaire vous a bien un peu entamé;° mais je ne l'aime pas, et je vais lâcher sur lui° un vieil oratorien défroqué.¹⁴ Vous serez content, allez. Tenez, nous pourrions, si vous vouliez, faire bien des choses à l'avenir.

entamé amoindri

lacher sur lui lancer contre lui

Il prit un air d'innocence et de jeunesse très caressant.

— Moi, je ne sais pas; j'ai beau chercher, je ne vois pas bien, en vérité, pourquoi vous auriez de la répugnance à siéger à Paris pour toujours. Je vous laisserais, ma foi, les Tuileries, si vous vouliez. Vous y trouveriez déjà votre chambre de Monte-Cavallo qui vous attend. Moi, je n'y séjourne guère. Ne voyez-vous pas bien, "Padre", que c'est là la vraie capitale du monde? Moi, je ferais tout ce que vous voudriez; d'abord, je suis meilleur enfant qu'on ne croit. — Pourvu que la guerre et la politique fatigante me fussent laissées, vous arrangeriez l'Église comme il vous plairait. Je serais votre soldat tout à fait. Voyez, ce serait vraiment beau; nous aurions nos conciles comme Constantin et Charlemagne, je les ouvrirais et les fermerais; je vous mettrais ensuite dans la main les vraies clefs du monde, et comme

Notre-Seigneur a dit: Je suis venu avec l'épée,★ je garderais l'épée, moi;
je vous la rapporterais seulement à bénir après chaque succès de nos armes.

Il s'inclina légèrement en disant ces derniers mots.

Le Pape, qui jusque-là n'avait cessé de demeurer sans mouvement, comme
une statue égyptienne, releva lentement sa tête à demi baissée, sourit avec
mélancolie, leva ses yeux en haut et dit, avec un soupir paisible, comme s'il
eût confié sa pensée à son ange gardien invisible:

— *Commediante!*

Bonaparte sauta de sa chaise et bondit comme un léopard blessé. Une
vraie colère le prit; une de ses colères jaunes. Il marcha d'abord sans parler,
se mordant les lèvres jusqu'au sang. Il ne tournait plus en cercle autour de sa
proie avec des regards fins et une marche cauteleuse;[15] mais il allait droit et
ferme, en long et en large, brusquement, frappant du pied et faisant sonner
ses talons éperonnés. La chambre tressaillit; les rideaux frémirent comme les
arbres à l'approche du tonnerre; il me semblait qu'il allait arriver quelque
terrible et grande chose; mes cheveux me firent mal et j'y portai la main
malgré moi. Je regardai le Pape, il ne remua pas; seulement il serra de ses deux
mains les têtes d'aigle des bras du fauteuil.

La bombe éclata tout à coup.

— Comédien! Moi! Ah! je vous donnerai des comédies à vous faire tous
pleurer comme des femmes et des enfants. — Comédien! — Ah! vous
n'y êtes pas, si vous croyez qu'on puisse avec moi faire du sang-froid° inso-
lent! Mon théâtre, c'est le monde; le rôle que j'y joue, c'est celui de maître
et d'auteur; pour comédiens, j'ai vous tous, Pape, rois, peuples! et le fil par
lequel je vous remue, c'est la peur! — Comédien! Ah! il faudrait être d'une
autre taille que la vôtre pour m'oser applaudir ou siffler, *signor Chiaramonti!*
— Savez-vous bien que vous ne seriez qu'un pauvre curé, si je le voulais?
Vous et votre tiare, la France vous rirait au nez, si je ne gardais mon air
sérieux en vous saluant.

Il y a quatre ans seulement, personne n'eût osé parler tout haut du Christ.
Qui donc eût parlé du Pape, s'il vous plaît? — Comédien! Ah! messieurs,
vous prenez vite pied chez nous! Vous êtes de mauvaise humeur parce que
je n'ai pas été assez sot pour signer, comme Louis XIV, la désapprobation°
des libertés gallicanes!★★ — Mais on ne me pipe° pas ainsi. — C'est moi qui
vous tiens dans mes doigts; c'est moi qui vous porte du Midi au Nord comme
des marionnettes; c'est moi qui fais semblant de vous compter pour quelque
chose parce que vous représentez une vieille idée que je veux ressusciter; et
vous n'avez pas l'esprit de voir cela et de faire comme si vous ne vous en
aperceviez pas. — Mais non! il faut tout vous dire! il faut vous mettre le nez
sur les choses pour que vous les compreniez. Et vous croyez bonnement°

sang-froid *m* contrôle de soi-même

désapprobation *f* action de désapprouver
piper tromper dans le sens d'attraper

bonnement naïvement

★ Matthieu 10 : 34.
★★ Les libertés gallicanes, libertés de l'Eglise de France (l'Eglise gallicane) à l'égard des autorités
ecclésiastiques à Rome, libertés soutenues par Louis XIV.

que l'on a besoin de vous, et vous relevez la tête, et vous vous drapez dans vos robes de femme! — Mais sachez bien qu'elles ne m'en imposent nullement, et que, si vous continuez, vous! je traiterai la vôtre comme Charles XII celle du grand vizir: je la déchirerai d'un coup d'éperon.

Il se tut. Je n'osais pas respirer. J'avançai la tête n'entendant plus sa voix tonnante, pour voir si le pauvre vieillard était mort d'effroi. Le même calme dans l'attitude, le même calme sur le visage. Il leva une seconde fois les yeux au ciel et, après avoir encore jeté un profond soupir, il sourit avec amertume et dit:

— *Tragediante*!

Bonaparte, en ce moment, était au bout de la chambre, appuyé sur la cheminée de marbre aussi haute que lui. Il partit comme un trait,[16] courant sur le vieillard; je crus qu'il allait le tuer. Mais il s'arrêta court, prit, sur la table, un vase de porcelaine de Sèvres, où le château de Saint-Ange et le Capitole étaient peints et, le jetant sur les chenets[17] et le marbre, le broya° **broyer** pulvériser sous ses pieds. Puis tout d'un coup il s'assit et demeura dans un silence profond et une immobilité formidable.

Je fus soulagé, je sentis que la pensée réfléchie lui était revenue et que le cerveau avait repris l'empire sur les bouillonnements du sang. Il devint triste, sa voix fut sourde et mélancolique et, dès sa première parole, je compris qu'il était dans le vrai, et que ce Protée,[18] dompté° par deux mots, se montrait **dompté** maîtrisé lui-même.

— Malheureuse vie! dit-il d'abord. — Puis il rêva, déchira le bord de son chapeau sans parler pendant une minute encore, et reprit, se parlant à lui seul, au réveil:

— C'est vrai! Tragédien ou Comédien. — Tout est rôle, tout est costume pour moi depuis longtemps et pour toujours. Quelle fatigue! quelle petitesse! Poser! toujours poser! de face pour ce parti, de profil pour celui-là, selon leur idée. Leur paraître ce qu'ils aiment que l'on soit, et deviner juste leurs rêves d'imbéciles. Les placer tous entre l'espérance et la crainte. — Les éblouir par des dates et des bulletins, par des prestiges de distance et des prestiges de nom. Etre leur maître à tous et ne savoir qu'en faire. Voilà tout, ma foi! — Et après ce tout, s'ennuyer autant que je fais, c'est trop fort. — Car, en vérité, poursuivit-il en se croisant les jambes et en se couchant dans un fauteuil, je m'ennuie énormément. — Sitôt que je m'assieds, je crève d'ennui.

— Je ne chasserais pas trois jours à Fontainebleau sans périr de langueur.

— Moi, il faut que j'aille et que je fasse aller. Si je sais où, je veux être pendu, par exemple. Je vous parle à cœur ouvert. J'ai des plans pour la vie de quarante empereurs, j'en fais un tous les matins et un tous les soirs; j'ai une imagination infatigable; mais je n'aurai pas le temps d'en remplir deux, que je serai usé de corps et d'âme; car notre pauvre lampe ne brûle pas longtemps. Et franchement, quand tous mes plans seraient exécutés, je ne jurerais pas que le monde s'en trouvât beaucoup plus heureux; mais il serait plus beau, et une unité majestueuse régnerait sur lui. — Je ne suis pas un philosophe, moi, et je ne sais que notre secrétaire de Florence qui ait eu le sens commun. Je n'entends rien à certaines théories. La vie est trop courte pour s'arrêter. Sitôt que j'ai pensé, j'exécute. On trouvera assez d'explication de mes actions après moi pour m'agrandir si je réussis et me rapetisser[19] si je tombe. Les paradoxes sont là tout prêts, ils abondent en France; je les fais taire de mon vivant, mais après il faudra voir. — N'importe, mon affaire est de réussir, et je m'entends à cela. Je fais mon Iliade° en action, moi, et tous les jours.

Ici il se leva avec une promptitude gaie et quelque chose d'alerte et de vivant; il était naturel et vrai dans ce moment-là, il ne songeait point à se dessiner comme il fit depuis dans ses dialogues de Sainte-Hélène;° il ne songeait point à s'idéaliser, et ne composait point son personnage de manière à réaliser les plus belles conceptions philosophiques; il était lui, lui-même mis au dehors. — Il revint près du Saint-Père, qui n'avait pas fait un mouvement, et marcha devant lui. Là, s'enflammant, riant à moitié avec ironie, il débita ceci, à peu près, tout mêlé de trivial et de grandiose, selon son usage, en parlant avec une volubilité inconcevable, expression rapide de ce génie facile et prompt qui devinait tout, à la fois, sans étude.

— La naissance est tout, dit-il; ceux qui viennent au monde pauvres et nus sont toujours des désespérés. Cela tourne en action ou en suicide, selon le caractère des gens. Quand ils ont le courage, comme moi, de mettre la main à tout, ma foi! ils font le diable. Que voulez-vous? Il faut vivre. Il faut trouver sa place et faire son trou. Moi, j'ai fait le mien comme un boulet de canon. Tant pis pour ceux qui étaient devant moi. — Les uns se contentent de peu, les autres n'ont jamais assez. — Qu'y faire? Chacun mange selon son appétit; moi, j'avais grand'faim! — Tenez, Saint-Père, à Toulon, je n'avais pas de quoi acheter une paire d'épaulettes et, au lieu d'elles, j'avais une mère et je ne sais combien de frères sur les épaules. Tout cela est placé à présent, assez convenablement, j'espère. Joséphine* m'avait épousé, comme par pitié, et nous allons la couronner à la barbe de Raguideau, son notaire, qui disait que je n'avais que la cape et l'épée. Il n'avait, ma foi! pas tort. — Manteau impérial, couronne, qu'est-ce que tout cela? Est-ce à moi? — Costume! costume d'acteur! Je vais l'endosser pour une heure, et j'en aurai assez. Ensuite je reprendrai mon petit habit d'officier, et je monterai à cheval; toute la vie à cheval! — Je ne serai pas assis un jour sans courir le risque d'être jeté à bas du fauteuil. Est-ce donc bien à envier? Hein?

— Je vous le dis, Saint-Père; il n'y a au monde que deux classes d'hommes: ceux qui ont et ceux qui gagnent.

Les premiers se couchent, les autres se remuent. Comme j'ai compris cela de bonne heure et à propos, j'irai loin, voilà tout. Il n'y en a que deux qui soient arrivés en commençant à quarante ans: Cromwell** et Jean-Jacques;*** si vous aviez donné à l'un une ferme, et à l'autre douze cents

* Joséphine épousa Napoléon en 1796, fut répudiée par lui en 1809.
** Cromwell (Oliver) chef des révolutionnaires anglais devint lord-protecteur d'Angleterre, d'Ecosse et d'Irlande après l'exécution de Charles Ier.
*** Rousseau (Jean-Jacques) écrivain dont les œuvres inspirèrent les révolutionnaires français.

Iliade c.-à-d. histoire épique

Sainte-Hélène île dans l'Atlantique où Napoléon fut exilé (1815-1821)

francs et sa servante, ils n'auraient ni prêché, ni commandé, ni écrit. Il y a des ouvriers en bâtiments, en couleurs, en formes et en phrases; moi, je suis ouvrier en batailles. C'est mon état. — A trente-cinq ans, j'en ai déjà fabriqué dix-huit qui s'appellent: Victoires. — Il faut bien qu'on me paye mon ouvrage. Et le payer d'un trône, ce n'est pas trop cher. — D'ailleurs je travaillerai toujours. Vous en verrez bien d'autres. Vous verrez toutes les dynasties dater de la mienne, tout parvenu que je suis,° et élu. Élu, comme vous, Saint-Père, et tiré de la foule. Sur ce point nous pouvons nous donner la main.

tout parvenu que je suis malgré ma naissance dans un milieu pauvre

Et, s'approchant, il tendit sa main blanche et brusque vers la main décharnée° et timide du bon Pape, qui, peut-être attendri par le ton de bonhomie de ce dernier mouvement de l'Empereur, peut-être par un retour secret sur sa propre destinée et une triste pensée sur l'avenir de ses sociétés chrétiennes, lui donna doucement le bout de ses doigts, tremblants encore, de l'air d'une grand'mère qui se raccommode avec un enfant qu'elle avait eu le chagrin de gronder trop fort. Cependant il secoua la tête avec tristesse, et je vis rouler de ses beaux yeux une larme qui glissa rapidement sur sa joue livide et desséchée. Elle me parut le dernier adieu du christianisme mourant qui abandonnait la terre à l'égoïsme et au hasard.

décharné extrêmement maigre

Bonaparte jeta un regard furtif sur cette larme arrachée à ce pauvre cœur, et je surpris même, d'un côté de sa bouche, un mouvement rapide qui ressemblait à un sourire de triomphe. — En ce moment, cette nature toute-puissante me parut moins élevée et moins exquise que celle de son saint adversaire; cela me fit rougir, sous mes rideaux, de tous mes enthousiasmes passés; je sentis une tristesse toute nouvelle en découvrant combien la plus haute grandeur politique pouvait devenir petite dans ses froides ruses de vanité, ses pièges[20] misérables et ses noirceurs de roué. Je vis qu'il n'avait rien voulu de son prisonnier, et que c'était une joie tacite° qu'il s'était donnée de n'avoir pas failli dans ce tête-à-tête et, s'étant laissé surprendre à l'émotion de la colère, de faire fléchir le captif sous l'émotion de la fatigue, de la crainte et de toutes les faiblesses qui amènent un attendrissement inexplicable sur la paupière d'un vieillard. — Il avait voulu avoir le dernier mot et sortit, sans ajouter un mot, aussi brusquement qu'il était entré. Je ne vis pas s'il avait salué le Pape. Je ne le crois pas.

tacite sous-entendu

Sitôt que l'Empereur fut sorti de l'appartement, deux ecclésiastiques vinrent auprès du Saint-Père, et l'emmenèrent en le soutenant sous chaque bras, atterré, ému et tremblant.

Je demeurai jusqu'à la nuit dans l'alcôve d'où j'avais écouté cet entretien. Mes idées étaient confondues, et la terreur de cette scène n'était pas ce qui me dominait. J'étais accablé de ce que j'avais vu; et, sachant à présent à quels mauvais calculs l'ambition toute personnelle pouvait faire descendre le génie, je haïssais cette passion qui venait de flétrir,° sous mes yeux, le plus brillant des dominateurs, celui qui donnera peut-être son nom au siècle pour l'avoir arrêté dix ans dans sa marche. — Je sentis que c'était folie de se dévouer

flétrir déshonorer

à un homme, puisque l'autorité despotique ne peut manquer de rendre mauvais nos faibles cœurs; mais je ne savais à quelle idée me donner désormais. Je vous l'ai dit, j'avais dix-huit ans alors, et je n'avais encore en moi qu'un instinct vague du Vrai, du Bon et du Beau, mais assez obstiné pour m'attacher sans cesse à cette recherche. C'est la seule chose que j'estime en moi.

Je jugeai qu'il était de mon devoir de me taire sur ce que j'avais vu; mais j'eus lieu de croire que l'on s'était aperçu de ma disparition momentanée de la suite de l'Empereur, car voici ce qui m'arriva. Je ne remarquai dans les manières du maître aucun changement à mon égard. Seulement, je passai peu de jours près de lui, et l'étude attentive que j'avais voulu faire de son caractère fut brusquement arrêtée. Je reçus un matin l'ordre de partir sur-le-champ pour le camp de Boulogne et, à mon arrivée, l'ordre de m'embarquer sur un des bateaux plats que l'on essayait en mer.

Questions

1. Décrivez l'attitude du capitaine Rénaud envers l'Empereur.
2. A quel titre le servit-il?
3. Pourquoi les sentiments de Rénaud vis à vis de Napoléon commencèrent-ils à se modifier? Comment réagit-il?
4. Pourquoi le pape vint-il à Paris?
5. Où habitait Napoléon?
6. Que faisait Rénaud en attendant Napoléon après le sacre?
7. Quelle fut la cause de pénibles battements de cœur et de révolte de Rénaud envers Napoléon?
8. Pourquoi dut-il se cacher?
9. Où se cacha-t-il?
10. Décrivez le pape.
11. Décrivez Napoléon.
12. Que voulait vraiment Napoléon obtenir du pape?
13. Quel fut le premier mot du pape?
14. Que voulait-il dire par cette parole?
15. Après la réponse violente de Napoléon, que dit encore le pape?
16. Comment Napoléon réagit-il en entendant cette deuxième parole?
17. Comment Napoléon se décrivit-il lui-même?
18. Quelle impression de l'Empereur avait Rénaud à la fin de l'entretien?
19. Comment l'étude attentive que Rénaud voulut faire du caractère de Napoléon fut-elle brusquement arrêtée?

Notes

1 **esclave** *m* slave   2 **étourdi** giddy   3 **éperon** *m* spur   4 **sacre** *m* annointing and coronation ceremony   5 **Nous servions d'écuyers**. . . We served as squires. . .
6 **porc-épic** *m* porcupine   7 **amas** *m* pile   8 **faucheur** *m* reaper   9 **plis profanes**

m pl desecrated folds   10 **lit de parade** *m* bed for lying in state   11 **balustrade de prince** *f* railing enclosing a raised platform on which the bed sits   12 **calotte** *f* skullcap   13 **goutteux** *m* someone who suffers from gout   14 **oratorien défroqué** unfrocked priest from the *Oratoire* chapel in Paris   15 **cauteleux** crafty   16 **partir. . . trait** to be off like a flash   17 **chenet** *m* grating holding logs in a fireplace   18 **Protée** sea god who could assume any form he wished   19 **rapetisser** to belittle   20 **piège** *m* trap

Le pape Pie VII, qui essaya, sans succès, de lutter contre Napoléon. *(B.N. Paris. Giraudon)*

La France au dix-neuvième siècle

LOUIS-CHARLES DE FRANCE, second fils de Louis XVI et de Marie-Antoinette mourut en prison le 8 juin 1795 à l'âge de dix ans. Il est connu sous le nom de Louis XVII parce qu'il fut proclamé roi de France par les émigrés[1] après l'exécution de son père. C'est donc sous le nom de Louis XVIII que le frère de Louis XVI accéda au trône de France en mai 1814 après l'abdication de Napoléon.

Louis XVIII était intelligent et instruit sur le rôle d'un chef d'Etat, ayant étudié le fonctionnement du régime parlementaire anglais pendant son exil. Il se rendit compte de la nécessité de réconcilier la France révolutionnaire et impériale avec l'Ancien Régime. Le Sénat tout en l'appelant au pouvoir avait établi des conditions et tracé un programme de gouvernement constitutionnel que Louis XVIII dut accepter. Cependent il n'accepta pas la charte[2] proposée qui aurait limité son pouvoir, mais il promulga une charte qui permit de concilier les partisans de la monarchie "absolue" et ceux de la monarchie "constitutionnelle".

La monarchie fut interrompue par le retour de Napoléon pendant la période appelée les Cent-Jours et fut rétablie après la bataille de Waterloo quand Louis XVIII remonta sur le trône de France.

Il mourut au mois d'août 1824 après dix ans de règne pendant lesquels il réussit à rétablir la France au premier rang des nations européennes.

Son frère lui succéda sous le nom de Charles X. Celui-ci ne suivit pas les idées libérales de son frère mais voulut rétablir la monarchie "absolue". Il refusa de gouverner avec la Chambre (c'est-à-dire dans le cadre d'une monarchie "constitutionnelle"). Il voulut réduire la liberté de la presse et accorder des privilèges électoraux aux nobles et aux riches. Il avait des visions de conquêtes et de gloire pour la France mais précipita la Révolution de 1830 par ses abus[3] de pouvoir. Craignant de partager le sort de Louis XVI il s'enfuit avec sa famille en Angleterre.

Une deuxième fois la monarchie constitutionnelle prévalut.[4] La classe moyenne choisit Louis-Philippe, duc d'Orléans et cousin des Bourbons comme successeur de Charles X. Pendant la Révolution de 1789, il s'était d'abord réfugié en Suisse, plus tard en Amérique et enfin en Angleterre.

Cette gravure nous montre Louis XVIII entouré de sa famille. A la droite du roi, on reconnaît le comte d'Artois, futur Charles X. *(B.N. Est. Paris. Giraudon)*

Homme de goûts simples qui connaissait l'Europe, il suivit une politique modérée à l'extérieur et à l'intérieur mais il finit par mécontenter ceux qui vivaient dans le souvenir de la République et de l'Empire. Il commit une grave erreur en s'obstinant à refuser la réinstitution du suffrage universel. Pendant tout son règne il fut l'ennemi des légitimistes, qui voulait rendre le trône au petit-fils de Charles X, descendant des Bourbons et des républicains, qui préparaient en secret une nouvelle république.

La situation économique, les grands changements apportés par la révolution industrielle accrurent le mécontentement général.

Au cours d'une brève révolution qui eut lieu à Paris en 1848, le peuple proclama la République. Louis-Philippe abdiqua en faveur de son petit-fils le comte de Paris, mais le peuple élut Louis-Napoléon Bonaparte, neveu de Napoléon Ier, président de la deuxième République. Louis-Napoléon n'était pas satisfait car il voulait rétablir l'empire en sa faveur. Par un coup d'Etat le 2 décembre 1851, anniversaire du sacre de Napoléon, il s'empara du pouvoir et prit le nom de Napoléon III. Napoléon II, le fils de Napoléon Ier mieux connu sous le nom de l'Aiglon, était mort en Autriche à l'âge de vingt et un ans et par conséquent ne régna jamais.

Napoléon III travailla à la prospérité de la France et fit entreprendre de grands travaux pour l'embellissement de Paris; malheureusement l'ambition et le goût de la gloire militaire le perdirent.

Ce fut une époque de politique internationale très complexe au cours de laquelle la Prusse sous l'influence de Bismarck grandissait en force, tandis que l'Empire français s'affaiblissait. Au moyen d'un stratagème diplomatique très habile, Bismarck réussit à soulever l'indignation des Français en humiliant leur ambassadeur. La France offensée déclara la guerre le 19 juillet 1870.

La France se trouva en guerre avec tout le peuple allemand alors qu'elle croyait ne se battre que contre les Prussiens. La campagne fut brève et la défaite une des plus désastreuses de l'histoire de France. En quelques semaines les armées françaises sans alliance d'aucune sorte furent battues et le roi de Prusse fut proclamé empereur d'Allemagne dans le palais de Versailles.

Après ce désastre Napoléon III se réfugia en Angleterre et la troisième République fut proclamée.

Questions

1. Qui régna sous le nom de Louis XVIII?
2. Pourquoi n'y eut-il pas un règne de Louis XVII?
3. Quelle forme de gouvernement Louis XVIII accepta-t-il?
4. Par quel événement fut brièvement interrompu le règne de Louis XVIII?
5. Qui suivit Louis XVIII sur le trône de France?
6. Pourquoi lui fallut-il fuir avec sa famille en Angleterre?
7. Qui choisit-on alors comme roi?
8. Quelle sorte de politique suivit-il?
9. Qui mécontenta-t-il?
10. Quelle grande faute commit-il?
11. Pourquoi Louis Philippe abdiqua-t-il?
12. Qui fut élu président de la deuxième République?
13. Quel nom prit-il bientôt et pourquoi?
14. Combien de temps régna-t-il?
15. Pendant ce règne qui devenait "l'homme fort" de l'Europe?
16. Quelle guerre provoqua-t-il?
17. Quelle forme de gouvernement fut instaurée après la chute de l'Empire?

Notes

1 **émigré** aristrocrat who left France during the Revolution   2 **charte** *f* charter
3 **abus** *m* misuse   4 **prévaloir** to prevail   5 **s'emparer de** to seize

Napoléon III et sa famille. *(Coll. Viollet)*

Victor Hugo au début de sa prodigieuse carrière. Dessin de L. Boulanger. *(Coll. Maison de Victor Hugo. Bulloz)*

L'Expiation

FILS D'UN GÉNÉRAL d'Empire, Victor Hugo (1802–1885) naquit à Besançon. Doué d'un talent précoce, il se fit remarquer par son esprit brillant et ses dons d'écrivain. En 1830 et à la suite de la représentation d'*Hernani*, premier drame romantique, il devint le chef incontesté de l'école romantique.° Il s'affirma dans tous les genres littéraires: la poésie, le roman, le théâtre, exprimant ses sentiments personnels ainsi que toutes les émotions humaines. Son style contient une grande richesse de mots, de sonorités et d'images. Son art poétique est empreint d'imagination et de rêve mais aussi de réalité à la fois simple et grandiose.

l'école romantique *m* le mouvement littéraire et artistique du XIX⁰ siècle qui donnait une plus grande valeur au sentiment qu'à la raison du classicisme

Victor Hugo est surtout célèbre en Amérique par *Les Misérables* et *Notre-Dame de Paris*, deux romans dont on fit des films à succès.

Bouleversé par la mort accidentelle de sa fille Léopoldine en 1843, il se consacra à la politique. Sous la monarchie constitutionnelle de Louis-Philippe il fut nommé pair de France puis député. De tout temps il se proclama protecteur du peuple. Après le coup d'Etat du 2 décembre 1851 suivi de l'établissement du second Empire, il s'exila aux îles anglo-normandes. Cet exil dura dix-neuf ans mais fut la période la plus féconde de sa création. En 1870, à la chute de Napoléon III, Hugo rentra triomphalement en France et sa gloire ne cessa de grandir. A sa mort la France lui fit des funérailles nationales. Il repose au Panthéon, monument dont la Révolution fit un temple destiné à recevoir les cendres des grands hommes.

C'est pendant son exil aux îles situées à quelques kilomètres de la côte normande qu'il composa *Les Châtiments*,° poème épique et satirique à l'adresse de Napoléon III et de son gouvernement. Dans la partie intitulée "L'Expiation"° Victor Hugo exprime son admiration pour Napoléon I⁰ʳ mais ne dissimule pas son mépris pour Napoléon III, son indigne successeur.

châtiment *m* correction sévère

expiation *f* souffrance par laquelle on répare un crime par un châtiment

Caricature inspirée de la fable de La Fontaine "La Grenouille qui veut se faire aussi grosse que le boeuf". Le dessin représente bien le mépris de Victor Hugo pour Napoléon III! *(B.N. Est. Paris. Giraudon)*

En exil à Guernesey, Victor Hugo semble penser à la France. *(Coll. Maison de Victor Hugo. Bulloz)*

L'EXPIATION
par Victor Hugo

I

LA RETRAITE DE MOSCOU

1   Il neigeait. On était vaincu par sa conquête.
Pour la première fois l'aigle° baissait la tête.
Sombres jours! l'empereur revenait lentement,
Laissant derrière lui brûler Moscou° fumant.
5   Il neigeait. L'âpre° hiver fondait en avalanche.
Après la plaine blanche une autre plaine blanche.
On ne connaissait plus les chefs ni le drapeau.
Hier la grande armée, et maintenant troupeau.
On ne distinguait plus les ailes ni le centre.
10   Il neigeait. Les blessés s'abritaient dans le ventre
Des chevaux morts; au seuil° des bivouacs désolés
On voyait des clairons¹ à leur poste gelés,
Restés debout, en selle et muets, blancs de givre,
Collant leur bouche en pierre aux trompettes de cuivre.
15   Boulets, mitraille,² obus,° mêlés aux flocons blancs,
Pleuvaient; les grenadiers, surpris d'être tremblants,
Marchaient pensifs, la glace à leur moustache grise.
Il neigeait, il neigeait toujours! La froide bise°
Sifflait; sur le verglas,³ dans des lieux inconnus,
20   On n'avait pas de pain et l'on allait pieds nus.
Ce n'étaient plus des cœurs vivants, des gens de guerre:
C'était un rêve errant dans la brume, un mystère,
Une procession d'ombres sous le ciel noir.
La solitude vaste, épouvantable à voir,
25   Partout apparaissait, muette vengeresse.
Le ciel faisait sans bruit avec la neige épaisse
Pour cette immense armée un immense linceul.⁴
Et, chacun se sentant mourir, on était seul.
— Sortira-t-on jamais de ce funeste empire?
30   Deux ennemis! le czar, le nord. Le nord est pire.
On jetait les canons pour brûler les affûts.⁵
Qui se couchait, mourait. Groupe morne et confus,
Ils fuyaient; le désert dévorait le cortège.
On pouvait, à des plis qui soulevaient la neige,
35   Voir que des régiments s'étaient endormis là.
O chutes d'Annibal!⁶ lendemains d'Attila!⁷
Fuyards, blessés, mourants, caissons,° brancards,° civières,°
On s'écrasait° aux ponts pour passer les rivières,

l'aigle Napoléon 1ᵉʳ

Moscou la retraite de Moscou qui eut lieu en 1812
âpre dur

seuil *m* partie inférieure de l'ouverture d'une porte

obus *m* shrapnel

bise *f* vent du nord

caisson *m* chariot de transport de l'armée
brancard *m* litière pour transporter les blessés
civière *f* brancard
s'écraser se presser

On s'endormait dix mille, on se réveillait cent.

40 Ney,[8] que suivait naguère une armée, à présent
S'évadait,° disputant sa montre à trois cosaques.
Toutes les nuits, qui vive! alerte! assauts! attaques!
Ces fantômes prenaient leur fusil, et sur eux
Ils voyaient se ruer,° effrayants, ténébreux,
45 Avec des cris pareils aux voix des vautours° chauves,°
D'horribles escadrons, tourbillons d'hommes fauves.°
Toute une armée ainsi dans la nuit se perdait.
L'empereur était là, debout, qui regardait.
Il était comme un arbre en proie à la cognée.[9]
50 Sur ce géant, grandeur jusqu'alors épargnée,
Le malheur, bûcheron° sinistre, était monté;
Et lui, chêne vivant, par la hache insulté,
Tressaillant[10] sous le spectre aux lugubres revanches,
Il regardait tomber autour de lui ses branches.
55 Chefs, soldats, tous mouraient. Chacun avait son tour.
Tandis qu'environnant sa tente avec amour,
Voyant son ombre aller et venir sur la toile,
Ceux qui restaient, croyant toujours à son étoile,
Accusaient le destin de lèse-majesté,[11]
60 Lui se sentit soudain dans l'âme épouvanté.
Stupéfait du désastre et ne sachant que croire,
L'empereur se tourna vers Dieu; l'homme de gloire
Trembla; Napoléon comprit qu'il expiait
Quelque chose peut-être, et, livide,° inquiet,
65 Devant ses légions sur la neige semées:
— Est-ce le châtiment, dit-il, Dieu des armées? —
Alors il s'entendit appeler par son nom
Et quelqu'un qui parlait dans l'ombre lui dit: Non.

II

WATERLOO

Waterloo!° Waterloo! Waterloo! morne° plaine!
70 Comme une onde qui bout[12] dans une urne trop pleine,
Dans ton cirque de bois, de coteaux,° de vallons,
La pâle mort mêlait les sombres bataillons.
D'un côté c'est l'Europe et de l'autre la France.
Choc sanglant! des héros Dieu trompait l'espérance;
75 Tu désertais, victoire, et le sort était las.°
O Waterloo! je pleure et je m'arrête, hélas!
Car ces derniers soldats de la dernière guerre
Furent grands; ils avaient vaincu toute la terre,

s'évader s'échapper furtivement

se ruer se jeter impétueusement
vautour m oiseau rapace qui se nourrit aux corps de bêtes mortes
chauve sans plumes sur la tête
fauve sauvage

bûcheron m celui qui fait tomber les arbres en employant une cognée

livide extrêmement pâle

Waterloo bataille en Belgique le 18 juin 1815
morne triste

coteau m petite colline

las très fatigué

L'Expiation 119

<table>
<tr><td></td><td>Chassé vingt rois, passé les Alpes et le Rhin,</td><td></td></tr>
<tr><td>80</td><td>Et leur âme chantait dans les clairons d'airain!°</td><td>**airain** m bronze</td></tr>
<tr><td></td><td>Le soir tombait; la lutte était ardente et noire.</td><td></td></tr>
<tr><td></td><td>Il avait l'offensive et presque la victoire;</td><td></td></tr>
<tr><td></td><td>Il tenait Wellington acculé° sur un bois.</td><td>**acculé** poussé dans un endroit d'où l'on ne peut pas se tirer</td></tr>
<tr><td></td><td>Sa lunette à la main, il observait parfois</td><td></td></tr>
<tr><td>85</td><td>Le centre du combat, point obscur où tressaille</td><td></td></tr>
<tr><td></td><td>La mêlée, effroyable et vivante broussaille,[13]</td><td></td></tr>
<tr><td></td><td>Et parfois l'horizon, sombre comme la mer.</td><td></td></tr>
<tr><td></td><td>Soudain, joyeux, il dit: Grouchy![14] — C'était Blucher,[15]</td><td></td></tr>
<tr><td></td><td>L'espoir changea de camp, le combat changea d'âme,</td><td></td></tr>
<tr><td>90</td><td>La mêlée en hurlant grand comme une flamme.</td><td></td></tr>
<tr><td></td><td>La batterie anglaise écrasa° nos carrés.[16]</td><td>**écraser** détruire</td></tr>
<tr><td></td><td>La plaine, où frissonnaient nos drapeaux déchirés,</td><td></td></tr>
<tr><td></td><td>Ne fut plus, dans les cris des mourants qu'on égorge,°</td><td>**égorger** tuer</td></tr>
<tr><td></td><td>Qu'un gouffre[17] flamboyant, rouge comme une forge;</td><td></td></tr>
<tr><td>95</td><td>Gouffre où les régiments comme des pans° de murs</td><td>**pan** m partie</td></tr>
<tr><td></td><td>Tombaient, où se couchaient comme des épis[18] mûrs</td><td></td></tr>
<tr><td></td><td>Les hauts tambours-majors aux panaches° énormes,</td><td>**panache** m (ici) mélange de plumes d'un chapeau</td></tr>
<tr><td></td><td>Où l'on entrevoyait des blessures difformes!</td><td></td></tr>
<tr><td></td><td>Carnage affreux! moment fatal! L'homme inquiet</td><td></td></tr>
<tr><td>100</td><td>Sentit que la bataille entre ses mains pliait.</td><td></td></tr>
<tr><td></td><td>Derrière un mamelon° la garde était massée,</td><td>**mamelon** m butte</td></tr>
<tr><td></td><td>La garde, espoir suprême et suprême pensée!</td><td></td></tr>
<tr><td></td><td>— Allons! faites donner la garde! cria-t-il, —</td><td></td></tr>
<tr><td></td><td>Et, lanciers, grenadiers aux guêtres de coutil,[19]</td><td></td></tr>
<tr><td>105</td><td>Dragons que Rome eût pris pour des légionnaires,</td><td></td></tr>
<tr><td></td><td>Cuirassiers, canonniers qui traînaient des tonnerres,°</td><td>**tonnerre** m où se place la charge dans un canon</td></tr>
<tr><td></td><td>Portant le noir colback[20] ou le casque poli,</td><td></td></tr>
<tr><td></td><td>Tous, ceux de Friedland[21] et ceux de Rivoli,[22]</td><td></td></tr>
<tr><td></td><td>Comprenant qu'ils allaient mourir dans cette fête,</td><td></td></tr>
<tr><td>110</td><td>Saluèrent leur dieu, debout dans la tempête.</td><td></td></tr>
<tr><td></td><td>Leur bouche, d'un seul cri, dit: vive l'empereur!</td><td></td></tr>
<tr><td></td><td>Puis, à pas lents, musique en tête, sans fureur,</td><td></td></tr>
<tr><td></td><td>Tranquille, souriant à la mitraille anglaise,</td><td></td></tr>
<tr><td></td><td>La garde impériale entra dans la fournaise.°</td><td>**fournaise** f four</td></tr>
<tr><td>115</td><td>Hélas! Napoléon, sur sa garde penché,</td><td></td></tr>
<tr><td></td><td>Regardait, et, sitôt qu'ils avaient débouché°</td><td>**déboucher** (ici) sortir</td></tr>
<tr><td></td><td>Sous les sombres canons crachant des jets de soufre,[23]</td><td></td></tr>
<tr><td></td><td>Voyait, l'un après l'autre, en cet horrible gouffre,</td><td></td></tr>
<tr><td></td><td>Fondre ces régiments de granit et d'acier</td><td></td></tr>
<tr><td>120</td><td>Comme fond une cire au souffle d'un brasier.°</td><td>**brasier** m feu d'une chaleur intense</td></tr>
<tr><td></td><td>Ils allaient, l'arme au bras, front haut, graves, stoïques.</td><td></td></tr>
</table>

Une représentation populaire de la bataille de Waterloo. *(B.N. Est. Paris. Giraudon)*

Pas un ne recula.° Dormez, morts héroïques!
Le reste de l'armée hésitait sur leurs corps
Et regardait mourir la garde.—C'est alors
125 Qu'élevant tout à coup sa voix désespérée,
La Déroute,²⁴ géante à la face effarée,°
Qui, pâle, épouvantant les plus fiers bataillons,
Changeant subitement les drapeaux en haillons,°
A de certains moments, spectre fait de fumées,
130 Se lève grandissante au milieu des armées,
La Déroute apparut au soldat qui s'émeut,²⁵
Et, se tordant les bras, cria: Sauve qui peut!
Sauve qui peut! — affront! horreur! — toutes les bouches
Criaient; à travers champs, fous, éperdus, farouches,
135 Comme si quelque souffle avait passé sur eux,
Parmi les lourds caissons et les fourgons²⁶ poudreux,
Roulant dans les fossés, se cachant dans les seigles,²⁹
Jetant shakos,²⁸ manteaux, fusils, jetant les aigles,
Sous les sabres prussiens, ces vétérans, ô deuil!
140 Tremblaient, hurlaient,° pleuraient, couraient!—En un clin d'oeil,
Comme s'envole au vent une paille enflammée,
S'évanouit ce bruit qui fut la grande armée,
Et cette plaine, hélas, où l'on rêve aujourd'hui,
145 Vit fuir ceux devant qui l'univers avait fui!
Quarante ans sont passés, et ce coin de la terre,
Waterloo, ce plateau funèbre et solitaire,
Ce champ sinistre où Dieu mêla tant de néants,°
Tremble encor d'avoir vu la fuite des géants!

150 Napoléon les vit s'écouler comme un fleuve;
Hommes, chevaux, tambours, drapeaux; et dans l'épreuve
Sentant confusément revenir son remords,
Levant les mains au ciel, il dit:— Mes soldats morts,
Moi vaincu! mon empire est brisé comme verre.
155 Est-ce le châtiment cette fois, Dieu sévère?—
Alors parmi les cris, les rumeurs,° le canon,
Il entendit la voix qui lui répondait: Non!

reculer aller en arrière

effaré stupéfait

haillon m vêtement en lambeaux

hurler pousser des cris

néant m rien

rumeur f bruit confus

III

MORT DE NAPOLÉON

IV

L'OUBLI

RESSUSCITATION D'UN HEROS : SON CERCEUIL RENDU A LA FRANCE

VII

DANS LE TOMBEAU

Une nuit, — c'est toujours la nuit dans le tombeau, —
Il s'éveilla. Luisant comme un hideux flambeau,
160 D'étranges visions emplissaient sa paupière;²⁹
Des rires éclataient sous son plafond de pierre;
Livide, il se dressa;° la vision grandit;
O terreur! une voix qu'il reconnut, lui dit:

— Réveille-toi. Moscou, Waterloo, Sainte-Hélène,
165 L'exil, les rois geôliers,° l'Angleterre hautaine°
Sur ton lit accoudée³⁰ à ton dernier moment,
Sire, cela n'est rien. Voici le châtiment!

La voix alors devint âpre,° amère, stridente,
Comme le noir sarcasme et l'ironie ardente;
170 C'était le rire amer mordant° un demi-dieu.

— Sire! on t'a retiré de ton Panthéon bleu!
Sire! on t'a descendu de ta haute colonne!
Regarde. Des brigands, dont l'essaim³¹ tourbillonne,°
D'affreux bohémiens, des vainqueurs de charnier°
175 Te tiennent dans leurs mains et t'ont fait prisonnier.
A ton orteil d'airain leur patte infâme touche.
Ils t'ont pris. Tu mourus, comme un astre se couche,
Napoléon le Grand, empereur; tu renais
Bonaparte, écuyer° du cirque Beauharnais.³²
180 Te voilà dans leurs rangs, on t'a, l'on te harnache.³³
Ils t'appellent tout haut grand homme, entre eux, ganache°
Ils traînent, sur Paris qui les voit s'étaler,
Des sabres qu'au besoin ils sauraient avaler.
Aux passants attroupés devant leur habitacle,°
185 Ils disent, entends-les: — Empire à grand spectacle!
Le pape est engagé dans la troupe; c'est bien,
Nous avons mieux, le czar en est; mais ce n'est rien,
Le czar n'est qu'un sergent, le pape n'est qu'un bonze³⁹
Nous avons avec nous le bonhomme de bronze!
190 Nous sommes les neveux du grand Napoléon! —
Et Fould, Magnan, Rouher, Parieu caméléon,³⁵
Font rage. Ils vont montrant un sénat d'automates.

se dresser se lever; se tenir droit

geôlier m concierge d'une prison
hautain fier

âpre violent

mordant pénétrant; critique

tourbillonner aller en tournoyant
charnier m où l'on entasse des cadavres

écuyer m qui fait des exercices à cheval

ganache f personne peu intelligente

habitacle m demeure (poét.)

<pre>
        Ils ont pris de la paille au fond des casemates³⁶
        Pour empailler³⁷ ton aigle, ô vainqueur d'Iéna!
195   Il est là, mort, gisant,³⁸ lui qui si haut plana,°   planer être au-dessus
        Et du champ de bataille il tombe au champ de foire.
        Sire, de ton vieux trône ils recousent la moire.³⁹
        Ayant dévalisé° la France au coin d'un bois,   dévaliser voler les biens de
        Ils ont à leurs haillons du sang, comme tu vois,
200   Et dans son bénitier Sibour⁴⁰ lave leur linge.
        Toi, lion, tu les suis; leur maître, c'est le singe.
        Ton nom leur sert de lit, Napoléon premier.
        On voit sur Austerlitz⁴¹ un peu de leur fumier.⁴²
        Ta gloire est un gros vin dont leur honte se grise.°   se griser rendu ivre
205   Cartouche⁴³ essaie et met ta redingote⁴⁴ grise;
        On quête des liards⁴⁵ dans le petit chapeau;
        Pour tapis sur la table ils ont mis ton drapeau;
        A cette table immonde° où le grec devient riche,   immonde extrêmement sale
        Avec le paysan on boit, on joue, on triche;
210   Tu te mêles, compère, à ce tripot⁴⁶ hardi,
        Et ta main qui tenait l'étendard de Lodi,⁴⁷
        Cette main qui portait la foudre,° ô Bonaparte,   foudre f éclair et tonnerre
        Aide à piper les dés⁴⁸ et fait sauter la carte.
        Ils te forcent à boire avec eux, et Carlier⁴⁹
215   Pousse amicalement d'un coude familier
        Votre majesté, sire, et Piétri⁵⁰ dans son antre⁵¹
        Vous tutoie, et Maupas⁵² vous tape sur le ventre.
        Faussaires, meurtriers, escrocs, forbans, voleurs,°   faussaires. . . voleurs, espèces de
        Ils savent qu'ils auront, comme toi, des malheurs;   criminels
220   Leur soif en attendant vide la coupe pleine
        A ta santé; Poissy⁵³ trinque avec Sainte-Hélène.⁵⁴
        Regarde! bals, sabbats,⁵⁵ fêtes matin et soir.
        La foule au bruit qu'ils font se culbute⁵⁶ pour voir;
        Debout sur le tréteau⁵⁷ qu'assiège une cohue°   cohue f foule
225   Qui rit, bâille, applaudit, tempête, siffle, hue,
        Entouré de pasquins° agitant leur grelot,°   pasquin m bouffon de comédie
        — Commencer par Homère et finir par Callot!⁵⁸   grelot m sorte de petite cloche
        Épopée! épopée! oh! quel dernier chapitre! —
        Entre Troplong paillasse⁵⁹ et Chaix-d'Est-Ange pitre,⁶⁰
230   Devant cette baraque,° abject et vil bazar   baraque f maison mal bâtie
        Où Mandrin⁶¹ mal lavé se déguise en César,
        Riant, l'affreux bandit, dans sa moustache épaisse,
        Toi, spectre impérial, tu bats la grosse caisse! —

        L'horrible vision s'éteignit. — L'empereur,
235   Désespéré, poussa dans l'ombre un cri d'horreur,
</pre>

Baissant les yeux, dressant ses mains épouvantées.
Les Victoires de marbre à la porte sculptées,
Fantômes blancs debout hors du sépulcre obscur,
Se faisaient du doigt signe et, s'appuyant au mur,
240   Écoutaient le titan pleurer dans les ténèbres.
Et lui, cria: Démon aux visions funèbres,
Toi qui me suis partout, que jamais je ne vois,
Qui donc es-tu? — Je suis ton crime, dit la voix. —
La tombe alors s'emplit d'une lumière étrange
245   Semblable à la clarté de Dieu quand il se venge;
Pareils aux mots que vit resplendir Balthazar,[62]
Deux mots dans l'ombre écrits flamboyaient sur César
Bonaparte, tremblant comme un enfant sans mère,
Leva sa face pâle et lut: — DIX-HUIT BRUMAIRE![63]

Questions

VICTOR HUGO
1.   Quels mots décrivent les œuvres de Victor Hugo?
2.   Quels sont les romans les mieux connus de cet écrivain?
3.   Quel est le titre anglais donné à *Notre-Dame de Paris*?
4.   Pourquoi Victor Hugo s'exila-t-il? Où passa-t-il cet exil? Combien de temps l'exil dura-t-il?
5.   Quelle grande œuvre écrivit-il pendant ce séjour hors de la France?
6.   Quand et pourquoi Victor Hugo put-il rentrer en France?

LA RETRAITE DE MOSCOU
1.   Quel effet la répétition de la simple phrase "Il neigeait" ajoute-t-elle au poème?
2.   Pourquoi le poète se sert-il du mot "aigle" en parlant de Napoléon?
3.   Expliquez la comparaison du vers 8.
4.   Comparez la description des Cosaques (vers 43–45) à celle de l'armée de Napoléon (vers 32–39).
5.   Pourquoi Victor Hugo compare-t-il la défaite de Napoléon à celles d'Annibal et d'Attila?
6.   Quelle est "l'expiation" de Napoléon? (Relisez les vers 63 à 64 et 241 à 249.)

WATERLOO
1.   Quel présage sinistre est exprimé aux vers 87 et 88?
2.   Comparez les mots ci-dessous se rapportant à Napoléon et les émotions qu'ils expriment:
"l'aigle" (vers 2, dans "La Retraite")
"l'homme" (vers 99 dans "Waterloo")
"l'empereur" (vers 111 dans "Waterloo")

3. Comparez les deux tableaux grandioses aux vers 104 à 114 et 124 à 143.
4. Pourquoi "la voix" dit-elle "Non" (vers 68 et 157)? Quelle est cette voix?

DANS LE TOMBEAU

1. Quelles sont les visions qui "emplissent la paupière" de Napoléon Ier?
2. Quel est le châtiment de Napoléon Ier?

Notes

1 **clairon** *m* bugler   2 **mitraille** *f* grape-shot   3 **verglas** *m* thin coating of ice
4 **linceul** *m* shroud   5 **affût** *m* stand; mount   6 **Annibal** Hannibal, Carthaginian
general who could not conquer Rome   7 **Attila** Attila the Hun. He created an empire
which disintegrated after his death   8 **Ney** French marshal decorated for this
campaign, declared a traitor and executed during the Restoration   9 **cognée** *f* axe
10 **tressaillir** to shudder   11 **lèse-majesté** *f* high treason   12 **bout (bouillir)** to
boil   13 **brousaille** *f* bush   14 **Grouchy** French marshal who tried to prevent the
English and Prussians from joining forces at Waterloo   15 **Blücher** Prussian marshal
who came to Wellington's aid   16 **carré** *m* hollow square of infantry men
17 **gouffre** *m* deep pit   18 **épis** *m* ear of corn   19 **guêtre de coutil** *m* duck (cloth)
gaiter   20 **colback** *m* busby   21 **Friedland** site of Napoleon's victory over the
Russians in 1804   22 **Rivoli** site of Napoleon's victory over the Austrians in 1797
23 **sufre** *m* sulphur   24 **déroute** *f* rout   25 **s'émouvoir** to take alarm   26 **fourgon**
m general service wagon   27 **seigle** *m* rye   28 **shako** *m* stiff military cap with high
crown and plume   29 **paupière** *f* eyelid   30 **accouder** to lean on   31 **essaim** *m*
swarm   32 **Beauharnais** son-in-law of Napoleon I   33 **harnacher** to harness
34 **bonze** *m* dotard   35 **Fould. . . Parieu** each played a role in the Second Empire
36 **casemate** *m* dugout shelter in fort   37 **empailler** to stuff   38 **gisant** lying
39 **recoudre la moire** to sew up the watered silk   40 **Sibour** parisian
archbishop assassinated in 1848   41 **Austerlitz** site of Napoleon's victory over the
Austrians in 1805   42 **fumier** *m* manure   43 **Cartouche** famous robber
44 **redingote** *f* (from Eng.) riding coat   45 **liard** *m* half-cent piece   46 **tripot** *m*
gambling house   47 **Lodi** site of Napoleon's victory over the Austrians in 1805
48 **piper les dés** to load the dice   49 **Carlier**
50 **Piétri** chief of police under Napoleon III, famous for his brutality   51 **antre** *m*
lair   52 **Maupas** as prefect of police prepared the *coup d'Etat*
53 **Poissy**
54 **Sainte-Hélène** military decoration honoring those who fought with Napoleon
55 **sabbat** *m* nightly revel   56 **se culbuter** to push (one another) over; upset
57 **tréteau** *m* trestle   58 **Callot** famous French engraver and painter
59 **Troplong paillasse** jurist, politician who held important offices under
Napoleon III, and who let himself be used as "a straw mattress"   60 **Chaix-d'Est
Ange pitre** famous lawyer in Third Empire, called a "buffoon" by Hugo
61 **Mandrin** famous brigand chief of the eighteenth century   62 **Balthazar** last
of Babylonian kings (see book of Daniel, chapter 5, in the Bible)   63 **dix-huit
Brumaire** (Nov. 9, 1799) date fixed for a *coup d'Etat* in which Napoleon I was to
have played an important role. The plot, which almost misfired, resulted in
Napoleon's assuming more power than originally planned.

Le Pied de momie

THÉOPHILE GAUTIER (1811–1872) naquit dans le Midi de la France mais devint parisien d'adoption. Ami de Victor Hugo et en premier partisan fougueux° du romantisme, il s'en éloigna un peu par la suite, prenant refuge dans l'idéal esthétique.

fougueux ardent

Son recueil de poèmes *Emaux et camées* est d'une poésie raffinée servie par une langue rythmée et une forme sans faiblesse.

On lui doit une *Histoire du Romantisme*, des romans et des contes pleins d'imagination, de rêve et de fantaisie dont voici l'un d'eux — *Le Pied de momie*.

LE PIED DE MOMIE°
par Théophile Gautier

momie *f* cadavre embaumé

J'ÉTAIS entré par désœuvrement° chez un de ces marchands de curiosités dits marchands de bric-à-brac dans l'argot parisien, si parfaitement inintelligible pour le reste de la France.

par désœuvrement n'ayant rien de spécial à faire

Vous avez sans doute jeté l'œil, à travers le carreau,° dans quelques-unes de ces boutiques devenues si nombreuses depuis qu'il est de mode d'acheter des meubles anciens, et que le moindre agent de change° se croit obligé d'avoir sa "chambre moyen âge".

carreau *m* vitre

agent de change *m* ici, petit employé quelconque

C'est quelque chose qui tient à la fois de la boutique du ferrailleur,° du magasin du tapissier, du laboratoire de l'alchimiste et de l'atelier du peintre. Dans ces antres° mystérieux où les volets filtrent un prudent demi-jour, ce qu'il y a de plus notoirement ancien, c'est la poussière; les toiles d'araignées y sont plus authentiques que les guipures,° et le vieux poirier y est plus jeune que l'acajou[1] arrivé hier d'Amérique.

ferrailleur *m* celui qui vend des vieux objets en fer

antre *m* caverne

guipure *f* étoffe brodée

Le magasin de mon marchand de bric-à-brac était un véritable Capharnaum; tous les siècles et tous les pays semblaient s'y être donné rendez-vous; une lampe étrusque de terre rouge posée sur une armoire de Boule,° aux panneaux d'ébène sévèrement rayés de filaments de cuivre; une duchesse du temps de Louis XV allongeait nonchalamment ses pieds de biche° sous une épaisse table du règne de Louis XIII, aux lourdes spirales de bois de chêne,[2] aux sculptures entremêlées de feuillages et de chimères.°

Boule (André-Charles) remarquable et célèbre sculpteur des meubles

pied de biche *m* pied et cheville très fine

chimère *f* monstre fabuleux

Une armure damasquinée de Milan faisant miroiter° dans un coin le ventre rubané de sa cuirasse;° des amours et des nymphes de biscuit,[3] des magots° de la Chine, des cornets de céladon et de craquelé,[4] des tasses de Saxe et de vieux Sèvres encombraient les étagères[5] et les encoignures.[6]

Sur les tablettes denticulées° des dressoirs,° rayonnaient d'immenses plats du Japon, aux dessins rouges et bleus, relevés de hachures[7] d'or, côte à côte avec des émaux de Bernard Palissy,° représentant des couleuvres,° des grenouilles et des lézards en relief.

Des armoires° éventrées° s'échappaient des cascades de lampas° glacé d'argent, des flots de brocatelle[8] criblée[9] de grains lumineux par un oblique rayon de soleil; des portraits de toutes les époques souriaient à travers leur vernis jaune dans des cadres[10] plus ou moins fanés.°

Le marchand me suivait avec précaution dans le tortueux passage pratiqué° entre les piles de meubles, abattant de la main l'essor[11] hasardeux des basques[12] de mon habit, surveillant mes coudes avec l'attention inquiète de l'antiquaire° et de l'usurier.

C'était une singulière figure que celle du marchand: un crâne immense, poli comme un genou, entouré d'une maigre auréole de cheveux blancs qui faisait ressortir plus vivement le ton saumon clair de la peau, lui donnait un faux air de bonhomie patriarcale, corrigée, du reste, par le scintillement de deux petits yeux jaunes qui tremblotaient dans leur orbite comme deux louis d'or sur du vif-argent.° La courbure du nez avait une silhouette aquiline qui rappelait le type oriental ou juif. Ses mains, maigres, fluettes,° veinées, pleines de nerfs en saillie° comme les cordes d'un manche à violon, onglées de griffes[13] semblables à celles qui terminent les ailes membraneuses des chauves-souris,[14] avaient un mouvement d'oscillation sénile, inquiétant à voir; mais ces mains agitées de tics fiévreux devenaient plus fermes que des tenailles d'acier[15] ou des pinces de homard dès qu'elles soulevaient quelque objet précieux, une coupe d'onyx, un verre de Venise ou un plateau de cristal de Bohème; ce vieux drôle avait un air si profondément rabbinique et cabalistique° qu'on l'eût brûlé sur la mine,[16] il y a trois siècles.

— Ne m'achèterez-vous rien aujourd'hui, monsieur? Voilà un kriss° malais[17] dont la lame ondule comme une flamme; regardez ces rainures[18] pour égoutter[19] le sang, ces dentelures pratiquées en sens inverse pour arracher les entrailles en retirant le poignard; c'est une arme féroce, d'un beau caractère et qui ferait très bien dans votre trophée;[20] cette épée à deux mains est très belle, elle est de Joseph de la Hera, et cette cauchelimarde° à coquille fenestrée, quel superbe travail!

— Non, j'ai assez d'armes et d'instruments de carnage; je voudrais une figurine, un objet quelconque qui pût me servir de serre-papier,[21] car je ne puis souffrir tous ces bronzes de pacotille° que vendent les papetiers, et qu'on retrouve invariablement sur tous les bureaux.

Le vieux gnome, furetant° dans ses vieilleries, étala devant moi des bronzes antiques ou soi-disant tels, des morceaux de malachite, de petites idoles

miroiter réfléchir la lumière
cuirasse f armure de fer
magot m figure grotesque

denticulé décoré de denticules
dressoir m étagère pour la vaisselle
Palissy un des créateurs de la céramique en France
couleuvre f petit serpent inoffensif
armoire f meuble servant à ranger le linge, etc.
éventré ouvert
lampas m tissu en soie

fané décoloré

pratiqué ici, ouvert

antiquaire m marchand d'objets anciens

vif-argent m ancien nom du mercure
fluet petit et fine
saillie f relief

cabalistique mystérieux

kriss m poignard

cauchelimarde f sorte de coquille marine décorative

pacotille f matière sans valeur

fureter chercher

indoues ou chinoises, espèce de poussahs° de jade, incarnation de Brahma° ou de Wishnou[22] merveilleusement propre à cette usage, assez peu divin, de tenir en place des journaux et des lettres.

poussah *m* idole bouddhique

Brahma dieu suprême des anciens Hindous

J'hésitais entre un dragon de porcelaine tout constellé de verrues,° la gueule ornée de crocs° et de barbelures, et un petit fétiche mexicain fort abominable, représentant au naturel le dieu Witzilipurzili,° quand j'aperçus un pied charmant que je pris d'abord pour un fragment de Vénus antique.

verrue *f* protubérance

croc *m* dent canine

Witzilipurzili nom fantaisiste

Il avait ces belles teintes fauves° et rousses qui donnent au bronze florentin cet aspect chaud et vivace, si préférable au ton vert-de-grisé des bronzes ordinaires qu'on prendrait volontiers pour des statues en putréfaction: des luisants° satinés frissonnaient sur ses formes rondes et polies par les baisers amoureux de vingt siècles; car ce devait être un airain[23] de Corinthe, un ouvrage du meilleur temps, peut-être une fonte[24] de Lysippe!°

fauve d'un jaune tirant sur le roux

luisant brillant

Lysippe sculpteur grec

"Ce pied fera mon affaire"° dis-je au marchand, qui me regarda d'un air ironique et sournois° en me tendant l'objet demandé pour que je pusse l'examiner plus à mon aise.

faire l'affaire de convenir à

sournois qui cache ce qu'il pense

Je fus surpris de sa légèreté; ce n'était pas un pied de métal, mais bien un pied de chair, un pied embaumé, un pied de momie: en regardant de près, l'on pouvait distinguer le grain de la peau et la gaufrure° presque imperceptible imprimée par la trame des bandelettes. Les doigts étaient fins, délicats, terminés par des ongles parfaits, purs et transparents comme des agathes; le pouce, un peu séparé, contrariait heureusement le plan des autres doigts à la manière antique, et lui donnait une attitude dégagée, une sveltesse de pied d'oiseau; la plante,[25] à peine rayée de quelques hachures invisibles, montrait qu'elle n'avait jamais touché la terre, et ne s'était trouvée en contact qu'avec les plus fines nattes de roseaux[26] du Nil et les plus mœlleux tapis de peaux de panthères.

gaufrure *f* trace

"Ha! ha! vous voulez le pied de la princesse Hermonthis, dit le marchand avec un ricanement étrange, en fixant sur moi ses yeux de hibou: ha! ha! ha! pour un serre-papier! idée originale, idée d'artiste. Qui aurait dit au vieux pharaon que le pied de sa fille adorée servirait de serre-papier l'aurait bien surpris, lorsqu'il faisait creuser une montagne de granit pour y mettre le triple cercueil peint et doré, tout couvert d'hiéroglyphes avec de belles peintures du jugement des âmes", ajouta à demi-voix et comme se parlant à lui-même le petit marchand singulier.

— Combien me vendrez-vous ce fragment de momie?

— Ah! le plus cher que je pourrai, car c'est un morceau superbe; si j'avais le pendant,° vous ne l'auriez pas à moins de cinq cents francs: la fille d'un pharaon, rien n'est plus rare.

pendant *m* c.-à-d. l'autre pied

— Assurément cela n'est pas commun; mais enfin combien en voulez-vous? D'abord je vous avertis d'une chose, c'est que je ne possède pour trésor que cinq louis, . . . j'achèterai tout ce qui coûtera cinq louis, mais rien de plus. Vous scruteriez les arrière-poches de mes gilets, et mes tiroirs les plus intimes, que vous n'y trouveriez pas seulement un misérable tigre à cinq griffes.

— Cinq louis le pied de la princesse Hermonthis, c'est bien peu, très peu en vérité, un pied authentique, dit le marchand en hochant la tête et en imprimant à ses prunelles un mouvement rotatoire.

"Allons, prenez-le, et je vous donne l'enveloppe par-dessus le marché, ajouta-t-il en le roulant dans un vieux lambeau de damas; très beau, damas véritable, damas des Indes, qui n'a jamais été reteint; c'est fort, c'est moelleux", marmottait-il° en promenant ses doigts sur le tissu éraillé[27] par un reste d'habitude commerciale qui lui faisait vanter un objet de si peu de valeur qu'il le jugeait lui-même digne d'être donné.

marmotter murmurer

Il coula les pièces d'or dans une espèce d'aumônière° du Moyen Age pendant à sa ceinture, en répétant:

aumônière *f* bourse

"Le pied de la princesse Hermonthis servir de serre-papier!"

Puis, arrêtant sur moi ses prunelles phosphoriques, il me dit avec une voix stridente comme le miaulement d'un chat qui vient d'avaler une arête:[28]

"Le vieux pharaon ne sera pas content, il aimait sa fille, ce cher homme."

— Vous en parlez comme si vous étiez son contemporain; quoique vieux, vous ne remontez[29] cependant pas aux pyramides d'Egypte, lui répondis-je en riant du seuil de la boutique.

Je rentrai chez moi fort content de mon acquisition.

Pour la mettre tout de suite à profit, je posai le pied de la divine princesse Hermonthis sur une liasse° de papier, ébauche° de vers, mosaïque indéchiffrable de ratures:[30] articles commencés, lettres oubliées et mises à la poste dans le tiroir, erreur qui arrive souvent aux gens distraits; l'effet était charmant, bizarre et romantique.

liasse *f* paquet
ébauche *f* commencement

Très satisfait de cet embellissement, je descendis dans la rue, et j'allai me promener avec la gravité convenable et la fierté d'un homme qui a sur tous les passants qu'il coudoie l'avantage ineffable de posséder un morceau de la princesse Hermonthis, fille de pharaon.

Je trouvai souverainement ridicules tous ceux qui ne possédaient pas, comme moi, un serre-papier aussi notoirement égyptien; et la vraie occupation d'un homme sensé° me paraissait d'avoir un pied de momie sur son bureau.

sensé qui a du bon sens

Heureusement la rencontre de quelques amis vint me distraire de mon engouement° de récent acquéreur; je m'en allai dîner avec eux, car il m'eût été difficile de dîner avec moi.

engouement *m* admiration
exagérée

Quand je revins le soir, le cerveau marbré° de quelques veines de gris de perle, une vague bouffée[31] de parfum oriental me chatouilla[32] délicatement l'appareil olfactif; la chaleur de la chambre avait attiédi le natrum,° le bitume[33] et la myrrhe dans lesquels les "paraschites"[34] inciseurs de cadavres avaient baigné le corps de la princesse; c'était un parfum doux quoique pénétrant, un parfum que quatre mille ans n'avaient pu faire évaporer.

cerveau marbré c.-à-d. à
moitié ivre

natrum *m* carbonate de sodium

Le rêve de l'Egypte était l'éternité: ses odeurs ont la solidité du granit, et durent autant.

Je bus bientôt à pleines gorgées dans la coupe noire du sommeil; pendant

Caricature de Théophile Gautier par Carlo Gripp. *(Coll. Viollet)*

une heure ou deux tout resta opaque, l'oubli et le néant m'inondaient de leurs vagues sombres.

Cependant mon obscurité intellectuelle s'éclaira, les songes commencèrent à m'effleurer de leur vol silencieux.

Les yeux de mon âme s'ouvrirent, et je vis ma chambre telle qu'elle était effectivement: j'aurais pu me croire éveillé, mais une vague perception me disait que je dormais et qu'il allait se passer quelque chose de bizarre.

L'odeur de la myrrhe avait augmenté d'intensité, et je sentais un léger mal de tête que j'attribuais fort raisonnablement à quelques verres de vin de Champagne que nous avions bus aux dieux inconnus et à nos succès futurs.

Je regardais dans ma chambre avec un sentiment d'attente que rien ne justifiait; les meubles étaient parfaitement en place, la lampe brûlait sur la console, doucement estampée par la blancheur laiteuse de son globe de cristal dépoli; les aquarelles[35] miroitaient sous leur verre de Bohème; les rideaux pendaient languissamment: tout avait l'air endormi et tranquille.

Cependant, au bout de quelques instants, cet intérieur si calme parut se troubler, les boiseries craquaient furtivement; la bûche° enfouie sous la cendre lançait tout à coup un jet de gaz bleu, et les disques des patères[36] semblaient des yeux de métal attentifs comme moi aux choses qui allaient se passer.

bûche *f* morceau de bois de chauffage

Ma vue se porta par hasard vers la table sur laquelle j'avais posé le pied de la princesse Hermonthis.

Au lieu d'être immobile comme il convient à un pied embaumé depuis quatre mille ans, il s'agitait, se contractait et sautillait sur les papiers comme une grenouille effarée: on l'aurait cru en contact avec une pile voltaïque;[37] j'entendais fort distinctement le bruit sec que produisait son petit talon, dur comme un sabot de gazelle.

J'étais assez mécontent de mon acquisition, aimant les serre-papiers sédentaires et trouvant peu naturel de voir les pieds se promener sans jambes, et je commençais à éprouver quelque chose qui ressemblait fort à de la frayeur.

Tout à coup je vis remuer le pli d'un de mes rideaux, et j'entendis un piétinement comme d'une personne qui sauterait à cloche-pied.[38] Je dois avouer que j'eus chaud et froid alternativement; que je sentis un vent inconnu me souffler dans le dos, et que mes cheveux firent sauter, en se redressant, ma coiffure de nuit à deux ou trois pas.

Les rideaux s'entr'ouvrirent, et je vis s'avancer la figure la plus étrange qu'on puisse imaginer.

C'était une jeune fille, café au lait très foncé, comme la bayadère° Amani, d'une beauté parfaite et rappelant le type égyptien le plus pur; elle avait des yeux taillés en amande avec des coins relevés et des sourcils tellement noirs qu'ils paraissaient bleus. Son nez était d'une coupe délicate, presque grecque pour la finesse, et l'on aurait pu la prendre pour une statue de bronze de Corinthe, si la proéminence des pommettes et l'épanouissement un peu

bayadère *f* danseuse de l'Inde

africain de la bouche n'eussent fait reconnaître, a n'en pas douter, la race hiéroglyphique des bords du Nil.

Ses bras minces et tournés en fuseau,° comme ceux des très jeunes filles, étaient cerclés d'espèces d'emprises[39] de métal et de tours de verroterie;° ses cheveux étaient nattés[40] en cordelettes, et sur sa poitrine pendait une idole en pâte verte° que son fouet à sept branches faisait reconnaître pour l'Isis, conductrice des âmes; une plaque d'or scintillait à son front, et quelques traces de fard[41] perçaient sous les teintes de cuivre de ses joues.

Quant à son costume, il était très étrange.

Figurez-vous un pagne[42] de bandelettes chamarrées° d'hiéroglyphes noirs et rouges, empesées de° bitume et qui semblaient appartenir à une momie fraîchement démaillottée.[43]

Par un de ces sauts de pensée si fréquents dans les rêves, j'entendis la voix fausse et enrouée[44] du marchand de bric-à-brac, qui répétait, comme un refrain monotone, la phrase qu'il avait dite dans sa boutique avec une intonation si énigmatique:

"Le vieux pharaon ne sera pas content; il aimait beaucoup sa fille, ce cher homme."

Particularité étrange et qui ne me rassura guère, l'apparition n'avait qu'un seul pied, l'autre jambe était rompue à la cheville.

Elle se dirigea vers la table où le pied de momie s'agitait et frétillait[45] avec un redoublement de vitesse. Arrivée là, elle s'appuya sur le rebord,° et je vis une larme germer et perler dans ses yeux.

Quoiqu'elle ne parlât pas, je discernais clairement sa pensée: elle regardait le pied, car c'était bien le sien, avec une expression de tristesse coquette d'une grâce infinie; mais le pied sautait et courait çà et là comme s'il eût été poussé par des ressorts[46] d'acier.

Deux ou trois fois elle étendit sa main pour le saisir, mais elle n'y réussit pas.

Alors il s'établit entre la princesse Hermonthis et son pied, qui paraissait doué d'une vie à part, un dialogue très bizarre dans un copte très ancien, tel qu'on pouvait le parler, il y a une trentaine de siècles, dans les syringes° du pays de Ser: heureusement que cette nuit-là je savais le copte en perfection.

La princesse Hermonthis disait d'un ton de voix doux et vibrant comme une clochette de cristal:

"Eh bien! mon cher petit pied, vous me fuyez toujours, j'avais pourtant bien soin de vous. Je vous baignais d'eau parfumée, dans un bassin d'albâtre; je polissais votre talon avec la pierre ponce[47] trempée d'huile de palmes, vos ongles étaient coupés avec des pinces d'or et polis avec de la dent d'hippopotame, j'avais soin de choisir pour vous des thabebs° brodés et peints à pointes recourbées, qui faisaient l'envie de toutes les jeunes filles de l'Egypte; vous aviez à votre orteil des bagues représentant le scarabée° sacré, et vous portiez un des corps les plus légers que puisse souhaiter un pied paresseux."

Le pied répondit d'un ton boudeur et chagrin:

en fuseau c.-à-d. menus et allongés

verroterie *f* perles de verre de toutes couleurs

idole en pâte verte ici, pierre non précieuse

chamarré garni

empesé de durci par

rebord *m* l'extrémité

syringe *f* nom grec des tombes royales d'Egypte pharaonique

thabeb *m* chaussure portée en Egypte ancienne

scarabée *m* insecte déifié en Egypte ancienne

"Vous savez bien que je ne m'appartiens plus, j'ai été acheté et payé; le vieux marchand savait bien ce qu'il faisait, il vous en veut toujours d'avoir refusé de l'épouser: c'est un tour qu'il vous a joué.

"L'Arabe qui a forcé votre cercueil royal dans le puits souterrain de la nécropole° de Thèbes° était envoyé par lui, il voulait vous empêcher d'aller à la réunion des peuples ténébreux, dans les cités inférieures. Avez-vous cinq pièces d'or pour me racheter?"

nécropole *f* vaste cimetière antique
Thèbes cité célèbre l'Egypte ancienne

— Hélas! non. Mes pierreries, mes anneaux, mes bourses d'or et d'argent, tout m'a été volé, répondit la princesse Hermonthis avec un soupir.

— Princesse, m'écriai-je alors, je n'ai jamais retenu injustement le pied de personne: bien que vous n'ayez pas les cinq louis qu'il m'a coûté, je vous le rends de bonne grâce; je serais désespéré de rendre boiteuse une aussi aimable personne que la princesse Hermonthis.

Je débitai ce discours d'un ton régence et troubadour qui dut surprendre la belle Egyptienne.

Elle tourna vers moi un regard chargé de reconnaissance, et sex yeux s'illuminèrent de lueurs bleuâtres.

Elle prit son pied, qui, cette fois, se laissa faire, comme une femme qui va mettre son brodequin,[48] et l'ajusta à sa jambe avec beaucoup d'adresse.

Cette opération terminée, elle fit deux ou trois pas dans la chambre, comme pour s'assurer qu'elle n'était réellement plus boiteuse.

"Ah! comme mon père va être content, lui qui était si désolé de ma mutilation, et qui avait, dès le jour de ma naissance, mis un peuple tout entier à l'ouvrage pour me creuser un tombeau si profond qu'il put me conserver intacte jusqu'au jour suprême où les âmes doivent êtres pesées dans les balances de l'Amenti.[49]

"Venez avec moi chez mon père, il vous recevra bien, vous m'avez rendu mon pied."

Je trouvai cette proposition toute naturelle; j'endossai une robe de chambre à grands ramages,[50] qui me donnait un air très pharaonesque; je chaussai à la hâte des babouches[51] turques, et je dis à la princesse Hermonthis que j'étais prêt à la suivre.

Hermonthis, avant de partir, détacha de son col la petite figurine de pâte verte et la posa sur les feuilles éparses qui couvraient la table.

"Il est bien juste, dit-elle en souriant, que je remplace votre serre-papier."

Elle me tendit sa main, qui était douce et froide comme une peau de couleuvre, et nous partîmes.

Nous filâmes pendant quelque temps avec la rapidité de la flèche dans un milieu fluide et grisâtre, où des silhouettes à peine ébauchées[52] passaient à droite et à gauche.

Un instant, nous ne vîmes qu'l'eau et le ciel.

Peut-être est-ce le portrait de Hermonthis que l'on voit sur ce tissu égyptien. *(M. Hist. des Tissus. Lyon. Giraudon)*

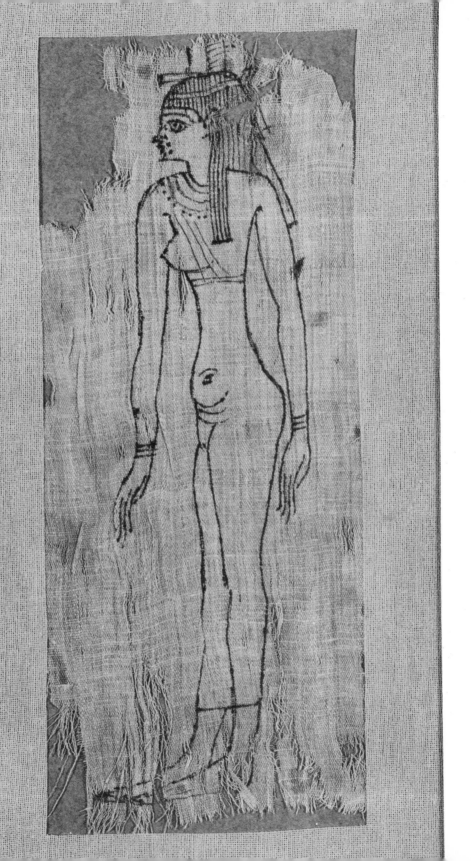

Quelques minutes après, des obélisques commencèrent à pointer, des pylônes,° des rampes côtoyées° de sphinx se dessinèrent à l'horizon.

Nous étions arrivés.

La princesse me conduisit devant une montagne de granit rose, où se trouvait une ouverture étroite et basse qu'il eût été difficile de distinguer des fissures de la pierre si deux stèles bariolées[53] de sculptures ne l'eussent fait reconnaître.

Hermonthis alluma une torche et se mit à marcher devant moi.

C'étaient des corridors taillés dans le roc vif;[54] les murs, couverts de panneaux d'hiéroglyphes et de processions allégoriques, avaient dû occuper des milliers de bras pendant des milliers d'années; ces corridors, d'une longueur interminable, aboutissaient à des chambres carrées, au milieu desquelles étaient pratiqués des puits, où nous descendions au moyen de crampons ou d'escaliers en spirale; ces puits nous conduisaient dans d'autres chambres, d'où partaient d'autres corridors également bigarrés° d'éperviers,[55] de serpents roulés en cercle, de tau, de pedum, de bari° mystiques, prodigieux travail que nul œil humain vivant ne devait voir, interminables légendes de granit que les morts avaient seuls le temps de lire pendant l'éternité.

Enfin, nous débouchâmes dans une salle si vaste, si énorme, si démesurée, que l'on ne pouvait en apercevoir les bornes; à perte de vue s'étendaient des files de colonnes monstrueuses entre lesquelles tremblotaient de livides° étoiles de lumière jaune: ces points brillants révélaient des profondeurs incalculables.

La princesse Hermonthis me tenait toujours par la main et saluait gracieusement les momies de sa connaissance.

Mes yeux s'accoutumaient à ce demi-jour crépusculaire, et commençaient à discerner les objets.

Je vis, assis sur des trônes, les rois des races souterraines; c'étaient de grands vieillards secs, ridés, parcheminés,° noirs de naphte[56] et de bitume, coiffés de pschents° d'or, bardés° de pectoraux et de hausse-cols, constellés de pierreries avec des yeux d'une fixité de sphinx et de longues barbes blanchies par la neige des siècles; derrière eux, leurs peuples° embaumés se tenaient debout dans les poses roides et contraintes de l'art égyptien, gardant éternellement l'attitude prescrite par le codex° hiératique: derrière les peuples miaulaient, battaient de l'aile et ricanaient les chats, les ibis et les crocodiles contemporains, rendus plus monstrueux encore par leur emmaillotage de bandelettes.

Tous les pharaons étaient là: Chéops, Chéphren, Psammétik, Sésostris, Aménophis; tous les noirs dominateurs des pyramides et des syringes; sur une estrade plus élevée siégeaient le roi Cronos, et Xixouthros (qui fut contemporain du déluge), et Tubalcaïn qui le précéda.

La barbe du roi Xixouthros avait tellement poussé qu'elle avait déjà fait sept fois le tour de la table de granit sur laquelle il s'appuyait tout rêveur et tout somnolent.

pylône *m* construction formant le portail des monuments égyptiens
côtoyé ayant sur leurs bords

bigarré qui a des dessins variés
tau, pedum, bari trois symboles mystiques

livide de couleur plombée

parcheminé qui a l'aspect du parchemin
pschent *m* coiffure des pharaons de l'Égypte ancienne
bardé recouvert d'une armure
peuples *m pl* c.-à-d. sujets

codex *m* code

Plus loin, dans une vapeur poussiéreuse, à travers le brouillard des éternités, je distinguais vaguement les soixante-douze rois préadamites° avec leurs soixante-douze peuples à jamais disparus.

préadamite c.-à-d. avant Adam

Après m'avoir laissé quelques minutes pour jouir de ce spectacle vertigineux, la princesse Hermonthis me présenta au pharaon son père, qui me fit un signe de tête fort majestueux.

"J'ai retrouvé mon pied! j'ai retrouvé mon pied! criait la princesse en frappant ses petites mains l'une contre l'autre avec tous les signes d'une joie folle, c'est monsieur qui me l'a rendu."

Les races de Kemé, les races de Nahasi, toutes les nations noires, bronzées, cuivrées, répétaient en choeur:

"La princesse Hermonthis a retrouvé son pied."

Xixouthros lui-même s'en émut.

Il souleva sa paupière appesantie, passa ses doigts dans sa moustache, et laissa tomber sur moi son regard chargé de siècles.

"Par Oms, chien des enfers, et par Tmeï, fille du Soleil et de la Vérité, voilà un brave et digne garçon, dit le pharaon en étendant vers moi son sceptre terminé par une fleur de lotus.

"Que veux-tu pour ta récompense?"

Fort de cette audace que donnent les rêves, où rien ne paraît impossible, je lui demandai la main d'Hermonthis: la main pour le pied me paraissait une récompense antithétique d'assez bon goût.

Le pharaon ouvrit tout grands ses yeux de verre, surpris de ma plaisanterie et de ma demande.

"De quel pays es-tu et quel est ton âge"

— Je suis Français, et j'ai vingt-sept ans, vénérable pharaon.

— Vingt-sept ans! et il veut épouser la princesse Hermonthis, qui a trente siècles! s'écrièrent à la fois tous les trônes et tous les cercles des nations.

Hermonthis seule ne parut pas trouver ma requête inconvenante.

"Si tu avais seulement deux mille ans, reprit le vieux roi, je t'accorderais bien volontiers la princesse, mais la disproportion est trop forte, et puis il faut à nos filles des maris qui durent, vous ne savez plus vous conserver: les derniers, qu'on a apportés il y a quinze siècles à peine, ne sont plus qu'une pincée de cendre; regarde, ma chair est dure comme du basalte, mes os sont des barres d'acier.

"J'assisterai au dernier jour du monde avec le corps et la figure que j'avais de mon vivant; ma fille Hermonthis durera plus qu'une statue de bronze.

"Alors le vent aura dispersé le dernier grain de ta poussière, et Isis elle-même, qui sut retrouver les morceaux d'Osiris,° serait embarrassée de recomposer ton être.

Osiris dieu de l'ancienne Egypte, protecteur des morts, époux d'Isis

"Regarde comme je suis vigoureux encore et comme mes bras tiennent bien", dit-il en me secouant la main à l'anglaise, de manière à me couper les doigts avec mes bagues.

Il me serra si fort que je m'éveillai, et j'aperçus mon ami Alfred qui me tirait par le bras et me secouait pour me faire lever.

"Ah ça! enragé dormeur, faudra-t-il te faire porter au milieu de la rue et te tirer un feu d'artifice aux oreilles?

"Il est plus de midi, tu ne te rappelles donc pas que tu m'avais promis de venir me prendre pour aller voir les tableaux espagnols de M. Aguado?"

— Mon Dieu! je n'y pensais plus, répondis-je en m'habillant; nous allons y aller: j'ai la permission ici sur mon bureau.

Je m'avançais effectivement pour la prendre; mais jugez de mon étonnement lorsqu'à la place du pied de momie que j'avais acheté la veille, je vis la petite figurine de pâte verte mise à sa place par la princesse Hermonthis!

Questions

1. Dans quelle sorte de magasin le narrateur entra-t-il?
2. Quelles phrases décrivent le mieux ce magasin?
3. Que serait-il peut-être arrivé au marchand de ce magasin il y a trois siècles?
4. Que cherchait le narrateur?
5. Que choisit-il?
6. Décrivez son achat.
7. Combien paya-t-il?
8. Qu'apprenez-vous, sur le narrateur dans les quelques lignes qui le décrivent posant son achat sur ses papiers?
9. Quelle impression éprouva-t-il en rentrant chez lui après avoir dîné avec des amis?
10. Qui vint le visiter cette nuit-là, dans son rêve?
11. Que voulait-elle?
12. Pourquoi ne put-elle pas saisir le pied?
13. En quelle langue parla-t-elle avec son pied?
14. Pourquoi put-elle enfin reprendre son pied?
15. Comment le rajusta-t-elle?
16. Qu'invita-t-elle au narrateur à faire?
17. Que fit Hermonthis avant de partir?
18. Où arrivèrent-ils?
19. Qu'y avait-il dans la grande salle où ils débouchèrent?
20. Comment s'appelait le père d'Hermonthis?
21. Comment reçut-il le narrateur?
22. Que demanda le narrateur en récompense pour avoir rendu le pied d'Hermonthis?
23. Pourquoi le père d'Hermonthis ne put-il lui accorder en mariage la princesse?
24. Qu'était, en réalité, la poignée de main que le pharaon lui donnait dans son rêve?
25. Que trouva-t-il de surprenant sur son bureau?

Notes

1 **acajou** _m_ mahogany   2 **chêne** _m_ oak   3 **biscuit** _m_ unglazed porcelain
4 **cornet. . . craquelé** _m_ sea-green horn with a fine network of cracks   5 **étagère**
_f_ shelf   6 **encoignure** _f_ corner   7 **hachure** _m_ engraved hatching   8 **brocatelle** _f_
brocade   9 **criblé** riddled   10 **cadre** _m_ frame   11 **essor** _m_ swinging   12 **basque**
_f_ tail   13 **griffe** _f_ claw   14 **chauve-souris** _f_ bat   15 **tenaille d'acier** _f_ steel pincer
16 **qu'on. . . mine** he would have been burned at the stake, just on appearance
alone   17 **malais** Maylayan   18 **rainure** _f_ groove   19 **égoutter** to drain
20 **trophée** _m_ trophy display   21 **serre-papier** _m_ paperweight   22 **Wishnou**
Vishnu, one of the Hindu trinity, known for his countless incarnations
23 **airain** _m_ brass   24 **fonte** _f_ casting   25 **plante (du pied)** _f_ sole   26 **natte de
roseaux** _f_ reed matting   27 **éraillé** frayed   28 **arête** _f_ fishbone   29 **remonter** to
date from   30 **rature** _f_ crossed-out word   31 **bouffée** _f_ whiff   32 **chatouiller** to
titillate   33 **bitume** _m_ asphalt   34 **paraschite** _m_ embalmer   35 **aquarelle** _f_
watercolor   36 **patère** _f_ clothespeg   37 **pile voltaïque** _f_ battery   38 **à cloche-
pied** on one foot   39 **emprise** _f_ metal bracelet   40 **natté** braided   41 **fard** _m_
makeup   42 **pagne** _m_ wrap-around cloth   43 **démailloté** unswathed   44 **enroué**
hoarse   45 **frétiller** to wriggle   46 **ressort** _m_ spring   47 **pierre ponce** _f_ pumice
stone   48 **brodequin** _m_ half boot   49 **Amenti** region of the dead, west of the Nile
50 **à grands ramages** with a large floral pattern   51 **babouche** _f_ heel-less slipper
52 **ébauché** outlined   53 **stèle bariolé** _m_ stele streaked with various colors   54 **roc
vif** _m_ solid rock   55 **épervier** _m_ sparrowhawk   56 **naphte** _m_ naphtha

Caricature d'Emile Zola, par André Gill (M. Carnavalet. Paris. Lauros-Giraudon)

L'Attaque du moulin

DE JEUNES écrivains, Alexis, Gérard, Huysman, Henrique, de Maupassant et Zola, avaient l'habitude de se réunir chez ce dernier dans sa villa de Médan située près de Paris. Un soir en 1789, les cinq amis et leur hôte eurent l'idée d'écrire un recueil de contes parmi lesquels *Boule de suif* de Guy de Maupassant et *L'Attaque du moulin* d'Emile Zola sont les plus célèbres. Ils choisirent comme titre: *Les Soirées de Médan.* Ils avaient l'intention d'y analyser, en racontant d'une manière réaliste, des faits qui avaient eu lieu pendant la guerre franco-allemande.

Dans *L'Attaque du moulin*, Zola dépassa le but qu'il s'était fixé et s'étendit sur son sujet. Le conte est alors, non seulement un épisode de la guerre franco-allemande, mais aussi le drame éternel de la souffrance causée par la guerre et l'invasion dans sa manifestation la plus cruelle.

L'ATTAQUE DU MOULIN
par Emile Zola

I

LE MOULIN du père Merlier, par cette belle soirée d'été, était en grande fête. Dans la cour, on avait mis trois tables, placées bout à bout, et qui attendaient les convives.° Tout le pays savait qu'on devait fiancer, ce jour-là, la fille Merlier, Françoise, avec Dominique, un garçon qu'on accusait de fainéantise,[1] mais que les femmes, à trois lieues à la ronde,° regardaient avec des yeux luisants, tant il avait bon air.

Ce moulin du père Merlier était une vraie gaieté. Il se trouvait juste au milieu de Rocreuse, à l'endroit où la grand'route fait un coude. Le village n'a qu'une rue, deux files de masures,[2] une file à chaque bord de la route; mais là, au coude, des prés° s'élargissent, de grands arbres, qui suivent le cours de la Morelle, couvrent le fond de la vallée d'ombrages magnifiques. Il n'y a pas, dans toute la Lorraine, un coin de nature plus adorable. A droite et à gauche, des bois épais, des futaies° séculaires montent des pentes douces, emplissent l'horizon d'une mer de verdure; tandis que, vers le midi, la plaine

convive *m/f* personne invitée à partager un repas avec des autres

à la ronde autour

pré *m* petite prairie

futaie *f* forêt d'arbres très élevés

s'étend, d'une fertilité merveilleuse, déroulant à l'infini des pièces de terre coupées de haies vives. Mais ce qui fait surtout le charme de Rocreuse, c'est la fraîcheur de ce trou de verdure, aux journées les plus chaudes de juillet et d'août. La Morelle descend des bois de Gagny, et il semble qu'elle prenne le froid des feuillages sous lesquels elle coule pendant des lieues; elle apporte les bruits murmurants, l'ombre glacée et recueillie des forêts. Et elle n'est point la seule fraîcheur: toutes sortes d'eaux courantes chantent sous les bois; à chaque pas, des sources jaillissent;° on sent, lorsqu'on suit les étroits sentiers, comme des lacs souterrains qui percent sous la mousse et profitent des moindres fentes,° au pied des arbres, entre les roches, pour s'épancher° en fontaines cristallines. Les voix chuchotantes de ces ruisseaux s'élèvent si nombreuses et si hautes, qu'elles couvrent le chant des bouvreuils.[3] On se croirait dans quelque parc enchanté, avec des cascades tombant de toutes parts.

jaillir sortir impétueusement

fente f ouverture étroite
s'épancher se déverser

En bas, les prairies sont trempées.° Des marronniers[4] gigantesques font des ombres noires. Au bord des prés, de longs rideaux de peupliers[5] alignent leurs tentures bruissantes.[6] Il y a deux avenues d'énormes platanes[7] qui montent, à travers champs, vers l'ancien château de Gagny, aujourd'hui en ruines. Dans cette terre continuellement arrosée, les herbes grandissent démesurément. C'est comme un fond de parterre[8] entre les deux coteaux° boisés, mais de parterre naturel, dont les prairies sont les pelouses, et dont les arbres géants dessinent les colossales corbeilles. Quand le soleil, à midi, tombe d'aplomb,° les ombres bleuissent, les herbes allumées dorment dans la chaleur, tandis qu'un frisson glacé passe sous les feuillages.

trempé très mouillé

coteau m petite colline

d'aplomb perpendiculairement

Et c'était là que le moulin du père Merlier égayait de son tic-tac un coin de verdures folles. La bâtisse, faite de plâtre et de planches, semblait vieille comme le monde. Elle trempait à moitié dans la Morelle, qui arrondit à cet endroit un clair bassin. Une écluse[9] était ménagée, la chute tombait de quelques mètres sur la roue du moulin, qui craquait en tournant, avec la toux asthmatique d'une fidèle servante vieillie dans la maison. Quand on conseillait au père Merlier de la changer, il hochait la tête en disant qu'une jeune roue serait plus paresseuse et ne connaîtrait pas si bien le travail; et il raccommodait l'ancienne avec tout ce qui lui tombait sous la main, des douves de tonneau,[10] des ferrures rouillées,[11] de zinc, du plomb. La roue en paraissait plus gaie, avec son profil devenu étrange, toute empanachée° d'herbes et de mousses. Lorsque l'eau la battait de son flot d'argent, elle se couvrait de perles, on voyait passer son étrange carcasse sous une parure éclatante de colliers de nacre.[12]

empanaché orné

La partie du moulin qui trempait ainsi dans la Morelle, avait l'air d'une arche barbare, échouée° là. Une bonne moitié du logis était bâtie sur des pieux.[13] L'eau entrait sous le plancher, il y avait des trous, bien connus dans le pays pour les anguilles[14] et les écrevisses[15] énormes qu'on y prenait. En dessous de la chute, le bassin était limpide comme un miroir, et lorsque la roue ne le troublait pas de son écume, on apercevait des bandes de gros poissons

échoué arrivé par accident

qui nageaient avec des lenteurs d'escadre.[16] Un escalier rompu descendait à la rivière, près d'un pieu où était amarrée[17] une barque.° Une galerie de bois passait au-dessus de la roue. Des fenêtres s'ouvraient, percées irrégulièrement. C'était un pêle-mêle d'encoignures,[18] de petites murailles, de constructions ajoutées après coup,° de poutres et de toitures qui donnaient au moulin un aspect d'ancienne citadelle démantelée.° Mais des lierres[19] avaient poussé, toutes sortes de plantes grimpantes bouchaient les crevasses trop grandes et mettaient un manteau vert à la vieille demeure. Les demoiselles qui passaient, dessinaient sur leurs albums le moulin du père Merlier.

Du côté de la route, la maison était plus solide. Un portail en pierre s'ouvrait sur la grande cour, que bordaient à droite et à gauche des hangars et des écuries. Près d'un puits, un orme[20] immense couvrait de son ombre la moitié de la cour. Au fond, la maison alignait les quatre fenêtres de son premier étage, surmonté d'un colombier.[21] La seule coquetterie du père Merlier était de faire badigeonner[22] cette façade tous les dix ans. Elle venait justement d'être blanchie, et elle éblouissait le village, lorsque le soleil l'allumait, au milieu du jour.

Depuis vingt ans, le père Merlier était maire de Rocreuse. On l'estimait pour la fortune qu'il avait su faire. On lui donnait quelque chose comme quatre-vingt mille francs, amassés sou à sou. Quand il avait épousé Madeleine Guillard, qui lui apportait en dot le moulin, il ne possédait guère que ses deux bras. Mais Madeleine ne s'était jamais repentie de son choix, tant il avait su mener gaillardement les affaires du ménage. Aujourd'hui, la femme était défunte, il restait veuf avec sa fille Françoise. Sans doute, il aurait pu se reposer, laisser la roue du moulin dormir dans la mousse; mais il se serait trop ennuyé, et la maison lui aurait semblé morte. Il travaillait toujours, pour le plaisir. Le père Merlier était alors un grand vieillard, à longue figure silencieuse, qui ne riait jamais, mais qui était tout de même très gai en dedans. On l'avait choisi pour maire, à cause de son argent et aussi pour le bel air qu'il savait prendre, lorsqu'il faisait un mariage.

Françoise Merlier venait d'avoir dix-huit ans. Elle ne passait pas pour une des belles filles du pays, parce qu'elle était chétive.° Jusqu'à quinze ans, elle avait même été laide. On ne pouvait pas comprendre, à Rocreuse, comment la fille du père et de la mère Merlier, tous deux si bien plantés, poussait° mal et d'un air de regret. Mais à quinze ans, tout en restant délicate, elle prit une petite figure, la plus jolie du monde. Elle avait des cheveux noirs, des yeux noirs, et elle était toute rose avec ça; une bouche qui riait toujours, des trous dans les joues, un front clair où il y avait comme une couronne de soleil. Quoique chétive pour le pays, elle n'était pas maigre, loin de là; on voulait dire simplement qu'elle n'aurait pas pu lever un sac de blé; mais elle devenait toute potelée;° avec l'âge elle devait finir par être ronde et friande° comme une caille.[23] Seulement, les longs silences de son père l'avaient rendue raisonnable très jeune. Si elle riait toujours, c'était pour faire plaisir aux autres. Au fond, elle était sérieuse.

barque *f* petit bateau

après coup c.-à-d. une fois la chose faite
démantelé démoli

chétif d'aspect fragile

pousser développer

potelé qui a des formes rondes et pleines
friand appétissant

Naturellement, tout le pays la courtisait, plus encore pour ses écus° que pour sa gentillesse. Et elle avait fini par faire un choix, qui venait de scandaliser la contrée. De l'autre côté de la Morelle, vivait un grand garçon, que l'on nommait Dominique Penquer. Il n'était pas de Rocreuse. Dix ans auparavant, il était arrivé de Belgique, pour hériter d'un oncle, qui possédait un petit bien, sur la lisière° même de la forêt de Gagny, juste en face du moulin, à quelques portées de fusil. Il venait pour vendre ce bien, disait-il, et retourner chez lui. Mais le pays le charma, paraît-il, car il n'en bougea plus. On le vit cultiver son bout de champ, récolter quelques légumes dont il vivait. Il pêchait, il chassait; plusieurs fois, les gardes faillirent le prendre et lui dresser des procès-verbaux.[24] Cette existence libre, dont les paysans ne s'expliquaient pas bien les ressources, avait fini par lui donner un mauvais renom.° On le traitait vaguement de braconnier.[25] En tout cas, il était paresseux, car on le trouvait souvent endormi dans l'herbe, à des heures où il aurait dû travailler. La masure qu'il habitait, sous les derniers arbres de la forêt, ne semblait pas non plus la demeure d'un honnête garçon. Il aurait eu un commerce avec les loups des ruines de Gagny, que cela n'aurait point surpris les vieilles femmes. Pourtant, les jeunes filles, parfois, se hasardaient à le défendre, car il était superbe, cet homme louche,° souple et grand comme un peuplier, très blanc de peau, avec une barbe et des cheveux blonds qui semblaient de l'or au soleil. Or, un beau matin, Françoise avait déclaré au père Merlier qu'elle aimait Dominique et que jamais elle ne consentirait à épouser un autre graçon.

On pense quel coup de massue° le père Merlier reçut, ce jour-là! Il ne dit rien, selon son habitude. Il avait son visage réfléchi; seulement, sa gaieté intérieure ne luisait plus dans ses yeux. On se bouda[26] pendant une semaine. Françoise, elle aussi, était toute grave. Ce qui tourmentait le père Merlier, c'était de savoir comment ce gredin° de braconnier avait bien pu ensorceler sa fille. Jamais Dominique n'était venu au moulin. Le meunier guetta° et il aperçut le galant, de l'autre côté de la Morelle, couché dans l'herbe et feignant de dormir. Françoise, de sa chambre, pouvait le voir. La chose était claire, ils avaient dû s'aimer, en se faisant les doux yeux par-dessus la roue du moulin.

Cependant, huit autres jours s'écoulèrent. Françoise devenait de plus en plus grave. Le père Merlier ne disait toujours rien. Puis, un soir, silencieusement, il amena lui-même Dominique. Françoise, justement, mettait la table. Elle ne parut pas étonnée, elle se contenta d'ajouter un couvert; seulement les petits trous de ses joues venaient de se creuser de nouveau, et son rire avait reparu. Le matin, le père Merlier était allé trouver Dominique dans sa masure, sur la lisière du bois. Là, les deux hommes avaient causé pendant trois heures, les portes et les fenêtres fermées. Jamais personne n'a su ce qu'ils avaient pu se dire. Ce qu'il y a de certain c'est que le père Merlier en sortant traitait déjà Dominique comme son fils. Sans doute le vieillard avait trouvé

écus *m pl* richesse

lisière *f* bordure

renom *m* réputation

louche suspect

coup de massue coup brutal

gredin *m* personne sans honneur
guetter observer en secret

le garçon qu'il était allé chercher, un brave garçon, dans ce paresseux qui se couchait sur l'herbe pour se faire aimer des filles.

Tout Rocreuse clabauda.° Les femmes, sur les portes, ne tarissaient° pas au sujet de la folie du père Merlier, qui introduisait ainsi chez lui un garnement.° Il laissa dire. Peut-être s'était-il souvenu de son propre mariage. Lui non plus ne possédait pas un sou vaillant, lorsqu'il avait épousé Madeleine et son moulin; cela pourtant ne l'avait point empêché de faire un bon mari. D'ailleurs, Dominique coupa court aux cancans,[27] en se mettant si rudement à la besogne, que le pays en fut émerveillé. Justement le garçon du moulin était tombé au sort,° et jamais Dominique ne voulut qu'on en engageât un autre. Il porta les sacs, conduisit la charrette, se battit avec la vieille roue, quand elle se faisait prier pour tourner, tout cela d'un tel cœur, qu'on venait le voir par plaisir. Le père Merlier avait son rire silencieux. Il était très fier d'avoir deviné ce garçon. Il n'y a rien comme l'amour pour donner du courage aux jeunes gens.

Au milieu de toute cette grosse besogne, Françoise et Dominique s'adoraient. Ils ne se parlaient guère, mais ils se regardaient avec une douceur souriante. Jusque-là, le père Merlier n'avait pas dit un seul mot au sujet du mariage; et tous deux respectaient ce silence, attendant la volonté du vieillard. Enfin, un jour, vers le milieu de juillet, il avait fait mettre trois tables dans la cour, sous le grand orme, en invitant ses amis de Rocreuse à venir le soir boire un coup avec lui. Quand la cour fut pleine et que tout le monde eut le verre en main, le père Merlier leva le sien très haut, en disant:

— C'est pour avoir le plaisir de vous annoncer que Françoise épousera ce gaillard-là dans un mois, le jour de la Saint-Louis.°

Alors, on trinqua[28] bruyamment. Tout le monde riait. Mais le père Merlier haussant la voix, dit encore:

— Dominique, embrasse ta promise. Ça se doit.

Et ils s'embrassèrent, très rouges pendant que l'assistance riait plus fort. Ce fut une vraie fête. On vida un petit tonneau. Puis, quand il n'y eut là que les amis intimes, on causa d'une façon calme. La nuit était tombée, une nuit étoilée et très claire. Dominique et Françoise, assis sur un banc, l'un près de l'autre, ne disaient rien. Un vieux paysan parlait de la guerre que l'empereur avait déclarée à la Prusse. Tous les gars du village étaient déjà partis. La veille, des troupes avaient encore passé. On allait se cogner° dur.

— Bah! dit le père Merlier avec l'égoïsme d'un homme heureux Dominique est étranger, il ne partira pas. . . Et si les Prussiens venaient, il serait là pour défendre sa femme.

Cette idée que les Prussiens pouvaient venir parut une bonne plaisanterie. On allait leur flanquer une raclée soignée,[29] et ce serait vite fini.

— Je les ai déjà vus, je les ai déjà vus, répéta d'une voix sourde le vieux paysan.

Il y eut un silence. Puis, on trinqua une fois encore. Françoise et Dominique n'avaient rien entendu; ils s'étaient pris doucement la main, derrière le banc,

clabauder parler mal de quelqu'un
ne pas tarir ne se fatiguer jamais de
garnement m mauvais sujet

au sort par hasard

jour de la Saint-Louis le 25 août

se cogner se heurter

sans qu'on pût les voir, et cela leur semblait si bon, qu'ils restaient là, les yeux perdus au fond des ténèbres.

Quelle nuit tiède et superbe! Le village s'endormait aux deux bords de la route blanche, dans une tranquillité d'enfant. On n'entendait plus, de lion en loin, que le chant de quelque coq éveillé trop tôt. Des grands bois voisins, descendaient de longues haleines qui passaient sur les toitures comme des caresses. Les prairies, avec leurs ombrages noirs, prenaient une majesté mystérieuse et recueillie,° tandis que toutes les sources, toutes les eaux cou- **recueilli** calme
rantes qui jaillissaient dans l'ombre semblaient être la respiration fraîche et rythmée de la campagne endormie. Par instants, la vieille roue du moulin, ensommeillée, paraissait rêver comme ces vieux chiens de garde qui aboient en ronflant; elle avait des craquements, elle causait toute seule, bercée par la chute de la Morelle, dont la nappe° rendait le son musical et continu d'un **nappe** *f* ici, ce qui tombe en cascade
tuyau d'orgue.[30] Jamais une paix plus large n'était descendue sur un coin plus heureux de nature.

II

Un mois plus tard, jour pour jour, juste la veille de la Saint-Louis, Rocreuse était dans l'épouvante.° Les Prussiens avaient battu l'empereur et **être dans l'épouvante** être terrifié
s'avançaient à marches forcées vers le village. Depuis une semaine, des gens qui passaient sur la route annonçaient les Prussiens: "Ils sont à Lormière, ils sont à Novelles"; et, à entendre dire qu'ils se rapprochaient si vite, Rocreuse, chaque matin, croyait les voir descendre par les bois de Gagny. Ils ne venaient point cependant, cela effrayait davantage. Bien sûr qu'ils tomberaient sur le village pendant la nuit et qu'ils égorgeraient° tout le monde. **égorger** massacrer

La nuit, précédente, un peu avant le jour, il y avait eu une alerte.° Les **alerte** *f* avertissement d'un danger
habitants s'étaient réveillés, en entendant un grand bruit d'hommes sur la route. Les femmes déjà se jetaient à genoux et faisaient des signes de croix, lorsqu'on avait reconnu des pantalons rouges, en entr'ouvrant prudemment les fenêtres. C'était un détachement français. Le capitaine avait tout de suite demandé le maire du pays, et il était resté au moulin, après avoir causé avec le père Merlier.

Le soleil se levait gaiement, ce jour-là. Il ferait chaud, à midi, Sur les bois, une clarté blonde flottait, tandis que dans les fonds, au-dessus des prairies, montaient des vapeurs blanches. Le village, propre et joli, s'éveillait dans la fraîcheur, et la campagne, avec sa rivière et ses fontaines, avait des grâces mouillées de bouquet. Mais cette belle journée ne faisait rire personne. On venait de voir le capitaine tourner autour du moulin, regarder les maisons voisines, passer de l'autre côté de la Morelle, et de là, étudier le pays avec une lorgnette; le père Merlier, qui l'accompagnait, semblait donner des explications. Puis, le capitaine avait posté des soldats derrière des murs, derrière des arbres, dans des trous. Le gros du détachement campait dans la cour du moulin. On allait donc se battre? Et quand le père Merlier revint, on l'interrogea. Il fit un long signe de tête, sans parler. Oui, on allait se battre.

Françoise et Dominique étaient là, dans la cour, qui le regardaient. Il finit par ôter sa pipe de la bouche, et dit cette simple phrase:

— Ah! mes pauvres petits, ce n'est pas demain que je vous marierai!

Dominique, les lèvres serrées, avec un pli de colère au front, se haussait parfois, restait les yeux fixés sur les bois de Gagny, comme s'il eût voulu voir arriver les Prussiens. Françoise, très pâle, sérieuse, allait et venait, fournissant aux soldats ce dont ils avaient besoin. Ils faisaient la soupe dans un coin de la cour, et plaisantaient, en attendant de manger.

Cependant, le capitaine paraissait ravi. Il avait visité les chambres et la grande salle du moulin donnant sur la rivière. Maintenant, assis près du puits, il causait avec le père Merlier.

— Vous avez là une vraie forteresse, disait-il. Nous tiendrons bien jusqu'à ce soir. . . Les bandits sont en retard. Ils devraient être ici.

Le meunier restait grave. Il voyait son moulin flamber comme une torche. Mais il ne se plaignait pas, jugeant cela inutile. Il ouvrit seulement la bouche pour dire:

— Vous devriez faire cacher la barque derrière la roue. Il y a là un trou où elle tient. . . Peut-être qu'elle pourra servir.

Le capitaine donna un ordre. Ce capitaine était un bel homme d'une quarantaine d'années, grand et de figure aimable. La vue de Françoise et de Dominique semblait le réjouir. Il s'occupait d'eux, comme s'il avait oublié la lutte prochaine. Il suivait Françoise des yeux, et son air disait clairement qu'il la trouvait charmante. Puis, se tournant vers Dominique:

— Vous n'êtes donc pas à l'armée, mon garçon? lui demanda-t-il brusquement.

— Je suis étranger, répondit le jeune homme.

Le capitaine parut goûter médiocrement cette raison. Il cligna les yeux et sourit. Françoise était plus agréable à fréquenter que le canon. Alors, en le voyant sourire, Dominique ajouta:

— Je suis étranger, mais je loge une balle dans une pomme, à cinq cents mètres. . . . Tenez, mon fusil de chasse est là, derrière vous.

— Il pourra vous servir, répliqua simplement le capitaine.

Françoise s'était approchée, un peu tremblante. Et, sans se soucier du monde qui était là, Dominique prit et serra dans les siennes les deux mains qu'elle lui tendait, comme pour se mettre sous sa protection. Le capitaine avait souri de nouveau, mais il n'ajouta pas une parole. Il demeurait assis, son épée entre les jambes, les yeux perdus, paraissant rêver.

Il était délà dix heures. La chaleur devenait très forte. Un lourd silence se faisait. Dans la cour, à l'ombre des hangars, les soldats s'étaient mis à manger la soupe. Aucun bruit ne venait du village, dont les habitants avaient tous barricadé leurs maisons, portes et fenêtres. Un chien, resté seul sur la route, hurlait. Des bois et des prairies voisines, pâmés° par la chaleur, sortait une voix **pâmé** évanoui

lointaine, prolongée, faite de tous les souffles épars.° Un coucou chanta. Puis, **épars** dispersé
le silence s'élargit encore.

Et, dans cet air endormi, brusquement, un coup de feu éclata. Le capitaine
se leva vivement, les soldats lâchèrent leurs assiettes de soupe, encore à moitié
pleines. En quelques secondes, tous furent à leur poste de combat; de bas en
haut, le moulin se trouvait occupé. Cependant, le capitaine, qui s'était porté
sur la route, n'avait rien vu; à droite, à gauche la route s'étendait, vide et
toute blanche. Un deuxième coup de feu se fit entendre, et toujours rien, pas
une ombre. Mais, en se retournant, il aperçut du côté de Gagny, entre deux
arbres, un léger flocon de fumée qui s'envolait, pareil à un fil de la Vierge. Le
bois restait profond et doux.

— Les gredins se sont jetés dans la forêt, murmura-t-il. Ils nous savent ici.

Alors, la fusillade continua, de plus en plus nourrie, entre les soldats français,
postés autour du moulin, et les Prussiens, cachés derrière les arbres. Les balles
sifflaient au-dessus de la Morelle, sans causer de pertes ni d'un côté ni de l'autre.
Les coups étaient irréguliers, partaient de chaque buisson; et l'on n'apercevait
toujours que les petites fumées, balancées mollement par le vent. Cela dura
près de deux heures. L'officier chantonnait d'un air indifférent. Françoise et
Dominique, qui étaient restés dans la cour, se haussaient et regardaient par-
dessus une muraille basse. Ils s'intéressaient surtout à un petit soldat, posté au
bord de la Morelle, derrière la carcasse d'un vieux bateau; il était à plat ventre.° **à plat ventre** tout de son long
Il guettait, lâchait son coup de feu, puis se laissait glisser dans un fossé, un peu **sur le ventre**
en arrière, pour recharger son fusil; et ses mouvements étaient si drôles, si
rusés, si souples, qu'on se laissait aller à sourire en le voyant. Il dut apercevoir
quelque tête de Prussien, car il se leva vivement et épaula;[31] mais, avant qu'il
eût tiré, il jeta un cri, tourna sur lui-même et roula dans le fossé, où ses jambes
eurent un instant le roidissement convulsif des pattes d'un poulet qu'on
égorge. Le petit soldat venait de recevoir une balle en pleine poitrine. C'était
le premier mort. Instinctivement, Françoise avait saisi la main de Dominique
et la lui serrait, dans une crispation[32] nerveuse.

— Ne restez pas là, dit le capitaine. Les balles viennent jusqu'ici.

En effet, un petit coup sec s'était fait entendre dans le vieil orme, et un bout
de branche tombait en se balançant. Mais les deux jeunes gens ne bougèrent
pas, cloués par l'anxiété du spectacle. A la lisière du bois, un Prussien était
brusquement sorti de derrière un arbre comme d'une coulisse,[33] battant l'air
de ses bras et tombant à la renverse. Et rien ne bougea plus, les deux morts
semblaient dormir au grand soleil, on ne voyait toujours personne dans la
campagne alourdie ° Le pétillement[34] de la fusillade lui-même cessa Seule, la **alourdi** rendu lourd
Morelle chuchotait avec son bruit clair.

Le père Merlier regarda le capitaine d'un air de surprise, comme pour lui
demander si c'était fini.

— Voilà le grand coup, murmura celui-ci. Méfiez-vous. Ne restez pas là.

Il n'avait pas achevé qu'une décharge effroyable eut lieu. Le grand orme fut
comme fauché,[35] une volée de feuilles tournoya. Les Prussiens avaient

heureusement tiré trop haut. Dominique entraîna, emporta presque Françoise, tandis que le père Merlier les suivait, en criant:

— Mettez-vous dans le petit caveau, les murs sont solides.

Mais ils ne l'écoutèrent pas, ils entrèrent dans la grande salle, où une dizaine de soldats attendaient en silence, les volets fermés, guettant par des fentes. Le capitaine était resté seul dans la cour, accroupi derrière la petite muraille, pendant que des décharges furieuses continuaient. Au dehors, les soldats qu'il avait postés, ne cédaient le terrain que pied à pied. Pourtant, ils rentraient un à un en rampant,[36] quand l'ennemi les avait délogés de leurs cachettes. Leur consigne° était de gagner du temps, de ne point se montrer, pour que les Prussiens ne pussent savoir quelles forces ils avaient devant eux. Une heure encore s'écoula. Et, comme un sergent arrivait, disant qu'il n'y avait plus dehors que deux ou trois hommes, l'officier tira sa montre, en murmurant:

consigne *f* instruction stricte

— Deux heures et demie. . . Allons, il faut tenir quatre heures.

Il fit fermer le grand portail de la cour, et tout fut préparé pour une résistance énergique. Comme les Prussiens se trouvaient de l'autre côté de la Morelle, un assaut immédiat n'était pas à craindre. Il y avait bien un pont à deux kilomètres, mais ils ignoraient sans doute son existence, et il était peu croyable qu'ils tenteraient de passer à gué[37] la rivière. L'officier fit donc simplement surveiller la route. Tout l'effort allait porter du côté de la campagne.

La fusillade de nouveau avait cessé. Le moulin semblait mort sous le grand soleil. Pas un volet n'était ouvert, aucun bruit ne sortait de l'intérieur. Peu à peu, cependant, des Prussiens se montraient à la lisière du bois de Gagny. Ils allongeaient la tête, s'enhardissaient. Dans le moulin, plusieurs soldats épaulaient déjà; mais le capitaine cria:

— Non, non, attendez. . . Laissez-les s'approcher. Ils y mirent beaucoup de prudence, regardant le moulin d'un air méfiant. Cette vieille demeure, silencieuse et morne,° avec ses rideaux de lierre, les inquiétait. Pourtant ils avançaient. Quand ils furent une cinquantaine dans la prairie, en face, l'officier dit un seul mot:

morne sombrement triste

— Allez!

Un déchirement[38] se fit entendre, des coups isolés suivirent. Françoise, agitée d'un tremblement, avait porté malgré elle les mains à ses oreilles. Dominique, derrière les soldats, regardait; et, quand la fumée se fut un peu dissipée, il aperçut trois Prussiens étendus sur le dos au milieu du pré. Les autres s'étaient jetés derrière les saules et les peupliers. Et le siège commença.

Pendant plus d'une heure, le moulin fut criblé° de balles. Elles en fouettaient° les vieux murs comme une grêle.[39] Lorsqu'elles frappaient sur de la pierre, on les entendait s'écraser et retomber à l'eau. Dans le bois, elles s'enfonçaient avec un bruit sourd. Parfois, un craquement annonçait que la roue venait d'être touchée. Les soldats, à l'intérieur, ménageaient° leurs coups, ne tiraient que lorsqu'ils pouvaient viser. De temps à autre le capitaine consultait sa montre. Et, comme une balle fendait° un volet et allait se loger dans le plafond:

criblé percé

fouetter battre vivement

ménager employer avec économie

fendre pénétrer

Cette peinture de Neuville illustre un épisode de la guerre de 1870. Si les soldats français se sont bien battus, il leur manquait souvent de munitions. *(Giraudon)*

— Quatre heures, murmura-t-il. Nous ne tiendrons jamais.

Peu à peu, en effet, cette fusillade terrible ébranlait[40] le vieux moulin. Un volet tomba à l'eau, troué comme une dentelle,[41] et il fallut le remplacer par un matelas.° Le père Merlier, à chaque instant, s'exposait pour constater les avaries° de sa pauvre roue, dont les craquements lui allaient au cœur. Elle était bien finie, cette fois; jamais il ne pourrait la raccommoder. Dominique avait supplié Françoise de se retirer, mais elle voulait rester avec lui; elle s'était assise derrière une grande armoire de chêne, qui la protégeait. Une balle pourtant arriva dans l'armoire dont les flancs rendirent un son grave. Alors, Dominique se plaça devant Françoise Il n'avait pas encore tiré, il tenait son fusil à la main, ne pouvant approcher des fenêtres dont les soldats tenaient toute la largeur. A chaque décharge, le plancher tressaillait.

matelas *m* grand coussin servant à garnir un lit

avarie *f* dommage

— Attention! attention! cria tout d'un coup le capitaine.

Il venait de voir sortir du bois toute une masse sombre. Aussitôt s'ouvrit un formidable feu de peloton.[42] Ce fut comme une trombe° qui passa sur le moulin. Un autre volet partit, et par l'ouverture béante° de la fenêtre, les balles entrèrent. Deux soldats roulèrent sur le carreau.[43] L'un ne remua plus; on le poussa contre le mur, parce qu'il encombrait.° L'autre se tordit en demandant qu'on l'achevât; mais on ne l'écoutait point, les balles entraient toujours, chacun se garait° et tâchait de trouver une meurtrière[44] pour riposter.° Un troisième soldat fut blessé; celui-là ne dit pas une parole, il se laissa couler au bord d'une table, avec des yeux fixes et hagards. En face de ces morts, Françoise, prise d'horreur, avait repoussé machinalement sa chaise, pour s'asseoir à terre, contre le mur; elle se croyait là plus petite et moins en danger. Cependant, on était allé prendre tous les matelas de la maison, on avait rebouché[45] à moitié la fenêtre. La salle s'emplissait de débris, d'armes rompues, de meubles éventrés.

trombe *f* mouvement violent d'une masse d'air ou de liquide
béant largement ouvert

encombrer obstruer

se garer se mettre à l'abri
riposter répondre (avec des coups de feu)

— Cinq heures, dit le capitaine. Tenez bon. . . Ils vont chercher à passer l'eau.

A ce moment, Françoise poussa un cri. Une balle, qui avait ricoché, venait de lui effleurer° le front. Quelques gouttes de sang parurent. Dominique la regarda; puis, s'approchant de la fenêtre, il lâcha son premier coup de feu, et il ne s'arrêta plus. Il chargeait, tirait, sans s'occuper de ce qui se passait près de lui; de temps à autre seulement, il jetait un coup d'oeil sur Françoise. D'ailleurs, il ne se pressait pas, visait avec soin. Les Prussiens, longeant° les peupliers, tentaient le passage de la Morelle, comme le capitaine l'avait prévu; mais, dès qu'un d'entre eux se hasardait, il tombait frappé à la tête par une balle de Dominique. Le capitaine, qui suivait ce jeu, était émerveillé. Il complimenta le jeune homme, en lui disant qu'il serait heureux d'avoir beaucoup de tireurs de sa force. Dominique ne l'entendait pas. Une balle lui entama° l'épaule, une autre lui contusionna[46] le bras. Et il tirait toujours.

effleurer toucher légèrement

longer marcher le long de

entamer blesser
déchiqueté déchiré en morceaux inutilisables

Il y eut deux nouveaux morts. Les matelas, déchiquetés,° ne bouchaient plus les fenêtres. Une dernière décharge semblait devoir emporter le moulin. La position n'était plus tenable. Cependant, l'officier répétait:

— Tenez bon. . . Encore une demi-heure.

Maintenant, il comptait les minutes. Il avait promis à ses chefs d'arrêter l'ennemi là jusqu'au soir, et il n'aurait pas reculé° d'une semelle° avant l'heure qu'il avait fixée pour la retraite. Il gardait son air aimable. souriait à Françoise, afin de la rassurer. Lui-même venait de ramasser le fusil d'un soldat mort et faisait le coup de feu.

Il n'y avait plus que quatre soldats dans la salle. Les Prussiens se montraient en masse sur l'autre bord de la Morelle, et il était évident qu'ils allaient passer la rivière d'un moment à l'autre. Quelques minutes s'écoulèrent encore. Le capitaine s'entêtait, ne voulait pas donner l'ordre de la retraite, lorsqu'un sergent accourut, en disant:

— Ils sont sur la route, ils vont nous prendre par derrière.

Les Prussiens devaient avoir trouvé le pont. Le capitaine tira sa montre.

— Encore cinq minutes, dit-il. Ils ne seront pas ici avant cinq minutes.

Puis, à six heures précises, il consentit enfin à faire sortir ses hommes par une petite porte qui donnait sur une ruelle. De là, ils se jetèrent dans un fossé, ils gagnèrent la forêt de Sauval. Le capitaine avait, avant de partir, salué très poliment le père Merlier, en s'excusant. Et il avait même ajouté:

— Amusez-les. . . Nous reviendrons.

Cependant, Dominique était resté seul dans la salle. Il tirait toujours, n'entendant rien, ne comprenant rien. Il n'éprouvait que le besoin de défendre Françoise. Les soldats étaient partis, sans qu'il s'en doutât le moins du monde. Il visait et tuait son homme à chaque coup. Brusquement, il y eut un grand bruit. Les Prussiens, par derrière, venaient d'envahir la cour. Il lâcha un dernier coup, et ils tombèrent sur lui, comme son fusil fumait encore.

Quatre hommes le tenaient. D'autres vociféraient° autour de lui, dans une langue effroyable. Ils faillirent l'égorger tout de suite. Françoise s'était jetée en avant, suppliante. Mais un officier entra et se fit remettre° le prisonnier. Après quelques phrases qu'il échangea en allemand avec les soldats, il se tourna vers Dominique et lui dit rudement, en très bon français:

— Vous serez fusillé dans deux heures.

III

C'était une règle posée par l'état-major[41] allemand: tout Français n'appartenant pas à l'armée régulière et qui prit les armes à la main, devait être fusillé. Les compagnies franches[48] elles-mêmes n'étaient pas reconnues comme belligérantes. En faisant ainsi de terribles exemples sur les paysans qui défendaient leurs foyers, les Allemands voulaient empêcher la levée en masse,[49] qu'ils redoutaient.°

L'officier, un homme grand et sec,° d'une cinquantaine d'années, fit subir à Dominique un bref interrogatoire. Bien qu'il parlât le français très purement, il avait une raideur toute prussienne.

— Vous êtes de ce pays?

— Non, je suis Belge.

reculer aller en arrière
d'une semelle c.-à-d. pas même d'un tout petit peu

vociférer parler en criant, avec colère

remettre mettre à sa place

redouter avoir peur de
sec maigre

— Pourquoi avez-vous pris les armes?... Tout ceci ne doit pas vous regarder.

Dominique ne répondit pas. A ce moment, l'officier aperçut Françoise debout et très pâle, qui écoutait; sur son front blanc, sa légère blessure mettait une barre rouge. Il regarda les jeunes gens l'un après l'autre, parut comprendre, et se contenta d'ajouter:

— Vous ne niez pas avoir tiré?

— J'ai tiré tant que j'ai pu, répondit tranquillement Dominique.

Cet aveu était inutile, car il était noir de poudre, couvert de sueur, taché de quelques gouttes de sang qui avaient coulé de l'éraflure° de son épaule.

éraflure *f* blessure superficielle

— C'est bien, répéta l'officier, Vous serez fusillé dans deux heures.

Françoise ne cria pas. Elle joignit les mains et les éleva dans un geste de muet désespoir. L'officier remarqua ce geste. Deux soldats avaient emmené Dominique dans une pièce voisine, où ils devaient le garder à vue. La jeune fille était tombée sur une chaise, les jambes brisées;° elle ne pouvait pleurer, elle étouffait. Cependant, l'officier l'examinait toujours. Il finit par lui adresser la parole:

brisé plié

— Ce garçon est votre frère? demanda-t-il.

Elle dit non de la tête. Il resta raide, sans un sourire. Puis, au bout d'un silence:

— Il habite le pays depuis longtemps?

Elle dit oui, d'un nouveau signe.

— Alors il doit très bien connaître les bois voisins?

Cette fois, elle parla.

— Oui, monsieur, dit-elle en le regardant avec quelque surprise.

Il n'ajouta rien et tourna sur ses talons, en demandant qu'on lui amenât le maire du village. Mais Françoise s'était levée, une légère rougeur au visage, croyant avoir saisi le but de ses questions et reprise d'espoir. Ce fut elle-même qui courut pour trouver son père.

Le père Merlier, dès que les coups de feu avaient cessé, était vivement descendu par la galerie de bois, pour visiter sa roue. Il adorait sa fille, il avait une solide amitié pour Dominique, son futur gendre; mais sa roue tenait aussi une large place dans son cœur. Puisque les deux petits, comme il les appelait, étaient sortis sains et saufs de la bagarre, il songeait à son autre tendresse, qui avait singulièrement souffert, celle-là. Et, penché sur la grande carcasse de bois, il en étudiait les blessures d'un air navré.° Cinq palettes[50] étaient en miettes, la charpente centrale était criblée. Il fourrait° les doigts dans les trous des balles, pour en mesurer la profondeur; il réfléchissait à la façon dont il pourrait réparer toutes ces avaries. Françoise le trouva qui bouchait déjà des fentes avec des débris et de la mousse.

navré désolé
fourrer faire entrer

— Père, dit-elle, ils vous demandent.

Et elle pleura enfin, en lui contant ce qu'elle venait d'entendre. Le père Merlier hocha la tête. On ne fusillait pas les gens comme ça. Il fallait voir. Et il rentra dans le moulin, de son air silencieux et paisible. Quand l'officier lui

eut demandé des vivres° pour ses hommes, il répondit que les gens de
Rocreuse n'étaient pas habitués à être brutalisés, et qu'on n'obtiendrait rien
d'eux si l'on employait la violence. Il se chargeait de tout, mais à la condition qu'on le laissât agir seul. L'officier parut se fâcher d'abord de ce ton
tranquille; puis, il céda, devant les paroles brèves et nettes du vieillard. Même
il le rappela, pour lui demander:

— Ces bois-là, en face, comment les nommez-vous?

— Les bois de Sauval.

— Et quelle est leur étendue?°

Le meunier le regarda fixement.

— Je ne sais pas, répondit-il.

Et il s'éloigna. Une heure plus tard, la contribution de guerre en vivres et
en argent, réclamée° par l'officier était dans la cour du moulin. La nuit venait,
Françoise suivait avec anxiété les mouvements des soldats. Elle ne s'éloignait
pas de la pièce dans laquelle était enfermé Dominique. Vers sept heures, elle
eut une émotion poignante; elle vit l'officier entrer chez le prisonnier, et,
pendant un quart d'heure, elle entendit leurs voix qui s'élevaient. Un
instant, l'officier reparut sur le seuil pour donner un ordre en allemand, qu'elle
ne comprit pas; mais, lorsque douze hommes furent venus se ranger dans la
cour, le fusil au bras, un tremblement la saisit, elle se sentit mourir. C'en
était donc fait; l'exécution allait avoir lieu. Les douze hommes restèrent là
dix minutes, la voix de Dominique continuait à s'élever sur un ton de refus
violent. Enfin, l'officier sortit, en fermant brutalement la porte et en disant:

— C'est bien, réfléchissez. . . Je vous donne jusqu'à demain matin.

Et, d'un geste, il fit rompre les rangs aux douze hommes. Françoise restait
hébétée.° Le père Merlier, qui avait continué de fumer sa pipe, en
regardant le peloton d'un air simplement curieux, vint la prendre par le
bras, avec une douceur paternelle. Il l'emmena dans sa chambre.

— Tiens-toi tranquille, lui dit-il, tâche de dormir. . . Demain, il fera jour,
et nous verrons.

En se retirant, il l'enferma par prudence. Il avait pour principe que les
femmes ne sont bonnes à rien, et qu'elles gâtent[51] tout, lorsqu'elles s'occupent
d'une affaire sérieuse. Cependant Françoise ne se coucha pas. Elle demeura
longtemps assise sur son lit, écoutant les rumeurs de la maison. Les soldats
allemands, campés dans la cour, chantaient et riaient; ils durent manger et
boire jusqu'à onze heures, car le tapage° ne cessa pas un instant. Dans le
moulin même, des pas lourds résonnaient de temps à autre, sans doute des
sentinelles qu'on relevait. Mais, ce qui l'intéressait surtout, c'étaient les bruits
qu'elle pouvait saisir dans la pièce qui se trouvait sous sa chambre. Plusieurs
fois elle se coucha par terre, elle appliqua son oreille contre le plancher. Cette
pièce était justement celle où l'on avait enfermé Dominique. Il devait marcher
du mur à la fenêtre, car elle entendit longtemps la cadence régulière de sa
promenade; puis, il se fit un grand silence, il s'était sans doute assis. D'ailleurs,
les rumeurs cessaient, tout s'endormait. Quand la maison lui parut s'assoupir,°

vivres *m pl* nourriture

étendue *f* dimension

réclamé demandé

hébété comme frappé de stupeur

tapage *m* bruit confus

s'assoupir se calmer

elle ouvrit sa fenêtre le plus doucement possible, elle s'accouda.

Au dehors, la nuit avait une sérénité tiède. Le mince croissant de la lune, qui se couchait derrière les bois de Sauval, éclairait la campagne d'une lueur de veilleuse.° L'ombre allongée des grands arbres barrait de noir les prairies, tandis que l'herbe, aux endroits découverts, prenait une douceur de velours, verdâtre. Mais Françoise ne s'arrêtait guère au charme mystérieux de la nuit. Elle étudiait la campagne, cherchant les sentinelles que les Allemands avaient dû poster de côté. Elle voyait parfaitement leurs ombres s'échelonner° le long de la Morelle. Une seule se trouvait devant le moulin, de l'autre côté de la rivière, près d'un saule dont les branches trempaient dans l'eau. Françoise la distinguait parfaitement. C'était un grand garçon qui se tenait immobile, la face tournée vers le ciel, de l'air rêveur d'un berger.

Alors, quand elle eut ainsi inspecté les lieux avec soin, elle revint s'asseoir sur son lit. Elle y resta une heure, profondément absorbée. Puis elle écouta de nouveau: la maison n'avait plus un souffle. Elle retourna à la fenêtre, jeta un coup d'œil; mais sans doute une des cornes de la lune qui apparaissait encore derrière les arbres, lui parut gênante, car elle se remit à attendre. Enfin, l'heure lui sembla venue. La nuit était toute noire, elle n'apercevait plus la sentinelle en face, la campagne s'étalait° comme une mare° d'encre. Elle tendit l'oreille un instant et se décida. Il y avait là, passant près de la fenêtre, une échelle de fer, des barres scellées dans le mur, qui montait de la roue au grenier, et qui servait autrefois aux meuniers pour visiter certains rouages;[53] puis, le mécanisme avait été modifié, depuis longtemps l'échelle disparaissait sous les lierres épais qui couvraient de côté du moulin.

Françoise, bravement, enjamba[53] la balustrade de sa fenêtre, saisit une des barres de fer et se trouva dans le vide. Elle commença à descendre. Ses jupons l'embarrassaient beaucoup. Brusquement, une pierre se détacha de la muraille et tomba dans la Morelle avec un rejaillissement sonore. Elle s'était arrêtée, glacée d'un frisson. Mais elle comprit que la chute d'eau, de son ronflement continu, couvrait à distance tous les bruits qu'elle pouvait faire, et elle descendit alors plus hardiment, tâtant le lierre du pied,[54] s'assurant des échelons. Lorsqu'elle fut à la hauteur de la chambre qui servait de prison à Dominique, elle s'arrêta. Une difficulté imprévue faillit lui faire perdre tout son courage; la fenêtre de la pièce du bas n'était pas régulièrement percée au-dessous de la fenêtre de sa chambre, elle s'écartait de l'échelle, et lorsqu' elle allongea la main, elle ne rencontra que la muraille. Lui faudrait-il donc remonter, sans pousser son projet jusqu'au bout? Ses bras se lassaient,° le murmure de la Morelle, au-dessous d'elle, commençait à lui donner des vertiges.[55] Alors, elle arracha du mur de petits fragments de plâtre et les lança dans la fenêtre de Dominique. Il n'entendait pas, peut-être dormait-il. Elle émietta[56] encore la muraille, elle s'écorchait° les doigts. Et elle était à bout de force, elle se sentait tomber à la renverse, lorsque Dominique ouvrit enfin doucement.

— C'est moi, murmura-t-elle. Prends-moi vite, je tombe.

lueur de veilleuse *f* lumière faible d'une petite lampe de nuit

s'échelonner se distribuer

s'étaler s'étendre
mare *f* petite étendue d'eau

se lasser se fatiguer

s'écorcher se blesser en enlevant de la peau

C'était la première fois qu'elle le tutoyait. Il la saisit, en se penchant, et l'apporta dans la chambre. Là, elle eut une crise de larmes, étouffant ses sanglots, pour qu'on ne l'entendît pas. Puis, par un effort suprême, elle se calma.

— Vous êtes gardé? demanda-t-elle à voix basse.

Dominique, encore stupéfait de la voir ainsi, fit un simple signe, en montrant sa porte. De l'autre côté, on entendait un ronflement; la sentinelle, cédant au sommeil, avait dû se coucher par terre, contre la porte, en se disant que, de cette façon, le prisonnier ne pouvait bouger.

— Il faut fuir, reprit-elle vivement. Je suis venue pour vous supplier de fuir et pour vous dire adieu.

Mais lui ne paraissait pas l'entendre. Il répétait:

— Comment, c'est vous, c'est vous. . . Oh! que vous m'aviez fait peur! Vous pouviez vous tuer.

Il lui prit les mains, il les baisa.

— Que je vous aime, Françoise!. . . Vous êtes aussi courageuse que bonne. Je n'avais qu'une crainte, c'était de mourir sans vous avoir revue. . . Mais vous êtes là, et maintenant ils peuvent me fusiller. Quand j'aurai passé un quart d'heure avec vous, je serai prêt.

Peu à peu, il l'avait attirée à lui, et elle appuyait sa tête sur son épaule. Le danger les rapprochait. Ils oubliaient tout dans cette étreinte.

— Ah! Françoise, reprit Dominique d'une voix caressante, c'est aujourd'hui la Saint-Louis, le jour si longtemps attendu de notre mariage. Rien n'a pu nous séparer, puisque nous voilà tous les deux seuls, fidèles au rendez-vous. . . N'est-ce pas? c'est à cette heure le matin des noces.

— Oui, oui, répéta-t-elle le matin des noces.

Ils échangèrent un baiser en frissonnant. Mais, tout d'un coup, elle se dégagea, la terrible réalité se dressait devant elle.

— Il faut fuir, il faut fuir, bégaya-t-elle.° Ne perdons pas une minute.

Et comme il tendait les bras dans l'ombre pour la reprendre, elle le tutoya de nouveau:

— Oh! je t'en prie, écoute-moi. . . Si tu meurs, je mourrai. Dans une heure, il fera jour. Je veux que tu partes tout de suite.

Alors, rapidement, elle expliqua son plan. L'échelle de fer descendait jusqu'à la roue; là, il pourrait s'aider des palettes et entrer dans la barque qui se trouvait dans un enfoncement.[57] Il lui serait facile ensuite de gagner l'autre bord de la rivière et de s'échapper.

— Mais il doit y avoir des sentinelles? dit-il.

— Une seule, en face, au pied du premier saule.

— Et si elle m'aperçoit, si elle veut crier?

Françoise frissonna. Elle lui mit dans la main un couteau qu'elle avait descendu. Il y eut un silence.

— Et votre père, et vous? reprit Dominique. Mais non, je ne puis fuir. . . Quand je ne serai plus là, ces soldats vous massacreront peut-être. . . Vous ne

bégayer articuler mal les mots

les connaissez pas. Ils m'ont proposé de me faire grâce, si je consentais à les guider dans la forêt de Sauval. Lorsqu'ils ne me trouveront plus, ils sont capables de tout.

Le jeune fille ne s'arrêta pas à discuter. Elle répondit simplement à toutes les raisons qu'il donnait:

— Par amour pour moi, fuyez. . . Si vous m'aimez, Dominique, ne restez pas ici une minute de plus.

Puis, elle promit de remonter dans sa chambre. On ne saurait pas qu'elle l'avait aidé. Elle finit par le prendre dans ses bras, par l'embrasser, pour le convaincre, avec un élan de passion extraordinaire. Lui, il était vaincu. Il ne posa plus qu'une question:

— Jurez-moi que votre père connaît votre démarche et qu'il me conseille la fuite?

— C'est mon père qui m'a envoyée, répondit hardiment Françoise.

Elle mentait. Dans ce moment, elle n'avait qu'un besoin immense, le savoir en sûreté, échapper à cette abominable pensée que le soleil allait être le signal de sa mort. Quand il serait loin, tous les malheurs pouvaient fondre sur elle; cela lui paraîtrait doux, du moment où il vivrait. L'égoïsme de sa tendresse le voulait vivant, avant toutes choses.

— C'est bien, dit Dominique, je ferai comme il vous plaira.

Alors, ils ne parlèrent plus. Dominique alla rouvrir la fenêtre. Mais, brusquement, un bruit les glaça. La porte fut ébranlée, et ils crurent qu'on l'ouvrait. Evidemment, une ronde° avait entendu leurs voix. Et tous deux debout, serrés l'un contre l'autre, attendaient dans une angoisse indicible. La porte fut de nouveau secouée; mais elle ne s'ouvrit pas. Ils eurent chacun un soupir étouffé; ils venaient de comprendre, ce devait être le soldat couché en travers du seuil, qui s'était retourné. En effet, le silence se fit, les ronflements recommencèrent.

ronde *f* garde qui fait une inspection militaire

Dominique voulut absolument que Françoise remontât d'abord chez elle. Il la prit dans ses bras, il lui dit un muet adieu. Puis, il l'aida à saisir l'échelle et se cramponna° à son tour. Mais il refusa de descendre un seul échelon avant de la savoir dans sa chambre. Quand Françoise fut rentrée, elle laissa tomber d'une voix légère comme un souffle:

se cramponner s'attacher fortement

— Au revoir, je t'aime!

Elle resta accoudée, elle tâcha de suivre Dominique. La nuit était toujours très noire. Elle chercha la sentinelle et ne l'aperçut pas; seul, le saule faisait une tache pâle, au milieu des ténèbres. Pendant un instant, elle entendit le frôlement[58] du corps de Dominique le long du lierre. Ensuite la roue craqua, et il y eut un léger clapotement° qui lui annonça que le jeune homme venait de trouver la barque. Une minute plus tard, en effet, elle distingua la silhouette sombre de la barque sur la nappe° grise de la Morelle. Alors, une angoisse terrible la reprit à la gorge. A chaque instant, elle croyait entendre le cri d'alarme de la sentinelle; les moindres bruits, épars dans l'ombre, lui semblaient des pas précipités de soldats, des froissements[59] d'armes, des

clapotement *m* bruit fait par l'eau agitée

nappe *f* étendue d'eau

bruits de fusils qu'on armait. Pourtant, les secondes s'écoulaient, la campagne gardait sa paix souveraine. Dominique devait aborder à l'autre rive. Françoise ne voyait plus rien. Le silence était majestueux. Et elle entendit un piétinement,[60] un cri rauque, la chute sourde d'un corps. Puis, le silence se fit plus profond. Alors, comme si elle eut senti la mort passer, elle resta toute froide, en face de l'épaisse nuit.

IV

Dès le petit jour, des éclats de voix ébranlèrent le moulin. Le père Merlier était venu ouvrir la porte de Françoise. Elle descendit dans la cour, pâle et très calme. Mais là, elle ne put réprimer° un frisson, en face du cadavre d'un soldat prussien, qui était allongé près du puits sur un manteau étalé.

réprimer arrêter le progrès de

Autour du corps, des soldats gesticulaient, criaient sur un ton de fureur. Plusieurs d'entre eux montraient les poings au village. Cependant, l'officier venait de faire appeler le père Merlier, comme maire de la commune.

— Voici, lui dit-il d'une voix étranglée par la colère, un de nos hommes que l'on a trouvé assassiné sur le bord de la rivière. . . Il nous faut un exemple éclatant,° et je compte que vous allez nous aider à découvrir le meurtrier.

éclatant c.-à-d. public

— Tout ce que vous voudrez, répondit le meunier avec son flegme.° Seulement, ce ne sera pas commode.

flegme m calme

L'officier s'était baissé pour écarter un pan du manteau, qui cachait la figure du mort. Alors apparut une horrible blessure. La sentinelle avait été frappée à la gorge, et l'arme était restée dans la plaie. C'était un couteau de cuisine à manche noir.

— Regardez ce couteau, dit l'officier au père Merlier, peut-être nous aidera-t-il dans nos recherches.

Le vieillard avait eu un tressaillement. Mais il se remit aussitôt, il répondit, sans qu'un muscle de sa face bougeât:

— Tout le monde a des couteaux pareils, dans nos campagnes. . . Peut-être que votre homme s'ennuyait de se battre et qu'il se sera fait son affaire° lui-même. Ça se voit.

se faire son affaire c.-à-d. se tuer

— Taisez-vous! cria furieusement l'officier. Je ne sais ce qui me retient de mettre le feu aux quatre coins du village.

La colère heureusement l'empêchait de remarquer la profonde altération du visage de Françoise. Elle avait dû s'asseoir sur le banc de pierre, près du puits, Malgré elle, ses regards ne quittaient plus ce cadavre, étendu à terre, presque à ses pieds. C'était un grand et beau garçon, qui ressemblait à Dominique, avec des cheveux blonds et des yeux bleus. Cette ressemblance lui retournait le cœur.° Elle pensait que le mort avait peut-être laissé là-bas, en Allemagne, quelque amoureuse qui allait pleurer. Et elle reconnaissait son couteau dans la gorge du mort. Elle l'avait tué.

lui. . . cœur la bouleversait

Cependant, l'officier parlait de frapper Rocreuse de mesures terribles, lorsque des soldats accoururent. On venait de s'apercevoir seulement de l'évasion de Dominique. Cela causa une agitation extrême. L'officier se rendit sur les lieux, regarda par la fenêtre laissée ouverte, comprit tout, et revint exaspéré.

Le père Merlier parut très contrarié° de la fuite de Dominique.

— L'imbécile! murmura-t-il, il gâte tout.

Françoise qui l'entendit, fut prise d'angoisse. Son père, d'ailleurs, ne soupçonnait pas sa complicité. Il hocha la tête, en lui disant à demi-voix:

— A présent, nous voilà propres!°

— C'est ce gredin! c'est ce gredin! criait l'officier. Il aura gagné les bois. . . Mais il faut qu'on nous le retrouve, ou le village payera pour lui.

Et, s'adressant au meunier:

— Voyons, vous devez savoir où il se cache?

Le père Merlier eut son rire silencieux, en montrant la large étendue des coteaux boisés.

— Comment voulez-vous trouver un homme là-dedans? dit-il.

— Oh! il doit y avoir des trous que vous connaissez. Je vais vous donner dix hommes. Vous les guiderez.

— Je veux bien. Seulement, il nous faudra huit jours pour battre tous les bois des environs.

La tranquillité du vieillard enrageait l'officier. Il comprenait en effet le ridicule de cette battue. Ce fut alors qu'il aperçut sur le banc Françoise pâle et tremblante. L'attitude anxieuse de la jeune fille le frappa. Il se tut un instant, examinant tour à tour le meunier et Françoise.

— Est-ce que cet homme, finit-il par demander brutalement au vieillard, n'est pas l'amant de votre fille?

Le père Merlier devint livide, et l'on put croire qu'il allait se jeter sur l'officier pour l'étrangler. Il se raidit, il ne répondit pas. Françoise avait mis son visage entre ses mains.

— Oui, c'est cela, continua le Prussien, vous ou votre fille l'avez aidé à fuir. Vous êtes son complice. . . Une dernière fois, voulez-vous nous le livrer?

Le meunier ne répondit pas. Il s'était détourné, regardant au loin d'un air indifférent, comme si l'officier ne s'adressait pas à lui. Cela mit le comble à la colère de ce dernier.

— Eh bien! déclara-t-il, vous allez être fusillé à sa place.

Et il commanda une fois encore le peloton d'exécution. Le père Merlier garda son flegme. Il eut à peine un léger haussement d'épaules, tout ce drame lui semblait d'un goût médiocre. Sans doute il ne croyait pas qu'on fusillât un homme si aisément. Puis, quand le peloton fut là, il dit avec gravité:

— Alors, c'est sérieux? . . . Je veux bien. S'il vous en faut un absolument, moi autant qu'un autre.

Mais Françoise s'était levée, affolée,° bégayant:

— Grâce, monsieur, ne faites pas du mal à mon père. Tuez-moi à sa place. . . C'est moi qui ai aidé Dominique à fuir. Moi seule suis coupable.

"Surprise d'un pont au petit jour" par Detaille *(Chât. de Versailles. Lauros-Giraudon)*

— Tais-toi, fillette, s'écria le père Merlier. Pourquoi mens-tu?. . . Elle a passé la nuit enfermée dans sa chambre, monsieur. Elle ment, je vous assure.

— Non, je ne mens pas, reprit ardemment la jeune fille. Je suis descendue par la fenêtre, j'ai poussé Dominique à s'enfuir. . . C'est la vérité, la seule vérité. . .

Le vieillard était devenu très pâle. Il voyait bien dans ses yeux qu'elle ne mentait pas, et cette histoire l'épouvantait. Ah! ces enfants, avec leurs cœurs, comme ils gâtaient tout! Alors, il se fâcha.

— Elle est folle, ne l'écoutez pas. Elle vous raconte des histoires stupides. . . Allons, finissons-en.

Elle voulut protester encore. Elle s'agenouilla, elle joignit les mains. L'officier, tranquillement, assistait à cette lutte douloureuse.

— Mon Dieu! finit-il par dire, je prends votre père, parce que je ne tiens plus l'autre. . . Tâchez de retrouver l'autre, et votre père sera libre.

Un moment, elle le regarda, les yeux agrandis par l'atrocité de cette proposition.

— C'est horrible, murmura-t-elle. Où voulez-vous que je retrouve Dominique, à cette heure? Il est parti, je ne sais plus.

— Enfin, choisissez. Lui ou votre père.

— Oh! mon Dieu! est-ce que je puis choisir? Mais je saurais où est Dominique, que je ne pourrais pas choisir!. . . C'est mon cœur que vous coupez. . . J'aimerais mieux mourir tout de suite. Oui, ce serait plus tôt fait. Tuez-moi, je vous en prie, tuez-moi. . .

Cette scène de désespoir et de larmes finissait par impatienter l'officier. Il s'écria:

— En voilà assez! Je veux être bon, je consens à vous donner deux heures. . . Si, dans deux heures, votre amoureux n'est pas là, votre père payera pour lui.

Et il fit conduire le père Merlier dans la chambre qui avait servi de prison à Dominique. Le vieux demanda du tabac et se mit à fumer. Sur son visage impassible on ne lisait aucune émotion. Seulement, quand il fut seul, tout en fumant, il pleura deux grosses larmes qui coulèrent lentement sur ses joues. Sa pauvre et chère enfant, comme elle souffrait!

Françoise était restée au milieu de la cour. Des soldats prussiens passaient en riant. Certains lui jetaient des mots, des plaisanteries qu'elle ne comprenait pas. Elle regardait la porte par laquelle son père venait de disparaître. Et, d'un geste lent, elle portait la main à son front, comme pour l'empêcher d'éclater.

L'officier tourna sur ses talons, en répétant:

— Vous avez deux heures. Tâchez de les utiliser.

Elle avait deux heures. Cette phrase bourdonnait[61] dans sa tête. Alors, machinalement, elle sortit de la cour, elle marcha devant elle. Où aller? que faire? Elle n'essayait même pas de prendre un parti,° parce qu'elle sentait bien **prendre un parti** se décider l'inutilité de ses efforts. Pourtant, elle aurait voulu voir Dominique. Ils se seraient entendus tous les deux, ils auraient peut-être trouvé un expédient. Et ses pieds la conduisirent sous le premier saule, au coin de la prairie, au bord de la Morelle, qu'elle traversa en dessous de l'écluse, à un endroit où il y avait de grosses pierres. Comme elle se baissait, elle aperçut une mare de sang qui la fit pâlir. C'était bien là. Et elle suivit les traces de Dominique dans l'herbe foulée;° il avait dû courir, on voyait une ligne de grands pas coupant la prairie de biais.° Puis, au delà, elle perdit ces traces. Mais, dans un pré voisin, elle crut les retrouver. Cela la conduisait à la lisière de la forêt, où toute indication s'effaçait.

 Françoise s'enfonça quand même sous les arbres. Cela la soulageait d'être seule. Elle s'assit un instant. Puis, en songeant que l'heure s'écoulait, elle se remit debout, Depuis combien de temps avait-elle quitté le moulin? Cinq minutes? une demi-heure! Elle n'avait plus conscience du temps. Peut-être Dominique était-il allé se cacher dans un taillis qu'elle connaissait, et où ils avaient, une après-midi, mangé des noisettes ensemble. Elle se rendit au taillis, le visita. Un merle[62] seul s'envola, en sifflant sa phrase douce et triste. Alors, elle pensa qu'il s'était réfugié dans un creux de roches, où il se mettait parfois à l'affût;° mais le creux de roches était vide. A quoi bon le chercher? elle ne le trouverait pas; et peu à peu le désir de le découvrir la passionnait, elle marchait plus vite. L'idée qu'il avait dû monter dans un arbre lui vint brusquement. Elle avança dès lors, les yeux levés, et pour qu'il la sût près de lui, elle l'appelait tous les quinze à vingt pas. Des coucous répondaient, un souffle qui passait dans les branches lui faisait croire qu'il était là et qu'il descendait. Une fois même, elle s'imagina le voir; elle s'arrêta, étranglée, avec l'envie de fuir. Qu'allait-elle lui dire? Venait-elle donc pour l'emmener et le faire fusiller? Oh! non, elle ne parlerait point de ces choses. Elle lui crierait de se sauver, de ne pas rester dans les environs. Puis, la pensée de son père qui l'attendait lui causa une douleur aiguë. Elle tomba sur le gazon, en pleurant, en répétant tout haut:

 — Mon Dieu! mon Dieu! pourquoi suis-je là!

 Elle était folle d'être venue. Et, comme prise de peur, elle courut, elle chercha à sortir de la forêt. Trois fois, elle se trompa, et elle croyait qu'elle ne retrouverait plus le moulin, lorsqu'elle déboucha dans une prairie, juste en face de Rocreuse. Dès qu'elle aperçut le village, elle s'arrêta. Est-ce qu'elle allait rentrer seule?

 Elle restait debout, quand une voix l'appela doucement:

 — Françoise! Françoise!

 Et elle vit Dominique qui levait la tête, au bord d'un fossé. Juste Dieu! elle l'avait trouvé! Le ciel voulait donc sa mort? Elle retint un cri, elle se laissa glisser dans le fossé.

 — Tu me cherchais? demanda-t-il.

 — Oui, répondit-elle, la tête bourdonnante, ne sachant ce qu'elle disait.

 — Ah! que se passe-t-il?

 Elle baissa les yeux, elle balbutia:

foulé ecrasé

de biais obliquement

se mettre à l'affût être bien placé pour observer sans être vu

— Mais, rien, j'étais inquiète, je désirais te voir.

Alors, tranquillisé, il lui expliqua qu'il n'avait pas voulu s'éloigner. Il craignait pour eux. Ces gredins de Prussiens étaient très capables de se venger sur les femmes et sur les vieillards. Enfin, tout allait bien, et il ajouta en riant:

— La noce sera pour dans huit jours, voilà tout.

Puis, comme elle restait bouleversée,° il redevint grave.   bouleversé agité violemment

— Mais, qu'as-tu? tu me caches quelque chose.

— Non, je te jure. J'ai couru pour venir.

Il l'embrassa, en disant que c'était imprudent pour elle et pour lui de causer davantage; et il voulut remonter le fossé, afin de rentrer dans la forêt. Elle le retint. Elle tremblait.

— Ecoute, tu ferais peut-être bien tout de même de rester là. . . Personne ne te cherche, tu ne crains rien.

— Françoise, tu me caches quelque chose, répéta-t-il.

De nouveau, elle jura qu'elle ne lui cachait rien. Seulement, elle aimait mieux le savoir près d'elle. Et elle bégaya encore d'autres raisons. Elle lui parut si singulière,° que maintenant lui-même aurait refusé de s'éloigner;   singulier bizarre d'ailleurs, il croyait au retour des Français. On avait vu des troupes du côté de Sauval.

— Ah! qu'ils se pressent, qu'ils soient ici le plus tôt possible! murmura-t-elle avec ferveur.

A ce moment, onze heures sonnèrent au clocher de Rocreuse. Les coups arrivaient, clairs et distincts. Elle se leva, effarée;° il y avait deux heures   effaré stupéfait qu'elle avait quitté le moulin.

— Ecoute, dit-elle rapidement, si nous avons besoin de toi, je monterai dans ma chambre et j'agiterai mon mouchoir.

Et elle partit en courant, pendant que Dominique, très inquiet, s'allongeait au bord du fossé, pour surveiller le moulin. Comme elle allait rentrer dans Rocreuse, Françoise rencontra un vieux mendiant, le père Bontemps, qui connaissait tout le pays. Il la salua, il venait de voir le meunier au milieu des Prussiens; puis, en faisant des signes de croix et en marmottant des mots entrecoupés, il continua sa route.

— Les deux heures sont passées, dit l'officier quand Françoise parut.

Le père Merlier était là, assis sur le banc, près du puits. Il fumait toujours. La jeune fille, de nouveau, supplia, pleura, s'agenouilla. Elle voulait gagner du temps. L'espoir de voir revenir les Français avait grandi en elle, et tandis qu'elle se lamentait, elle croyait entendre au loin les pas cadencés d'une armée. Oh! s'ils avaient paru, s'ils les avaient tous délivrés!

— Ecoutez, monsieur, une heure, encore une heure. . . Vous pouvez bien nous accorder une heure!

Mais l'officier restait inflexible. Il ordonna même à deux hommes de s'emparer d'elle et de l'emmener, pour qu'on procédât à l'exécution du vieux tranquillement. Alors, un combat affreux se passa dans le cœur de Françoise. Elle ne pouvait laisser ainsi assassiner son père. Non, non, elle mourrait plutôt avec Dominique; et elle s'élançait vers sa chambre, lorsque Dominique lui-même entra dans la cour.

L'officier et les soldats poussèrent un cri de triomphe. Mais lui, comme s'il n'y avait eu là que Françoise, s'avança vers elle, tranquille, un peu sévère.

— C'est mal, dit-il. Pourquoi ne m'avez-vous pas ramené? Il a fallu que le père Bontemps me contât les choses. . . Enfin, me voilà.

V

Il était trois heures. De grands nuages noirs avaient lentement empli le ciel, la queue de quelque orage voisin. Ce ciel jaune, ces haillons cuivrés[63] changeaient la vallée de Rocreuse, si gaie au soleil, en un coupe-gorge° plein d'une ombre louche. L'officier prussien s'était contenté de faire enfermer Dominique, sans se prononcer sur le sort qu'il lui réservait. Depuis midi, Françoise agonisait dans une angoisse abominable. Elle ne voulait pas quitter la cour, malgré les instances° de son père. Elle attendait les Français. Mais les heures s'écoulaient, la nuit allait venir, et elle souffrait d'autant plus, que tout ce temps gagné ne paraissait pas devoir changer l'affreux dénouement.

coupe-gorge *m* lieu dangereux

instance *f* sollicitation pressante

Cependant, vers trois heures, les Prussiens firent leurs préparatifs de départ. Depuis un instant, l'officier s'était, comme la veille, enfermé avec Dominique. Françoise avait compris que la vie du jeune homme se décidait. Alors, elle joignit les mains, elle pria. Le père Merlier, à côté d'elle, gardait son attitude muette et rigide de vieux paysan, qui ne lutte pas contre la fatalité des faits.

— Oh! mon Dieu! oh mon Dieu! balbutiait Françoise, ils vont le tuer. . .

Le meunier l'attira près de lui et la prit sur ses genoux comme un enfant.

A ce moment, l'officier sortait, tandis que, derrière lui, deux hommes amenaient Dominique.

— Jamais, jamais! criait ce dernier. Je suis prêt à mourir.

— Réfléchissez bien, reprit l'officier. Ce service que vous me refusez, un autre nous le rendra. Je vous offre la vie, je suis généreux. . . Il s'agit simplement de nous conduire à Montredon, à travers bois. Il doit y avoir des sentiers.

Dominique ne répondait plus.

— Alors, vous vous entêtez?°

— Tuez-moi, et finissons-en, répondit-il.

s'entêter s'obstiner

Françoise, les mains jointes, le suppliait de loin. Elle oubliait tout, elle lui aurait conseillé une lâcheté. Mais le père Merlier lui saisit les mains, pour que les Prussiens ne vissent pas son geste de femme affolée.

— Il a raison, murmura-t-il, il vaut mieux mourir.

Le peloton d'exécution était là. L'officier attendait une faiblesse de Dominique. Il comptait toujours le décider. Il y eut un silence. Au loin, on entendait de violents coups de tonnerre. Une chaleur lourde écrasait la campagne. Et ce fut dans ce silence qu'un cri retentit:

— Les Français! les Français!

C'étaient eux, en effet. Sur la route de Sauval, à la lisière du bois, on distinguait la ligne des pantalons rouges. Ce fut, dans le moulin, une agitation extraordinaire. Les soldats prussiens couraient, avec des exclamations gutturales. D'ailleurs, pas un coup de feu n'avait encore été tiré.

— Les Français! les Français! cria Françoise en battant des mains.

Elle était comme folle. Elle venait de s'échapper de l'étreinte de son père, et elle riait, les bras en l'air. Enfin, ils arrivaient donc, et ils arrivaient à temps, puisque Dominique était encore là, debout!

Un feu de peloton terrible qui éclata comme un coup de foudre à ses oreilles, la fit se retourner. L'officier venait de murmurer:

— Avant tout, réglons cette affaire.

Et, poussant lui-même Dominique contre le mur d'un hangar, il avait commandé le feu. Quand Françoise se tourna, Dominique était par terre, la poitrine trouée de douze balles.

Elle ne pleura pas, elle resta stupide. Ses yeux devinrent fixes, et elle alla s'asseoir sous le hangar, à quelques pas du corps. Elle le regardait, elle avait par moments un geste vague et enfantin de la main. Les Prussiens s'étaient emparés du père Merlier comme d'un otage.

Ce fut un beau combat. Rapidement, l'officier avait posté ses hommes, comprenant qu'il ne pouvait battre en retraite, sans se faire écraser. Autant valait-il vendre chèrement sa vie. Maintenant, c'étaient les Prussiens qui défendaient le moulin, et les Français qui l'attaquaient. La fusillade commença avec une violence inouïe. Pendant une demi-heure, elle ne cessa pas. Puis, un éclat sourd se fit entendre, et un boulet cassa une maîtresse branche de l'orme séculaire.° Les Français avaient du canon. Une batterie, dressée juste au-dessus du fossé, dans lequel s'était caché Dominique, balayait la grande rue de Rocreuse. La lutte, désormais, ne pouvait être longue.

Ah! le pauvre moulin! Des boulets le perçaient de part en part. Une moitié de la toiture fut enlevée. Deux murs s'écroulèrent. Mais c'était surtout du côté de la Morelle que le désastre devint lamentable. Les lierres, arrachés des murailles ébranlées, pendaient comme des guenilles;° la rivière emportait des débris de toutes sortes, et l'on voyait, par une brèche,° la chambre de Françoise, avec son lit, dont les rideaux blancs étaient soigneusement tirés. Coup sur coup, la vieille roue reçut deux boulets, et elle eut un gémissement suprême: les palettes furent charriées° dans le courant, la carcasse s'écrasa. C'était l'âme du gai moulin qui venait de s'exhaler.°

Puis, les Français donnèrent l'assaut. Il y eut un furieux combat à l'arme blanche.[64] Sous le ciel couleur de rouille,[65] le coupe-gorge de la vallée s'emplissait de morts. Les larges prairies semblaient farouches,° avec leurs grands arbres isolés, leurs rideaux de peupliers qui les tachaient d'ombre. A droite et à gauche, les forêts étaient comme les murailles d'un cirque qui

séculaire ayant plus de cent ans

guenille *f* morceau de vêtement déchiré
brèche *f* ouverture faite à un mur

charrié transporté
s'exhaler se répandre dans l'atmosphère

farouche sauvage

enfermaient les combattants, tandis que les sources, les fontaines et les eaux courantes prenaient des bruits de sanglots, dans la panique de la campagne.

Sous le hangar, Françoise n'avait pas bougé, accroupie en face du corps de Dominique. Le père Merlier venait d'être tué raide par une balle perdue. Alors, comme les Prussiens étaient exterminés et que le moulin brûlait, le capitaine français entra le premier dans la cour. Depuis le commencement de la campagne, c'était l'unique succès qu'il remportait. Aussi, tout enflammé, grandissant sa haute taille, riait-il de son air aimable de beau cavalier. Et, apercevant Françoise imbécile entre les cadavres de son mari et de son père, au milieu des ruines fumantes du moulin, il la salua galamment de son épée, en criant:

— Victoire! victoire!

Questions

1. Pourquoi le moulin du père Merlier était-il en grande fête?
2. Où ce moulin se trouvait-il?
3. Où aurait-on pu se croire en visitant le village de Rocreuse et ses environs?
4. Pourquoi le père Merlier ne voulait-il pas remplacer la vieille roue de son moulin par une nouvelle?
5. Quel était l'aspect général du moulin?
6. Pourquoi le père Merlier avait-il été choisi comme maire de Rocreuse?
7. Pourquoi Françoise scandalisa-t-elle le village?
8. Que reprochaient les villageois à son fiancé?
9. Pourquoi le père Merlier était-il si intrigué après la déclaration que lui fit sa fille?
10. Quelle explication trouva-t-il?
11. Qu'arriva-t-il huit jours après?
12. Comment réagit tout le village de Rocreuse?
13. Comment Dominique montra-t-il qu'il saurait être un très bon gendre?
14. Quelle date fut choisie pour le mariage?
15. De quelle guerre le père Merlier et ses amis parlèrent-ils, le soir de la fête des fiançailles?
16. Pour quelle raison Dominique ne devait-il pas partir pour la guerre?
17. Qui arriva au moulin la veille de la Saint-Louis?
18. Que dit tristement le meunier à Françoise et à Dominique?
19. Pourquoi le capitaine semblait-il ravi après avoir visité le moulin?
20. De quel exploit parlait Dominique pour prouver son adresse de tireur?
21. A quelle heure le premier coup de feu éclata-t-il?
22. Quelle armée eut à déplorer la première mort?
23. Quelle était la mission du détachement français?
24. Quand Dominique commença-t-il à tirer?

25. A quelle heure le capitaine consentit-il enfin à donner le signal de la retraite?
26. Pourquoi Dominique se vit-il condamné à être fusillé? Quel délai lui donna-t-on?
27. Pourquoi le père Merlier enferma-t-il Françoise dans sa chambre?
28. Où était située la pièce où Dominique était gardé prisonnier par rapport à la chambre de Françoise?
29. Quelle heure Françoise choisit-elle pour descendre retrouver Dominique?
30. Quelle était son intention en venant le rejoindre?
31. Quel mensonge fit-elle pour décider Dominique à fuir?
32. Quelle arme lui avait-elle apportée?
33. Quelle scène affreuse s'offrit aux yeux de Françoise lorsqu'elle descendit, le lendemain matin?
34. Quel horrible choix fut donné à Françoise par l'officier allemand ayant découvert la fuite de Dominique?
35. Que Françoise dit-elle à Dominique lorsqu'elle le trouva?
36. Pourquoi Dominique revint-il au moulin?
37. Qu'est-ce qui aurait pu sauver la vie de Dominique?
38. Que firent les Prussiens à l'annonce de l'arrivée des soldats français?
39. Comment mourut le vieux moulin?
40. Soulignez l'ironie de la dernière phrase.

Notes

1 **fainéantise** f sloth 2 **masure** f hovel 3 **bouvreuil** m bullfinch 4 **marronnier** m chestnut tree 5 **peuplier** m poplar tree 6 **tenture bruissante** f a rustling tapestry 7 **platane** m plane-tree 8 **parterre** f flower bed 9 **écluse** f canal lock 10 **douve de tonneau** f barrel stave 11 **ferrures rouillées** rusty pieces of iron 12 **nacre** f mother-of-pearl 13 **pieu** m pile (post) 14 **anguille** f eel 15 **écrevisse** f crayfish 16 **escadre** f flotilla 17 **amarré** moored 18 **encoignure** f corner 19 **lierre** m ivy 20 **orme** m elm tree 21 **colombier** m pigeon house 22 **badigeonner** to whitewash 23 **caille** f quail 24 **lui... procès-verbaux** to report him to the authorities 25 **braconnier** m poacher 26 **se bouder** to be cool to one another 27 **coupe... cancans** stopped the gossip short 28 **trinquer** to drink a toast 29 **leur flanguer... soignée** to give them a sound drubbing 30 **tuyau d'orgue** m organ pipe 31 **épauler** to shoulder a gun and take aim 32 **crispation** f clenching 33 **coulisse** f wing (in a theatre) 34 **pétillement** m crackling 35 **fauché** shorn (of its leaves) 36 **en rampant** crawling 37 **à gué** by fording 38 **déchirement** m tearing 39 **grêle** f hail 40 **ébranler** to shake 41 **dentelle** f lace 42 **peloton** m changed in Eng. to platoon 43 **carreau** m flooring 44 **meutrière** f tiny hole through which to fire 45 **reboucher** to plug up again 46 **contusionner** to bruise 47 **état-major** m headquarters 48 **franche** from Franche-Comté, formerly a province in E. France 49 **levée en masse** f general uprising 50 **palette** f paddle 51 **gâter** to spoil 52 **rouage** m wheels' machinery 53 **enjamber** to throw one's legs over 54 **tâtant... pied** feeling the ivy with her foot 55 **à... vertiges** to make her dizzy 56 **émietter** to crumble

57 **enfoncement** *m* nook   58 **frôlement** *m* rustle   59 **froissement** *m* clash
60 **piétinement** *m* trampling of feet   61 **bourdonner** to hum   62 **merle** *m*
blackbird   63 **haillons cuivrés** *m pl* copper–colored clouds   64 **à l'arme blanche**
hand to hand   65 **rouille** *f* rust

Les Bœufs d'Alsace

ORIGINAIRE d'Angers, René Bazin (1853–1932) publia des romans fort bien conçus dont l'intrigue se développe ingénieusement. Son érudition et sa sensibilité d'artiste le désignèrent pour son élection à l'Académie française.

Son roman *Les Oberlé* est indiscutablement son chef-d'œuvre. Il y dépeint le déchirement éprouvé par une famille alsacienne après la guerre de 1870, à l'époque où les Allemands occupèrent l'Alsace. Le père et la fille avaient accepté le joug des vainqueurs et faisaient sans cesse honte à la mère et au fils qui étaient restés fidèles à la patrie.

Dans le conte suivant un fermier alsacien fait semblant d'obéir aux ordres d'un officier allemand, mais en réalité il se joue de lui avec toute la ruse et la finesse dont peut être capable un paysan français.

LES BŒUFS D'ALSACE
par René Bazin

UN SOIR que j'étais assis, devant la porte d'une ferme alsacienne au long toit avançant, le fermier, qui causait avec moi depuis une heure, se leva à moitié et écouta le bruit d'un chariot° invisible, engagé dans les chemins de la forêt. Nous étions au pied des Vosges, séparés seulement par une prairie des hêtres de lisière,[1] au-dessus desquels se pressaient en montant les flèches noires des sapins. Les cris des charretiers,[2] la plainte de l'essieu,[3] le piétinement[4] et même, il me semblait, le souffle précipité des bœufs, nous arrivaient dans l'air froid qui coulait des montagnes. Mon hôte se souvint alors d'un jour déjà lointain, et il dit:

— Vous entendez? La pente est rude,[5] là où l'attelage[6] se démène.°

Puis, se rasseyant, baissant la voix, il poursuivit:

— Moi, Monsieur, au temps français,° je ne me suis pas battu, parce que la maladie me clouait au lit quand la guerre a éclaté.° Mais j'ai pourtant rendu service à la France. En ce temps-là, Monsieur, les Prussiens tenaient tout le pays. Nous étions la rue où ils passaient pour aller écraser la France. Un matin que je donnais à manger aux deux seuls bœufs que j'avais pu conserver, car tous mes serviteurs étaient partis, un sous-officier d'artillerie

chariot *m* voiture pour transporter les fardeaux

se démener ici, avancer avec peine

au temps français c.-à-d. quand l'Alsace était encore à France

éclater commencer tout à coup

entra dans ma ferme: "Paysan, j'ai besoin de tes bœufs! — Pourquoi faire? — Tu vas le voir, dépêche-toi, le capitaine attend." Je pensai tout de suite qu'il s'agissait de faire franchir° la montagne à des pièces de siège[7] qu'on dirigeait sur Paris, et vous comprenez, Monsieur, que je ne pouvais pas combattre la France, même de cette manière-là. Pendant que j'entrais dans l'étable, et que je déroulais dans mes mains les lanières de cuir[8] qui assujettissent° le joug[9] aux cornes de nos bêtes, une idée me vint, et je la mis à exécution sans que le soldat pût s'en apercevoir. Quand nous fûmes rendus dans la sapinière, là-bas, nous vîmes, en effet, un canon en détresse, que les chevaux, trop peu nombreux, ne pouvaient tirer sur la pente. L'officier me dit: "Attelle tes bœufs!" Je le fis. "En avant maintenant!" Je sifflai, comme j'ai coutume de le faire au départ du labour. Mais les bœufs tendirent à peine la chaîne, et ils s'arrêtèrent sans avoir donné leur effort. Je les piquai, ils ne bougèrent que de la croupe,[10] qui s'écartait de la ligne droite. L'officier allemand et les soldats frappèrent, et blessèrent à coups de baïonnette mes pauvres bœufs. Ils menacèrent de me fusiller,° soupçonnant que j'avais un secret. Mais ils n'obtinrent rien, ni d'eux, ni de moi. Je puis bien vous dire maintenant ce que j'avais fait: j'avais enjugué mes bœufs à l'envers; j'avais mis à droite celui qui avait l'habitude d'être à gauche, et à gauche celui qui avait l'habitude d'être à droite; dès lors, ils ne voulaient plus tirer.

Et c'est ainsi que les bœufs d'Alsace ont refusé de faire passer les Vosges aux canons de la Prusse.

franchir traverser

assujettir fixer

fusiller tuer à coup de fusil

Questions

1. Où était située la maison du fermier?
2. A quel moment de la journée le narrateur parla-t-il au fermier?
3. Pourquoi le fermier raconta-t-il un incident de la guerre de 1870?
4. Pourquoi ne s'est-il pas battu quand la guerre a éclaté?
5. Pourquoi les Prussiens avaient-ils besoin des bœufs du paysan?
6. Que firent les Prussiens pour faire avancer les bœufs?
7. Quelle ruse du fermier retint les bœufs sur place?

Notes

1 **des hêtres de lisière** from the beech trees which marked the forest's edge
2 **charretier** *m* carter, man who hauls loads in a two-wheeled cart   3 **essieu** *m* axle
4 **piétinement** *m* stamping, pawing sound   5 **rude** steep   6 **attelage** *m* team (of oxen)   7 **pièce de siège** *f* seige gun   8 **lanière de cuir** *f* leather thong   9 **joug** *m* yoke   10 **croupe** *f* rump

Les efforts de harceler les Prussiens ne réussissent pas toujours! Parfois, hélas, on a dû se battre. Les soldats prussiens portent les casques à pointe. *(B.N. Est. Paris. Giraudon)*

La Pendule de Bougival

ALPHONSE DAUDET (1840–1897) est parfois surnommé le Dickens français par les anglo-saxons. Son œuvre extrêmement variée mais toujours empreinte de poésie et de sensibilité est d'inspiration bien française.

Il naquit à Nîmes dans cette Provence qu'il a si bien chantée dans ses œuvres. Un revirement de fortune obligea sa famille, jusqu'alors aisée,° à s'établir à Lyon. Il y passa une année pénible en qualité de maître d'école. Il quitta Lyon et s'installa à Paris où il débuta dans la carrière d'écrivain en publiant des romans et des nouvelles naturalistes peuplés de personnages très vivants: boutiquiers et commis,° grands et humbles se trouvant toujours aux prises avec les difficultés de la vie. Alphonse Daudet est surtout *célèbre* pour ses recueils de nouvelles: *Les Lettres de mon moulin* dont l'inspiration est tout particulièrement provençale et *Les Contes du lundi* d'où est tiré l'extrait suivant.

La Pendule de Bougival se passe pendant la guerre franco-allemande. Avec sa verve de conteur, Alphonse Daudet exprime spirituellement qu'il y a plus d'une façon de se jouer de l'ennemi.

aisé riche

commis *m* employé d'un bureau

LA PENDULE DE BOUGIVAL
par Alphonse Daudet

DE BOUGIVAL A MUNICH

C'ETAIT une pendule du second Empire, une de ces pendules en onyx algérien, ornées de dessins Campana,° qu'on achète boulevard des Italiens avec leur clef dorée pendue en sautoir[1] au bout d'un ruban rose. Tout ce qu'il y a de plus mignon, de plus moderne, de plus article de Paris.° Une vraie pendule des Bouffes,[2] sonnant d'un joli timbre clair, mais sans un grain de bon sens, pleine de lubies,° de caprices, marquant les heures à la diable,° passant° les demies, n'ayant jamais su bien dire que l'heure de la Bourse° à Monsieur et l'heure du berger° à Madame. Quand la guerre éclata, cette pendule était en villégiature° à Bougival, faite exprès pour ces palais d'été si fragiles, ces jolies cages à mouches[3] en papier découpé, ces mobiliers d'une saison, guipure° et mousseline flottant sur des transparents de soie claire. A

Campana (Marquis de) célèbre collectionneur italien du XVIIᵉ siècle

article de Paris *m* c.-à-d. objet de mode, fait à Paris
lubie *f* fantaisie
à la diable c.-à-d. très mal
passant oubliant
l'heure de la Bourse l'heure d'aller à la Bourse
l'heure du berger l'heure des amours
en villégiature à la campagne

guipure *f* tissu léger imitant la dentelle

l'arrivée des Bavarois, elle fut une des premières enlevées; et, ma foi! il faut avouer que ces gens d'outre-Rhin sont des emballeurs[4] bien habiles, car cette pendule-joujou, guère plus grosse qu'un œuf de tourterelle,[5] put faire au milieu des canons Krupp et des fourgons[6] chargés de mitraille le voyage de Bougival à Munich, arriver sans une fêlure,° et se montrer dès le lendemain, Odeon-platz, à la devanture[7] d'Augustus Cahn, le marchand de curiosités, fraîche,° coquette, ayant toujours ses deux fines aiguilles, noires et recourbées comme des cils, et sa petite clef en sautoir au bout d'un ruban neuf.

fêlure *f* blessure

frais/fraîche pas fatigué/e

L'Illustre Docteur-Professeur Otto de Schwanthaler

Ce fut un événement dans Munich. On n'y avait pas encore vu de pendule de Bougival, et chacun venait regarder celle-là aussi curieusement que les coquilles japonaises du musée de Siebold. Devant le magasin d'Augustus Cahn, trois rangs de grosses pipes fumaient du matin au soir, et le bon populaire° de Munich se demandait avec des yeux ronds et des "Mein Gott" de stupéfaction à quoi pouvait servir cette singulière° petite machine. Les journaux illustrés donnèrent sa reproduction. Ses photographies s'étalèrent° dans toutes les vitrines;° et c'est en son honneur que l'illustre docteur-professeur Otto de Schwanthaler composa son fameux *Paradoxe sur les pendules*, étude philosophico-humoristique en six cents pages où il est traité de l'influence des pendules sur la vie des peuples, et logiquement démontré qu'une nation assez folle pour régler l'emploi de son temps sur des chronomètres aussi détraqués° que cette petite pendule de Bougival devait s'attendre à° toutes les catastrophes, ainsi qu'un navire qui s'en irait en mer avec une boussole[8] désorientée. La phrase est un peu longue, mais je la traduis textuellement.)

populaire peuple

singulier extraordinaire
s'étaler se parader
vitrine *f* devanture

détraqué dérangé dans le fonctionnement
s'attendre à compter sur

Les Allemands ne faisant rien à la légère,° l'illustre docteur-professeur voulut, avant d'écrire son *Paradoxe*, avoir le sujet sous les yeux pour l'étudier à fond, l'analyser minutieusement comme un entomologiste; il acheta donc la pendule, et c'est ainsi qu'elle passa de la devanture d'Augustus Cahn dans le salon de l'illustre docteur-professeur Otto de Schwanthaler, conservateur de la Pinacothèque,° membre de l'Académie des sciences et beaux-arts, en son domicile privé, Ludwigstrasse, 24.

à la légère sans avoir bien considéré

Pinacothèque musée de peinture à Munich

Le Salon des Schwanthaler

Ce qui frappait d'abord en entrant dans le salon des Schwanthaler, académique et solennel comme une salle de conférences,[9] c'était une grande pendule à sujet en marbre sévère, avec une Polymnie° de bronze et des rouages° très compliqués. Le cadran[10] principal s'entourait de cadrans plus petits, et l'on avait là les heures, les minutes, les saisons, les équinoxes, tout, jusqu'aux transformations de la lune dans un nuage bleu clair au milieu du socle.[11] Le bruit de cette puissante machine remplissait toute la maison. Du

Polymnie muse de la poésie lyrique
rouage *m* pièce d'un mécanisme

bas de l'escalier, on entendait le lourd balancier[12] s'en allant d'un mouvement grave, accentué, qui semblait couper et mesurer la vie en petits morceaux tout pareils; sous ce tictac sonore couraient les trépidations° de l'aiguille se démenant° dans le cadre des secondes avec la fièvre laborieuse d'une araignée qui connaît le prix du temps.

trépidation *f* tremblement
se démener s'agiter vivement

Puis l'heure sonnait, sinistre et lente comme une horloge de collège, et chaque fois que l'heure sonnait, il se passait quelque chose dans la maison des Schwanthaler. C'était M. Schwanthaler qui s'en allait à la Pinacothèque, chargé de paperasses,[13] ou la haute dame de Schwanthaler revenant du sermon avec ses trois demoiselles, trois longues° filles enguirlandées° qui avaient l'air de perches à houblon;[14] ou bien les leçons de cithare,[15] de danse, de gymnastique, les clavecins qu'on ouvrait, les métiers à broderies,[16] les pupitres à musique d'ensemble qu'on roulait au milieu du salon, tout cela si bien réglé, si compassé,° si méthodique, que d'entendre tous ces Schwanthaler se mettre en branle° au premier coup de timbre, entrer, sortir par les portes ouvertes à deux battants,[17] on songeait au défilé des apôtres dans l'horloge de Strasbourg, et l'on s'attendait toujours à voir sur le dernier coup la famille Schwanthaler rentrer et disparaître dans sa pendule.

long/ue grand/e
enguirlandé orné de guirlandes

compassé sans rien de spontané
en branle en mouvement

Singulière Influence de la pendule de Bougival sur une honnête famille de Munich

C'est à côté de ce monument qu'on avait mis la pendule de Bougival, et vous voyez d'ici l'effet de sa petite mine° chiffonnée.[18] Voilà qu'un soir les dames de Schwanthaler étaient en train de broder dans le grand salon et l'illustre docteur-professeur lisait à quelques collègues de l'Académie des sciences les premières pages du *Paradoxe*, s'interrompant de temps en temps pour prendre la petite pendule et faire pour ainsi dire des démonstrations au tableau... Tout à coup, Éva de Schwanthaler, poussée par je ne sais quelle curiosité maudite,[19] dit à son père en rougissant:

mine *f* apparence

"O papa, faites-la sonner."

Le docteur dénoua la clef, donna deux tours, et aussitôt on entendit un petit timbre de cristal si clair, si vif, qu'un frémissement° de gaieté réveilla la grave assemblée. Il y eut des rayons dans tous les yeux:

frémissement *m* agitation

"Que c'est joli! que c'est joli!" disaient les demoiselles de Schwanthaler, avec un petit air animé et des frétillements de nattes[20] qu'on ne leur connaissait pas.

Alors M. de Schwanthaler, d'une voix triomphante:

"Regardez-la, cette folle de française! elle sonne huit heures, et elle en marque trois!"

Cela fit beaucoup rire tout le monde, et, malgré l'heure avancée, ces messieurs se lancèrent à corps perdu° dans des théories philosophiques et des considérations interminables sur la légèreté du peuple français. Personne ne pensait plus à s'en aller. On n'entendit même pas sonner au cadran de

à corps perdu avec impétuosité

Une pendule fantaisiste qu'on peut voir à la cathédrale de Beauvais. *(N.D. Roger-Viollet)*

Polymnie ce terrible coup de dix heures, qui dispersait d'ordinaire toute la société. La grande pendule n'y comprenait rien. Elle n'avait jamais tant vu de gaieté dans la maison Schwanthaler, ni du monde au salon si tard. Le diable c'est que lorsque les demoiselles de Schwanthaler furent rentrées dans leur chambre, elles se sentirent l'estomac creusé par la veille et le rire,[21] comme des envies de souper; et la sentimentale Minna, elle-même, disait en s'étirant° les bras:

"Ah! je mangerais bien une patte de homard."

De la Gaieté, mes enfants, de la Gaieté!

Une fois remontée,[22] la pendule de Bougival reprit sa vie déréglée, ses habitudes de dissipation. On avait commencé par rire de ses lubies; mais peu à peu, à force d'entendre ce joli timbre qui sonnait à tort et à travers,° la grave maison de Schwanthaler perdit le respect du temps et prit les jours avec une aimable insouciance.° On ne songea plus qu'à s'amuser; la vie paraissait si courte, maintenant que toutes les heures étaient confondues! Ce fut un bouleversement général. Plus de sermon, plus d'études! Un besoin de bruit, d'agitation. Mendelssohn et Schumann semblèrent trop monotones; on les remplaça par la Grande Duchesse, le Petit Faust, et ces demoiselles tapaient,° sautaient, et l'illustre docteur-professeur, pris lui aussi d'une sorte de vertige,° ne se lassait° pas de dire: "De la gaieté, mes enfants, de la gaieté!. . ." Quant à la grande horloge, il n'en fut plus question. Ces demoiselles avaient arrêté le balancier, prétextant qu'il les empêchait de dormir, et la maison s'en alla toute au caprice du cadran désheuré.

C'est alors que parut le fameux *Paradoxe sur les Pendules!* A cette occasion, les Schwanthaler donnèrent une grande soirée, non plus une de leurs soirées académiques d'autrefois, sobres de lumières et de bruit, mais un magnifique bal travesti,° où madame de Schwanthaler et ses filles parurent en canotières[23] de Bougival, les bras nus, la jupe courte, et le petit chapeau plat à rubans éclatants. Toute la ville en parla, mais ce n'était que le commencement. La comédie, les tableaux vivants, les soupers, le baccarat;° voilà ce que Munich scandalisé vit défiler tout un hiver dans le salon de l'académicien. — "De la gaieté, mes enfants, de la gaieté!. . ." répétait le pauvre bonhomme de plus en plus affolé,° et tout ce monde-là était très gai en effet. Madame de Schwanthaler, mise en goût par ses succès de canotière, passait sa vie sur l'Isar° en costumes extravagants. Ces demoiselles, restées seules au logis, prenaient des leçons de français avec des officiers de hussards prisonniers dans la ville; et la petite pendule, qui avait toutes raisons de se croire encore à Bougival, jetait les heures à la volée,[24] en sonnant toujours huit quand elle en marquait trois. . . Puis, un matin, ce tourbillon[25] de gaieté folle emporta la famille Schwanthaler en Amérique, et les plus beaux Titien de la Pinacothèque suivirent dans sa fuite leur illustre conservateur.

Margin glossary:

s'étirer s'allonger

à tort et à travers sans discernement

insouciance *f* indolence

taper donner des coups des mains ou du pied
vertige *f* folie
se lasser se fatiguer

bal travesti *m* où l'on porte des costumes de fantaisie

baccarat *m* jeu de cartes

affolé rendu comme fou
Isar rivière d'Allemagne

Après le départ des Schwanthaler, il y eut dans Munich comme une épidémie de scandales. On vit successivement une chanoinesse° enlever un baryton, le doyen[26] de l'Institut épouser une danseuse, un conseiller aulique° faire sauter la coupe,° le couvent des dames nobles fermé pour tapage° nocturne. . .

chanoinesse *f* religieuse
aulique qui appartient à la cour
faire sauter la coupe tricher au jeu de cartes
tapage *m* bruit tumultueux

O malice des choses! Il semblait que cette petite pendule était fée, et qu'elle avait pris à tâche d'ensorceler toute la Bavière. Partout où elle passait, partout où sonnait son joli timbre à l'évent,° il affolait, détraquait les cervelles. Un jour, d'étape en étape, elle arriva jusqu'à la résidence; et depuis lors, savez-vous quelle partition° le roi Louis,° ce wagnérien enragé,° a toujours ouverte sur son piano?

à l'évent sans sagesse

partition *f* album de musique
le roi Louis Ludwig II de Bavière, le roi fou
enragé troublé de désordres mentaux

— Les Maîtres chanteurs?

— Non!. . . Le Phoque[27] à ventre blanc!

Ça leur apprendra à se servir de nos pendules.

Questions

1. Quels traits humains l'auteur prêtait-il à la pendule de Bougival?
2. Où devrait-on s'attendre logiquement à trouver une telle pendule?
3. Pourquoi l'auteur dit-il que les Bavarois étaient des emballeurs bien habiles?
4. Qui acheta la pendule à Munich et pourquoi?
5. Quelle sorte de pendule les Schwanthaler avaient-ils déjà?
6. A quels personnages d'une pendule célèbre les Schwanthaler font-ils penser à l'auteur?
7. Pourquoi la petite pendule provoqua-t-elle une vive gaieté, un certain soir chez les Schwanthaler?
8. De quelles théories philosophiques fut-il discuté ce soir-là?
9. Comment la pendule de Bougival changea-t-elle la vie des Schwanthaler?
10. Qu'arriva-t-il à la grande horloge?
11. A quelle occasion les Schwanthaler donnèrent-ils une grande soirée?
12. En quoi différait-elle de leurs soirées habituelles?
13. De quelle façon la petite pendule corrompit-elle la société de Munich?
14. Dans ce conte quels traits de caractère sont prêtés aux Allemands et aux Français?

Notes

1 **en sautoir** crosswise   2 **Bouffes** double meaning: dating from the era of *le théâtre des Bouffes Parisiens* (1855 —), and being very much a "comic opera" clock   3 **cage à mouches** *f* flytrap   4 **emballeur** *m* packer   5 **tourterelle** *f* turtledove   6 **fourgon** *m* military transport wagon   7 **devanture** *f* shop window   8 **boussole** *f* compass   9 **salle de conférence** *f* lecture hall   10 **cadran** *m* (clock) face   11 **socle** *m* base   12 **balancier** *m* pendulum   13 **paperasse** *f* useless bits of paper   14 **perche**

à houblon *f* bean pole   15 **cithare** *f* zither   16 **métier à broderie** *m*
embroidery frame   17 **porte à deux battants** *f* two-part swinging door
18 **chiffonné** pretty but irregular   19 **maudit** cursed   20 **frétillement de nattes**
m here, tossing about of braids   21 **se sentirent. . . rire** were famished from
staying up so late and laughing   22 **remonté** wound up   23 **canotière** *f* member
of a boating party   24 **à la volée** rashly   25 **tourbillon** *m* whirlwind
26 **doyen** *m* title similar to that of a dean   27 **phoque** *m* seal

L'Affaire Dreyfus

CE RÉSUMÉ de l'affaire Dreyfus est tiré du livre de Betty Schechter *The Dreyfus Affair, a National Scandal* qui parut en 1965. L'auteur écrivit également *The Peaceable Revolution*, roman qui lui valut un prix littéraire. Le compte rendu de l'épisode dramatique de la fin du XIX\ siècle se lit comme un roman de cape et d'épée. Betty Schechter illustre d'une façon frappante ce qui peut arriver quand la justice et la procédure légale sont sacrifiées à un faux sentiment de l'honneur et de la sécurité nationale. Bien que l'affaire Dreyfus se soit déroulée° en France, la leçon qui s'en dégage peut profiter à quiconque veut placer les droits de la société au-dessus de ceux de l'individu.

se dérouler avoir lieu

L'AFFAIRE DREYFUS

L'INSÉCURITÉ et la méfiance° marquèrent la fin du XIX\ siècle dans bien des milieux français. A partir de 1894 un scandale divisa profondément la nation française.

méfiance *f* manque de confiance

La guerre franco-allemande (1870–1871) avait apporté la défaite. L'état-major[1] de l'armée française, fier et imbu de tradition, infaillible aux yeux du peuple français, fut alerté à l'évidence de la trahison d'un membre haut placé des cadres.[2] L'état-major qui cherchait à se protéger, examina les dossiers susceptibles de fournir des renseignements sur l'identité du coupable. Le premier soupçon, si minime° fut-il, se porta sur un certain capitaine Dreyfus, un israélite, le seul israélite de l'état-major et pour qui le colonel Sandherr, son supérieur, nourrissait un ressentiment injustifié. Il faut noter que l'antisémitisme s'était répandu en France après 1890.

minime très petit

Au cours de l'été 1894, une lettre anonyme connue sous le nom de "bordereau"[3] et en provenance du l'ambassade d'Allemagne fut communiquée au ministère de la Guerre. Cette lettre contenant des secrets militaires français avait été adressée tout d'abord à l'attaché militaire allemand, le colonel von Schwarzkoppen. Il était évident qu'un fonctionnaire français trahissait son pays.

Alfred Dreyfus qui ignorait tout du "bordereau", ne s'alarma pas indûment[4] lorsque le 15 octobre 1894, il fut sommé° de se rendre au ministère

sommé ordonné

de la Guerre à neuf heures du matin. En présence du commandant du Paty de Clam, il fut accusé de haute trahison et fut arrêté sur-le-champ. Le commandant du Paty qui aimait se donner en spectacle, posa un revolver sur le bureau et suggéra que la solution la plus simple dans toute cette affaire serait que Dreyfus se fît lui-même justice.

Dreyfus outré,[5] déclara qu'il ne ferait certainement rien de tel mais, qu'au contraire, il vivrait pour prouver son innocence. Le ministre de la Guerre, le général Mercier, eut alors besoin de preuves car il ne pouvait pas détenir indéfiniment le capitaine Dreyfus. Nulle preuve ne se présenta mais des rumeurs[6] commencèrent à se répandre. On pouvait lire dans *La Libre Parole* une certaine version de l'affaire dont la manchette.[7] "Haute trahison! Mise en arrêt d'un fonctionnaire juif, le Capitaine Dreyfus" laissait entendre que l'or "juif" avait acheté le silence du ministre de la Guerre.

Le général Mercier n'avait plus le choix; Dreyfus devrait être poursuivi en justice. Un fonctionnaire ambitieux, le commandant Henry, qui aspirait succéder au Colonel Sandherr jura de la culpabilité de Dreyfus. Il prétendait se baser sur des renseignements qu'il avait reçu d'un informateur dont il ne pouvait révéler l'identité sans gravement menacer la sécurité nationale.

Le 22 décembre 1894, après une session secrète du Conseil de guerre, Dreyfus fut déclaré coupable à l'unanimité et condamné à l'emprisonnement à vie à l'île du Diable, île au large de[8] la Guyanne.

L'extrait du livre de Betty Schechter qui suit nous donne un compte rendu dramatique de "la dégradation et de l'exil" du capitaine Dreyfus.

LA DEGRADATION ET L'EXIL[*]

Le 5 janvier 1895. L'air matinal de Paris était gris plomb et un vent glacé sifflait au coin des rues et des boulevards de la ville. A l'extérieur de la grande cour de l'Ecole Militaire, des masses de gens tapaient des pieds et en-fouissaient° les mains au fond de leurs poches. Un contingent de gendarmes, gantés de blanc se tenait à la grille de la cour, les épaules remontées[9] et le menton enfoui dans le col de leur manteau. Tout à coup, on entendit les bruits d'une marche. Se mettant à leur poste, les gendarmes écartèrent les bras et retinrent en arrière la foule qui se pressait derrière eux pour regarder les rangs de soldats, les uns après les autres. Des détachements de chacune des garnisons cantonnées[10] à Paris, firent une parfaite parade dans la cour et s'arrêtèrent tout autour. Des spectateurs de plus en plus nombreux arrivaient. La foule grossissait, se transformant bientôt en cohue,[11] puis en populace.[12] Se poussant et se bousculant, les gens jouaient des coudes pour avoir les meilleures places d'où ils pourraient voir par-dessus les épaules des gendarmes et des soldats. Ils étaient venus pour voir et entendre ce qu'ils pourraient, de la dégradation d'un traître à la France.

enfouir glisser

---

[*] Extrait traduit par Roselyne Baffet.

L'Affaire Dreyfus en carte postale *(B.N. Est. Paris. Lauros-Giraudon)*

N'y avait-il aucun doute dans leurs esprits au sujet de la culpabilité de celui qu'ils étaient venus voir couvrir de honte? Il n'y en avait pas. Sept fonctionnaires haut-placés, de l'éminente armée française, avait unanimement proclamé l'acte de trahison de cet homme. Ces hommes d'un honneur le plus noble auraient-ils agi de la sorte° s'ils avaient eu l'ombre du moindre doute? Certainement pas. Ils avaient l'homme qu'il leur fallait. Tout ce qu'ils regrettaient c'est que la loi n'eut pas permis aux juges de rendre une sentence plus sévère. Ce n'aurait été que justice qu'un traître méprisable fût mis à mort.

de la sorte dans cette manière

Neuf heures sonnèrent à l'horloge de la tour. Un général à cheval s'avança jusqu'au milieu de la cour, brandit son épée et ordonna le Garde à Vous![13] On entendit le bruit de mains gantées frapper des milliers d'armes. Il y eut un roulement de tambours, suivi par le silence. Un tourbillon de neige se répandit sur la scène. La foule retenait son souffle. Tout à coup une porte dans le coin de la cour s'ouvrit et Dreyfus parut en compagnie de quatre carabiniers. La tête haute, l'épée en main, les galons d'or brillant à son képi et sur ses manchettes, Dreyfus s'avança avec son escorte. Des milliers de sifflements aigus et de huées° montèrent de la foule puis s'apaisèrent lorsque les gendarmes imposèrent le silence. Le petit groupe d'hommes qui marchait, fit halte devant le général qui attendait. Avec une précision militaire les quatre carabiniers reculèrent de quatre pas, laissant Dreyfus seul et exposé. Le général se leva sur ses étriers,[14] pointa son épée vers le ciel et dit: "Alfred Dreyfus, vous n'êtes pas digne de votre uniforme. Au nom de la loi, nous vous dégradons." Dreyfus se tint immobile un instant, puis jetant les bras au ciel, il cria: "Je suis innocent. Je jure que je suis innocent. Vive la France!" Derrière les grilles la foule immense s'agitait contre les murs et le cri de "Mort au traître!" s'éleva de milliers de gorges.

huée f cri qui insulte

Dreyfus laissa tomber ses bras et se mit au garde-à-vous lorsqu'un adjutant s'approcha de lui. Doucement et avec méthode, le soldat arracha les galons dorés du képi de l'accusé, arracha les boutons de sa tunique, les bandes d'épaule et au col les insignes de son rang; il jeta le tout sur le sol boueux.[15] Ensuite, l'adjutant se saisit de l'épée de Dreyfus, puis levant son genou l'y cassa en deux et jeta les morceaux par terre. Une fois de plus la voix torturée s'éleva, grêle° et perçante: "Au nom de ma femme et de mes enfants je jure que je suis innocent. Je le jure. Vive la France!" et une fois de plus la foule cracha sa haine et son mépris dans un chœur de huées.

grêle aigu et long

Puis les habitudes d'une carrière militaire de seize ans prenant le pas sur[16] son anxiété, Dreyfus se redressa et répondant à un ordre se mit en marche avec son escorte autour de la cour. Le rituel de dégradation en vigueur exigeait de lui qu'il promenât sa honte devant les regards des troupes rassemblées et, à son pas saccadé,[17] on pouvait voir qu'il jouait le rôle qu'on attendait de lui. Son uniforme était déchiré et des fils épars pendaient là où les galons et les insignes avaient été arrachés, mais il marchait tête haute. Bien qu'un nouvel éclat de huées et d'injures s'échappât de la foule à son passage devant la grille, il maintint la tête droite. Lorsqu'il atteignit un petit groupe de journalistes qui prenaient des notes, il s'arrêta en face d'eux: "Vous direz à la France entière que je suis innocent" s'écria-t-il, mais les reporters intoxiqués par la haine lui répondirent aux cris de "Traître! lâche! sale juif!"

Comme il finissait son tour, Dreyfus se tint silencieux pendant qu'on lui mettait les menottes.[18] Deux gendarmes le poussèrent dans une voiture cellulaire qui attendait; le commandant général brandit son épée; on entendit un roulement de tambours, les clairons retentirent, un orchestre militaire entonna un air entraînant et les troupes quittèrent la cour, pendant que la foule hurlait encore: "Mort au juif! mort au juif!"

Dreyfus fut détenu à Paris deux semaines pendant lesquelles on permit à sa femme, Lucie, deux visites. Puis pieds et mains liés, il fut transporté dans un port de la côte ouest de la France et de là, dans une prison temporaire sur une île au large. On permit encore à Lucie de lui rendre visite, mais leurs rencontres étaient agonisantes; un garde était entre eux et chaque fois on renvoyait Lucie au bout d'une demi-heure. Le 21 février, Lucie aperçut un bateau ancré dans le port et devinant que Dreyfus serait envoyé en exil sur ce bateau, elle implora du geôlier la permission d'embrasser une dernière fois son mari. On la lui refusa. La même nuit Dreyfus fut embarqué sur le "Saint-Nazaire" et enfermé dans une cellule sur le gaillard d'avant.[19] Il faisait une température de près de zéro et un vent marin glacé balayait les ponts. Alfred Dreyfus appela ses gardes pour leur demander où allait le bateau. Pas un ne lui répondit. Pas un ne lui parla durant les dix-neuf jours de traversée.

Lorsqu'enfin s'arrêtèrent les machines du bateau, Dreyfus devina d'après des réflexions échangées par les gardes que le bateau était ancré à l'île Royale, l'une des trois îles du groupe du Salut qui s'étendent sous le soleil tropical à dix milles au large des côtes de la Guyane française. Pendant un mois Dreyfus fut détenu sur l'île Royale dans une cellule munie de barreaux; puis le 13 avril on le transporta à l'île du Diable, qu'on utilisait autrefois comme colonie pour les lépreux et qu'on venait de nettoyer et de lui préparer comme prison. C'est l'île du Diable, un rocher nu de 500 mètres de large sur 3 kilomètres de long qui devrait être le monde de Dreyfus jusqu'à la fin de sa vie.

On avait construit une petite cabane de pierre pour abriter Dreyfus et ses gardes. Elle était divisée en deux parties par une porte de barres de fer au travers lesquelles les gardes pouvaient constamment surveiller le prisonnier. On précisa tout de suite au prisonnier les conditions dans lesquelles il devrait vivre: le jour, il lui serait permis de se promener en compagnie d'un garde armé, dans les limites clairement définies d'une surface d'un demi-acre; le soir, il serait verrouillé[20] dans la partie de la cabane qui lui était réservée; il devrait dormir à la lumière d'une lanterne qui brûlerait toute la nuit pour le cas où un mouvement brusque de sa part échapperait au garde; s'il ne voulait pas manger ses aliments crus,[21] il devrait les faire cuire sur un feu de bois à l'extérieur de la cabane; parler aux gardes ne lui serait d'aucun bien, ils ne répondraient pas; il aurait la permission d'écrire et de recevoir des lettres, mais il ne lui serait permis de parler de son cas qu'en termes très généraux; toutes les lettres arrivantes ou partantes seraient lues par le ministre des Colonies et pour s'assurer qu'il ne pourrait se servir d'un code qui pourrait échapper à la censure,[22] certaines de ces lettres ne parviendraient jamais à destination.

Au cours de sa deuxième nuit sur l'île du Diable, Alfred Dreyfus s'assit sur sa couchette à la lumière de la lanterne des gardes et commença un journal:

"Je ne peux pas dormir. Cette cage le long de laquelle le garde fait les cent pas, tel un fantôme dans mes rêves, ces maudits insectes qui courent sur ma peau, la colère qui gronde dans mon cœur à la pensée que je doive vivre ici alors que je n'ai toujours fait que mon devoir — tout ceci met à vif[23] mes nerfs déjà brisés, et retient le sommeil. . . Où sont les beaux rêves de ma vie d'homme? Mon cœur en moi est mort. Mon cerveau est emporté par le tourbillon de mes pensées. Quel est le mystère caché sous cette tragédie? Même maintenant je ne comprends rien de ce qui est arrivé. Etre condamné sans preuves palpables et seulement d'après un morceau d'écriture suspect! J'ouvre les volets de ma petite fenêtre et je regarde encore la mer. Il y a beaucoup de nuages au ciel, mais la clarté de la lune passe à travers et teinte la mer d'une couleur argentée. Les vagues se brisent sans force au pied des rochers qui dessinent la forme de l'île. Le rythme saccadé du clapotis[24] incessant de l'eau qui joue sur la plage apaise mon âme meurtrie."°

meurtri profondément blessé

Les jours suivants, il écrivit à Lucie. Il parlait de ses tourments, de son amour pour elle et pour les enfants et toujours sans cesse, il répétait la même affirmation: il vivrait; en dépit de son chagrin et de sa peine, il vivrait, si elle persévérait loyalement et sans relâche° dans son effort pour trouver le véritable traître.

relâche *m* interruption

Plein d'amour et impatient jusqu'à l'angoisse, il écrivit:

". . . Ne vous laissez décourager par aucun échec. Allez voir, si vous pensez que c'est utile, les membres du gouvernement; émouvez leur cœur de pères et de Français. Dites-leur que vous ne demandez pour moi ni grâce, ni pitié mais seulement que les investigations soient exécutées consciencieusement. . . Je souffre, pas seulement à cause de moi-même, mais bien plus profondément à cause de vous et des enfants. C'est d'eux, ma chérie, que vous devez prendre la force morale, l'énergie surhumaine dont vous avez besoin pour réussir à faire réapparaître notre honneur à la face de tous — quel qu'en soit le prix, notre honneur qui a toujours été pur et sans tache. . . Mais je vous connais; je connais la grandeur de votre âme; je vous fais confiance."

De retour à Paris, Lucie pleura sur les lettres de son époux et s'entretint avec son frère Mathieu. Bien sur, ils feraient tout ce qui serait en leur pouvoir pour obtenir une révision du procès. Comment auraient-ils pu dormir la nuit s'ils n'avaient pas passé toutes leurs heures de veille dans un effort incessant pour rectifier le tort qui avait été fait? Ils écrivirent des lettres pleines d'affection à Dreyfus, l'assurant chaque fois qu'il pouvait compter sur eux. Lucie dit aux enfants, Pierre et Jeanne, que leur père avait été envoyé en mission à l'étranger et qu'en bons enfants d'un bon soldat, ils devaient attendre patiemment son retour.

Les jours s'écoulaient lentement sur l'île du Diable. Le temps passait avec monotonie alternant de la sécheresse et de la chaleur étouffante à des averses[25] torrentielles. Prenant soin de s'entraîner à maîtriser l'impatience qui le rongeait,[26] Dreyfus attendit, encouragé à la pensée du dévouement sans limite de sa femme et de son frère. Il ne pouvait deviner que les premiers pas en faveur de sa justification ne seraient faits ni par Lucie, ni par Mathieu, mais par un homme qu'il connaissait à peine, un homme qui avait toujours été aussi ennemi des juifs que la plupart des Français, un homme du nom de lieutenant colonel Georges Picquart.

★ ★ ★

Dreyfus vécut cinq horribles années sur l'île du Diable, tandis que son frère et sa femme travaillaient sans répit à la révision du procès. Petit à petit d'autres s'intéressèrent à l'affaire, et convaincus de l'innocence de Dreyfus, travaillèrent à sa justification.

Le colonel Picquart, chef du service des Renseignements en relation avec les affaires du Service Secret, découvrit, en mars 1896, qu'un officier français du nom d'Esterhazy était payé par l'attaché militaire allemand Schwarz-koppen, et que l'écriture du fameux "bordereau" était la sienne. Le colonel Picquart soumit ce fait à ses supérieurs, les généraux Boisdeffre et Charles Gonse. Peu désireux de reprendre l'affaire, ils dissimulèrent° l'évidence et **dissimuler** cacher firent transférer le colonel Picquart dans une région éloignée de la Tunisie. Le colonel Picquart fit vœu de ne pas emporter son secret dans la tombe, et donna ces renseignements à Louis Leblois, avocat et ancien ami. Leblois les transmit à son ami fidèle, Auguste Scheurer-Kestner qui était alors président du Sénat, presque septuagénaire,° de réputation incontestée pour son **septuagénaire** qui a 70 ans intégrité et son courage imbattable. Bien qu'il fût prêt à se retirer et à passer ses vieilles années dans le respect et l'admiration de ses compatriotes, il décida qu'il n'était pas trop vieux pour combattre pour la justice et annonça à Leblois qu'il dédierait sa vie à la justification de Dreyfus.

En 1897, Georges Clémenceau se rendit compte que le sénateur Scheurer-Kestner n'épouserait pas à la légère et sans bonne raison une cause[27] aussi impopulaire. Il en conclut malgré lui que Dreyfus avait dû être condamné illégalement. Il décida de combattre ces forces qui faisaient de la France un pays autre que celui de la vérité et de la loi. Après tout, la grande Révolution n'avait pas été faite pour que la France devînt une telle nation.

Un des plus grands écrivains de la France d'alors, Emile Zola, qui s'était désintéressé de l'affaire parce qu'il était entièrement occupé par son travail, fut convaincu par Leblois et Scheurer-Kestner de l'innocence de Dreyfus. Il se décida alors à combattre pour "ce cas évident dans lequel des hommes sans scrupules profitent de leur poste élevé pour duper toute une nation et sacrifier un individu sans défense, dans le but de se protéger".

Esterhazy fut mis en jugement, mais acquitté. Il quitta la cour porté par des admirateurs avides qui criaient: "Vive Esterhazy! vive l'armée! mort au juif!"

Deux jours après l'acquittement d'Esterhazy, le 13 janvier, 1898, parut dans un journal nouvellement fondé *l'Aurore* sous le titre "J'Accuse", la fameuse lettre ouverte de Zola au président de la République, dans laquelle il dénonçait les efforts qu'on faisait pour cacher la vérité.

J'ACCUSE

. . . "J'accuse le lieutenant-colonel du Paty de Clam d'avoir été l'ouvrier diabolique de l'erreur judiciaire, en inconscient, je veux le croire, et d'avoir ensuite défendu son œuvre néfaste,[28] depuis trois ans, par les machinations les plus saugrenues[29] et les plus coupables.

"J'accuse le général Mercier de s'être rendu complice, tout au moins par faiblesse d'esprit,[30] d'une des plus grandes iniquités du siècle.

"J'accuse le général Billot d'avoir eu entre les mains les preuves certaines de l'innocence de Dreyfus et de les avoir étouffées,[31] de s'être rendu coupable de ce crime de lèse-humanité[32] et de lèse-justice,[33] dans un but° politique et pour sauver l'état-major compromis.[34]   **but** *m* objectif

"J'accuse le général de Boisdeffre et le général Gonse de s'être rendus complices du même crime, l'un sans doute par passion cléricale,[35] l'autre peut-être par cet esprit de corps qui fait des bureaux de la guerre l'arche sainte, inattaquable.

"J'accuse le général de Pellieux et le commandant Ravary d'avoir fait une enquête scélérate,[36] j'entends par là une enquête de la plus monstrueuse partialité, dont nous avons, dans le rapport du second, un impérissable[37] monument de naïve audace.

"J'accuse les trois experts en écritures, les sieurs Belhomme, Varinard et Couard, d'avoir fait des rapports mensongers[38] et frauduleux, à moins qu'un examen médical ne les déclare atteints d'une maladie de la vue et du jugement.

"J'accuse les bureaux de la guerre d'avoir mené dans la presse, particulièrement dans l'*Eclair* et dans l'*Echo de Paris*, une campagne abominable, pour égarer° l'opinion et couvrir leur faute.   **égarer** dérouter

"J'accuse enfin le premier conseil de guerre d'avoir violé le droit, en condamnant un accusé sur une pièce restée secrète, et j'accuse le second conseil de guerre d'avoir couvert cette illégalité, par ordre, en commettant, à son tour, le crime juridique d'acquitter sciemment[39] un coupable.

"En portant ces accusations, je n'ignore pas que je me mets sous le coup des articles 30 et 31 de la loi sur la presse du 29 juillet 1881, qui punit les délits de diffamation. Et c'est volontairement que je m'expose.

"Quant aux gens que j'accuse, je ne les connais pas, je ne les ai jamais vus, je n'ai contre eux ni rancune° ni haine. Ils ne sont pour moi que des entités, des esprits de malfaisance sociale. Et l'acte que j'accomplis ici n'est qu'un moyen révolutionnaire pour hâter° l'explosion de la vérité et de la justice.

"Je n'ai qu'une passion, celle de la lumière, au nom de l'humanité qui a tant souffert et qui a droit au bonheur. Ma protestation enflammée n'est que le cri de mon âme. Qu'on ose donc me traduire en cour d'assises[40] et que l'enquête[41] ait lieu au grand jour![42]

"J'attends!. . ."

Il n'attendit pas longtemps.

Zola fut mis en accusation et condamné à un an d'emprisonnement. Après un deuxième procès qui le condamna de nouveau, il décida d'échapper à la sentence et s'enfuit en Angleterre.

En France, même la violente critique étrangère ne contribua qu'à renforcer le soutien de l'opinion publique à l'armée. Plus augmentait le ressentiment[43] venu de l'extérieur, plus les Français subissaient la propagande de leur journaux nationalistes et anti-sémitiques: l'Angleterre, l'Allemagne, l'Italie, les juifs, les Protestants — tous des ennemis! L'armée française au-dessus de tout! L'armée, c'est la France!

Pour s'assurer doublement que la condamnation de Zola avait mis fin à l'affaire Dreyfus, le Premier ministre Méline et les généraux punirent les principaux partisans de Zola et leur imposèrent silence. On relâcha Picquart et on le renvoya de l'armée. On démit[44] Leblois de ses fonctions d'adjoint au maire du VIIᵉ arrondissement de Paris. Il ne fut pas nécessaire d'agir contre Scheurer-Kestner; au cours du procès de Zola, une élection avait eu lieu au Sénat et il avait échoué à la réélection° au poste qu'il avait longtemps occupé en temps que président de cette Assemblée.

Durant les mois qui suivirent le procès de Zola, de nouvelles recrues avaient rejoint les rangs des Dreyfusards. Des commerçants par centaines, des ouvriers, des intellectuels, des médecins, des hommes de loi, des riches, des pauvres, des protestants, des juifs et des catholiques faisaient appel à l'indivisibilité de la justice; si un Français était abandonné à l'opportunisme des loups, tous y étaient.

Au mois de juillet 1898, le général Godefroy Cavaignac, nouveau ministre de la Guerre, lut aux membres de la Chambre des Députés trois documents qu'il considérait comme une preuve absolue de la culpabilité de Dreyfus.

Depuis qu'il avait été renvoyé de l'armée, le colonel Picquart désormais° était libre de donner son opinion, et il le fit deux jours après l'allocution du

rancune *f* hostilité

hâter accélérer

échouer à la réélection ne pas être réélu

désormais à l'avenir

général Cavaignac. Il déclara que deux des documents ne s'appliquaient pas à Dreyfus et que le troisième était une falsification.

Cavaignac prit sa revanche en faisant emprisonner Picquart, mais le doute avait surgi et Cavaignac, homme d'honneur, tenait à relever le défi.[45] Il désigna° un homme consciencieux du nom de capitaine Guignet pour l'investigation. Guignet découvrit que le colonel Henry, qui occupait maintenant le poste du colonel Picquart avait fabriqué[46] l'un des documents. Mis face à l'évidence, le colonel Henry admit sa culpabilité et, emprisonné, se suicida dans sa cellule.

désigner choisir et nommer

Petit à petit, la cause de Dreyfus gagna du terrain et on le ramena en France pour un nouveau procès qui eut lieu à Rennes, en août 1899. A la suite d'un procès d'un mois, Dreyfus fut à nouveau déclaré coupable et condamné à dix ans de prison, mais pardonné par le gouvernement dix jours après la condamnation.

Dreyfus refusa d'abord le pardon, mais vu que sa santé était endommagée par ses cinq ans sur l'île du Diable et qu'il n'en pouvait plus d'être séparé de ses proches,[47] il l'accepta, mais écrivit:

"Le Gouvernement de la République me rend la liberté. Elle n'est rien pour moi sans l'honneur. Dès aujourd'hui, je vais continuer à poursuivre la réparation de l'effroyable erreur judiciaire dont je suis encore victime.

"Je veux que la France entière sache par un jugement définitif que je suis innocent. Mon cœur ne sera apaisé que lorsqu'il n'y aura pas un Français qui m'impute le crime abominable qu'un autre a commis."★

Avec le pardon, un semblant de calme se répandit sur la France, mais les Dreyfusards étaient insatisfaits que justice n'ait pas été faite. La déclaration d'amnistie de décembre 1900, offerte par le nouveau Premier ministre Waldeck-Rousseau contribua plus encore à engourdir° l'opinion française. Amnistie! Un acte officiel de "pardon et oubli" applicable sans distinction à l'innocent et au coupable! En privé, Waldeck-Rousseau reconnaissait que sa déclaration ne servirait pas la cause de la justice. Malgré tout il croyait sincèrement qu'il avait fait ce qu'il y avait de mieux pour la France, en la proposant.

engourdir endormir

"Pour la France!" Combien de fois depuis 1894 avait-on fait usage de ces mots stimulants pour voiler° les multiples injustices de l'affaire Dreyfus. Le général Mercier avait manigancé[48] la première condamnation de Dreyfus "pour la France"; Gonse et Boisdeffre avaient cherché à faire taire Picquart, "pour la France"; on avait convaincu le jury de Zola à plaider coupable, "pour la France". Le colonel Henry, découvert par Cavaignac, admit qu'il avait comploté tout cela "pour la France". "Pour la France" les Français avaient consenti à une campagne de diffamation systématique, de violence contre leurs compatriotes juifs. A Rennes le jury du Conseil de Guerre avait marchandé[49] avec sa conscience en rendant le verdict "non sequitur"

voiler masquer

★ Dreyfus, *Cinq Années de ma vie.*

de "coupable avec circonstances atténuantes". . . .[50] une fois de plus "pour la France". Pourquoi avait-on pardonné à un coupable et pourquoi le Premier ministre proposait-il maintenant une amnistie qui embrassait le tout? "Pour la France"! Et malgré tout, l'affaire Dreyfus envenimait[51] l'âme de la France.

Puis Dreyfus tomba plus ou moins dans l'oubli pendant deux ans.

L'ORAISON FUNÈBRE

En 1902, son grand défenseur Zola mourut d'un triste accident. Madame Zola demanda à Anatole France de prononcer l'oraison funèbre, [52]mais le pria d'éviter toute allusion à l'affaire. Anatole France s'y refusa, disant que s'il devait se limiter il ne parlerait pas. Madame Zola capitula, car elle tenait à ce que ce fût lui qui parlât aux obsèques,[53] faisant confiance au tact d'Anatole France, qui parla de la façon suivante:

". . . Zola, jeune encore avait conquis la gloire. Tranquille et célèbre, il jouissait du fruit de son labeur, quand il s'arracha lui-même, d'un coup, à[54] son repos, au travail qu'il aimait, aux joies paisibles de sa vie. Il ne faut prononcer sur un cercueil que des paroles graves et sereines et ne donner que des signes de calme et d'harmonie. Mais vous savez, Messieurs, qu'il n'y a de calme que dans la justice, de repos que dans la vérité. Je ne parle pas de la vérité philosophique, objet de nos éternelles disputes, mais de cette vérité morale que nous pouvons tous saisir parce qu'elle est relative, sensible, conforme à notre nature et si proche de nous qu'un enfant peut la toucher de la main. Je ne trahirai pas la justice qui m'ordonne de louer ce qui est louable. Je ne cacherai pas la vérité dans un lâche silence. Et pourquoi nous taire? Est-ce qu'ils se taisent, eux, ses calomniateurs?° Je ne dirai que ce qu'il faut dire sur ce cercueil,[55] et je dirai tout ce qu'il faut dire.

      "Devant rappeler la lutte entreprise par Zola pour la justice et la vérité, m'est-il possible de garder le silence sur ces hommes acharnés à la ruine[56] d'un innocent et qui, se sentant perdus s'il était sauvé, l'accablaient[57] avec l'audace désespérée de la peur. Comment les écarter de votre vue alors que je dois vous montrer Zola se dressant, faible et désarmé,° devant eux? Puis-je taire leurs mensonges? Ce serait taire sa droiture[58] héroïque. Puis-je taire leurs crimes? Ce serait taire sa vertu. Puis-je taire les outrages et les calomnies dont ils l'ont poursuivi? Ce serait taire sa récompense et ses honneurs. Puis-je taire leur honte? Ce serait taire sa gloire. Non! je parlerai.

      "Avec le calme et la fermeté que donne le spectacle de la mort, je rappellerai les jours obscurs où l'égoïsme et la peur étaient assis au Conseil du Gouvernement. L'iniquité[59] commençait à être connue, mais on la sentait soutenue et défendue par de telles forces publiques et secrètes, que les plus fermes hésitaient. Ceux qui avaient le devoir de parler se taisaient. Les meilleurs, qui ne craignaient pas pour eux-mêmes, craignaient d'engager leur parti dans d'effroyables dangers. Egarée° par de monstrueux mensonges,

calomniateurs *m pl* ceux qui le discréditaient

désarmé sans armes

égaré dérouté

Une autre carte postale sur l'Affaire, représentant quelques-uns des principaux participants. *(B.N. Est. Paris. Lauros-Giraudon)*

excitée par d'odieuses déclamations, la foule du peuple, se croyant trahie, s'exaspérait. Les chefs de l'opinion trop souvent caressaient l'erreur qu'ils désespéraient de détruire. Les ténèbres s'épaississaient. Un silence sinistre régnait. C'est alors que Zola écrivit au président de la République cette lettre mesurée et terrible qui dénonçait le faux et la forfaiture.

"De quelles fureurs° il fut alors assailli° par les criminels, par leurs défenseurs intéressés, par leurs complices involontaires, par les partis coalisés de toutes les réactions, par la foule trompée, vous le savez et vous avez vu des âmes innocentes se joindre avec une sainte simplicité au hideux cortège des aboyeurs à gages.[60] Vous avez entendu les hurlements de rage et les cris de mort dont il fut poursuivi jusque dans le Palais de Justice, durant ce long procès jugé dans l'ignorance volontaire de la cause, sur de faux témoignages, dans le cliquetis des épées.

"Je vois ici quelques-uns de ceux qui, se tenant alors à son côté, partagèrent ses périls: qu'ils disent si jamais plus d'outrages furent jetés à un juste? Qu'ils disent aussi avec quelle fermeté il les supporta! Qu'ils disent si sa bonté robuste, sa mâle° pitié, sa douceur se démentirent[61] une seule fois et si sa constance en fut ébranlée.[62]

"En ces jours scélérats plus d'un bon citoyen désespéra du salut de la patrie et de la fortune morale de la France. Les républicains défenseurs du régime actuel n'étaient pas seuls atterrés. On entendit un des ennemis les plus résolus de ce régime, un socialiste irréconciliable s'écrier amèrement: "Si cette société est à ce point corrompue, ses débris immondes° ne pourront même pas servir de fondement à une société nouvelle." Justice, honneur, pensée, tout semblait perdu.

"Tout était sauvé. Zola n'avait pas seulement révélé une erreur judiciaire, il avait dénoncé la conjuration[63] de toutes les forces de violence et d'oppression unies pour tuer en France la justice sociale, l'idée républicaine et la pensée libre. Sa parole courageuse avait réveillé la France.

"Les conséquences de son acte sont incalculables. Elles se déroulent aujourd'hui avec une force et une majesté puissantes; elles s'étendent indéfiniment: elles ont déterminé un mouvement d'équité sociale qui ne s'arrêtera pas. Il en sort un nouvel ordre de choses fondé sur une justice meilleure et sur une connaissance plus profonde des droits de tous.

"Messieurs,

"Il n'y a qu'un pays au monde dans lequel ces grandes choses pouvaient s'accomplir. Qu'il est admirable le génie de notre patrie! Qu'elle est belle cette âme de la France, qui, dans les siècles passés, enseigna le droit à l'Europe et au monde! La France est le pays de la raison ornée° et des pensées bienveillantes, la terre des magistrats équitables et des philosophes humains, la patrie de Turgot,[64] de Montesquieu, de Voltaire et de Malesherbes. Zola a bien mérité de la patrie, en ne désespérant pas de la justice en France.

"Ne le plaignons pas d'avoir enduré et souffert. Envions-le. Dressée sur le plus prodigieux amas d'outrages que la sottise, l'ignorance et la méchanceté

fureur *f* furie
assailli attaqué

mâle digne d'hommes robustes et courageux

immonde sordide

orné enrichi

aient jamais élevé, sa gloire atteint une hauteur inaccessible.

"Envions-le: il a honoré sa patrie et le monde par une œuvre immense et par un grand acte. Envions-le, sa destinée et son cœur lui firent le sort le plus grand: *Il fut un moment de la conscience humaine.*"

★　　★　　★

Madame Zola s'était fait du souci en vain; malgré la présence de Dreyfus aux obsèques, il n'y eut pas d'incident d'aucune sorte, qui eut pu troubler la paisible solennité de la cérémonie funéraire. La flamme de colère chauffée à blanc que Zola avait autrefois allumée dans le cœur de tant de ses compatriotes avait apparemment baissé, vacillé et s'était finalement éteinte.[65] Zola était mort et pour le peuple de Paris, il pouvait reposer en paix. Les rues de la ville étaient calmes lorsque les membres du cortège funèbre quittèrent le cimetière pour rentrer chez eux.

Pour en revenir à Dreyfus: le 18 juin 1906, la cour d'appel de justice civile se réunit au Palais de Justice pour entendre son cas. Les lois françaises exigent que dans un cas de délit[66] militaire, la cour d'appel civile s'en remette à la cour militaire, à moins qu'elle ne puisse prouver que le délit en question n'a pas été commis. Aussi incroyable que cela puisse paraître, la cour assemblée réussit à le prouver.

Dix jours plus tard, le capitaine Alfred Dreyfus fut complètement réintégré dans l'armée qui lui était si chère, au cours d'une brève cérémonie dans une petite cour de l'École Militaire. On lui remit ses galons et on épingla la croix de la Légion d'honneur à son uniforme. Puis les troupes passèrent en revue devant lui, le sabre levé pour le saluer.

Un an après sa réhabilitation Dreyfus quitta l'armée. Il vécut paisiblement avec sa famille jusqu'à ce qu'il reprenne service au début de la Première Guerre mondiale où il commanda une colonne de munitions. Il conduisit ses hommes honorablement dans deux des plus terribles batailles de la guerre et fut promu[67] au rang de lieutenant colonel en 1918. Il mourut en 1935 des suites d'une longue maladie.

Questions

1. Quel document démontra l'évidence de la trahison d'un fonctionnaire français?
2. Qu'est-ce qui força la main du général Mercier?
3. Quelle solution le commandant du Paty de Clam avait-il suggérée au capitaine Alfred Dreyfus?
4. Pourquoi le commandant Henry accusa-t-il formellement Dreyfus?
5. Pourquoi la populace n'avait-elle aucun doute sur la culpabilité de Dreyfus?

6. Décrivez brièvement le rituel de dégradation en vigueur.
7. Quel jugement lui appliqua-t-on?
8. Dans quelles conditions était-il condamné à vivre désormais?
9. Pendant combien de temps vécut-il ainsi?
10. Que découvrit un jour le colonel Picquart?
11. Que fit-il de cette découverte?
12. Qu'en resulta-t-il?
13. Pourquoi Georges Clémenceau pensa-t-il malgré lui que Dreyfus avait dû être condamné illégalement?
14. De quelle façon Zola intervint-il dans l'affaire?
15. Que n'eut-il pas à attendre longtemps?
16. Quelle décision prit-il alors?
17. Pourquoi le colonel Henry se suicida-t-il?
18. Que pensa Dreyfus de sa mise en liberté en août 1899?
19. Quelles conditions Mme Zola avait-elle demandé à Anatole France de respecter en prononçant l'oraison funèbre d'Emile Zola?
20. Selon Anatole France dans l'oraison funèbre quelles valeurs avaient-elles été perdues par la France pendant l'affaire Dreyfus?
21. Quelles ont été, pensait-il, les conséquences de l'intervention et des paroles courageuses de Zola?
22. Quelle fut la gloire suprême de Zola?

Notes

1 **état-major** *m* general staff 2 **cadre** *m* rank 3 **bordereau** *m* usually understood as a memorandum (author anonymous) 4 **indûment** unduly 5 **outré** outraged 6 **rumeur** *f* rumor, "talk" 7 **manchette** *f* headline 8 **au large de** off (the shore of) 9 **remonté** raised, hunched up 10 **cantonné** quartered 11 **cohue** *f* throng 12 **populace** *f* mob 13 **Garde à Vous!** Attention! 14 **étrier** *m* stirrup 15 **boueux** muddy 16 **prendre le pas sur** meaning to override 17 **saccadé** irregular 18 **menottes** *f pl* handcuffs 19 **gaillard d'avant** *m* forecastle 20 **verrouillé** bolted, locked in 21 **cru** raw 22 **échapper à la censure** to be overlooked by the censor 23 **mettre à vif** to set on edge 24 **clapotis** *m* lapping 25 **averse** *f* downpour 26 **ronger** to gnaw away at 27 **épouser une cause** to embrace a cause 28 **néfaste** disastrous 29 **saugrenu** absurd 30 **faiblesse d'esprit** *f* weak character 31 **étouffer** to stifle, suppress 32 **lèse-humanité** *f* wronging, betraying humanity 33 **lèse-justice** *f* miscarriage of justice 34 **compromis** jeopardized 35 **clérical** relating to the church 36 **scélérat** wicked, criminal 37 **impérissable** imperishable 38 **mensonger** lying, deceitful 39 **sciemment** knowingly 40 **cour d'assises** criminal court 41 **enquête** *f* investigation 42 **au grand jour** out in the open 43 **ressentiment** *m* resentment 44 **démettre** to relieve of, dismiss from 45 **relever le défi** to accept the challenge 46 **fabriquer** to forge 47 **il. . . proches** he couldn't bear being separated from his family any longer 48 **manigancer** to contrive 49 **marchander** to haggle 50 **en rendant. . . atténuantes** in delivering a verdict of "non sequiteur" (an inference which does not follow from the premises) along with "guilty with extenuating circumstances"

51 **envenimer** to poison   52 **oraison funèbre** *f* funeral oration   53 **obsèques** *f pl* funeral services   54 **s'arracher à** to tear oneself away from   55 **cerceuil** *m* coffin 56 **acharnés à la ruine** set on ruining   57 **accabler** to overwhelm   58 **droiture** *f* integrity   59 **iniquité** *f* injustice   60 **aboyeurs à gage** *m pl* those paid to protest violently   61 **se démentir** to waver   62 **ébranlé** shaken   63 **conjuration** *f* conspiracy   64 **Turgot** French economic reformer

Cette affiche publicitaire montre que, peu de temps après son invention, on associait la voiture et la femme. *(M.Arts Décoratifs. Paris. Lauros-Giraudon)*

Quatre Années dans un hangar

LA SCIENCE fit des progrès remarquables à la fin du XIXᵉ et au début du XXᵉ siècle en France. De nombreux savants illustrent l'histoire de cette période d'avancement scientifique. Parmi les plus célèbres se distinguent Louis Pasteur, Pierre et Marie Curie. Eve Curie, fille de ces derniers a écrit avec une émouvante sensibilité l'histoire de la vie de sa mère. Madame Curie (1867–1934), femme de génie fut — sans en tirer grand honneur parce que fort modeste — la première femme qui se distingua dans un domaine jusqu'alors réservé aux hommes.

Dans la préface du livre, Eve Curie écrit:

"Il y a, dans la vie de Marie Curie, un tel nombre de grands traits, que l'on voudrait conter son histoire comme une légende.

"Elle est femme, elle appartient à une nation opprimée, elle est pauvre, elle est belle.

"Une vocation puissante lui fait quitter sa patrie, la Pologne, pour venir étudier à Paris où elle vit des années de solitude, de difficulté.

"Elle rencontre un homme qui a du génie comme elle. Elle l'épouse. Leur bonheur est d'une qualité unique.

"Par l'effort le plus acharné° et le plus aride,° Marie et Pierre Curie découvrent un corps magique, le radium. Leur découverte ne donne pas seulement naissance à une nouvelle science et à une nouvelle philosophie: elle apporte aux hommes le moyen de soigner une maladie affreuse.

acharné qui s'applique ardemment
aride difficile

"Au moment même où la gloire des savants se répand par le monde, le deuil s'abat° sur Marie. Son merveilleux compagnon lui est ravi° par la mort, en un instant.

s'abattre tomber
ravi pris

"Malgré la détresse du cœur et des maux physiques, elle continue seule la tâche entreprise, et développe avec éclat° la science créée par le couple.

éclat m gloire

"Le reste de sa vie n'est qu'un don perpétuel. Aux blessés de la guerre, elle donne son dévouement et sa santé. Plus tard, elle donnera ses conseils, son savoir, et chacune des heures de son temps à ses élèves, à de futurs savants venus de toutes les parties du monde.

"Sa mission accomplie, elle meurt, épuisée, ayant refusé la richesse, et subi les honneurs avec indifférence."

QUATRE ANNEES DANS UN HANGAR

par Eve Curie

DANS UNE mansarde,[1] Marya Sklodowska° a vécu les moments les plus enivrants° de son existence d'étudiánte. Marie Curie va connaître à nouveau, dans une baraque[2] délabrée,[3] des joies merveilleuses. Etrange recommencement, où un bonheur âpre[4] et subtil (que sans doute pas une femme, avant Marie, n'avait éprouvé°) choisit par deux fois le décor le plus misérable.

Le hangar de la rue Lhomond est un modèle d'inconfort. L'été il l'est, à cause du toit vitré,° brûlant comme une serre.[5] En hiver, on ne sait s'il faut souhaiter le gel ou la pluie. S'il pleut, l'eau tombe goutte à goutte, avec un bruit doux, agaçant,° sur le sol ou sur les tables de travail, à des endroits que les physiciens repèrent[6] pour n'y jamais placer un appareil. S'il gèle, on gèle. Il n'y a pas de remède. Le poêle, même bourré à blanc,[7] est une déception complète. En s'en approchant à le toucher, l'on reçoit un peu de chaleur, mais dès que l'on s'éloigne d'un pas, l'on rentre dans la zone de glace.

Il faut bien, d'ailleurs, que Marie et Pierre s'accoutument aux cruautés de la température extérieure: l'installation technique, inexistante, ne comporte° pas de "hottes"[8] pour appeler au dehors les gaz nuisibles° et la plupart des traitements doivent être faits dans la cour, en plein air. Qu'une averse° survienne, et les physiciens retransportent en hâte leurs appareils dans le hangar. Afin de continuer leur travail sans être suffoqués, ils établissent des courants d'air en ouvrant la porte et les fenêtres.

Marie n'a pas dû se vanter auprès du docteur Vauthier de cette cure très particulière des poussées° de tuberculose!

"Nous n'avions pas d'argent, pas de laboratoire et pas d'aide pour mener à bien cette tâche importante et difficile", écrira-t-elle plus tard. "C'était comme de créer quelque chose avec rien, et si mes années d'étudiante avaient été jadis° surnommées par Casimir Dluski "les années héroïques de ma belle-soeur", je puis dire sans exagération que cette période fut, pour mon mari et pour moi, l'époque héroïque de notre existence commune.

. . . Pourtant c'est dans ce misérable vieux hangar que s'écoulèrent les meilleures et les plus heureuses années de notre vie, entièrement consacrées au travail. Souvent je préparais sur place notre repas, afin de n'avoir pas à interrompre quelque opération particulièrement importante. Je passais parfois la journée entière à remuer[9] une masse en ébullition,[10] avec une tige de fer presque aussi grande que moi. Le soir, j'étais brisée de fatigue."[11]

C'est dans ces conditions que M. et Mme Curie travailleront de 1898 à 1902.

Au cours de la première année, ils s'occupent ensemble du travail de séparation chimique du radium et du polonium, et ils étudient le rayonnement des produits actifs qu'ils obtiennent. Bientôt, ils jugent plus efficace de séparer leurs efforts. Pierre Curie tente de préciser les propriétés du radium, de faire

Marie Sklodowska nom de fille de Mme Curie
enivrant excitant

éprouver connaître par expérience

vitré garni de panneaux de verre

agaçant qui irrite légèrement

comporter comprendre
nuisible dangereux
averse f pluie soudaine et abondante

poussée f manifestation

jadis autrefois

connaissance avec le nouveau métal. Marie poursuit les traitements qui permettront d'obtenir des sels de radium pur.

Dans cette division du travail, Marie a choisi le "métier d'homme": elle accomplit une tâche de manoeuvre.[12] Sous le hangar, son époux s'absorbe dans des expériences délicates. Dans la cour, vêtue de son vieux sarrau[13] souillé[14] de poussière et de taches d'acides, les cheveux au vent, entourée de fumées qui lui piquent les yeux et la gorge, Marie est, à elle seule, une sorte d'usine.

"J'ai été amenée à traiter jusqu'à vingt kilogrammes de matière à la fois", écrit-elle, "ce qui avait pour effet de remplir le hangar de grands vases pleins de précipités[15] et de liquides. C'était un travail exténuant° que de transporter les récipients, de transvaser[16] les liquides et de remuer, pendant des heures, la matière en ébullition dans une bassine de fonte."[17]

exténuant extrêmement fatigant

Mais le radium veut garder son mystère. Il ne met aucune bonne volonté à se faire connaître des humains. Où est le temps où Marie, naïvement, prévoyait un pour cent de radium dans les résidus de pechblende![18] Le rayonnement de la substance nouvelle est si puissant qu'une quantité infime de radium, disséminée dans le minerai,[19] est la source de phénomènes frappants, que l'on peut observer et mesurer aisément. Le difficile, l'impossible, c'est d'isoler la quantité minuscule, de la séparer de la gangue[20] à laquelle elle est intimement mêlée.

Les journées de travail deviennent des mois, deviennent des années. Pierre et Marie ne perdent pas courage. Cette matière qui leur résiste, les fascine. Unis par leur tendresse et par leurs passions intellectuelles, ils ont, dans une baraque de planches, l'existence "antinaturelle" pour laquelle ils ont été créés, elle comme lui.

"Nous étions, à cette époque, entièrement absorbés par le nouveau domaine qui s'ouvrait devant nous, grâce à une découverte inespérée", écrira Marie. "Malgré les difficultés de nos conditions de travail, nous nous sentions très heureux. Nos journées s'écoulaient au laboratoire. Dans notre hangar si pauvre régnait une grande tranquillité; parfois, en surveillant quelque opération, nous nous promenions de long en large, causant du travail présent et futur; quand nous avions froid, une tasse de thé chaud, prise auprès du poêle, nous réconfortait. Nous vivions dans une préoccupation unique, comme dans un rêve.

. . . Nous ne voyions que peu de personnes au laboratoire; parmi les physiciens et les chimistes, l'un ou l'autre venait de temps en temps, soit pour voir nos expériences, soit pour demander quelque conseil à Pierre Curie, dont la compétence dans plusieurs branches de la physique était bien connue. C'étaient alors des conversations devant le tableau noir, de celles dont on conserve un excellent souvenir parce qu'elles agissent comme un stimulant de l'intérêt scientifique et de l'ardeur au travail, sans interrompre le cours des réflexions et sans troubler cette atmosphère de paix et de recueillement[21] qui est la véritable atmosphère d'un laboratoire."

Lorsque Pierre et Marie quittent un instant leurs appareils et bavardent paisiblement, leurs propos sur ce radium dont ils sont épris[22] passent du transcendant au puéril.[23]

— Je me demande comment "il" sera, quel sera son aspect, dit un jour Marie avec la curiosité fiévreuse d'un enfant à qui l'on a promis un jouet. Toi, Pierre, sous quelle forme est-ce que tu l'imagines?

— Je ne sais pas. . . répond doucement le physicien. Je voudrais, figure-toi, qu'il eût une très belle couleur.

Il est singulier que, dans la correspondance de Marie Curie, nous ne trouvions, sur son effort prodigieux, aucun des commentaires imagés, sensibles, qui naguère° traversaient brusquement la familiarité de ses lettres. Est-ce parce que les années d'exil ont un peu desserré[24] l'intimité de la jeune femme avec les siens? Est-elle pressée par sa tâche et le temps lui manque-t-il?

naguère il y a quelque temps

La vraie raison de cette réserve est peut-être ailleurs. Ce n'est point par hasard que les lettres de Mme Curie cessent d'être originales au moment même où l'histoire de sa vie devient exceptionnelle. Lycéenne, institutrice, étudiante, jeune mariée, Marie pouvait se confier. . .° Mais aujourd'hui, le secret et l'inexprimable de sa vocation l'isolent. Chez ceux qu'elle aime, il n'est plus d'interlocuteur capable de la comprendre, de saisir son souci, sa difficile visée.[25] Elle ne saurait partager ses obsessions qu'avec une personne: Pierre Curie, le compagnon. A lui seul, elle dit les pensées rares, les rêves. Marie présentera désormais à tous les autres, si proches soient-ils de son coeur, une image d'elle-même presque banale. Elle ne leur peindra que le côté bourgeois de sa vie. Elle trouvera parfois des accents émus[26] pour vanter[27] son bonheur de femme. Mais de son travail elle ne parlera qu'en petites phrases laconiques, inexpressives: des nouvelles en trois lignes. . .

se confier accorder sa confiance

Nous sentons là une volonté absolue de n'illustrer d'aucune littérature le destin qu'elle a choisi. Par une modestie subtile, par horreur aussi des vains propos et de tout superflu, Marie se cache, se terre,° ou plutôt elle ne montre qu'un de ses profils. Pudeur, ennui, raison, la savante de génie s'efface, se dissimule° derrière une "femme comme les autres".

se terrer éviter de se montrer

se dissimuler se cacher

Marie à Bronia,° 1899:

Bronia soeur de Marie

"Notre vie est toujours pareille. Nous travaillons beaucoup, mais nous dormons bien, alors notre santé n'en souffre pas. La soirée se passe à s'occuper de la petite. Le matin je l'habille et je lui donne à manger, ensuite je puis généralement sortir vers neuf heures. Pendant toute l'année, nous n'avons été ni au théâtre, ni au concert, nous n'avons pas fait une visite. D'ailleurs, nous nous sentons bien. . . Il n'y a que ma famille qui me manque énormément, et surtout vous, mes très chers, et père. Je pense souvent avec chagrin à mon isolement. Je ne puis me plaindre de rien d'autre car notre santé n'est pas mauvaise, l'enfant pousse bien, et j'ai le mari le meilleur que l'on puisse rêver; je ne pouvais même pas imaginer que j'en trouverais un pareil. C'est un véritable don du ciel, et plus nous vivons ensemble, plus nous nous aimons.

"Notre travail progresse. J'aurai bientôt une conférence à faire sur ce sujet. Ce devait être samedi dernier, mais j'en ai été empêchée, alors ce sera sans doute ce samedi, ou bien dans quinze jours."

Le travail dont il n'est fait qu'une sèche mention progresse magnifiquement. Au cours des années 1899 et 1900, Pierre et Marie publient un mémoire sur la découverte de la "radioactivité induite"[28] provoquée par le radium, un autre sur les effets de la radioactivité, un autre encore sur la charge électrique transportée par les rayons. Enfin ils rédigent[29] pour le Congrès de Physique de 1900 un rapport général sur les substances radio-actives, qui suscite chez les savants un immense intérêt.

Le développement de la nouvelle science de la radioactivité s'annonce foudroyant.[30] Les Curie ont besoin de collaborateurs. Ils n'ont eu, jusqu'ici, que l'aide intermittente d'un garçon de laboratoire appelé Petit, un brave homme qui par enthousiasme personnel, et presque en cachette,° venait   **en cachette** en secret
travailler avec eux en dehors de ses heures de service. Mais il leur faut maintenant des techniciens d'élite. Leur découverte a, dans le domaine de la chimie, d'importants prolongements, qui demandent une étude attentive. Ils veulent s'allier à des chercheurs compétents.

"Le travail sur la radioactivité commença dans la solitude", écrira Marie. "Mais, devant l'ampleur de la tâche, l'utilité d'une collaboration s'imposait de plus en plus. Déjà, en 1898, un des chefs de travaux de l'Ecole,[31] G. Bémont, nous avait apporté une aide passagère. Vers 1900, Pierre Curie entra en relations avec un jeune chimiste, André Debierne, préparateur chez le professeur Friedel qui le tenait en haute estime. Sur la proposition de Pierre Curie, André Debierne accepta volontiers de s'occuper de travaux sur la radioactivité. Il entreprit, en particulier, la recherche d'un radio-élément nouveau dont l'existence était soupçonnée dans le groupe du fer et des terres rares. Il fit la découverte de cet élément, nommé *actinium*. Bien que travaillant au laboratoire de Chimie-Physique de la Sorbonne, dirigé par Jean Perrin, il venait nous voir fréquemment dans notre hangar et devint bientôt un ami très proche pour nous, pour le docteur Curie et plus tard pour nos enfants."

Ainsi, avant même que le polonium et le radium aient été isolés, un chimiste français, André Debierne, leur découvre un "frère", l'actinium.

"Vers la même époque", nous dit Marie, "un jeune physicien, Georges Sagnac, engagé dans l'étude des rayons X,[32] venait fréquemment s'entretenir avec Pierre Curie des analogies que l'on pouvait prévoir entre ces rayons, leurs rayons secondaires et le rayonnement des corps radioactifs. Ils firent en commun un travail sur la charge électrique transportée par ces rayons secondaires."

Marie a continué de traiter, kilogramme par kilogramme, les tonnes de résidus de pechblende qui lui ont été envoyées, en plusieurs fois, de Saint-Joachimsthal.[33] Avec sa terrible patience, elle a été chaque jour, pendant quatre années, à la fois un savant, un ouvrier spécialisé, un ingénieur et un

Pierre et Marie Curie dans leur premier laboratoire. *(Harlingue-Viollet)*

homme de peine.[34] C'est grâce à son cerveau et à ses muscles que des produits de plus en plus concentrés, de plus en plus riches en radium, ont pris place sur les vieilles tables du hangar.

Madame Curie approche du but. Le temps n'est plus où, debout dans la cour, enveloppée d'âcres[35] fumées, elle surveillait de lourdes bassines de matière en fusion. Voici venir l'étape de la purification et de la "cristallisation fractionnée" des solutions fortement radioactive. C'est à présent qu'il faudrait disposer° d'un local° minutieusement propre, d'appareils parfaitement protégés contre le froid, la chaleur, la saleté!. . . Dans le pauvre hangar ouvert à tous les vents flottent des poussières de fer et de charbon qui, au désespoir de Marie, viennent s'agglomérer aux produits purifiés avec tant de soin. Elle a le coeur serré devant ces accidents quotidiens, qui usent[36] son temps et ses forces.

Pierre, lui, est tellement las de l'interminable lutte qu'il serait très près de l'abandonner. Entendons-nous: il ne songe pas à délaisser l'étude du radium et de la radioactivité, mais il renoncerait volontiers, pour l'instant, à cette opération particulière: "préparer du radium pur". Les obstacles paraissent insurmontables. Ne pourrait-on reprendre plus tard le travail, dans des conditions meilleures? Plus attaché à la signification des phénomènes de la nature qu'à leur réalité matérielle, Pierre Curie est excédé de[37] voir les piètres[38] résultats auxquels aboutissent les efforts épuisants de Marie. Il lui conseille un armistice.

Il a compté sans le caractère de sa femme. Marie veut isoler du radium et elle en isolera. Elle méprise la fatigue, la difficulté, et jusqu'aux lacunes[39] de son propre savoir, qui lui compliquent la tâche. Elle n'est, après tout, qu'une très jeune savante. Elle n'a pas encore la sûreté, la grande culture de Pierre, qui travaille depuis vingt années, et parfois elle se heurte à[40] des phénomènes et à des méthodes qu'elle connaît mal, et pour lesquels il lui faut, en hâte, se documenter.

Tant pis! Le regard buté,° sous son grand front, elle s'accroche à[41] ses appareils, à ses coupelles.[42]

En 1902, quarante-cinq mois après le jour où les Curie annonçaient l'existence probable du radium, Marie remporte enfin la victoire de cette guerre d'usure. Elle réussit à préparer un décigramme de radium pur, et elle fait une première détermination du poids atomique de la substance nouvelle, qui est de 225.

Les chimistes incrédules — il en restait quelques-uns — n'ont plus qu'à s'incliner devant les faits, devant la surhumaine obstination d'une femme.

Le radium existe officiellement.

Il est neuf heures du soir. Pierre et Marie sont dans leur maison du boulevard Kellermann. Elle leur va bien, cette maison. . . Du boulevard, où trois rangées d'arbres masquent à demi les fortifications, l'on n'aperçoit qu'un mur triste, une porte minuscule. Mais derrière le pavillon à un étage

disposer avoir l'usage
local *m* lieu

buté obstiné

se trouve, caché à tous les yeux, un étroit jardin de province, assez joli, très silencieux. Et par la "barrière" de Gentilly, l'on peut, à bicyclette, s'évader° vers la banlieue, vers les bois.

s'évader s'échapper furtivement

Le vieux docteur Curie s'est retiré dans sa chambre. Marie a baigné et couché sa fille et elle est restée un long moment auprès du petit lit. C'est un rite. Lorsque Irène, le soir, ne sent pas sa mère auprès d'elle, elle l'appelle inlassablement de ce "Mé!" qui, pour nous, remplacera à jamais "Maman". Et Marie, s'inclinant devant l'implacabilité de ce bébé de quatre ans, gravit l'étage,° s'assied au chevet° de l'enfant et reste là, dans l'obscurité, jusqu'à ce que la jeune voix le cède à un souffle léger. Alors seulement elle redescend auprès de Pierre, qui déjà s'impatiente. Malgré sa douceur, c'est le mari le plus envahissant,[43] le plus jaloux. Il s'est si bien habitué à la constante présence de sa femme que la moindre éclipse l'empêche de penser à l'aise. Que Marie s'attarde un instant de trop auprès de sa fille et il accueillera son retour d'un reproche navré:°

gravir l'étage monter l'escalier péniblement
chevet *m* tête de lit

navré désolé

— Tu ne t'occupes que de cette enfant!

Pierre marche lentement par la pièce. Marie s'assied, et fait quelques points à l'ourlet[44] inachevé du nouveau tablier d'Irène. Un de ses principes est de ne jamais acheter pour la petite de vêtements tout faits: elle les juge trop ornés et incommodes. Au temps où Bronia habitait Paris, les deux soeurs taillaient[45] ensemble les robes de leurs filles, selon des modèles de leur invention. Ces modèles servent encore à Marie. . .

Mais ce soir, elle ne peut fixer son attention. Nerveuse, elle se lève, pose son ouvrage. Et, soudain:

— Si nous allions un instant là-bas?

Elle a eu un accent de supplication bien superflu, car Pierre, comme elle, brûle de retourner au hangar qu'ils ont quitté il y a deux heures. Le radium, fantasque comme un vivant, attachant comme un amour, les rappelle vers sa demeure.

La journée de travail a été rude, et le plus raisonnable serait que les deux savants prissent du repos. Mais Pierre et Marie ne sont pas toujours raisonnables. Ils mettent leurs manteaux, préviennent le docteur Curie de leur fugue[46] et s'esquivent. . .[47] Ils vont à pied, bras dessus, bras dessous, échangeant peu de mots. Ayant suivi les rues populeuses de ce quartier excentrique, dépassé des ateliers d'usine, des terrains vagues, des immeubles modestes, ils arrivent rue Lhomond, traversent la cour. Pierre met la clé dans la serrure. La porte grince, comme elle a grincé mille et mille fois, et les revoici dans leur domaine, dans leur rêve.

— N'allume pas! prononce Marie. Puis elle ajoute, avec un petit rire:

— Tu te souviens du jour où tu m'as dit: "Je voudrais que le radium eût une belle couleur?"

La réalité qui enchante Pierre et Marie depuis quelques mois est plus adorable encore que le souhait naïf de jadis. Le radium a bien autre chose qu'une "belle couleur": il est spontanément lumineux! Et, dans le hangar sombre où les précieuses parcelles, en leurs minuscules récipients de verre, sont — faute d'armoires — posées sur des tables, sur des planches clouées au mur, leurs silhouettes phosphorescentes, bleuâtres, brillent, suspendues dans la nuit.

— Regarde. . . regarde! murmure la jeune femme.

Elle s'avance avec précaution, cherche, trouve à tatons[48] une chaise de paille, s'assied. Dans l'obscurité, dans le silence, les deux visages se tendent vers les pâles lueurs, les mystérieuses sources de rayons, vers le radium — leur radium! Le corps penché, la tête avide,[49] Marie a repris l'attitude qui était la sienne, une heure plus tôt, au chevet de son bel enfant endormi.

La main de son compagnon effleure ses cheveux.

Elle se souviendra toujours de ce soir de vers luisants,[50] de cette féerie.

Questions

1. Où et quand Marie Curie naquit-elle?
2. Décrivez le "laboratoire" des Curie rue Lhomond.
3. Quelle tâche particulière Marie choisit-elle comme travail dans le hangar?
4. Pendant combien d'années travailla-t-elle à cette tâche?
5. Décrivez un jour de la vie laborieuse de Marie et de Pierre.
6. Décrivez surtout le travail de Marie.
7. Comment l'auteur décrit-elle le radium comme le virent Pierre et Marie un soir qu'ils retournèrent au hangar pour l'admirer?

Notes

1 **mansarde** f attic   2 **baraque** f shed   3 **délabré** dilapidated   4 **âpre** rugged
5 **serre** f greenhouse   6 **repérer** to mark   7 **bourré à blanc** meaning at its hottest
8 **hotte** f exhaust hood   9 **remuer** to stir   10 **ébullition** f boiling   11 **être brisé de fatigue** to be exhausted   12 **manœuvre** m manual labor   13 **sarrau** m smock
14 **souillé** soiled   15 **précipité** m precipitate (chem.)   16 **transvaser** pour from one container to another   17 **fonte** f cast iron   18 **pechblende** f pitchblende
19 **minerai** m ore   20 **gangue** f worthless rock   21 **recueillement** m concentration   22 **être épris de** to be enamored with   23 **puéril** childish
24 **desserrer** to loosen   25 **visée** f goal   26 **ému** showing emotion   27 **vanter** to boast of   28 **induit** induced   29 **rédiger** to draw up   30 **foudroyant** startling
31 **Ecole Polytechnique** a graduate school with enrollment limited by difficult competitive examination. It prepares students for service as officers in the army or for additional graduate work in more specialized schools   32 **rayons X** m pl X rays
33 **Saint-Joachimsthal** mining town in Austria   34 **homme de peine** m meaning someone willing to work with his hands   35 **âcre** acrid   36 **user** to consume
37 **excédé de** weary of   38 **piètre** paltry   39 **lacune** f gap   40 **se heurter à** to come up against   41 **s'accrocher à** to cling to   42 **coupelle** f cup used in assaying metals   43 **envahissant** demanding   44 **ourlet** m hem   45 **tailler** to cut out, tailor   46 **fugue** f flight (fig.)   47 **s'esquiver** to steal away   48 **à tatons** groping
49 **avide** eager   50 **ver luisant** m glowworm

Le Onze Novembre 1918

LA FRANCE fut ravagée au vingtième siècle par deux guerres mondiales. La première dura de 1914 à 1918 et se termina par une victoire gagnée au prix d'immenses sacrifices.

Sur une population comprenant presque 40 millions, un million et demi de jeunes hommes périrent et six millions furent victimes d'un conflit meurtrier qu'ils appelaient à tort la "dernière guerre". La France vit ainsi disparaître une génération entière; elle ne s'était pas encore remise de cette tragédie quand la Seconde Guerre mondiale éclata. Cette dernière commencée en 1939 ne se termina qu'en 1945.

L'armistice du 11 novembre 1918 apporta la paix si longtemps souhaitée. Dans son livre *Histoire des Francais* Pierre Gaxotte nous donne une idée de ce qu'elle représenta pour les Parisiens le jour de la signature du traité de paix.

LE ONZE NOVEMBRE
par Pierre Gaxotte

LE 11 NOVEMBRE 1918, toutes les cloches de France avaient sonné pour annoncer l'armistice. Après quatre années de tueries et d'angoisse, le soulagement fut inexprimable. A Paris, dans la soirée, les grands boulevards et la place de l'Opéra se remplirent d'une foule si dense qu'il fallut arrêter la circulation des voitures. Les fenêtres étaient fleuries de drapeaux; tout le monde chantait; on acclamait les noms de Clémenceau, de Foch, et Poincaré, de Wilson. Le moindre soldat français ou allié qui passait était applaudi, embrassé, porté en triomphe. Des pyramides de canons pris à l'ennemi s'élevaient à l'entrée des Champs-Elysées. Une gaieté immense déferlait. Le 14 juillet suivant, l'entrée des troupes victorieuses, les maréchaux Joffre et Foch à leur tête, fut une grandiose apothéose, qui tantôt arrachait des larmes, tantôt faisait délirer de joie.

Questions

1. Pourquoi le 11 novembre 1918 fut-il un tel soulagement pour la France?
2. Comment l'armistice avait-il été annoncé?
3. Décrivez Paris le soir de la signature du traité.
4. Qu'avait-on érigé à l'entrée des Champs-Elysées?
5. Qu'arriva-t-il le 14 juillet suivant?

Le 11 novembre 1918, la nouvelle se répand: C'est l'Armistice! Les Parisiens descendent dans les rues. Certains semblent se dire à eux-mêmes: "Est-ce possible?"... *(Harlingue-Viollet)*

La Symphonie Pastorale

ANDRÉ GIDE naquit à Paris et fut élevé dans une atmosphère puritaine. S'étant révolté contre les conventions de son époque et de sa famille protestante, il fut continuellement tourmenté par des scrupules religieux. Ses œuvres reflètent le conflit intérieur entre sa nature sensuelle et les exigences imposées par son éducation.

La Symphonie pastorale dont nous en tirons quelques extraits est le journal d'un pasteur protestant qui recueille chez lui une jeune aveugle appelée Gertrude. Celle-ci se trouve seule au monde à la mort de sa grand-mère et est inadaptée faute de soins. L'éducation de Gertrude accapare° le pasteur et la femme de ce dernier s'inquiète à juste raison de l'intérêt qu'il porte à la jeune infirme. Le pasteur tombe inconsciemment amoureux de son élève; d'autre part Jacques, son fils aîné, s'attache profondément à la jeune fille. Incapable de contenir la jalousie qu'il éprouve, le pasteur persuade son fils de s'éloigner et réussit ainsi à séparer les deux jeunes gens. Gertrude recouvre la vue grâce à une opération et se rend brusquement compte de la crise morale que sa présence a provoquée. Vous trouverez sans aucun doute le dénouement extrêmement tragique.

accaparer absorber toute l'activité de brusque

LA SYMPHONIE PASTORALE
par André Gide

8 mars

. . . UNE GRANDE indignation me souleva d'abord, mais craignant, si je m'y laissais aller, que mon fils ne se fermât à moi définitivement, craignant aussi d'avoir à regretter des paroles trop vives,° je fis un grand effort sur moi-même et du ton le plus naturel que je pus:

— Je croyais que T. . . comptait sur toi, lui dis-je.

— Oh! reprit-il, il n'y comptait pas absolument, et du reste, il ne sera pas en peine de me remplacer. Je me repose aussi bien ici que dans l'Oberland et je crois vraiment que je peux employer mon temps mieux qu'à courir les montagnes.

— Enfin, dis-je, tu as trouvé ici de quoi t'occuper?

Il me regarda, percevant dans le ton de ma voix quelque ironie, mais, comme il n'en distinguait pas encore le motif, il reprit d'un air dégagé:

— Vous savez que j'ai toujours préféré le livre à l'alpenstock.[1]

— Oui, mon ami, fis-je en le regardant à mon tour fixement; mais ne crois-tu pas que les leçons d'accompagnement à l'harmonium présentent pour toi encore plus d'attrait° que la lecture?

Sans doute il se sentit rougir, car il mit sa main devant son front, comme pour s'abriter° de la clarté de la lampe. Mais il se ressaisit° presque aussitôt, et d'une voix que j'aurais souhaitée moins assurée:

— Ne m'accusez pas trop, mon père. Mon intention n'était pas de vous rien cacher, et vous devancez° de bien peu l'aveu° que je m'apprêtais° à vous faire.

Il parlait posément, comme on lit un livre, achevant° ses phrases avec autant de calme, semblait-il, que s'il ne se fût pas agi de lui-même. L'extra-ordinaire possession de soi dont il faisait preuve achevait de m'exaspérer. Sentant que j'allais l'interrompre, il leva la main, comme pour me dire: non, vous pourrez parler ensuite, laissez-moi d'abord achever; mais je saisis son bras et le secouant:°

— Plutôt que de te voir porter le trouble[2] dans l'âme pure de Gertrude, m'écriai-je impétueusement, ah! je préférerais ne plus te revoir. Je n'ai pas besoin de tes aveux! Abuser de l'infirmité, de l'innocence, de la candeur, c'est une abominable lâcheté[3] dont je ne t'aurais jamais cru capable! et de m'en parler avec ce détestable sang-froid!...° Écoute-moi bien: J'ai charge° de Gertrude et je ne supporterai° pas un jour de plus que tu lui parles, que tu la touches, que tu la voies.

— Mais, mon père, reprit-il sur le même ton tranquille et qui me mettait hors de moi,° croyez bien que je respecte Gertrude autant que vous pouvez faire vous-même. Vous vous méprenez° étrangement si vous pensez qu'il entre quoi que ce soit de répréhensible, je ne dis pas seulement dans ma conduite,° mais dans mon dessein même et dans le secret de mon cœur. J'aime Gertrude, et je la respecte, vous dis-je, autant que je l'aime. L'idée de la troubler, d'abuser de son innocence et de sa cécité[4] me paraît aussi abominable qu'à vous. Puis il protesta que ce qu'il voulait être pour elle, c'était un soutien, un ami, un mari; qu'il n'avait pas cru devoir m'en parler avant que sa résolution de l'épouser fût prise; que cette résolution Gertrude elle-même ne la connaissait pas encore et que c'était à moi qu'il en voulait parler d'abord. "Voici l'aveu que j'avais à vous faire, ajouta-t-il, et je n'ai rien d'autre à vous confesser, croyez-le."

Ces paroles m'emplissaient de stupeur. Tout en les écoutant j'entendais mes tempes battre. Je n'avais préparé que des reproches, et, à mesure qu'il m'enlevait toute raison de m'indigner, je me sentais plus désemparé,[5] de sorte qu'à la fin de son discours je ne trouvais plus rien à lui dire.

— Allons nous coucher, fis-je enfin, après un assez long silence. Je m'étais levé et lui posai la main sur l'épaule. "Demain je te dirai ce que je pense de tout cela."

---

attrait *m* charme

s'abriter se protéger
se ressaisir redevenir maître de soi

devancer parler le premier
aveu *m* déclaration
s'apprêter se préparer

achever finir

secouer mouvoir brusquement

sang-froid *m* calme
avoir charge avoir la responsabilité
supporter permettre

se mettre hors de soi devenir furieux
se méprendre commettre une erreur

conduite *f* manière d'agir

— Dites-moi du moins que vous n'êtes plus irrité contre moi.

— J'ai besoin de la nuit pour réfléchir.

Quand je retrouvai Jacques le lendemain, il me sembla vraiment que je le regardais pour la première fois. Il m'apparut tout à coup que mon fils n'était plus un enfant, mais un jeune homme; tant que je le considérais comme un enfant, cet amour que j'avais surpris pouvait me sembler monstrueux. J'avais passé la nuit à me persuader qu'il était tout naturel et normal au contraire. D'où venait que mon insatisfaction n'en était que plus vive? C'est ce qui ne devait s'éclairer pour moi qu'un peu plus tard. En attendant je devais parler à Jacques et lui signifier ma décision. Or un instinct aussi sûr que celui de la conscience m'avertissait[6] qu'il fallait empêcher ce mariage à tout prix.

J'avais entraîné Jacques dans le fond du jardin; c'est là que je lui demandai d'abord:

— T'es-tu déclaré à Gertrude?

— Non, me dit-il. Peut-être sent-elle déjà mon amour; mais je ne le lui ai point avoué.

— Eh bien! tu vas me faire la promesse de ne pas lui en parler encore.

— Mon père, je me suis promis de vous obéir; mais ne puis-je connaître vos raisons?

J'hésitais à lui en donner, ne sachant trop si celles qui me venaient d'abord à l'esprit étaient celles mêmes qu'il importait le plus de mettre en avant. A dire vrai la conscience bien plutôt que la raison dictait ici ma conduite.

— Gertrude est trop jeune, dis-je enfin. Songe qu'elle n'a pas encore communié. Tu sais que ce n'est pas une enfant comme les autres, hélas! et que son développement a été beaucoup retardé. Elle ne serait sans doute que trop sensible, confiante comme elle est, aux premières paroles d'amour qu'elle entendrait; c'est précisément pourquoi il importe° de ne pas les lui **importer** être important
dire. S'emparer de[7] ce qui ne peut se défendre, c'est une lâcheté; je sais que tu n'es pas un lâche. Tes sentiments, dis-tu, n'ont rien de répréhensible; moi je les dis coupables parce qu'ils sont prématurés. La prudence que Gertrude n'a pas encore, c'est à nous de l'avoir pour elle. C'est une affaire de conscience.

Jacques a ceci d'excellent, qu'il suffit, pour le retenir, de ces simples mots: "Je fais appel à ta conscience" dont j'ai souvent usé lorsqu'il était enfant. Cependant je le regardais et pensais que, si elle pouvait y voir, Gertrude ne laisserait pas d'admirer[8] ce grand corps svelte, à la fois si droit et si souple, ce beau front sans rides, ce regard franc, ce visage enfantin encore, mais que semblait ombrer[9] une soudaine gravité. Il était nu-tête et ses cheveux cendrés,[10] qu'il portait alors assez longs, bouclaient légèrement à ses tempes et cachaient ses oreilles à demi.

— Il y a ceci que je veux te demander encore, repris-je en me levant du banc où nous étions assis: tu avais l'intention, disais-tu, de partir après-demain; je te prie de ne pas différer[11] ce départ. Tu devais rester absent tout un mois; je te prie de ne pas raccourcir d'un jour [12] ce voyage. C'est entendu?

— Bien, mon père, je vous obéirai.

Il me parut qu'il devenait extrêmement pâle, au point que ses lèvres mêmes étaient décolorées. Mais je me persuadai que, pour une soumission si prompte, son amour ne devait pas être bien fort; et j'en éprouvai un soulagement° indicible.[13] Au surplus, j'étais sensible à sa docilité.

soulagement *m* ici diminution de l'inquiétude

— Je retrouve l'enfant que j'aimais, lui dis-je doucement, et, le tirant à moi, je posai mes lèvres sur son front. Il y eut de sa part un léger recul;[14] mais je ne voulus pas m'en affecter.

★ ★ ★

10 mars

. . . Jacques était parti pour Neuchâtel, où il devait acheter ses chaussures d'excursionniste, et, comme il faisait très beau, les enfants, après déjeuner, sortirent avec Gertrude, que tout à la fois ils conduisent et qui les conduit. Je me trouvai donc tout naturellement seul avec Amélie à l'heure du thé, que nous prenons toujours dans la salle commune. C'était ce que je désirais, car il me tardait de lui parler. Il m'arrive si rarement d'être en tête à tête avec elle que je me sentais comme timide, et l'importance de ce que j'avais à lui dire me troublait, comme s'il se fût agi, non des aveux de Jacques, mais des miens propres. J'éprouvais aussi, devant que de parler, à quel point deux êtres, vivant somme toute de la même vie, et qui s'aiment, peuvent rester (ou devenir) l'un pour l'autre énigmatiques et emmurés;[15] les paroles, dans ce cas, soit celles que nous adressons à l'autre, soit celles que l'autre nous adresse, sonnent plaintivement comme des coups de sonde[16] pour nous avertir de la résistance de cette cloison[17] séparatrice et qui, si l'on n'y veille, risque d'aller s'épaississant. . .[18]

— Jacques m'a parlé hier soir et ce matin, commençai-je, tandis qu'elle versait le thé; et ma voix était aussi tremblante que celle de Jacques hier était assurée. Il m'a parlé de son amour pour Gertrude.

— Il a bien fait de t'en parler, dit-elle sans me regarder et en continuant son travail de ménagère, comme si je lui annonçais une chose toute naturelle, ou plutôt comme si je ne lui apprenais rien.

— Il m'a dit son désir de l'épouser; sa résolution. . .

— C'était à prévoir,[19] murmura-t-elle en haussant légèrement les épaules.

— Alors tu t'en doutais?[20] fis-je un peu nerveusement.

— On voyait venir cela depuis longtemps. Mais c'est un genre de choses que les hommes ne savent pas remarquer.

Comme il n'eût servi à rien de protester, et que du reste il y avait peut-être un peu de vrai dans sa repartie, j'objectai simplement:

— Dans ce cas, tu aurais bien pu m'avertir.

Elle eut ce sourire un peu crispé[21] du coin de la lèvre, par quoi elle accompagne parfois et protège ses réticences, et en hochant la tête obliquement:

Une vue de Neuchâtel.

— S'il fallait que je t'avertisse de tout ce que tu ne sais pas remarquer!

Que signifiait cette insinuation? C'est ce que je ne savais, ni ne voulais chercher à savoir, et passant outre:[22]

— Enfin, je voulais entendre ce que toi tu penses de cela.

Elle soupira, puis:

— Tu sais, mon ami, que je n'ai jamais approuvé la présence de cette enfant parmi nous.

J'avais du mal à ne pas m'irriter en la voyant revenir ainsi sur le passé.

— Il ne s'agit pas de la présence de Gertrude, repris-je; mais Amélie continuait déjà:

— J'ai toujours pensé qu'il n'en pourrait rien résulter que de fâcheux.

Par grand désir de conciliation, je saisis au bond la phrase:

— Alors tu considères comme fâcheux un tel mariage. Eh bien! c'est ce que je voulais t'entendre dire; heureux que nous soyons du même avis. J'ajoutai que du reste Jacques s'était docilement soumis aux raisons que je lui avais données, de sorte qu'elle n'avait plus à s'inquiéter: qu'il était convenu qu'il partirait demain pour ce voyage qui devrait durer tout un mois.

... Comme je ne me soucie° pas plus que toi qu'il retrouve Gertrude ici à son retour, dis-je enfin, j'ai pensé que le mieux serait de la confier à Mlle de La M... chez qui je pourrai continuer de la voir; car je ne dissimule pas que j'ai contracté de véritables obligations envers elle. J'ai tantôt été pressentir[23] la nouvelle hôtesse, qui ne demande qu'à nous obliger. Ainsi tu seras délivrée d'une présence qui t'est pénible.° Louise de La M... s'occupera de Gertrude; elle se montre enchantée de l'arrangement; elle se réjouit déjà de lui donner des leçons d'harmonie.

Amélie semblant décidée à demeurer silencieuse, je repris:

— Comme il faut éviter que Jacques n'aille retrouver Gertrude là-bas en dehors de nous, je crois qu'il sera bon d'avertir Mlle de La M... de la situation, ne penses-tu pas?

Je tâchais par cette interrogation d'obtenir un mot d'Amélie; mais elle gardait les lèvres serrées, comme s'étant juré de ne rien dire. Et je continuai, non qu'il me restât rien à ajouter, mais parce que je ne pouvais supporter son silence:

— Au reste, Jacques reviendra de ce voyage peut-être déjà guéri de son amour. A son âge, est-ce qu'on connaît seulement ses désirs?

— Oh! même plus tard on ne les connaît pas toujours, fit-elle enfin bizarrement.

Son ton énigmatique et sentencieux° m'irritait, car je suis de naturel trop franc pour m'accommoder aisément du mystère. Me tournant vers elle, je la priai d'expliquer ce qu'elle sous-entendait par là.

— Rien, mon ami, reprit-elle tristement. Je songeais seulement que tantôt tu souhaitais qu'on t'avertisse de ce que tu ne remarquais pas.

— Et alors?

— Et alors je me disais qu'il n'est pas aisé d'avertir.

— J'ai dit que j'avais horreur du mystère et, par principe, je me refuse aux sous-entendus.

— Quand tu voudras que je te comprenne, tu tâcheras de t'exprimer plus clairement, repartis-je d'une manière peut-être un peu brutale, et que je regrettai tout aussitôt; car je vis un instant ses lèvres trembler. Elle détourna la tête puis, se levant, fit quelques pas hésitants et comme chancelants° dans la pièce.

— Mais enfin, Amélie, m'écriai-je, pourquoi continues-tu à te désoler, à présent que tout est réparé?

Je sentais que mon regard la gênait, et c'est le dos tourné, m'accoudant à la table et la tête appuyée contre la main, que je lui dis:

— Je t'ai parlé durement tout à l'heure. Pardon.

se soucier prendre intérêt à

pénible désagreable

sentencieux grave et solennel

chancelant incertain

Alors je l'entendis s'approcher de moi, puis je sentis ses doigts se poser doucement sur mon front, tandis qu'elle disait d'une voix tendre et pleine de larmes:

— Mon pauvre ami!

★ ★ ★

Gertrude, ayant recouvert la vue, tombe malade.

29 mai

Mlle Louise m'a fait appeler ce matin, au moment où j'allais me rendre à *La Grange*. Après une nuit à peu près calme, Gertrude est enfin sortie de sa torpeur. Elle m'a souri lorsque je suis entré dans la chambre et m'a fait signe de venir m'asseoir à son chevet.° Je n'osais pas l'interroger et sans doute craignait-elle mes questions, car elle m'a dit tout aussitôt et comme pour prévenir toute effusion:

chevet *m* tête de lit

— Comment donc appelez-vous ces petites fleurs bleues, que j'ai voulu cueillir sur la rivière — qui sont de la couleur du ciel? Plus habile que moi, voulez-vous m'en faire un bouquet? Je l'aurai là, près de mon lit. . .

L'artificiel enjouement° de sa voix me faisait mal; et sans doute le comprit-elle, car elle ajouta plus gravement:

enjouement *m* gaieté

— Je ne puis vous parler ce matin; je suis trop lasse.° Allez cueillir ces fleurs pour moi, voulez-vous? Vous viendrez tantôt.

las/se faible

Et comme, une heure après, je rapportais pour elle un bouquet de myosotis,²⁴ Mlle Louise me dit que Gertrude reposait de nouveau et ne pourrait me recevoir avant le soir.

Ce soir, je l'ai revue. Des coussins entassés sur son lit la soutenaient et la maintenaient presque assise. Ses cheveux à présent rassemblés et tressés au-dessus de son front étaient mêlés aux myosotis que j'avais rapportés pour elle.

Elle avait certainement de la fièvre et paraissait très oppressée. Elle garda dans sa main brûlante la main que je lui tendais: je restais debout près d'elle:

— Il faut que je vous fasse un aveu, pasteur; car ce soir j'ai peur de mourir, dit-elle. Je vous ai menti ce matin. . . Ce n'était pas pour cueillir des fleurs. . . Me pardonnerez-vous si je vous dis que j'ai voulu me tuer?

Je tombai à genoux près de son lit, tout en gardant sa frêle° main dans la mienne; mais elle, se dégageant, commença de caresser mon front, tandis que j'enfonçais dans les draps mon visage pour lui cacher mes larmes et pour y étouffer mes sanglots.²⁵

frêle fragile

— Est-ce que vous trouvez que c'est très mal? reprit-elle alors tendrement; puis comme je ne répondais rien:

— Mon ami, mon ami, vous voyez bien que je tiens trop de place dans votre cœur et votre vie. Quand je suis revenue près de vous, c'est ce qui m'est apparu tout de suite; ou du moins que la place que j'occupais était celle d'une autre et qui s'en attristait. Mon crime est de ne pas l'avoir senti plus tôt; ou du moins — car je le savais bien déjà — de vous avoir laissé m'aimer quand même. Mais lorsque m'est apparu tout à coup son visage, lorsque j'ai vu sur son pauvre visage tant de tristesse, je n'ai plus pu supporter l'idée que cette tristesse fût mon œuvre. . . Non, non, ne vous reprochez rien; mais laissez-moi partir et rendez-lui sa joie.

La main cessa de caresser mon front; je la saisis et la couvris de baisers et de larmes. Mais elle la dégagea impatiemment et une angoisse nouvelle commença de l'agiter.

— Ce n'est pas là ce que je voulais dire; non, ce n'est pas cela que je veux dire, répétait-elle; et je voyais la sueur° mouiller son front. Puis elle baissa les paupières et garda les yeux fermés quelque temps, comme pour concentrer sa pensée, ou retrouver son état de cécité première; et d'une voix d'abord traînante° et désolée, mais qui bientôt s'éleva tandis qu'elle rouvrait les yeux, puis s'anima jusqu'à la véhémence:

sueur *f* perspiration

traînant qui parle avec lenteur

— Quand vous m'avez donné la vue, mes yeux se sont ouverts sur un monde plus beau que je n'avais rêvé qu'il pût être; oui vraiment, je n'imaginais pas le jour si clair, l'air si brillant, le ciel si vaste. Mais non plus je n'imaginais pas si soucieux le front des hommes; et quand je suis entrée chez vous, savez-vous ce qui m'est apparu tout d'abord. . . Ah! il faut pourtant bien que je vous le dise: ce que j'ai vu d'abord, c'est notre faute, notre péché.[26] Non, ne protestez pas. Souvenez-vous des paroles du Christ: "Si vous étiez aveugle, vous n'auriez point de péché."[*] Mais à présent, j'y vois. . . Relevez-vous pasteur. Asseyez-vous là, près de moi. Écoutez-moi sans m'interrompre. Dans le temps que j'ai passé à la clinique, j'ai lu, ou plutôt, me suis fait lire, des passages de la Bible que je ne connaissais pas encore, que vous ne m'aviez jamais lus. Je me souviens d'un verset de saint Paul, que je me suis répété tout un jour: "Pour moi, étant autrefois sans loi, je vivais; mais quand le commandement vint, le péché reprit vie, et moi je mourus."[**]

Elle parlait dans un état d'exaltation extrême, à voix très haute et cria presque ces derniers mots, de sorte que je fus gêné à l'idée qu'on la pourrait entendre du dehors; puis elle referma les yeux et répéta, comme pour elle-même, ces derniers mots dans un murmure:

— "Le péché reprit vie — et moi je mourus."

Je frissonnai,[27] le cœur glacé d'une sorte de terreur. Je voulus détourner° sa pensée.

détourner changer la direction de

— Qui t'a lu ces versets? demandai-je.

— C'est Jacques, dit-elle en rouvrant les yeux et en me regardant fixement. Vous saviez qu'il s'est converti?

C'en était trop; j'allais la supplier de se taire, mais elle continuait déjà:

— Mon ami, je vais vous faire beaucoup de peine; mais il ne faut pas qu'il reste aucun mensonge[28] entre nous. Quand j'ai vu Jacques, j'ai compris

---

[*] Jean IX, 41.
[**] Romains VII, 9.

soudain que ce n'était pas vous que j'aimais; c'était lui. Il avait exactement votre visage; je veux dire celui que j'imaginais que vous aviez. . . Ah! pourquoi m'avez-vous fait le repousser? J'aurais pu l'épouser. . .

— Mais, Gertrude, tu le peux encore, m'écriai-je avec désespoir.

— Il entre dans les ordres, dit-elle impétueusement. Puis des sanglots la secouèrent: "Ah! je voudrais me confesser à lui. . ., gémissait-elle[29] dans une sorte d'extase. . . Vous voyez bien qu'il ne me reste qu'à mourir. J'ai soif. Appelez quelqu'un, je vous en prie. J'étouffe. Laissez-moi seule. Ah! de vous parler ainsi, j'espérais être plus soulagée. Quittez-moi. Quittons-nous. Je ne supporte plus de vous voir.

Je la laissai. J'appelai Mlle de La M. . . pour me remplacer auprès d'elle; son extrême agitation me faisait tout craindre mais il me fallait bien me convaincre que ma présence aggravait son état. Je priai qu'on vînt m'avertir s'il empirait.[30]

30 mai

Hélas! Je ne devais plus la revoir qu'endormie. C'est ce matin, au lever du jour, qu'elle est morte, après une nuit de délire et d'accablement.[31] Jacques, que, sur la demande dernière de Gertrude, Mlle de La M. . . avait prévenu par dépêche,° est arrivé quelques heures après la fin. Il m'a **dépêche** f télégramme cruellement reproché de n'avoir pas fait appeler un prêtre tandis qu'il était temps encore. Mais comment l'eussé-je fait, ignorant encore que, pendant son séjour à Lausanne, pressée par lui évidemment, Gertrude avait abjuré.° **abjurer** renoncer à la religion Il m'annonça du même coup sa propre conversion et celle de Gertrude. que l'on professait Ainsi me quittaient à la fois ces deux êtres; il semblait que, séparés par moi durant la vie, ils eussent projeté de me fuir° et tous deux de s'unir en Dieu. Mais je me persuade que dans la conversion de Jacques entre plus de **fuir** échapper raisonnement que d'amour.

— Mon père, m'a-t-il dit, il ne sied pas[32] que je vous accuse; mais c'est l'exemple de votre erreur qui m'a guidé.

Après que Jacques fut reparti, je me suis agenouillé près d'Amélie, lui demandant de prier pour moi, car j'avais besoin d'aide. Elle a simplement récité "Notre Père. . ." mais en mettant entre les versets de longs silences qu'emplissait notre imploration.

J'aurais voulu pleurer, mais je sentais mon cœur plus aride que le désert.

Questions

1. Pourquoi le père ne voulait-il pas que Jacques change ses plans de vacances?
2. Quel aveu son fils lui fit-il?
3. Quelle raison le père donna-t-il pour que Jacques renonce à parler de mariage?
4. Quelle promesse le jeune homme fit-il à son père?

5. Qu'avait prévu la femme du pasteur, plus perspicace, moins aveuglée que son mari?
6. Pourquoi le pasteur décida-t-il d'envoyer Gertrude habiter chez Mlle de La M. . . ?
7. Pourquoi Amélie dit-elle à son mari: "Mon pauvre ami"?
8. Pourquoi Gertrude a-t-elle voulu se suicider?
9. Pourquoi n'a-t-elle pu épouser Jacques?
10. Que voulait dire Jacques dans ces mots à son père: ". . . mais c'est l'exemple de votre erreur qui m'a guidé"?

Notes

alpenstock *m* staff used in mountain climbing   2 **trouble** *m* turmoil   3 **lâcheté** *f* base action   4 **cécité** *f* blindness   5 **désemparé** not knowing what to say or do   6 **avertir** to warn   7 **s'emparer de** to become master of   8 **ne laisserait pas d'admirer** could not fail to admire   9 **ombrer** to be overcast with   10 **cendré** ash-blond   11 **différer** to delay   12 **raccourcir d'un jour** to shorten by one day   13 **indicible** inexpressible   14 **recul** *m* pulling back   15 **emmuré** separated as if by a wall   16 **sonde** *f* sounding-line   17 **cloison** *f* partition   18 **s'épaissir** to become thick   19 **prévoir** to foresee   20 **se douter de** to suspect   21 **crispé** contracted   22 **passer outre** to go on   23 **pressentir** to sound out   24 **myosotis** *m* forget-me-not   25 **sanglot** *m* sob   26 **péché** *m* sin   27 **frissonner** to shudder   28 **mensonge** *m* lie   29 **gémir** to groan   30 **empirer** to grow worse   31 **accablement** *m* state of deep depression   32 **il ne sied pas (seoir)** it ill becomes (me)

Les bords du lac de Neuchâtel où Gertrude se promenait.

Sido

GABRIELLE SIDONIE COLETTE, plus connue sous le nom de Colette, se lança dans la carrière d'écrivain en collaboration avec son premier mari, le romancier Willy. Dans ses premières nouvelles elle fit revivre ses souvenirs d'enfance et les années du début de son mariage.

Séparée de son mari, elle continua à publier seule et exprima avec beaucoup de sensibilité ses vues sur la nature, l'amour et la vie. Parmi ses nombreux romans se trouve *Gigi* rendu célèbre par son adaptation à l'écran. En 1943, elle fit paraître ses souvenirs de l'occupation allemande sous le titre: *Paris, de ma fenêtre.*

Dans les extraits suivants de *Sido* (prénom de sa mère), elle fait le portrait de son père dont les rêves d'écrivain ne furent jamais réalisés, et de sa mère et de son frère.

SIDO
par Colette

QUANT A mon père. . . "Vous êtes justement ce qu'il a souhaité d'être, et de son vivant il n'a pas pu." Là, j'ai de quoi rêver, de quoi m'émouvoir.° **s'émouvoir** se troubler Sur un des plus hauts rayons de la bibliothèque, je revois encore une série de tomes cartonnés, à dos de toile[1] noire. Les plats de papier jaspé,[2] bien collés, et la rigidité du cartonnage attestaient l'adresse° manuelle de mon père. Mais **adresse** *f* habilité les titres, manuscrits,° en lettres gothiques, ne me tentaient point, d'autant **manuscrit** écrit à la main que les étiquettes à filets noirs[3] ne révélaient aucun auteur. Je cite de mémoire: "Mes campagnes", "Les enseignements de 70", "La Géodésie[4] des géodésies", "L'Algèbre élégante", "Le maréchal de Mac-Mahon vu par un de ses compagnons d'armes", "Du village à la Chambre", "Chansons de zouave"° (vers). . . J'en oublie. **zouave** soldat d'un corps d'infanterie française

Quand mon père mourut, la bibliothèque devint chambre à coucher, les livres quittèrent leurs rayons.

— Viens donc voir, appela un jour mon frère, l'aîné.° **aîné** le premier-né

Il transportait lui-même, classait, ouvrait les livres, taciturne, en quête° **en quête** à la recherche d'une odeur de papier piqué,[5] d'une de ces moisissures[6] embaumées d'où se lève l'enfance révolue,° d'un pétale de tulipe sec, encore jaspé comme l'agate arborescente. . .°.

— Viens donc voir. . .

La douzaine de tomes cartonnés nous remettait son secret, accessible, longtemps dédaigné.° Deux cents, trois cents, cent cinquante pages par volume; beau papier vergé[7] crémeux[8] ou "écolier"[9] épais, rogné° avec soin, des centaines et des centaines de pages blanches. . . Une œuvre imaginaire, le mirage d'une carrière d'écrivain.

Il y en avait tant, de ces pages respectées par la timidité ou la nonchalance,° que nous n'en vîmes jamais la fin. Mon frère y écrivit ses ordonnances,[10] ma mère couvrit de blanc ses pots de confitures, ses petites-filles griffonneuses[11] arrachèrent° des feuillets, mais nous n'épuisâmes° pas les cahiers vergés, l'œuvre inconnue. Ma mère s'y employait[12] pourtant avec une sorte de fièvre destructive: "Comment, il y en a encore? Il m'en faut° pour les côtelettes en papillotes. . .[13] Il m'en faut pour tapisser[14] mes petits tiroirs. . ." Ce n'était pas dérision, mais cuisant° regret et besoin douloureux d'anéantir° la preuve d'une impuissance. . .

J'y puisai[15] à mon tour, dans cet héritage immatériel, au temps de mes débuts.° Est-ce là que je pris le goût fastueux° d'écrire sur des feuilles lissées,[16] de belle pâte,[17] et de ne les point ménager?° J'osai[18] couvrir de ma grosse écriture ronde la cursive[19] invisible, dont une seule personne au monde apercevait le lumineux filigrane[20] qui jusqu'à la gloire prolongeait la seule page amoureusement achevée,[21] et signée, la page de la dédicace:

"A ma chère âme,
son mari fidèle:"
JULES-JOSEPH COLETTE

★ ★ ★

Ici Colette dépeint son jeune frère:

Un petit garçon si inoffensif!. . . Sauf son aptitude à disparaître, que pouvait-elle lui reprocher? Bref de taille,[22] vif,° très bien équilibré,[23] il cessait miraculeusement d'être présent. Où le joindre? Les aires° préférées des petits garçons ordinaires ne l'avaient pas même vu passer, ni la patinoire,[24] ni la place du Grand-Jeu damée[25] par les pieds d'enfants. Mais plutôt dans la vieille glacière[26] du château, souterrain tronqué[27] qui datait de quatre siècles, ou dans la boîte de l'horloge[28] de ville, place du Marché, ou bien enchaîné aux pas[29] de l'accordeur[30] de pianos qui venait une fois l'an du chef-lieu[31] et donnait ses soins° aux quatre "instruments" de notre village. "Quel instrument avez-vous?" "Madame Vallée va échanger son instrument. . ." "L'instrument de Mlle Philippon est bien fatigué!"

révolu terminé
arborescent qui a presque la forme d'un arbre

dédaigné négligé

rogné coupé

nonchalance *f* apathie

arracher détacher avec effort
épuiser user jusqu'au bout

Il m'en faut. . . J'en ai besoin. . .

cuisant pénible
anéantir détruire complètement

au. . . débuts quand Colette commença à écrire
fastueux riche
ménager employer avec économie

vif agile

aire *f* lieu

soin *m* attention

J'avoue qu'en ma mémoire le mot "instrument" appelle encore, à l'exclusion de toutes les autres images, celle d'un édifice d'acajou[32] conservé dans l'ombre des salons provinciaux et brandissant,[33] comme un autel,° des bras de bronze et des cires vertes. . .

autel *m* table où l'on célèbre la sainte messe

Oui, un petit garçon si inoffensif, qui n'exigeait rien, sauf, un soir. . .

— Je voudrais deux sous de pruneaux et deux sous de noisettes, dit-il.

— Les épiceries sont fermées, répondit ma mère. Dors, tu en auras demain.

— Je voudrais deux sous de pruneaux et deux sous de noisettes,[34] redemanda, le lendemain soir, le doux petit garcon.

— Et pourquoi ne les as-tu pas achetés dans la journée? se récria ma mère impatientée. Va te coucher!

Cinq soirs, dix soirs ramenèrent[35] la même taquinerie,[36] et ma mère montra bien qu'elle était une mère singulière.° Car elle ne fessa[37] pas l'obstiné, qui espérait peut-être qu'on le fesserait, ou qui escomptait° seulement une explosion maternelle, les cris des nerfs à bout,[38] les malédictions,[39] un nocturne tumulte qui retarderait le coucher. . .

singulier/ère extraordinaire

escompter compter sur

Un soir après d'autres soirs, il prépara sa figure quotidienne d'enfant buté,° le son modéré de sa voix:

buté obstiné

— Maman?. . .

— Oui, dit maman.

— Maman, je voudrais. . .

— Les voici, dit-elle.

Elle se leva, aveignit[40] dans l'insondable[41] placard, près de la cheminée, deux sacs grands comme des nouveau-nés, les posa à terre de chaque côté de son petit garçon, et ajouta:

— Quand il n'y en aura plus, tu en achèteras d'autres.

Il la regardait d'en bas, offensé° et pâle sous ses cheveux noirs.

offensé humilié

— C'est pour toi, prends, insista ma mère.

Il perdit le premier son sang-froid° et éclata en larmes.

sang-froid *m* maîtrise de soi

— Mais. . . mais. . . je ne les aime pas! sanglotait-il. "Sido" se pencha,° aussi attentive qu'au-dessus d'un œuf fêlé[42] par l'éclosion[43] imminente, au-dessus d'une rose inconnue, d'un messager de l'autre hémisphère:

se pencher s'incliner

— Tu ne les aimes pas? Qu'est-ce que tu voulais donc?

Il fut imprudent, et avoua:°

avouer admettre

— Je voulais les demander.

★ ★ ★

Ici Cotette raconte une aventure qu'eut sa mère quand elle était une jeune épouse:°   épouse *f* femme mariée

— J'ai vu, me contait-elle, moi qui te parle, j'ai vu neiger au mois de
juillet.

— Au mois de juillet!

— Oui. Un jour comme celui-ci.

— Comme celui-ci. . .

Je répétais la fin de ses phrases. J'avais déjà la voix plus grave° que la   grave basse
sienne, mais j'imitais sa manière. Je l'imite encore.

— Oui. Comme celui-ci, dit ma mère en soufflant sur un flocon impondé-
rable d'argent, arraché au pelage° de la chienne havanaise qu'elle peignait.   pelage *m* poils
Le flocon, plus fin que le verre filé,⁴⁴ s'embarqua mollement sur un petit
ruisseau d'air ascendant, monta jusqu'au toit, se perdit dans un excès de
lumière. . .

Il faisait beau, reprit ma mère, beau et bon. Vint une saute de vent, une
queue d'orage que la saute de vent emmena et bloqua sur l'Est naturelle-
ment; une petite grêle° très froide, puis une chute de grosse neige épaisse   grêle *f* pluie congélée qui tombe
et lourde. . . Des roses couvertes de neige, des cerises mûres° et des tomates   par grains
sous la neige. . . Des géraniums rouges qui n'avaient pas eu le temps de   mûr complètement développé
refroidir et qui fondaient° la neige à mesure qu'elle° les couvrait. . . Ce sont   fondre amener un solide à
des tours⁴⁵ de celui-là. . .   l'état liquide
     à mesure que en même temps
     que

Elle désignait, du coude, et menaçait du menton le siège altier,⁴⁶ l'invisible
lit de justice de son ennemi, l'Est, que je cherchai par-delà les chaudes nues
croulantes⁴⁷ et blanches du bel été. . .

— Mais j'ai vu bien autre chose! reprenait ma mère.

— Autre chose?

Peut-être avait-elle rencontré, un jour, — montant vers Bel Air,° ou sur   Bel Air village près de Rennes
la route de Thury,° — l'Est lui-même? Peut-être un grand pied violacé,⁴⁸   Thury-Harcourt arrondissement
la mare⁴⁹ gelée d'une prunelle immense avaient-ils, pour qu'elle me les   de Caen sur l'Orne
décrivît, divisé les nuages?. . .

— J'étais grosse de ton frère Léo, et je promenais la jument° avec la   jument *f* femelle du cheval
victoria.°   victoria *f* ancienne voiture
     découverte à quatre roues

— La même jument que maintenant?

— Naturellement, la même jument. Tu n'as que dix ans. Crois-tu qu'on
change de jument comme de chemise? La nôtre était alors une très belle
jument, un peu jeune, que je laissais quelquefois mener par Antoine. Mais
je montais dans la victoria, pour la rassurer.

Je me souviens que je voulus demander: "Pour rassurer qui?" Je me   équivoque *f* mot, phrase à
retins, jalouse de garder intactes la foi et l'incertitude d'une équivoque:°   double sens
pourquoi la présence de ma mère n'eût-elle pas rassuré la victoria?

— . . . Tu comprends, quand elle entendait ma voix, elle se sentait plus
tranquille. . .

Mais certainement, très tranquille, et tout étalée,⁵⁰ en drap bleu entre ses

Portrait de Colette, par Dunoyer de Segonzac. *(B.N. Paris. Giraudon)*

Sido   221

deux lanternes riches, à couronnes de cuivre découpées en trèfles. . .[51] Une figure de victoria tranquillisée. . . Parfaitement!

— Dieu, que tu as l'air bête en ce moment, ma fille!. . . Tu m'écoutes?

— Oui, maman. . .

— Donc, nous avions fait un grand tour, par une de ces chaleurs! J'étais énorme, et je me trouvais lourde. Nous rentrions au pas,[52] et j'avais coupé des genêts[53] fleuris, je me rappelle. . . Nous voilà arrivés à la hauteur du cimetière, — non, ce n'est pas une histoire de revenants,[54] — quand un nuage, un vrai nuage du Sud, marron roux,[55] avec un petit ourlet de mercure[56] tout autour, se met à monter plus vite dans le ciel, tonne[57] un bon coup, et crève° en eau comme un seau percé! Antoine descend et veut lever la capote° pour m'abriter.° Je lui dis: "Non, le plus pressé c'est de tenir la jument à la tête: si la grêle vient, elle s'emballera[58] pendant que vous lèverez la capote." Il tient la jument qui dansait un peu sur place, mais je lui parlais, tu comprends, comme s'il n'avait pas plu ni tonné, je lui parlais sur un ton de beau temps et de promenade au sas. Et je recevais un "agas"[59] d'eau incroyable, sur ma malheureuse petite ombrelle en soie. . . Le nuage passé, j'étais assise dans un bain de siège, Antoine trempé,[60] et la capote pleine d'eau, d'une eau chaude, une eau à dix-huit ou vingt degrés.° Et quand Antoine a voulu vider la capote, nous y avons trouvé quoi? Des grenouilles,[61] minuscules, vivantes, au moins trente grenouilles apportées à travers les airs par un caprice du Sud, par une trombe° chaude, une de ces tornades dont le pied en pas de vis[62] ramasse et porte à cent lieues un panache[63] de sable, de graines, d'insectes. . . J'ai vu cela, moi, oui!

Elle brandissait le peigne de fer qui servait à carder[64] la chevelure de la havanaise et les angoras. Elle ne s'étonnait pas que des prodiges[65] météorologiques l'eussent attendue au passage, et tutoyée.°

Vous croirez sans peine qu'à l'appel de "Sido" le vent du Sud se levait devant les yeux de mon âme, tors[66] sur son pas de vis, empanaché de graines, de sable, de papillons morts, raciné au désert de Libye. . . Sa tête indistincte et désordonnée[67] s'agitait, secouant l'eau et la pluie de grenouilles tièdes. . . Je suis capable encore de le voir.

crever faire éclater
capote *f* couverture d'une voiture ouverte
abriter protéger

degré *m* degré centigrade

trombe *f* pluie torrentielle

tutoyer parler très familièrement

Questions

PORTRAIT DE SON PÈRE

1. Pourquoi Colette n'avait-elle pas découvert plus tôt que son père n'avait jamais rien écrit?
2. Quelle sorte de papier, le père aimait-il?
3. Quelle quantité de papier y avait-il?
4. Comment la famille utilisa-t-elle ce beau papier?
5. Quelle fut la seule chose réellement écrite par le père?

PORTRAIT DE SON FRÈRE

1. Quelle était l'aptitude du petit frère?

2. Où pouvait-on le trouver?
3. Que représenta longtemps le mot "instrument" pour Colette, et pourquoi?
4. Que demanda le petit garçon à sa mère plusieurs soirs de suite?
5. Que fit enfin la mère pour son fils?
6. Que voulait-il en réalité?

DEUX ANECDOTES DE SA MÈRE

1. Que faisait Sido qui lui rappela la neige qu'elle avait vue une fois, en juillet?
2. D'où venait l'orage qu'elle décrivit?
3. Qu'est-ce qu'une "victoria"?
4. Dans la deuxième aventure contée, pourquoi Sido empêcha-t-elle Antoine de lever la capote?
5. Que trouvèrent-ils dans l'eau accumulée dans la capote?
6. Quel phénomène les apporta?

Notes

1 **toile** *f* canvas   2 **jaspé** with streaks of contrasting colors   3 **étiquette à filet noir** *f* label bordered in black   4 **géodésie** *f* geodesy   5 **piqué** ici, paper spotted by humidity   6 **moisissure** *f* meaning old musty thing   7 **vergé** with a watermark   8 **crémeux** cream-colored   9 **écolier** exercise paper   10 **ordonnance** *f* prescription   11 **griffonneur/euse** scribbler   12 **s'employer à** to apply one's self to   13 **côtelette en papillote** cutlet cooked in paper   14 **tapisser** to line   15 **puiser** to delve in and take from   16 **lissé** smooth   17 **pâte** *f* texture   18 **oser** to dare   19 **cursive** *f* type of handwriting   20 **filigrane** *m* filigree   21 **achevé** completed   22 **bref de taille** short   23 **équilibré** coordinated   24 **patinoire** *f* skating rink   25 **damé** trampled   26 **glacière** *f* icehouse   27 **tronqué** shortened   28 **boîte de l'horloge** *f* clock case   29 **enchaîné aux pas** tagging along behind   30 **accordeur** *m* tuner   31 **chef-lieu** *m* principle city of the department, here, probably Auxerre   32 **acajou** *m* mahogany   33 **brandissant** brandishing   34 **noisette** *f* hazelnut   35 **ramener** to bring back   36 **taquinerie** *f* teasing   37 **fesser** to spank   38 **cri de nerfs à bout** *m* outburst indicating one has reached the end of one's patience   39 **malédiction** *f* curse   40 **aveindre** to take out (a verb no longer used)   41 **insondable** bottomless   42 **fêlé** cracked   43 **éclosion** *f* hatching   44 **verre filé** *m* spun glass   45 **tour** *m* trick   46 **altier** lofty   47 **croulant** sinking   48 **violacé** violet-colored   49 **mare** *f* stagnant pool   50 **étalé** displayed for show   51 **découpé en trèfles** cut in the shape of clover leaves   52 **au pas** slowly, at a walking pace   53 **genêt** *m* broom (plant)   54 **revenant** *m* ghost   55 **marron roux** red-brown color   56 **ourlet de mercure** *m* mercury-colored border   57 **tonner** to thunder   58 **s'emballer** to bolt   59 **agas** *m* downpour (prov.)   60 **trempé** soaked   61 **grenouille** *f* frog   62 **en pas de vis** turning like a screw   63 **panache** *m* mixture   64 **carder** to comb   65 **prodige** *m* marvel   66 **tors** twisted   67 **désordonné** unruly

Clochemerle-Babylone

APRÈS LA guerre (1914–18), en dépit des grèves provoquées par la hausse du prix de la vie, la France s'élançait vers l'avenir avec une allégresse confiante. Le grand ébranlement social produit par la guerre n'apparaissait encore que par ses côtés plaisants: la joie de vivre, la joie de dépenser, et aussi la détente des contraintes morales. On dansait partout. Les usines travaillaient à plein. On riait des paysannes qui achetaient des bas de soie et des pianos, mais on était content de les leur vendre. Le cinéma devenait une énorme industrie; bientôt la radio allait s'installer au foyer, y apportant sans trêve les rumeurs du monde." (Pierre Gaxotte, *Histoire des Français*.)

Dans cet extrait de *Clochemerle-Babylone*, Gabriel Chevallier raconte d'une façon très drôle comment ces changements se sont réalisés dans une ville française.

CLOCHEMERLE-BABYLONE
par Gabriel Chevallier

VANTARD° et bricoleur,° grand discuteur de cabaret, Eugène Fadet s'intitulait mécanicien. Mais son commerce de cycle périclitait,° tant en raison de la topographie accidentée° de la région, qu'en raison de l'obstination des Clochemerlins à conserver leurs vieilles bécanes° rouillées, des engins° de dix-huit à vingt kilos dont ils vantaient la désespérante solidité. Fadet se consolait de la mévente[1] en fréquentant beaucoup le "Café de l'Alouette", où il était le commentateur écouté des grands exploits sportifs. Cela encore ne lui mettait pas d'argent dans la poche. Mais l'ambition veillait[2] à son foyer,° en la personne de Léontine Fadet, femme lucide et froide que désespérait le vide du tiroir-caisse.[3] Partant du principe qu'un homme s'utilise de° bien des façons, elle orienta son mari sur une activité plus rémunératrice.

En 1926, ayant conclu un accord° avec un agent de Mâcon,° Eugène Fadet devint garagiste et vendeur de Citroëns. Il reparut au bourg° au volant[4] d'une voiture qui fit sensation. Tout allait partir de cette voiture, dans laquelle chacun voulut monter, et qui se trouvait précisément là pour qu'on y montât.

vantard celui qui exagère ses mérites
bricoleur qui fait de petits travaux manuels
péricliter aller de plus mal en plus mal
accidenté montagneux
bécane *f* bicyclette
engin *m* machine

foyer *m* domicile

s'utiliser de s'employer à

accord *m* arrangement
Mâcon petite ville pas loin de Lyon
bourg *m* village

Mouraille° changea son tacot° contre une auto neuve. (Il y avait eu, cette année-là, une profitable épidémie de grippe° infectieuse.) Puis ce fut le tour de la baronne. Piéchut commanda un modèle de luxe. Laroudelle, en haine et jalousie de Piéchut, en fit autant. D'autres vignerons,° qui ne voulaient pas que Laroudelle pût se croire plus qu'eux, achetèrent également. Et d'autres encore, poussés par les femmes. Ces dernières aspiraient à quitter un peu leurs maisons dont elles ne sortaient que pour les messes, baptêmes, mariages et enterrements.

L'initiation ne se fit pas sans dommages.[5] Naturellement optimistes, les nouveaux conducteurs ne soupçonnaient pas les pièges[6] de l'accélération, ceux de la force centrifuge, ni les soins que réclame la mécanique. Ils considéraient qu'une machine qui est faite pour marcher doit marcher toujours. N'ayant aucune estime pour l'eau, ils négligeaient d'en mettre dans les radiateurs. On les voyait revenir avec des moteurs qui fumaient comme des chaudières[7] et rougeoyaient° sous le capot. Ils oubliaient de vérifier le niveau d'huile, ce qui avait pour conséquence des salades d'engrenages,[8] des bielles[9] coulées,[10] des pistons crevés,[11] des vilebrequins faussés.° Ce n'était encore rien.

Il y eut des dérapages,° des emboutissages[12] et cabossages[13] de tout genre, qui allaient avec des châssis tordus, des essieux[14] faussés, des ailes[15] arrachées. Ça faisait travailler Fadet. Il y eut des culbutes[16] dans les mauvais tournants, et par suite des membres° brisés, des blessures. Ça faisait travailler Mouraille, et Joanny Cadavre y trouvait aussi son compte.° Quelques extrêmes-onctions furent administrées à des automobilistes qui avaient donné de la tête dans un mur ou un platane,[17] ou s'étaient rompu quelque chose dans le corps, un capotage° ayant dispersé sur le sol une pleine voiturée° de gens. Ainsi des héritages se trouvèrent acquis avec vingt ans d'avance. C'était le tribut qu'il fallait payer au progrès mécanique, Minotaure° embusqué[18] dans les descentes et les virages.° D'ailleurs, les lignes droites n'étaient pas moins redoutables:° on s'y tuait très bien sans savoir pourquoi.

Personne n'en fut découragé. Des gens qui avaient boudé° à couvrir quelques lieues, pour qui c'était toute une affaire de monter dans un train, n'hésitaient pas à franchir° cent kilomètres comme rien du tout, à des allures° inimaginables. Bien vite on trouva ça naturel, puis indispensable, à se demander comment on avait pu vivre jusqu'alors sans remuer.° Cloche-merle se vidait pour les fêtes. On manquait la messe du dimanche pour partir de bonne heure.

Bourgs et villages se mirent à communiquer, le Beaujolais à se mélanger avec la Bresse, le Charollais, le Bugey, la Bourgogne, etc. Les parentés[19] affluaient, amenant des amis. On rendait les visites. Le soir, bien gorgés de vin, les conducteurs démarraient° dans les pétarades,[20] les grincements des boîtes de vitesse,[21] aussi rigides au volant que s'ils eussent attrapé le torti-colis,[22] et néanmoins rigolards,° gonflés de la certitude d'être des types formidables, maîtres de l'espace, des champions du "sortez-vous de devant."

Mouraille médecin de Clochemerle-Babylone
tacot *m* voiture démodée
grippe *f* influenza
vigneron *m* qui cultive la vigne, fait le vin

rougeoyer prendre une teinte rougeâtre

faussé déformé

dérapage *m* glissement de côté

membre *m* bras, jambe, etc.
trouver son compte trouver son profit

capotage *m* culbute d'une voiture se retournant complètement
voiturée *f* contenu d'une voiture
Minotaure monstre mi-homme et mi-taureau
virage *m* tournant d'une route
redoutable dangereux
bouder faire quelque chose de mauvaise grâce

franchir traverser
allure *f* vitesse
remuer changer de place

démarrer partir

rigolard *m* qui rit

Voyant les affaires prendre si bonne tournure, Léontine Fadet fit embellir° **embellir** orner
son magasin et se lança dans une autre branche commerciale: la vente des
phonographes et postes de radio. Elle répandit sur le bourg des torrents
d'harmonie, de couplets, de rythmes sautillants.[23] Les femmes y furent
sensibles. Elles se refusaient à rester enfermées dans la solitude et l'ennui,
alors qu'elles pouvaient avoir de la distraction chez elles, rien qu'en tournant
un bouton. Les hommes cédèrent pour avoir la paix. De là partit le
tintamarre° qui imprimait° aux filles les cadences du bouge-fesses[24] et
donnait aux Clochemerlins des dandinements[25] d'ataxiques[26] béats.°

tintamarre *m* grand bruit
accompagné de désordre
imprimer faire impression
béat *m* qui est heureux, sans
inquiétude

Comme si ce n'était pas encore assez, on vit arriver dans une grosse
bagnole° des types à lunettes d'écaille[27] et verres teintés, pantalons de golf,
vestons de tweed et chandails extravagants, cigare au bec,° qui combinaient
les deux genres, businessman et "prise de vue".[28] On apprit que Clochemerle allait avoir un cinéma. La salle fut inaugurée peu de temps après.

bagnole *f* automobile
bec *m* bouche

On passa° d'abord un western tout crépitant[29] de coups de feu. Une **passer** montrer
dizaine de mauvais garçons se fusillaient[30] avec ardeur pour les beaux yeux
d'une fille bien foutue[31] qui avait en selle, dans un coquin pantalon de
cheval (car elle-même galopait avec une rare maestria°) des épanouisse- **maestria** *f* facilité et perfection
ments[32] qu'il n'était pas chrétien d'étaler[33] sous le nez de cow-boys affamés
et perdus dans la brousse.[34] En tout cas ils justifiaient l'acharnement° de ces **acharnement** *m* ardeur furieuse
féroces[35] à la poursuivre, en lui faisant siffler aux oreilles leur lasso. (Les
Clochemerlins mâles se mettaient à leur place et pensaient qu'ils eussent fait
comme eux pour coincer la mignonne en tête-à-tête. Elle en valait vraiment
la peine.) Après une chasse à courre° aux terribles péripéties,° la pauvrette, **chasse à courre** *f* chasse à cheval
ligotée,[36] allait échoir en partage à[37] un abominable bandit. Le sort qui avec les chiens courants
l'attendait faisait frissonner d'horreur les âmes sensibles. On entendait alors **péripétie** *f* aventure
une charge ventre à terre[38] qui accourait de l'horizon. Le blond, le tendre,
l'athlétique Jimmy volait au secours de la bien-aimée. Sans même ralentir,
il sautait à pieds joints[39] dans le groupe des ravisseurs.[40] Il était ceinture noire
au judo et possédait la droite fulgurante[41] de Joe Louis. C'était le grand
tabassage final et justicier.[42] Les durs tombaient comme des quilles[43] ou
fuyaient épouvantés. Ayant fait place nette, Jimmy prenait en croupe sa
belle (qui n'avait pas perdu dans ces bagarres[44] une once[45] de ses charmants
volumes) et tous deux partaient au petit trot vers le ranch du bonheur.

On passa ensuite le grand film. Une fille ravissante de l'Oklahoma venait
à New York pour y travailler. Elle trouvait un emploi de servante de
drugstore dans un quartier populaire. Pure et honnête, elle envoyait chez
elle une partie de ses gains[46] pour aider sa mère à élever ses frères et sœurs.
Ce sacrifice la soutenait dans son dur métier. Mais son cœur restait vacant,
dont le vide la faisait souffrir aux heures crépusculaires[47] et pendant les jours
de fête, qu'elle passait seule dans sa chambrette, à rêver au prince charmant.
La malchance[48] s'acharnait sur° elle. Sa logeuse,[49] la vieille Mrs. Kreeps, qui **s'acharner sur** s'attacher avec
l'avait prise en haine depuis qu'elle avait refusé les avances d'un mauvais passion à
sujet de neveu, ne lui ménageait pas les affronts.° Là-dessus son poisson **affront** *m* insulte

Caricatures de l'automobile et de la bicyclette, par A. Robida. L'imagination exceptionnelle de Robida lui a valu le titre de "Jules Verne du dessin". *(Giraudon)*

rouge mourut. Et son canari, devenant neurasthénique,[50] ne chantait plus dans sa cage. C'était souvent avec des larmes dans les yeux qu'elle servait les "hamburgers" à ses clients. Dans cet état de chagrin, qui la rendait à demi-inconsciente, elle se fit renverser[51] par une Cadillac au carrefour° de la quarante-cinquième rue et resta évanouie° sur la chaussée.° Mais de la Cadillac bondit un beau jeune homme qui la releva, la prit dans ses bras et la transporta lui-même à la clinique. On devine la suite. Touché par tant de grâce et d'infortune, le jeune Slim Howard fit une cour assidue à la pauvre Joan de l'Oklahoma, en lui nasillant[52] des "darling" fervents, en la comblant° de cadeaux, dont une Cadillac décapotable.[53] (Ce serait son tour d'écraser[54] un peu les autres, compensation qui lui était bien dûe.) Car il était le fils de la "Texaco Oil", et son père détenait° quarante pour cent des valeurs du pétrole américain. Tout cela finit dans un grand bain de naphte.° Et par un baiser minuté,° en gros plan,[55] que les cœurs tendres dégustèrent° comme un ice-cream sentimental.

carrefour *m* où les rues se croisent
évanoui sans connaissance
chaussée *f* rue

combler donner à profusion

détenir tenir en possession
napthe *m* pétrole non raffiné
minuté dont la durée est fixe
déguster savourer

C'était un film hautement moral, édifiant même, mais juste du genre qui pouvait rendre complètement cinglées° les filles du genre de Lulu Bourriquet.

cinglé un peu fou

— C'est un nouveau Babylone qui se prépare!

— Mais non, mais non, Madame Fouache, répondait Tafardel. C'est simplement le progrès qui est en train de transformer la condition humaine.

— Ah, Monsieur Tafardel, je le voudrais. Mais j'ai peur que l'homme reste toujours un imbécile et un grand vaurien.[56]

Mouraille partageait l'opinion de Mme Fouache. Il disait:

— On met en mouvement des forces que l'intelligence humaine est incapable de contrôler. Le progrès mécanique a passé de un à mille en moins d'un siècle. Alors que le cerveau de l'homme n'a pas gagné d'un degré.

— Pardon, ripostait Tafardel, les hommes sont plus instruits qu'autrefois.

— On a augmenté le nombre des gens qui savent lire et écrire et pourraient à la rigueur s'exprimer. Mais combien ont quelque chose à exprimer? Y a-t-il plus de génies? A coup sûr, il y a davantage° de fous.

davantage encore plus

— Davantage de fous?

— Je le sais par les aliénistes.° L'homme n'est pas fait pour vivre dans cette bousculade,° ou n'y est pas adapté. Tout cela vient trop vite.

aliéniste *m* psychiatre
bousculade *f* désordre

— Vous êtes pessimiste, docteur!

— Un robuste pessimisme n'est pas inconfortable, mon cher Tafardel. Avouez que les pessimistes ont souvent vu clair. Et qu'ils ont en définitive raison, puisque tout finit par la mort.

— La mort? disait Tafardel qui ne voulait pas capituler. Peut-être qu'elle n'en a plus pour longtemps,[57] la mort!

— C'est le progrès! disaient les Clochemerlins, en sortant du cinéma, en tournant les boutons de leur radio, en appuyant sur le démarreur de leur auto. Ils en rayonnaient de plaisir et de fierté.

Mais c'était surtout l'automobile qui les avait le plus transformés. On rencontrait des Clochemerlins sur toutes les routes, courant le monde comme des Anglais. On en voyait à Montmerle et Montmelas, Bourg et Charolles, Leuhans et Lons-le-Saulnier, Dijon et Besançon. On en voyait à Montélimar, Aix-en-Provence, Nice, Cannes, Saint-Raphael, Sète, jusqu'à Bordeaux. Toujours bien munis de[58] nourriture et de boisson.

Rien ne les épatait[59] plus, ces Clochemerlins sortis de leur trou. Ils devenaient énormément malins[60] et dessalés.[61] Ils avaient un avis sur tout, ces irréfutables, sur la politique, la fiscalité, le libre échange, les voitures américaines, le prince de Galles, les rayons X, sur Rudolph Valentino et le sex-appeal de Mae West, sur Hitler et Mussolini, sur Staline et Primo de Rivera, sur Greta Garbo et Mistinguett,° etc. Ils auraient pris le pays en main, l'auraient gouverné et remis en ordre, vous auriez vu ça! Même le cantonnier° de Clochemerle savait ce qu'il y avait à faire pour que ça marche droit, en France.

> **Mistinguett** actrice française de music-hall
>
> **cantonnier** *m* ouvrier qui répare des routes

Ils devenaient énormément intelligents, les Clochemerlins, et le savaient. A s'en étonner eux-mêmes, à se mettre à genoux devant leurs si bons crânes, qui pouvaient contenir tant de choses. Ils n'étaient plus des couillons° de campagne, des arriérés,° des péquenots° et descendants de serfs. Ils étaient les hommes modernes! Ils disaient "moi" gros comme un demi-muid.°

> **couillon** *m* imbécile
> **arriéré** *m* qui appartient au temps passé
> **péquenot** *m* paysan sans finesse
> **demi-muid** *m* gros tonneau de vin

Le malheur, c'est qu'ils rencontraient sur la route des enflés[62] qui avaient un air de satisfaction intolérable. Qui tenaient leur gauche[63] en conduisant, les sacrés cochons, comme des meneurs de bœufs du Moyen Age. Qui arrêtaient leurs bagnoles en plein virage, pour cueillir la fraisette[64] ou taquiner[65] leur dodue.[66] Les Clochemerlins engueulaient[67] au vol cette sous-humanité.

Et de klaxonner,[68] et d'accélérer, avec la certitude qu'ils dépassaient de foutus° imbéciles, des croquants des cavernes,[69] de saumâtres° pedzouilles[70] retardataires.

> **foutu** *m* personne détestable
> **saumâtre** désagréable

Si c'est pas malheureux de donner des autos à des andouilles° pareilles! disait le conducteur clochemerlin.

> **andouille** *f* personne très stupide

— C'est des pauvres Français moyens! répondaient les passagers cloche-merlins.

D'avoir si bon jugement sur les hommes, de se sentir une intelligence si bien lubrifiée,[71] de connaître tant et tant, sur tout et le reste, ils se sentaient immensément contents d'eux. Ils en prenaient un petit air vaniteux qui les habillait bien.

— Au jour d'aujourd'hui, dit une fois Sébastien Ouille assis au volant, dans l'euphorie du quatre-vingts à l'heure,° y a vraiment plus de supériorité au-dessus de nous.

> **quatre-vingts à l'heure** c.-à-d. quatre-vingts kilomètres à l'heure

— Non, dirent avec extase les autres Clochemerlins, y a plus de supériorité au-dessus.

— Autant intelligents que n'importe lesquels, nous sommes!

— Autant intelligents! affirmèrent-ils.

Ça, c'était vraiment l'égalité.

— Mais des plus bêtes, à la pelle,[72] ça existe. La preuve, ce qu'on rencontre sur les routes.

— Pour sûr, des plus bêtes, c'est pas ce qui manque.

Cette conviction-là, c'était le bonheur.

On arrivait à la croisée° de Belleville, il fallut ralentir. Et ne pas accélérer pour traverser Saint-Jean-d'Ardières. Mais plus loin, ayant repris sa pleine vitesse sur la ligne droite, Sébastien Ouille éclata de rire.

croisée *f* carrefour

— Quand même, dit-il, le monde est plein de c— —!

Ils opinèrent avec empressement.[73]

— Et, conclut Sébastien Ouille, il a fallu le progrès pour qu'on s'en aperçoive!

Questions

1. Que va nous montrer ce conte?
2. Quelle était l'occupation d'Eugène Fadet?
3. Pourquoi ne passait-il pas beaucoup de temps à ses affaires?
4. Qu'entreprit-il de nouveau, en 1926?
5. Pourquoi les affaires s'améliorèrent-elles?
6. Pourquoi Mourailles eut-il beaucoup de travail?
7. Pourquoi des héritages se trouvèrent-ils acquis avec vingt ans d'avance?
8. Quels changements l'arrivée de l'automobile amena-t-elle dans la vie de Clochemerle?
9. Que fit Léontine Fadet pour agrandir son commerce, et de ce fait embellir la vie des femmes de la ville?
10. Quels sentiments les Clochemerlins éprouvaient-ils derrière le volant de leur automobile?
11. Quelles sortes de films firent leur apparition à Clochemerle?
12. Quelle opinion avait le docteur sur le progrès?
13. Qu'est-ce qui a le plus transformé les Clochemerlins?
14. Pourquoi les Clochemerlins prenaient-ils un petit air vaniteux?
15. Selon Sebastien Ouille qu'était vraiment l'égalité?

Notes

1 **mévente** *f* slump in sales   2 **veiller** to be on the alert   3 **tiroir-caisse** *m* cash register   4 **volant** *m* steering wheel   5 **dommage** *m* damage   6 **piège** *m* snare   7 **chaudière** *f* boiler of a steam engine   8 **engrenage** *m* gear   9 **bielle** *f* connecting rod   10 **coulé** slipped   11 **crevé** cracked   12 **emboutissage** *m* crash   13 **cabossage** *m* dent   14 **essieu** *m* axle   15 **aile** *f* fender   16 **culbute** *f* somersault   17 **platane** *m* plane tree   18 **embusqué** ambushed   19 **parenté** *f* relatives   20 **pétarade** *f* backfiring   21 **boîte de vitesse** *f* gearbox   22 **torticolis** *m* crick in neck   23 **sautillant** "catchy"   24 **bouge-fesse** *m* hip-swinging   25 **dandinement** *m* swinging   26 **ataxique** one who walks jerkily   27 **d'écaille** hornrimmed   28 **prise de vue** *f* picture-taker   29 **crépitant** crackling   30 **se fusiller** to shoot each other   31 **bien foutu** well-stacked   32 **épanouissement** *m* charm

33 **étaler** to show off   34 **brousse** *f* where nothing grows but scrub brushwood
35 **féroce** *m* ferocious one   36 **ligoté** tied up   37 **échoir en partage à** to fall into
the hands of   38 **charge ventre à terre** firing at full speed   39 **sauter à pieds
joints** to jump upon   40 **ravisseur** *m* kidnapper   41 **fulgurant** with the speed of
lightning   42 **tabassage final et justicier** *m* fight to the finish   43 **quille** *f* ninepin
44 **bagarre** *f* brawl   45 **once** *f* ounce   46 **gain** *m* salary   47 **crépusculaire**
twilight   48 **malchance** *f* bad luck   49 **logeuse** *f* landlady   50 **neurasthénique**
neurotic   51 **se faire renverser** to be knocked down   52 **nasiller** to speak with a
nasal tone   53 **décapotable** convertible   54 **écraser** to run over   55 **en gros plan**
closeup   56 **vaurien** *m* good-for-nothing   57 **n'en avoir plus pour longtemps**
meaning it will soon be a thing of the past   58 **muni de** supplied with   59 **épater**
to amaze   60 **malin** shrewd   61 **dessalé** cunning   62 **enflé** *m* someone puffed up
with importance   63 **tenir leur gauche** to drive on the left side of the road
64 **cueillir la fraisette** to flirt   65 **taquiner** to tease   66 **dodue** *f* person who is
"well-rounded"   67 **engueuler** to heap with insults   68 **klaxonner** to sound the
horn   69 **croquant des cavernes** *m* caveman   70 **pedzouille** *m* hayseed
71 **lubrifié** lubricated   72 **à la pelle** a lot   73 **avec empressement** eagerly

La France de 1938 a 1945

NÉ A NEW YORK, David Schoenbrun y commença sa carrière comme professeur de langues romanes. Ensuite comme reporter, écrivain et commentateur sa réputation devint internationale par ses articles, ses reportages et ses émissions radiodiffusées.

Pendant la Seconde Guerre mondiale il fut correspondant de guerre; ses exploits lui valurent la croix de guerre et la Légion d'honneur.

Le compte rendu qui suit est d'après un extrait de son œuvre *Les Trois Vies de Charles de Gaulle*.

LA FRANCE A 1938 A 1945
d'après David Schoenbrun

A AUCUN MOMENT entre les deux guerres mondiales, la France n'a pu rétablir son équilibre économique ni — comme nous l'avons dit — se remettre de[1] ses terribles pertes en vies humaines.

En 1938 la France n'avait qu'une armée insuffisante et une ligne de défense construite le long de la frontière franco-allemande appelée la ligne Maginot. La marine était forte mais l'aviation était pitoyablement faible.

Cependant, quand l'Allemagne envahit la Pologne en septembre 1939, la déclaration de guerre par la France suivit de peu celle de l'Angleterre.

Dès le début de la guerre, la France mobilisa toutes ses forces et les dirigea sur la ligne Maginot. L'attaque allemande ne se fit qu'au bout de huit mois afin de démoraliser les Français par une longue attente. Cette attaque commença le 10 mai 1940 et fut conduite à travers la Hollande, la Belgique et le Luxembourg, contournant[2] ainsi la ligne Maginot. En deux mois les armées françaises furent réduites à l'impuissance.[3] Mal entraînées, mal équipées et mal renforcées par l'aviation pour une guerre rapide et motorisée, les armées françaises ne purent résister à l'aviation et au colonnes blindées[4] allemandes. L'Angleterre ne put envoyer en France que dix divisions insuffisamment protégées par son aviation. Le gouvernement de Paul Reynaud, alors Premier ministre, se replia sur° Bordeaux devant la débâcle militaire. Le 16 juin Reynaud céda le pouvoir au maréchal Pétain qui avait préconisé des pourparlers[5] et une entente avec Hitler avant la défaite totale.

se replier sur faire un mouvement en arrière, en allant à

Le premier mai 1941, un petit garçon vend des insignes du maréchal Pétain, dont on voit la photo à l'arrière-plan. *(Coll. Viollet)*

Le maréchal Pétain demanda l'armistice qui fut signé le 28 juin en forêt de Compiègne dans le wagon rendu historique par le maréchal Foch à la fin de la Première Guerre mondiale.

Quoique la France ne fût plus officiellement en guerre, sous le "gouvernement de Vichy" présidé par le maréchal Pétain, bien des Français continuèrent la lutte pendant les quatre années qui suivirent.

Le général Charles de Gaulle récemment nommé par Reynaud sous-secrétaire d'Etat au ministère de la Guerre avait pu s'échapper de la France occupée et fonder le mouvement de la France libre à Londres, tandis qu'en France même, des groupes de "résistants" s'organisaient pour saboter[6] les forces ennemies.

Voulant échapper à la déportation et au travail forcé pour le compte° des Allemands, de nombreux jeunes allèrent grossir les rangs de la Résistance. Ils vécurent en groupes appelés "le maquis", se cachant des Allemands, étant nourris et aidés par les habitants des campagnes et par le ravitaillement[7] en provenance de l'Angleterre, parachuté pour eux la nuit. Ils harcelèrent° les Allemands en France, détruisant leurs moyens de communication et leurs transports en préparation des attaques anglo-américaines.

Dans leur émouvant récit de la libération de Paris en août 1944, Larry Collins et Dominique Lapierre décrivent comment le général de Gaulle revint à Paris, déterminé à assurer la libération de Paris avec l'aide des alliés et à former un gouvernement provisoire avant que les communistes de la Résistance ne puissent en prendre contrôle.

pour le compte au profit

harceler tourmenter

Questions

1. Citez plusieurs raisons pour lesquelles la France, en 1940, fut défaite en deux mois.
2. Quel était le Premier ministre à cette époque?
3. Qu'arriva-t-il le 28 juin 1940 et qui devint alors le chef du gouvernement de la France?
4. Quel mouvement fonda le général de Gaulle et où l'établit-il?
5. Que firent beaucoup de jeunes gens français au lieu de travailler pour le compte des Allemands?
6. Comment s'appelèrent des groupes de la Résistance?
7. D'où vint une partie de leurs ravitaillements?

Notes

1 **se remettre de** to recover from   2 **contournant** twining around   3 **réduire à l'impuissance** to render helpless   4 **blindé** armored   5 **préconiser des pourparleurs** to recommend (having) negotiations   6 **saboter** to sabotage
7 **ravitaillement** *m* provisioning (supplying with food, etc.)

Charles de Gaulle

LE 25 AOÛT 1944 à midi des éléments avancés de la France libre sous le commandement du général Leclerc et renforcés par l'infanterie américaine franchissaient les ponts de la Seine. Leur entrée à Paris fut l'aboutissement d'un prodigieux concours° de circonstances qui sauva non seulement la ville et ses trésors inestimables de la destruction mais aussi sa population de la mort.

concours m coïncidence

    Paris brûle-t-il? est le résultat de près de trois ans de recherches par ses auteurs Larry Collins et Dominique Lapierre. Celui-là fut chef des bureaux de l'hebdomadaire° *Newsweek* à Paris après avoir passé quatre ans comme correspondant au Moyen-Orient et en Afrique du Nord. Celui-ci diplômé de l'Université de Yale fut pendant dix ans un des principaux reporters de *Paris-Match*. Dominique Lapierre fut également correspondant dans plusieurs pays d'Europe ainsi qu'en Corée, en Russie, en Afrique et en Amérique du Sud. Il vécut à Paris pendant toute la durée de l'occupation allemande et au moment de la libération.

hebdomadaire qui paraît une fois par semaine

CHARLES DE GAULLE
par Dominique Lapierre et Larry Collins

DU PONT d'Arcole et des berges[1] de la Seine jusqu'aux façades des vieux immeubles de la rue de Rivoli, une foule immense et multicolore recouvrait la place de l'Hôtel de Ville tout entière. Là, sur cette place chargée° d'histoire où la République avait été proclamée en 1870 et la Commune un an plus tard, des milliers de Parisiens attendaient depuis des heures un événement non moins historique: la première apparition officielle du général de Gaulle. Tous étaient impatients de voir enfin en chair et en os l'homme qui pendant quatre ans, avait donné l'espoir à la France asservie.°

chargé plein

asservi réduit à la servitude

    A ce rendez-vous, de Gaulle faillit bien ne pas venir. Dans son bureau du ministère de la Guerre, le général venait de recevoir pour la première fois celui qui avait été son représentant politique à Paris, Alexandre Parodi. Pour Parodi, l'entrevue avait été éprouvante.° De Gaulle lui avait fait connaître sans ambages[2] combien lui avait déplu la proclamation du C.N.R.★

éprouvant difficile

★ CNR Comité National de la Résistance. Fondé par de Gaulle en 1943, dominé par les communistes en 1944 (selon de Gaulle).

Mais surtout, ce qui avait stupéfié Parodi c'était l'optique° particulière avec laquelle de Gaulle considérait la situation politique. Le général semblait vraiment s'attendre à° ce que les communistes lui disputent° maintenant le pouvoir. Dans son esprit, des organisations comme le C.N.R. n'étaient que des instruments plus ou moins déguisés de l'action du Parti.° Elles concouraient[3] toutes, selon lui, à instaurer° une autorité qui exclurait finalement sa personne. Et ce jour là, Parodi ne partageait pas cette façon qu'avait de Gaulle d'évaluer les buts de ses adversaires politiques.★

    optique *f* point de vue

    s'attendre à compter sur
    disputer à lutter avec pour obtenir

    Parti le Parti communiste

    instaurer établir

D'un ton définitif, de Gaulle informa alors Parodi qu'il n'avait pas la moindre intention de se laisser "recevoir" par le C.N.R. ou par le C.P.L.° Il n'avait aucune raison de rendre visite aux représentants de l'autorité municipale. Il rappela à Parodi qu'il était le chef du gouvernement. A ce titre, c'était lui qui recevrait le C.N.R. et le C.P.L., quand il en aurait le temps, et "chez lui".

    C.P.L. Comité Parisien de Libération (communiste)

Conscient de l'amertume[4] que ce refus de se montrer à l'Hôtel de Ville causerait à la population parisienne, Parodi supplia de Gaulle de revenir sur sa décision. Mais le général resta intraitable.[5] Parodi résolut alors de tenter une dernière démarche.[6] Pensant que peut-être quelqu'un connaissant mieux de Gaulle que lui parviendrait° à le fléchir, il envoya chercher le préfet de police Charles Luizet.

    parvenir réuss

Après une longue discussion au cours de laquelle Luizet souligna devant le général quelle désastreuse impression son refus ferait, le préfet obtint finalement gain de cause.[7] Mais, avant de partir pour l'Hôtel de Ville, de Gaulle informa le préfet de deux décisions qu'il avait prises: la première concernait la visite qu'il entendait rendre d'abord à la Préfecture de police, symbole de la résistance gaulliste. La seconde se rapportait à la seule réception qu'il considérât comme valable,[8] une confrontation directe entre le peuple de Paris et lui-même, en tant que chef du gouvernement. Il annonça qu'il avait décidé de conduire le lendemain un défilé[9] triomphal qui, partant de la tombe du Soldat Inconnu, descendrait les Champs-Elysées et se poursuivrait jusqu'à Notre-Dame, ces deux symboles de la tradition et de la pérennité° de la France dont il avait été lui-même l'incarnation pendant quatre ans. Par cette grandiose démonstration, il répondrait aux prétentions des membres du C.N.R. et leur montrerait, comme il montrerait au monde, de quel côté était le peuple de France. Il n'avait d'ailleurs pas l'intention d'inviter officiellement le C.N.R. à cette cérémonie historique. Lorsqu'il eut fini de dicter ses ordres, il s'exclama sèchement: "Bon, puisqu'il faut y aller, allons-y!"

    pérennité *f* ce qui dure longtemps

A l'Hôtel de Ville, les chefs de l'insurrection passaient de la déception à la colère. Ils avaient d'abord été surpris de ne pas voir arriver de Gaulle, puis

---

★ Depuis 1944, Parodi qui est aujourd'hui vice-président du Conseil d'Etat, semble avoir révisé l'opinion qu'il avait alors quant aux véritables desseins des adversaires politiques du général. Il a déclaré aux auteurs de ce livre qu'avec le recul du temps, il est arrivé à la conclusion que de Gaulle avait probablement une vue de la situation plus réaliste que la sienne. Toutefois, le général, à son avis, surestimait la puissance communiste et sous-estimait sa propre popularité.

     (M. de la Guerre, Paris. Lauros-Giraudon)

18 du 25 Août 1944

Colonel Roll-Tanguy

Colonel Fabien

PARIS SE LIBÈRE

agacés,[10] enfin irrités. Pâle et inquiet, Georges Bidault, le président du C.N.R., arpentait[11] le bureau du président du Conseil municipal en marmonnant:[12] "Personne ne m'a jamais fait attendre ainsi." Les membres du C.N.R. — c'était sans doute ce que recherchait de Gaulle — s'indignaient qu'il choisît d'abord de rendre visite à la Préfecture de police, "la maison des flics", avant de venir à l'Hôtel de Ville, "la maison du peuple". Fernand Moulier, le journaliste qui s'était glissé dans Paris une semaine avant les Alliés, entendit un des membres du C.N.R. grommeler:° "Ces salauds-là[13] nous ont arrêtés pendant quatre ans et maintenant, de Gaulle va les voir et leur rendre hommage." Montrant d'un grand geste la place noire de monde, Bidault lui-même s'écria: "Le peuple est ici, et non à la 'maison des flics'. S'il le faut, nous célébrerons sans lui la Libération."

grommeler murmurer entre les dents

Mais, pour de Gaulle, les ambitions du C.N.R., ou, en tout cas de la plupart de ses membres, étaient essentiellement politiques. Et ils voyaient, pensait-il, dans l'insurrection, le moyen de satisfaire ces ambitions. Ils voulaient maintenant "présenter" officiellement de Gaulle au peuple de Paris. Par ce geste, ils espéraient lui offrir leur "patronage". Ils étaient prêts à l'"inviter" à leurs réunions, qui auraient lieu dans un important "palais national". Mais surtout, ils avaient rédigé[14] les grandes lignes d'une solennelle "proclamation de la République" qu'ils comptaient faire lire par de Gaulle à la foule, renouant ainsi avec [15] les traditions républicaines de la place de l'Hôtel de Ville. Bidault en possédait le texte dans sa poche. Cette proclamation était une habile manœuvre qui se proposait de marquer non seulement la fin du régime de Vichy, mais aussi, plus subtilement, la fin du gouvernement d'Alger. Elle faisait du N.C.R. le créateur d'une nouvelle République dont de Gaulle serait, en quelque sorte, le fondé de pouvoir.[16] Tels étaient les rêves ambitieux, mais dénués de réalisme, de Georges Bidault et de ses amis politiques. Pour ces hommes, le réveil devait être brutal.

Les membres du C.N.R. étaient déjà sur les marches du perron[17] de l'Hôtel de Ville lorsque dominant de sa haute taille la foule en délire, de Gaulle s'avança vers eux.

En simple uniforme kaki, ne portant que la croix de Lorraine et l'insigne des Forces Françaises Combattantes, de Gaulle passa à grands pas devant la garde d'honneur en manches de chemise et se dirigea vers Georges Bidault qui attendait pour "faire les présentations". Mais de Gaulle ne lui en laissa pas le temps. Il s'engouffra[18] aussitôt dans l'escalier et Bidault ne put que suivre.

Arrivés dans le bureau du président du Conseil municipal, les deux hommes échangèrent de brèves allocutions.° Bidault fut émouvant.° De Gaulle répondit par une envolée[19] de son éloquence majestueuse.

allocution f discours familier et bref
émouvant touchant

"Pourquoi, demanda-t-il, cacher l'émotion qui nous étreint[20] tous, hommes et femmes, en ces minutes qui dépassent chacune de nos pauvres vies?" Puis il déclara à ceux qui l'entouraient: "L'ennemi chancelle[21] mais il n'est pas encore battu. . . Plus que jamais l'unité nationale est nécessaire."

Et il ajouta: "La guerre, l'unité et la grandeur, voilà mon programme."
Lorsqu'il eut terminé, Bidault sortit discrètement de sa poche la proclamation. "Mon général, s'écria-t-il de sa voix éraillée,[22] voici autour de vous le Conseil National de la Résistance et le Comité Parisien de Libération. Nous vous demandons de proclamer solennellement la République devant le peuple ici rassemblé." De Gaulle toisa° d'un regard glacial le petit homme devant lui. "La République, répondit-il simplement, n'a jamais cessé d'être." **toiser** regarder avec dédain

Il s'approcha alors de la fenêtre et découvrit au-dessous de lui l'océan de visages qui submergeait la place de l'Hôtel de Ville. Lorsqu'il parut enfin, la foule impatiente et surexcitée se déchaîna en applaudissements et en acclamations. Bientôt, une seule et même voix monta de toutes les poitrines. Elle scandait:[23] "De Gaulle. . . de Gaulle. . ." Derrière la haute silhouette se trouvait le lieutenant Claude Guy, le fidèle aide de camp. Considérant la faible hauteur de la balustrade, Guy glissa sa main dans le ceinturon du général pour l'empêcher de basculer° dans le vide au cas où il serait atteint° par la balle d'un tireur.[24] A ce geste, sans se retourner mais d'une voix que tout le monde put entendre dans la pièce derrière lui, de Gaulle gronda:[25] "Fichez-moi la paix!"[26] **basculer** tomber **atteint** blessé

Après avoir longuement salué la foule de ces grands gestes qui devaient devenir familiers à tous les Français, de Gaulle quitta le balcon. Il fit alors un clin d'œil à Claude Guy. "Merci", dit-il.

Et après quelques rapides poignées de main, il s'en alla comme il était venu, à grands pas. Il n'avait prononcé ni le nom du C.N.R. ni le mot "Résistance". Dans la pièce voisine, le champagne attendait toujours: il n'avait pas non plus porté de toast à la Libération. Il avait fait en sorte de ne pas être présenté solennellement aux membres du C.N.R. Quant à la proclamation préparée par Georges Bidault, elle était toujours au fond de sa poche.

Pendant que de Gaulle quittait l'Hôtel de Ville, les membres du C.N.R. écoutaient avec une amertume non dissimulée° les acclamations et les cris de la foule qui faisaient vibrer les dernières vitres encore intactes de l'immense bâtiment. Le communiste Pierre Meunier entendit alors un de ses collègues marmonner avec rage: "C'est simple! il nous a eus!" **dissimulé** caché

Le premier succès que de Gaulle venait de remporter à l'Hôtel de Ville ne devait pas être le seul de la journée. Dans un bureau sommairement° meublé des Invalides, alors que le bruit de la fusillade retentissait encore, deux hommes signaient un document de trente-sept pages. Dans l'émotion et le tumulte de la Libération, ce geste passa presque totalement inaperçu. Et pourtant l'heureuse coïncidence du calendrier qui avait fait tomber la libération de Paris le jour de la Saint-Louis,° s'étendait[27] à un autre évènement: la signature du traité franco-américain relatif aux Affaires civiles. A Washington, au mois de juillet précédent, de Gaulle et Roosevelt en avaient personnellement accepté le principe. Pendant des semaines, des experts en avaient discuté les modalités. Mais la signature, en dépit des pressions **sommairement** incomplètement

le jour de la Saint-Louis le 25 août

Un groupe de maquisards corses qui se préparent à une attaque. *(Coll. Viollet)*

d'Eisenhower, avait été repoussée[28] une bonne dizaine de fois. Finalement, le jour même de la Libération, le brigadier général Julius Holmes s'était envolé du quartier général du SHAEF à bord du "L 5" personnel d'Eisenhower et avait atterri dans un champ de blé près de Paris pour apporter le texte de l'accord au général Pierre Koenig. Mais même en cette ultime minute, le premier document par lequel l'Amérique reconnaissait enfin officiellement l'autorité de Charles de Gaulle, comportait une équivoque.[29] Une fois encore, Washington avait prescrit[30] à Eisenhower de faire savoir qu'il était "autorisé à conclure cet accord à la condition qu'il soit dans les intentions des autorités françaises de permettre au peuple français de choisir librement son gouvernement." Avec de Gaulle, un tel préambule n'était pas de nature à faciliter les choses. Tandis que les signataires d'un accord analogue entre la Grande-Bretagne et la France avaient été les ministres des Affaires étrangères, le gouvernement américain avait exigé que l'accord avec la France fût signé par des militaires. Par cet artifice, Roosevelt voulait éviter qu'on pût confondre cet accord avec une reconnaissance "de jure"[31] du gouvernement de Charles de Gaulle. Et maintenant, à l'instant où il apposait son paraphe [32] sur la trente-septième page du long document, le général Julius Holmes, un ancien diplomate de carrière, pouvait mesurer, à la lumière de ce qu'il venait de voir dans les rues de Paris, quel abîme[33] séparait ce texte de la réalité. Il savait que personne à Washington ne s'attendait à voir le gouvernement du général de Gaulle s'installer et fonctionner avant plusieurs semaines. Ce court voyage à Paris venait de lui révéler la vérité: "Rien, sauf la force, ne pourrait maintenant chasser de Gaulle." Holmes pensait avec un certain plaisir à toutes les difficultés que le département d'État allait bientôt connaître pour modifier ce document dont l'encre n'était pas encore sèche.

En fait, pensait Holmes, "jamais de Gaulle n'avait eu l'intention d'être, aujourd'hui, autre part que là où il était, à Paris." Et le diplomate américain, méditant avec ironie sur son propre rôle, eut la même pensée que le résistant anonyme de l'Hôtel de Ville: "Une fois encore, se dit-il, de Gaulle nous a poliment roulés."[34]

★ ★ ★

Mais, avant tout, cette journée du 26 août appartient à Charles de Gaulle. Elle doit marquer son "entrée officielle" dans Paris. Toute la nuit, la radio a répété l'annonce du grand défilé des Champs-Elysées. Jusqu'à l'aube, professionnels ou amateurs, tous les pinceaux[35] de la capitale ont tracé sur des milliers de banderoles:[36] "Vive de Gaulle." Ce jour du "rendez-vous avec l'Histoire" est donc arrivé. Il va couronner une croisade de quatre années et provoquer le plébiscite populaire dont le chef de la France libre tirera l'autorité nécessaire pour réduire au silence ses adversaires et relever la France.

Pour cette longue marche jusqu'à Notre-Dame, de Gaulle jugeait nécessaire que la 2e D.B.[37] accompagnât ses pas. Il voulait que la présence de ses chars[38] et de ses canons montrât au peuple de Paris de quelle autorité son gouvernement avait l'appui.° Une fois de plus, sans se soucier de la hiérarchie du commandement allié, il donna directement à Leclerc l'ordre de rassembler ses troupes pour le défilé. Il ne fit qu'une seule concession: il laissa un groupement tactique faire mouvement vers le nord-est, en direction du Bourget, où avait été signalée la possibilité d'une contre-attaque allemande.

appui *m* support

Jamais dans l'histoire de Paris, défilé n'a comporté° autant de risques. Dans cette ville où se terrent° encore des francs-tireurs[39] allemands et des collaborateurs aux abois,° dans cette ville aux portes de laquelle campent des arrière-gardes de la Wehrmacht bien supérieures en force au petit détachement de la 2e D.B. et à l'unique régiment américain qui l'appuie, de Gaulle se propose de rassembler plus d'un million d'habitants et toute l'élite politique de son pays. Jamais, depuis le jour où l'Armada alliée s'est présentée devant les côtes normandes, les avions de Goering n'ont eu de cible[40] plus tentante. Il suffirait de quelques avions et d'un commando blindé[41] un peu résolu pour que la contre-attaque allemande, débouchant sur les Champs-Elysées, ne vînt transformer une manifestation triomphale en un désastre aux conséquences incalculables.

comporter contenir
se terrer se cacher
aux abois dans une situation désespérée

Ces risques, de Gaulle a pourtant décidé de les prendre. A l'heure où la vague d'enthousiasme produite par la Libération soulève encore Paris, il veut imposer sans retard son autorité. Il en va de son propre avenir politique et, partant, de l'avenir de la France elle-même. . . "Ce défilé est nécessaire, car le but en vaut la peine. Ce défilé fera l'unité politique de la France" dit Charles de Gaulle.

★　★　★

Solitaire, solennel, dominant de toute la tête la foule qui l'entoure, Charles de Gaulle vient de se figer au garde-à-vous[42] devant la tombe du Soldat Inconnu. Sur la pierre nue, il s'incline et dépose une couronne de glaïeuls[43] rouges. Puis il accomplit un geste que nul, depuis le 14 juin 1940, n'a pu faire qu'en présence de l'envahisseur:[44] tandis qu'éclate sous la voûte[45] triomphale la sonnerie "aux Morts", puis "la Marseillaise", il ranime[46] la Flamme éternelle. Le général se dirige ensuite vers les tanks et les voitures blindées alignés autour de l'Étoile, et va les passer en revue. Massés sur les trottoirs, les balcons, les toits, des milliers de Parisiens l'acclament, de plus en plus fort. Le général revient devant l'Arc de Triomphe et s'immobilise à nouveau. Un instant, il regarde les Champs-Elysées. Jusqu'à l'obélisque, 1800 mètres plus bas, une foule immense se presse sur la chaussée.° Le ciel est bleu, sans un nuage. Le soleil d'août, brûlant, illumine l'océan multicolore des drapeaux, des robes d'été, des banderoles. Charles de Gaulle va vivre un

chaussée *f* rue

moment de triomphe comme jamais peut-être dans l'histoire du monde un homme n'en a vécu.

Il sait pourtant qu'à tout instant une attaque aérienne allemande peut venir transformer ce spectacle triomphal en une effroyable tragédie, dont ses adversaires seront trop heureux de pouvoir l'incriminer. Mais, contemplant la multitude immense devant lui, de Gaulle en ce moment croit à "la fortune de la France", et en son destin. Une voiture de police descend lentement l'avenue et annonce par haut-parleur que de Gaulle "confie le soin de sa sécurité au peuple de Paris." Quatre tanks de la 2e D.B. s'ébranlent° alors dans un fracas métallique, ouvrant le cortège. De chaque côté de l'avenue, des F.F.I.,° des agents de police et des pompiers se tiennent par le bras en une interminable chaîne qui contient la foule. Derrière de Gaulle, les chefs de la France nouvelle se sont rassemblés: Leclerc, Juin, Koenig, les chefs de la Résistance, les membres du C.N.R., du C.P.L., du COMAC, Parodi, Chaban-Delmas. . .

s'ébranler se mettre en mouvement

F.F.I Forces Françaises de l'Intérieur (forces de la Résistance en France)

De Gaulle se tourne vers eux et commande: "Messieurs, à un pas derrière moi." Alors, à pied, seul en tête sous le tonnerre des applaudissements et des ovations qui roulent vers lui et s'enflent° au fur et à mesure qu'il[47] s'avance, Charles de Gaulle entame° sa marche triomphale. Si loin que porte sa vue, ce n'est qu'une foule vivante dans le soleil. Marchant à grands pas, le général lève et abaisse les bras, saluant la foule dans un geste cent fois répété.

s'enfler augmenter de volume
entamer commencer

Derrière, mêlés dans une cohorte° disparate, fidèles et adversaires avancent dans son sillage.° De Gaulle lui-même a voulu cet apparent désordre. Pour ce rendez-vous historique, rien, ni hiérarchie, ni protocole, ne doit s'interposer entre le peuple de France et lui.

cohorte f groupe de gens
avancer dans son sillage suivre ses traces

Tout le long de la plus belle avenue du monde, la foule déborde[48] des trottoirs, escalade[49] les arbres, s'accroche aux réverbères,[50] s'agrippe aux fenêtres. Des grappes[51] humaines pendent le long des façades. Les balcons sont pleins à craquer. Les toits eux-mêmes sont envahis.° Le passage du général déchaîne la tempête des voix qui scandent interminablement son nom. Des fillettes se jettent devant lui et lui offrent des bouquets multicolores qu'il passe à ceux qui le suivent, des gens s'évanouissent,° sous les effets conjugués° de l'enthousiasme et du soleil.

envahi occupé

s'évanouir perdre connaissance
conjugué combiné

Dans cette foule qui n'est, lui semble-t-il "qu'une seule pensée, un seul élan,[52] un seul cri", à la vue de ces enfants qui clament leur joie, de ces femmes qui lui lancent vivats et encouragements, de ces hommes qui lui crient "merci", de ces vieilles gens en larmes, Charles de Gaulle, point de mire[53] de tout ce déchaînement, se sent plus que jamais "l'instrument du destin de la France".

Mais il n'y a pas de joie sans mélange. Au moment où de Gaulle débouche° sur la place de la Concorde, un coup de feu retentit. A ce bruit, comme à un signal, aussitôt la fusillade éclate de toutes parts. Des milliers de gens s'aplatissent° sur le sol ou courent se réfugier derrière les chars et les half-tracks. Le sergent Armand Sorriero, l'Américain qui était allé prier à Notre-

déboucher aboutir

s'aplatir tomber en s'allongeant

Dame avec sa carabine, se cache derrière sa jeep. Risquant un oeil, l'ancien d'Omaha Beach[54] se sent soudain "honteux" de sa frayeur.° Droit devant lui, il voit, indifférent à la fusillade, passer de Gaulle, "très raide et très grand". Sorriero pense alors: "Il se tient droit pour son pays."

De l'autre côté de la place, le lieutenant Yves Ciampi, de la 2ᵉ D.B., a eu la même réaction instinctive que Sorriero. Il s'est accroupi[55] derrière un char. Mais soudain il sent le bout d'une canne s'enfoncer° dans son dos. Un vieux monsieur distingué le regarde avec un air de reproche et lui dit: "Monsieur l'officier, à votre âge, vous devriez vous lever et aller mettre fin à cette fusillade ridicule."

Sur un char, un tankiste crie: "Bon Dieu, c'est la cinquième colonne!" A ces mots, le tireur du char braque° son canon sur la façade de l'hôtel Crillon, compte jusqu'à cinq, et fait feu. Dans un nuage de poussière s'écroule[56] la cinquième colonne de l'hôtel Crillon!

Presque au même instant, à l'entrée de la tour Nord de Notre-Dame, un Américain frappait à coups redoublés[57] sur une porte. Un prêtre de la cathédrale avait promis au lieutenant Burt Kalisch de l'autoriser à monter dans la tour pour prendre des photos de la cérémonie du "Te Deum" qui allait bientôt commencer. Derrière la porte close, Kalisch entendait des voix. Il frappa encore. Un civil en chemise, la barbe hirsute,[58] apparut enfin. D'une voix furieuse, il cria quelque chose en français, puis referma brusquement la porte. Kalisch et son photographe attendirent quelques minutes. Bientôt, une immense rumeur[59] annonça l'arrivée de de Gaulle. Presque aussitôt, les deux Américains entendirent des coups de feu. Instinctivement Kalisch leva la tête. Au-dessus de lui, au balcon de la tour, il distingua nettement les canons de trois fusils[60] qui tiraient sur les fidèles rassemblés dans la nef.[61] Puis il vit les canons disparaître. "Seigneur, murmura Kalisch, ils vont assassiner de Gaulle."

La voiture découverte où Charles de Gaulle est monté place de la Concorde vient de s'arrêter sur le parvis.° Impassible et grave, de Gaulle descend et deux petites filles habillées en Alsaciennes lui offrent un bouquet tricolore. Puis il s'avance vers le grand portail du Jugement dernier. A ce moment, une volée[62] de balles balaie[63] le parvis. Les F.F.I. et les soldats de la 2ᵉ D.B. ripostent aussitôt, et lâchent des rafales[64] vers les toits et les tours de la cathédrale. Des balles ricochent sur les gargouilles[65] et les balustrades, arrachant des éclats de granit qui retombent sur l'assistance.[66] Les officiers de Leclerc courent en tous sens pour faire cesser le feu. Leclerc lui-même, dans un geste d'impatience, donne un coup de canne à un des soldats qui lâche des rafales de mitraillette[67] dans toutes les directions.

Imperturbable, de Gaulle continue sa marche. A l'intérieur, dans la pénombre° de la nef, l'assistance réunie pour le "Te Deum" a entendu les acclamations de la foule, puis le crépitement[68] de la fusillade. Au moment où de Gaulle passe sous le grand porche, des coups de feu éclatent à l'intérieur même de la cathédrale. L'écho des hautes voûtes répercute les

frayeur *f* peur

s'enfoncer se plonger

braquer diriger

parvis *m* place devant une église

pénombre *f* obscurité

Paris est libéré. Le général de Gaulle salue les Parisiens fous de joie. *(Coll. Viollet)*

détonations en roulement de tonnerre. Les fidèles, renversant chaises et prie-dieu,[69] se piétinant,[70] se jettent à plat ventre.[71] De Gaulle, précédant toujours sa suite officielle, parcourt les 60 mètres de la nef de son pas large et tranquille. Une femme, aplatie sous un prie-dieu, sort prudemment la tête le temps de crier: "Vive de Gaulle" et replonge sous son dérisoire° abri.   **dérisoire** insignifiant

Au bout de la nef, Jeannie Steel, la secrétaire d'un des officiers de l'état-major[72] du général, s'écrie: "Les salauds, ils l'ont tué" Puis elle aperçoit la haute silhouette qui émerge à l'entrée de l'église, et pense: "Quelle belle cible!" Elle le voit alors passer "droit et raide" dans un rayon de lumière qui, traversant l'ombre des voûtes, "semble lui frapper l'épaule comme une épée". A ce moment, la jeune secrétaire, qui n'avait jamais été ardente gaulliste, sent couler sur son visage "des larmes de fierté pour cet homme".

Quand il atteint le transept, de Gaulle va calmement prendre sa place d'honneur à gauche de la nef. Derrière lui, le général Koenig se retourne vers l'assistance. Contemplant avec réprobation la foule à plat ventre sur les dalles,[73] le vainqueur de Bir-Hakeim[74] s'écrie: "Vous n'avez pas honte? Allez, debout!" Son livre de prières à la main, tandis que le crépitement de la fusillade continue d'emplir la cathédrale, de Gaulle chante à pleins poumons le "Magnificat".

Puis, abrégeant la cérémonie, de Gaulle sort de la cathédrale du même pas égal qu'il était entré, et regagne sa voiture.

Rien, aucun geste, aucune parole ne pouvaient, en ce jour historique, valoir à Charles de Gaulle plus d'admiration de la part de ses compatriotes que cette démonstration publique de courage et de sérénité d'esprit. "Maintenant, cabla à son journal un correspondant américain qui avait suivi le général pendant toute la manifestation, de Gaulle a la France dans sa main!"

Questions

1. Qu'attendaient les milliers de Parisiens réunis en foule sur la place de l'Hôtel de Ville le 25 août 1944?
2. Pourquoi fut-ce un événement hautement historique?
3. Pourquoi de Gaulle refusa-t-il d'abord de se rendre à la cérémonie préparée pour lui à l'Hôtel de Ville?
4. Qui réussit enfin à le persuader et de quelle façon?
5. Quelles étaient les deux cérémonies auxquelles de Gaulle avait décidé de se rendre d'abord?
6. Quelles étaient les ambitions de Georges Bidault?
7. Expliquez la phrase d'un des communistes: "C'est simple! il nous a eus!"
8. Quel document fut signé ce jour-là par Julius Holmes?
9. Pourquoi ce document fut-il signé par des autorités militaires?
10. Après avoir vu la foule à Paris, que pensait M. Holmes de l'opinion du président Roosevelt?

11. Quels énormes risques comportait le défilé projeté par de Gaulle?
12. Pourquoi de Gaulle jugeait-il le défilé important et nécessaire?
13. D'où partit le défilé? Où se termina-t-il?
14. Quels sentiments Charles de Gaulle éprouva-t-il pendant le défilé?
15. Quelles émotions ont fait couler des larmes de fierté pour cet homme sur le visage d'une jeune dame?
16. Qu'est-ce qui fait dire à un correspondant américain: ". . . de Gaulle a la France dans sa main!"?

Notes

1 **berge** *f* quai   2 **sans ambages** in a forthright manner   3 **concourir** to conspire
4 **amertume** *f* bitterness   5 **intraitable** intractable   6 **démarche** *f* attempt
7 **obtenir gain de cause** to win   8 **valable** valid   9 **défilé** *m* parade   10 **agacé**
worried   11 **arpenter** to pace up and down   12 **marmonner** to mutter
13 **salaud** *m* very low person, capable of "dirty" actions   14 **rédiger** to draw up
15 **renouer avec** to renew   16 **fondé de pouvoir** *m* executive officer
17 **perron** *m* staircase   18 **s'engouffrer dans** to rush up   19 **envolée** *f* outburst
20 **étreindre** to grip   21 **chanceler** to totter   22 **éraillé** husky   23 **scander** to
chant rhythmically   24 **tireur** *m* sniper   25 **gronder** to growl   26 **"Fichez-moi
la paix!"** "Leave me alone!"   27 **s'étendre à** to include   28 **repoussé** pushed back
29 **équivoque** *f* catch   30 **prescrire** to instruct   31 **"de jure"** legally
established   32 **paraphe** *m* signature (with a flourish)   33 **abîme** *m* gap
34 **"De Gaulle. . . . roulés".** "We've been politely had by de Gaulle."
35 **pinceau** *m* paintbrush   36 **banderole** *f* banner   37 **2ᵉ D. B.** Second Armored
Division   38 **char** *m* tank   39 **franc-tireur** *m* sniper   40 **cible** *f* target
41 **blindé** armored   42 **se figer au garde-à-vous** to come to attention
43 **glaïeul** *m* gladiola   44 **envahisseur** *m* invader   45 **voûte** *f* arch (of the Arch
of Triumph)   46 **ranimer** to relight   47 **au fur et à mesure qu'il** progressively
as he   48 **déborder** to overflow   49 **escalader** to scale   50 **réverbère** *m* street
lamp   51 **grappe** *f* cluster   52 **élan** *m* spirit   53 **point de mire** *m* meaning focal
point   54 **ancien d'Omaha Beach** veteran of the Normandy Invasion
55 **s'accroupir** to crouch   56 **s'écrouler** to collapse   57 **redoublé** meaning
stronger and louder   58 **barbe hirsute** *f* unshaven   59 **rumeur** *f* roar   60 **canon
de fusil** *m* gun barrel   61 **nef** *f* nave (of N.-D.)   62 **volée** *f* volley   63 **balayer** to
sweep   64 **rafale** *f* burst (of bullets)   65 **gargouille** *f* gargoyle (disguised
waterspout)   66 **assistance** *f* bystanders   67 **mitraillette** *f* automatic pistol
68 **crépitement** *m* crackling   69 **prie-dieu** *m* praying stool   70 **se piétiner** to
trample one another   71 **à plat ventre** flat on the face   72 **état-major** *m* staff
73 **dalle** *f* flagstone   74 **Bir-Hakeim** (Lybia, June 1942) battle in which Rommel
was defeated

Charles de Gaulle[*]

CE DONT je pris conscience, au cours de cette première rencontre, ce ne fut pas de mépris que ses ennemis prêtent au général de Gaulle à l'égard de[1] tous les hommes, mais de cette petite distance infranchissable[2] entre nous et lui, non celle que crée l'orgueil de la grandeur consciente d'elle-même, mais celle que maintient cette tranquille certitude d'être l'Etat, et c'est trop peu dire, d'être la France.

Louis XIV n'a peut-être jamais dit: "L'État, c'est moi." Et si Mme du Barry appelait Louis XV: "La France", c'était façon populaire de parler. Pour moi, "observateur du coeur humain" par profession, j'étais assis en face de quelqu'un qui ne se distinguait pas de la France, qui disait ouvertement· "Je suis la France" sans que personne dans le monde criât au fou.[3]

★ ★ ★

. . . Ce que le monde attend de nous, ce que nous avons à donner au monde, ni les Etats-Unis d'Amérique, ni la Russie des Soviets ne peuvent le lui donner, malgré leur puissance démesurée.[4]

Mais on dirait que nous ne le savons plus, ou que nous faisons semblant de ne plus le savoir. Qui nous le rappellerait, sinon Charles de Gaulle? Il lui reste de nous redire, à temps et à contretemps, que la grandeur, ce qu'il appelle la grandeur, ne se confond pas avec la puissance matérielle ni avec la réussite technique. Si la France diminuée de 1964 demeure grande, si sa grandeur, grâce à de Gaulle, est sortie intacte d'une honte telle qu'elle n'en avait pas connu en mille ans d'Histoire, c'est donc que ce peuple a en lui un principe, — et que nous l'appelions "âme" ou que nous parlions de "vocation", c'est affaire du vocabulaire. Ame, vocation relèvent du vocabulaire chrétien qui m'est familier, et c'est pourquoi j'en use. Ce principe, quel que soit le nom qui le désigne, des vivants aujourd'hui peuvent le méconnaître, c'est lui pourtant qui rend si laborieuse la gestation[5] d'une Europe politique. La France n'est devenue la France que dans la mesure où la Bourgogne, la Guyenne et les autres provinces se sont "dépersonnalisées".

[*] Deux extraits de *De Gaulle* par François Mauriac.

Il subsiste une âme bretonne, une âme alsatienne, une âme basque. Mais la plupart des vieux pays de France ont perdu leur âme pour que la France naisse. La naissance des Etats-Unis d'Europe rendra-t-elle nécessaire un pareil sacrifice? La réponse du général de Gaulle, nous la connaissons et il nous le rappellera jusqu'à son dernier souffle: c'est que la France, si elle n'est plus la grande nation, demeure l'irremplaçable nation, et que servir la France, c'est servir le monde.

Notes

1 **à l'égard de** with regard to   2 **infranchissable** insurmountable   3 **crier au fou** to cry out that someone is mad   4 **démesuré** unlimited   5 **gestation** *f* development period

Portrait de François Mauriac vers 1946. *(Lipnitzki-Viollet)*

Charles de Gaulle[*]

Proclamé chef du gouvernement provisoire et chargé de former un ministère qui convienne à[1] l'Assemblée, ayant proclamé que la République n'avait jamais cessé légalement d'exister, de Gaulle composa d'emblée° un programme comprenant la nationalisation du crédit, de l'électricité, des régimes d'assurances[2] ainsi que des réformes du service des administrations publiques.

d'emblée du premier coup

De Gaulle réduisit la participation des communistes au minimum en leur confiant les portefeuilles[3] les moins importants tels que celui des Postes et celui du ministère de l'Air.

Il n'a jamais minimisé la menace communiste et a toujours tenu à ce que les communistes n'accèdent pas aux postes importants du gouvernement français. Il avait consulté les différents chefs politiques pour la formation de son cabinet et les avait informés de sa volonté de ne donner aux communistes aucun des trois ministères d'importance primordiale tels que; le ministère de l'Intérieur, les Affaires étrangères[4] et le ministère de la Guerre dont les communistes revendiquaient[5] les portefeuilles prétendant représenter le parti le plus important de France. Ceux-ci refusèrent d'accepter les ministères de moindre importance.

De Gaulle envoya donc sa démission au président de l'Assemblée, disant qu'il ne pouvait former un gouvernement sans l'appui d'un parti important et d'autre part qu'il n'acceptait pas de confier des postes d'importance primordiale tels que les affaires étrangères, la défense du territoire ou le maintien de l'ordre intérieur aux membres d'un parti qu'il considérait comme agents à la solde° d'un pouvoir étranger.

à la solde d'un c.-à-d. payés par un

De Gaulle obtint l'accord des autres partis, mais ses "victoires" ne furent jamais définitives. Il méprisait ses adversaires et détestait les batailles de politiciens. C'est ce qui le décida irrévocablement à donner sa démission.

Les circonstances de cette démission et la façon dont elle se fit, ébranlèrent[6] la nation. Les Français ne purent croire la nouvelle annoncée un dimanche et pendant les vacances de l'Assemblée parlementaire. Par mesure d'économie

---

[*] Un compte rendu d'un extrait de *Les Trois Vies de Charles de Gaulle*, par David Schoenbrun.

en cette période d'après-guerre les journaux ne paraissaient ni le dimanche ni le lundi et les fausses rumeurs se multiplièrent. On parlait d'une incroyable lettre officielle disant que la France n'avait plus besoin de lui. Les chefs des partis se demandaient avec anxiété les véritables raisons de sa décision et ses intentions pour l'avenir. Personne ne pouvait croire que "tout était bien ainsi" comme le disait la fameuse lettre et que le général de Gaulle allait se retirer de la vie publique alors qu'il était à l'apogée du° pouvoir politique.   **à l'apogée** au point le plus haut

François Mauriac a clairement résumé son opinion sur cette démission qui bouleversait la France par ces mots: "Il ne sortait que pour rompre les ficelles dont les lilliputiens l'avaient ligoté[7] et pour créer les conditions d'un retour en maître".

Questions

1. Pourquoi de Gaulle disait-il que la République de France n'avait jamais cessé d'exister?
2. Quels portefeuilles était-il disposé à confier aux communistes, et pourquoi?
3. Comment les communistes réagirent-ils et pourquoi?
4. Pourquoi de Gaulle envoya-t-il sa démission au président?
5. Quel jour choisit-il pour se retirer de la vie publique?
6. Comment François Mauriac résuma-t-il cette démission?

Notes

1 **qui convienne à** which would be acceptable to   2 **assurance** *f* insurance
3 **portefeuille** *m* ministerial portfolio (similar to a cabinet post in U.S. government)
4 **affaires étrangères** *f pl* foreign relations 5 **revendiquer** to lay claim to
6 **ébranler** to shake   7 **ligoter** to tie up

Les Mains sales

JEAN-PAUL SARTRE naquit à Paris en 1905. Il fut brillant élève et professeur distingué. A la suite d'un voyage d'études en Allemagne, il se rallia à la philosophie existentialiste athée. Selon Sartre l'homme ne reçoit pas simultanément "l'essence" et "l'existence"; il est absolument libre et responsable de créer son essence, de "se choisir". Il doit exercer sa liberté de choix et surmonter la crainte de la responsabilité de son destin.

Dans la pièce *Les Mains sales* dont vous lirez quelques extraits, Sartre évoque d'une manière rétrospective une situation qui lui permet d'attaquer les intellectuels du parti communiste. Il y étudie le conflit entre les idéologies et la politique révolutionnaire qui mène inévitablement au compromis. Il démontre la folie des principes absolus et de l'intransigeance humaine dans le domaine de la politique.

Hugo Barine, jeune bourgeois et intellectuel d'un pays d'Europe centrale, veut prouver son adhésion totale au parti communiste et offre de tuer Hoederer, chef du parti communiste de son pays. Celui-ci s'est attiré la réprobation° de Louis et d'Olga, tous deux communistes militants et amis de Hugo, par son projet d'ouvrir des négociations avec l'ennemi.° Hugo entre au service de Hoederer comme secrétaire. Accompagné de sa femme, il s'installe chez celui qu'il a l'intention de tuer. Au bout de huit jours, les militants communistes s'impatientent car Hugo n'a pas encore tenté d'exécuter leurs ordres. La réticence de Hugo s'explique par son admiration grandissante pour celui qu'il doit supprimer° et dont il commence à partager le point de vue. Poussée par l'ennui qui la gagne, la femme de Hugo provoque l'intérêt de Hoederer. Hugo la surprend dans les bras de celui-là et le tue plus par jalousie que par obéissance au parti.

Quand la pièce commence Hugo vient de sortir prématurément de prison et rend visite à Olga. Elle essaie de le "récupérer" en lui faisant avouer qu'il a tué Hoederer par passion car le parti a changé sa ligne sur l'ordre du Kremlin. Dans la dernière scène Hugo préfère affirmer qu'il a agi par idéal politique et accepte d'être abattu° par ses anciens camarades pour ne pas se salir les mains.

réprobation *f* blâme très sévère
l'ennemi c.-à-d. le régime du pays

supprimer assassiner

abattu tué

LES MAINS SALES
par Jean-Paul Sartre

PREMIER TABLEAU
CHEZ OLGA

SCÈNE I
(Olga, Hugo)

OLGA: Pourquoi es-tu venu chez moi? Pourquoi? Pourquoi?

HUGO: Parce que *toi* tu ne pourras pas tirer sur moi. (*Il regarde le revolver qu'elle tient encore et sourit.*) Du moins je le suppose. (*Olga jette avec humeur*[1] *le revolver entouré de son chiffon° sur la table.*) Tu vois.

OLGA: Ecoute, Hugo: . . . Je n'ai pas reçu d'ordre à ton sujet. Mais si jamais j'en reçois, tu dois savoir que je ferai ce qu'on me commandera. Et si quelqu'un du Parti m'interroge, je leur dirai que tu es ici, même si l'on devait te descendre[2] sous mes yeux. As-tu de l'argent?

HUGO: Non.

OLGA: Je vais t'en donner et tu t'en iras.

HUGO: Où? Traîner dans les petites rues du port ou sur les docks? L'eau est froide, Olga. Ici, quoi qu'il arrive, il y a de la lumière et il fait chaud. Ce sera une fin plus confortable.

OLGA: Hugo, je ferai ce que le Parti me commandera. Je te jure que je ferai ce qu'il me commandera.

HUGO: Tu vois bien que c'est vrai.

OLGA: Va-t'en.

HUGO: Non. (*Imitant Olga.*) "Je ferai ce que le Parti me commandera." Tu auras des surprises. Avec la meilleure volonté du monde, ce qu'on fait, ce n'est jamais ce que le Parti vous commande. "Tu iras chez Hoederer et tu lui lâcheras[3] trois balles dans le ventre." Voilà un ordre simple, n'est-ce pas? J'ai été chez Hoederer et je lui ai lâché trois balles dans le ventre. Mais c'était autre chose. L'ordre? Il n'y avait plus d'ordre. Ça vous laisse tout seul les ordres, à partir d'un certain moment. L'ordre était resté en arrière et je m'avançais seul et j'ai tué tout seul et. . . je ne sais même plus pourquoi. Je voudrais que le Parti te commande de tirer sur moi. Pour voir. Rien que pour voir.

OLGA: Tu verrais. (*Un temps.*) Qu'est-ce que tu vas faire à présent?

HUGO: Je ne sais pas. Je n'y ai pas pensé. Quand ils ont ouvert la porte de la prison j'ai pensé que je viendrais ici et je suis venu.

OLGA: Où est Jessica?

HUGO: Chez son père. Elle m'a écrit quelquefois, les premiers temps.° Je crois qu'elle ne porte plus mon nom.

OLGA: Où veux-tu que je te loge? Il vient tous les jours des camarades. Ils entrent comme ils veulent.

HUGO: Dans ta chambre aussi?

---

chiffon *m* serviette

les premiers temps d'abord

OLGA: Non.

HUGO: Moi, j'y entrais. Il y avait une courtepointe° rouge sur le divan, aux **courtepoint** *f* couverture
murs un papier à losanges[4] jaunes et verts, deux photos dont une de moi.

OLGA: C'est un inventaire?

HUGO: Non: je me souviens. J'y pensais souvent. La seconde photo m'a
donné du fil à retordre:[5] je ne sais plus de qui elle était.

(*Une auto passe sur la route, il sursaute.° Ils se taisent tous les deux. L'auto* **sursauter** réagir par un
s'arrête. Claquement de portière. On frappe.) mouvement brusque

OLGA: Qui est là?

VOIX DE CHARLES: C'est Charles.

HUGO: (*A voix basse.*) Qui est Charles?

OLGA: (*Même jeu.*) Un type[6] de chez nous.

HUGO: (*La regardant.*) Alors? (*Un temps très court. Charles frappe à nouveau.*)

OLGA: Eh bien? Qu'est-ce que tu attends? Va dans ma chambre: tu pourras
compléter tes souvenirs. (*Hugo sort. Olga va ouvrir.*)

Scène II
(Olga, Charles et Frantz)

CHARLES: Où est-il?

OLGA: Qui?

CHARLES: Ce type. On le suit depuis sa sortie de taule.° (*Bref silence.*) Il n'est **taule** *f* prison
pas là?

OLGA: Si. Il est là.

CHARLES: Où?

OLGA: Là (*Elle désigne sa chambre.*)

CHARLES: Bon.

(*Il fait signe à Frantz de le suivre, met la main dans la poche de son veston et
fait un pas en avant. Olga lui barre la route.*)

OLGA: Non.

CHARLES: Ça ne sera pas long, Olga. Si tu veux, va faire un tour sur la
route. Quand tu reviendras tu ne trouveras plus personne et pas de traces.
(*Désignant Frantz.*) Le petit est là pour nettoyer.

OLGA: Non.

CHARLES: Laisse-moi faire mon boulot,° Olga. **boulot** *m* travail

OLGA: C'est Louis qui t'envoie?

CHARLES: Oui.

OLGA: Où est-il?

CHARLES: Dans la voiture.

OLGA: Va le chercher. (*Charles hésite.*) Allons! Je te dis d'aller le chercher.
(*Charles fait un signe et Frantz disparaît. Olga et Charles restent face à face, en
silence. Olga sans quitter Frantz des yeux ramasse sur la table la serviette
enveloppant le revolver.*)

Scène III
(Olga, Charles, Frantz, Louis)

LOUIS: Qu'est-ce qui te prend? Pourquoi les empêches-tu de faire leur travail?

OLGA: Vous êtes trop pressés.

LOUIS: Trop pressés?

OLGA: Renvoie-les.

LOUIS: Attendez-moi dehors. Si j'appelle, vous viendrez. (*Ils sortent.*) Alors? Qu'est-ce que tu as à me dire. (*Un temps.*)

OLGA: (*Doucement.*) Louis, il a travaillé pour nous.

LOUIS: Ne fais pas l'enfant, Olga. Ce type est dangereux. Il ne faut pas qu'il parle.

OLGA: Il ne parlera pas.

LOUIS: Je me demande si tu le vois comme il est. Tu as toujours eu un faible pour lui.°

> **avoir un faible pour** aimer un peu

OLGA: Et toi un faible contre lui. (*Un temps.*) Louis, je ne t'ai pas fait venir pour que nous parlions de nos faiblesses; je te parle dans l'intérêt du Parti. Nous avons perdu beaucoup de monde depuis que les Allemands sont ici. Nous ne pouvons pas nous permettre de liquider ce garçon sans même examiner s'il est récupérable.[7]

LOUIS: Récupérable? C'était un petit anarchiste indiscipliné, un intellectuel qui ne pensait qu'à prendre des attitudes, un bourgeois qui travaillait quand ça lui chantait et qui laissait tomber le travail pour un oui, pour un non.

OLGA: C'est aussi le type qui, à vingt ans, a descendu Hoederer au milieu de ses gardes du corps et s'est arrangé pour camoufler un assassinat politique en crime passionnel.

LOUIS: Etait-ce un assassinat politique? C'est une histoire qui n'a jamais été éclaircie.

OLGA: Eh bien, justement: c'est une histoire qu'il faut éclaircir à présent.

LOUIS: C'est une histoire qui pue;° je ne voudrais pas y toucher. Et puis, de toute façon je n'ai pas le temps de lui faire passer un examen.

> **puer** dégager une très mauvaise odeur

OLGA: Moi, j'ai le temps. (*Geste de Louis.*) Louis, j'ai peur que tu ne mettes trop de sentiment dans cette affaire.

LOUIS: Olga, j'ai peur que tu n'en mettes beaucoup trop, toi aussi.

OLGA: M'as-tu jamais vu céder aux sentiments? Je ne te demande pas de lui laisser la vie sans conditions. Je me moque de sa vie. Je dis seulement qu'avant de le supprimer[8] on doit examiner si le Parti peut le reprendre.

LOUIS: Le Parti ne peut plus le reprendre: plus maintenant. Tu le sais bien.

OLGA: Il travaillait sous un faux nom et personne ne le connaissait sauf Laurent, qui est mort, et Dresden, qui est au front. Tu as peur qu'il ne parle? Bien encadré,[9] il ne parlera pas. C'est un intellectuel et un anarchiste? Oui, mais c'est aussi un désespéré. Bien dirigé, il peut servir d'homme de main pour toutes les besognes. Il l'a prouvé.

Les Mains sales 255

LOUIS: Alors? Qu'est-ce que tu proposes?

OLGA: Quelle heure est-il?

LOUIS: Neuf heures.

OLGA: Revenez à minuit. Je saurai pourquoi il a tiré sur Hoederer, et ce qu'il est devenu aujord'hui. Si je juge en conscience qu'il peut travailler avec nous, je vous le dirai à travers la porte, vous le laisserez dormir tranquille et vous lui donnerez vos instructions demain matin.

LOUIS: Et s'il n'est pas récupérable?

OLGA: Je vous ouvrirai la porte.

LOUIS: Gros risque pour peu de choses.

OLGA: Quel risque? Il y a des hommes autour de la maison?

LOUIS: Quatre.

OLGA: Qu'ils restent en faction[10] jusqu'à minuit. (*Louis ne bouge pas.*) Louis, il a travaillé pour nous. Il faut lui laisser sa chance.

LOUIS: Bon. Rendez-vous à minuit. (*Il sort.*)

Scène IV
(Olga, puis Hugo)

(*Olga va à la porte et l'ouvre. Hugo sort.*)

HUGO: C'était ta soeur.

OLGA: Quoi?

HUGO: La photo sur le mur. C'était celle de ta soeur. (*Un temps.*) Ma photo à moi, tu l'as ôtée.[11] (*Olga ne répond pas. Il la regarde.*) Tu fais une drôle de tête. Qu'est-ce qu'ils voulaient?

OLGA: Ils te cherchent.

HUGO: Ah! Tu leur as dit que j'étais ici?

OLGA: Oui.

HUGO: Bon. (*Il va pour sortir.*)

OLGA: La nuit est claire et il y a des camarades autour de la maison.

HUGO: Ah? (*Il s'assied à la table.*) Donne-moi à manger. (*Olga va chercher une assiette, du pain et du jambon. Pendant qu'elle dispose l'assiette et les aliments sur la table, devant lui, il parle:*)

HUGO: Je ne me suis pas trompé, pour ta chambre. Pas une fois. Tout est comme dans mon souvenir. (*Un temps.*) Seulement quand j'étais en taule, je me disais: c'est un souvenir. La vraie chambre est là-bas, de l'autre côté du mur. Je suis entre, j'ai regardé ta chambre et elle n'avait pas l'air plus vraie que mon souvenir. La cellule aussi, c'était un rêve. Et les yeux d'Hoederer, le jour où j'ai tiré sur lui. Tu crois que j'ai une chance de me réveiller? Peut-être quand tes copains viendront sur moi avec leurs joujoux. . .[12]

OLGA: Ils ne te toucheront pas tant que tu seras ici.

HUGO: Tu as obtenu ça? (*Il se verse un verre de vin.*) Il faudra bien que je finisse par sortir.

OLGA: Attends. Tu as une nuit. Beaucoup de choses peuvent arriver en une nuit.

Hugo a bien du mal à vivre ses principes. Scène des *Mains sales*, jouée au Théâtre Antoine, à Paris, peu de temps après la guerre. *(Lipnitzki-Viollet)*

HUGO: Que veux-tu qu'il arrive?

OLGA: Des choses peuvent changer.

HUGO: Quoi?

OLGA: Toi. Moi.

HUGO: Toi?

OLGA: Ça dépend de toi.

HUGO: Il s'agit que je te change? (*Il rit, la regarde, se lève et vient vers elle. Elle s'écarte*[13] *vivement.*)

OLGA: Pas comme ça. Comme ça, on ne me change que quand je veux bien. (*Un temps. Hugo hausse les épaules et se rassied. Il commence à manger.*)

HUGO: Alors?

OLGA: Pourquoi ne reviens-tu pas avec nous?

HUGO: (*Se mettant à rire.*) Tu choisis bien ton moment pour me demander ça.

OLGA: Mais si c'était possible? Si toute cette histoire reposait sur un malentendu?[14] Tu ne t'es jamais demandé ce que tu ferais, à ta sortie de prison?

HUGO: Je n'y pensais pas.

OLGA: A quoi pensais-tu?

HUGO: A ce que j'ai fait. J'essayais de comprendre pourquoi je l'avais fait.

OLGA: As-tu fini par comprendre? (*Hugo hausse les épaules.*) Comment est-ce arrivé, avec Hoederer? C'est vrai qu'il tournait autour de Jessica?

HUGO: Oui.

OLGA: C'est par jalousie que...

HUGO: Je ne sais pas. Je... ne crois pas.

OLGA: Raconte.

HUGO: Quoi?

OLGA: Tout. Depuis le début.

HUGO: Raconte, ça ne sera pas difficile: c'est une histoire que je connais par coeur; je me la répétais tous les jours en prison. Quant à dire ce qu'elle signifie, c'est une autre affaire. C'est une histoire idiote, comme toutes les histoires. Si tu la regardes de loin, elle se tient à peu près; mais si tu te rapproches, tout fout le camp.° Un acte ça va trop vite. Il sort de toi **fout le camp** disparaît brusquement et tu ne sais pas si c'est parce que tu l'as voulu ou parce que tu n'as pas pu le retenir. Le fait est que j'ai tiré...

OLGA: Commence par le commencement.

HUGO: Le commencement, tu le connais aussi bien que moi. D'ailleurs est-ce qu'il y en a un? On peut commencer l'histoire en mars 43 quand Louis m'a convoqué.° Ou bien un an plus tôt quand je suis entré au Parti. Ou peut- **convoquer** faire venir être plus tôt encore, à ma naissance. Enfin bon. Supposons que tout a commencé en mars 1943. (*Pendant qu'il parle l'obscurité se fait peu à peu sur la scène.*)

HOEDERER: Tu savais donc quelque chose de mes négociations avant de venir ici?

HUGO: N–non. On en avait parlé en l'air, au Parti, et la plupart des types n'étaient pas d'accord et je peux vous jurer que ce n'étaient pas des aristocrates.

HOEDERER: Mon petit, il y a malentendu: je les connais, les gars du Parti qui ne sont pas d'accord avec ma politique et je peux te dire qu'ils sont de mon espèce, pas de la tienne — et tu ne tarderas° pas à le découvrir. **tarder** être lent S'ils ont désapprouvé ces négociations, c'est tout simplement qu'ils les jugent inopportunes; en d'autres circonstances ils seraient les premiers à les engager. Toi, tu en fais une affaire de principes.

HUGO: Qui a parlé de principes?

HOEDERER: Tu n'en fais pas une affaire de principes? Bon. Alors voici qui doit te convaincre: si nous traitons avec le Régent, il arrête la guerre; les troupes illyriennes attendent gentiment que les Russes viennent les désarmer; si nous rompons les pourparlers,[15] il sait qu'il est perdu et il se battra comme un chien enragé; des centaines de milliers d'hommes y laisseront leur peau. Qu'en dis-tu? (*Un silence.*) Hein? Qu'en dis-tu? Peux-tu rayer° cent mille hommes d'un trait de plume? **rayer** effacer

HUGO: (*Péniblement.*) On ne fait pas la révolution avec des fleurs. S'ils doivent y rester. . .

HOEDERER: Eh bien?

HUGO: Eh bien, tant pis!

HOEDERER: Tu vois! tu vois bien! Tu n'aimes pas les hommes, Hugo. Tu n'aimes que les principes.

HUGO: Les hommes? Pourquoi les aimerais-je? Est-ce qu'ils m'aiment?

HOEDERER: Alors pourquoi es-tu venu chez nous? Si on n'aime pas les hommes on ne peut pas lutter pour eux.

HUGO: Je suis entré au Parti parce que sa cause est juste et j'en sortirai quand elle cessera de l'être. Quant aux hommes, ce n'est pas ce qu'ils sont qui m'intéresse mais ce qu'ils pourront devenir.

HOEDERER: Et moi, je les aime pour ce qu'ils sont. Avec toutes leurs saloperies° et tous leurs vices. J'aime leurs voix et leurs mains chaudes **saloperie** *f* mauvaise action qui prennent et leur peau, la plus nue de toutes les peaux, et leur regard inquiet et la lutte désespérée qu'ils mènent chacun à son tour contre la mort et contre l'angoisse. Pour moi, ça compte, un homme de plus ou de moins dans le monde. C'est précieux. Toi, je te connais bien, mon petit, tu es un destructeur. Les hommes, tu les détestes parce que tu te détestes toi-même; ta pureté ressemble à la mort et la Révolution dont tu rêves n'est pas la nôtre: tu ne veux pas changer le monde, tu veux le faire sauter.[16]

HUGO: (*S'est levé.*) Hoederer!

HOEDERER: Ce n'est pas ta faute: vous êtes tous pareils. Un intellectuel, ça n'est pas un vrai révolutionnaire; c'est tout juste bon à faire un assassin.

HUGO: Un assassin. Oui!

SIXIÈME TABLEAU

SCÈNE I: (*Dans cette scène Jessica entre dans le bureau de Hoederer pour lui dire qu'elle sait qu'Hugo l'aime trop pour vouloir le tuer.*)

SCÈNE II

LE BUREAU DE HOEDERER
(Hugo, Hoederer)

HUGO: Je ne suis pas fait pour vivre, je ne sais pas ce que c'est que la vie et je n'ai pas besoin de le savoir. Je suis de trop,[17] je n'ai pas ma place et je gêne[18] tout le monde; personne ne m'aime, personne ne me fait confiance.

HOEDERER: Moi, je te fais confiance.

HUGO: Vous?

HOEDERER: Bien sûr. Tu es un môme° qui a de la peine à passer à l'âge d'homme mais tu feras un homme très acceptable si quelqu'un te facilite le passage. Si j'échappe à leurs pétards[19] et à leurs bombes, je te garderai près de moi et je t'aiderai.

> **môme** *m* enfant

HUGO: Pourquoi me le dire? Pourquoi me le dire aujourd'hui?

HOEDERER: Simplement pour te prouver qu'on ne peut pas buter° un homme de sang-froid à moins d'être un spécialiste.

> **buter** inciter à faire le contraire de ce qu'on souhaite

HUGO: Si je l'ai décidé, je dois pouvoir le faire. (*Comme à lui-même, avec une sorte de désespoir.*) Je *dois* pouvoir le faire.

HOEDERER: Tu pourrais me tuer pendant que je te regarde? (*Ils se regardent. Hoederer se détache de la table et recule d'un pas.*) Les vrais tueurs ne soupçonnent même pas ce qui se passe dans les têtes. Toi, tu le sais: pourrais-tu supporter ce qui se passerait dans la mienne si je te voyais me viser?° (*Un temps. Il le regarde toujours.*) Veux-tu du café? (*Hugo ne répond pas.*) Il est prêt; je vais t'en donner une tasse. (*Il tourne le dos à Hugo et verse du café dans une tasse. Hugo se lève et met la main dans la poche qui contient le revolver. On voit qu'il lutte contre lui-même. Au bout d'un moment, Hoederer se retourne et revient tranquillement vers Hugo en portant une tasse pleine. Il la lui tend.*) Prends. (*Hugo prend la tasse.*) A présent donne-moi ton revolver. Allons, donne-le: tu vois bien que je t'ai laissé ta chance et que tu n'en as pas profité. (*Il plonge la main dans la poche de Hugo et la ressort avec le revolver.*) Mais c'est un joujou! (*Il va à son bureau et jette le revolver dessus.*)

> **viser** pointer une arme à

HUGO: Je vous hais. (*Hoederer revient vers lui.*)

HOEDERER: Mais non, tu ne me hais pas. Quelle raison aurais-tu de me haïr?

HUGO: Vous me prenez pour un lâche.

HOEDERER: Pourquoi? Tu ne sais pas tuer mais ça n'est pas une raison pour que tu ne saches pas mourir. Au contraire.

HUGO: J'avais le doigt sur la gâchette.[20]

HOEDERER: Oui.

HUGO: Et je. . . (Geste d'impuissance).

HOEDERER: Oui. Je te l'ai dit: c'est plus dur qu'on ne pense.

HUGO: Je savais que vous me tourniez le dos exprès. C'est pour ça que. . .

HOEDERER: Oh! de toute façon. . .

HUGO: Je ne suis pas un traître!

HOEDERER: Qui te parle de ça? La trahison aussi, c'est une affaire de vocation.

HUGO: Eux, ils penseront que je suis un traître parce que je n'ai pas fait ce qu'ils m'avaient chargé° de faire.   **charger** commander

HOEDERER: Qui, eux? (*Silence.*) C'est Louis qui t'a envoyé? (*Silence.*) Tu ne veux rien dire: c'est régulier.[21] (*Un temps.*) Écoute: ton sort° est lié au mien. Depuis hier, j'ai des atouts° dans mon jeu et je vais essayer de sauver nos deux peaux ensemble. Demain j'irai à la ville et je parlerai à Louis. Il est coriace° mais je le suis aussi. Avec tes copains, ça s'arrangera. Le plus difficile, c'est de t'arranger avec toi-même.   **sort** *m* destin   **atout** *m* avantage   **coriace** obstiné

HUGO: Difficile? Ça sera vite fait. Vous n'avez qu'à me rendre le revolver.

HOEDERER: Non.

HUGO: Qu'est-ce que ça peut vous faire que je me flanque une balle dans la peau. Je suis votre ennemi.

HOEDERER: D'abord, tu n'es pas mon ennemi. Et puis tu peux encore servir.

HUGO: Vous savez bien que je suis foutu.°   **foutu** ne plus valable

HOEDERER: Que d'histoires! Tu as voulu te prouver que tu étais capable d'agir et tu as choisi les chemins difficiles: comme quand on veut mériter° le ciel; c'est de ton âge. Tu n'as pas réussi: bon, et après? Il n'y a rien à prouver, tu sais, la Révolution n'est pas une question de mérite mais d'efficacité;[22] et il n'y a pas de ciel. Il y a du travail à faire, c'est tout. Et il faut faire celui pour lequel on est doué: tant mieux s'il est facile. Le meilleur travail n'est pas celui qui te coûtera le plus; c'est celui que tu réussiras le mieux.   **mériter** être digne de

HUGO: Je ne suis doué° pour rien.   **être doué** avoir des talents

HOEDERER: Tu es doué pour écrire.

HUGO: Pour écrire! Des mots! Toujours des mots!

HOEDERER: Eh bien quoi? Il faut gagner. Mieux vaut un bon journaliste qu'un mauvais assassin.

HUGO: (*Hésitant mais avec une sorte de confiance.*) Hoederer! Quand vous aviez mon âge. . .

HOEDERER: Eh bien?

HUGO: Qu'est-ce que vous auriez fait à ma place?

HOEDERER: Moi? J'aurais tiré. Mais ce n'est pas ce que j'aurais pu faire de mieux. Et puis nous ne sommes pas de la même espèce.

HUGO: Je voudrais être de la vôtre: on doit se sentir bien dans sa peau.

HOEDERER: Tu crois? (*Un rire bref.*) Un jour, je te parlerai de moi.

HUGO: Un jour? (*Un temps.*) Hoederer, j'ai manqué mon coup[23] et je sais à présent que je ne pourrai jamais tirer sur vous parce que. . . parce que je tiens à[24] vous. Mais il ne faut pas vous y tromper: sur ce que nous avons discuté hier soir je ne serai jamais d'accord avec vous, je ne serai jamais des vôtres et je ne veux pas que vous me défendiez. Ni demain ni un autre jour.

HOEDERER: Comme tu voudras.

HUGO: A présent, je vous demande la permission de vous quitter. Je veux réfléchir à toute cette histoire.

HOEDERER: Tu me jures que tu ne feras pas de bêtises avant de m'avoir revu?

HUGO: Si vous voulez.

HOEDERER: Alors, va. Va prendre l'air et reviens dès que tu pourras. Et n'oublie pas que tu es mon secrétaire. Tant que tu ne m'auras pas buté ou que je ne t'aurai pas congédié,[25] tu travailleras pour moi. (*Hugo sort.*)

HOEDERER: (*Va à la porte.*) Slick!

SLICK: Eh?

HOEDERER: Le petit a des ennuis.° Surveillez-le° de loin et, si c'est nécessaire, empêchez-le de se flanquer[26] en l'air. Mais doucement. Et s'il veut revenir ici tout à l'heure, ne l'arrêtez pas au passage sous prétexte de l'annoncer. Qu'il aille et vienne comme ça lui chante:° il ne faut surtout pas l'énerver.° (*Il referme la porte, retourne à la table qui supporte le réchaud[27] et se verse une tasse de café. Jessica écarte la couverture qui dissimule la fenêtre et parait.*)

des ennuis de l'inquiétude
surveiller observer avec attention

comme ça lui chante comme il veut
énerver rendre nerveux

SCÈNE IV

(*La porte s'ouvre. Hugo rentre et trouve que Hoederer embrasse sa femme, Jessica.*)

HUGO: C'était donc ça?

HOEDERER: Hugo. . .

HUGO: Ça va. (*Un temps.*) Voilà donc pourquoi vous m'avez épargné.[28] Je me demandais: pourquoi ne m'a-t-il pas fait abattre[29] ou chasser par ses hommes. Je me disais: ça n'est pas possible qu'il soit si fou ou si généreux. Mais tout s'explique: c'était à cause de ma femme. J'aime mieux ça.

JESSICA: Ecoute. . .

HUGO: Laisse donc, Jessica, laisse tomber. Je ne t'en veux pas et je ne suis pas jaloux; nous ne nous aimions pas. Mais lui, il a bien failli me prendre à son piège. "Je t'aiderai, je te ferai passer à l'âge d'homme." Que j'étais bête! Il se foutait de moi.[30]

HOEDERER: Hugo, veux-tu que je te donne ma parole que. . .

HUGO: Mais ne vous excusez pas. Je vous remercie au contraire; une fois au moins vous m'aurez donné le plaisir de vous voir déconcerté. Et puis. . . et puis. . . (*Il bondit° jusqu'au bureau, prend le revolver et le braque° sur Hoederer.*) Et puis vous m'avez délivré.

JESSICA: (*Criant.*) Hugo!

bondir sauter
braquer viser

HUGO: Vous voyez, Hoederer, je vous regarde dans les yeux et je vise et ma main ne tremble pas et je me fous de ce que vous avez dans la tête.

HOEDERER: Attends, petit! Ne fais pas de bêtises.° Pas pour une femme!

(*Hugo tire trois coups. Jessica se met à hurler.° Slick et Georges entrent dans la pièce.*)

HOEDERER: Imbécile. Tu as tout gâché.³¹ (*Il meurt.*)

SEPTIÈME TABLEAU

(*Dans la chambre d'Olga. Cette scène continue de la première scène du premier tableau.*)

OLGA: Est-ce que c'était vrai? Est-ce que tu l'as vraiment tué à cause de Jessica?

HUGO: Je. . . je l'ai tué parce que j'avais ouvert la porte. C'est tout ce que je sais. Si je n'avais pas ouvert cette porte. . . Il était là, il tenait Jessica dans ses bras, il avait du rouge à lèvres sur le menton. C'était trivial. Moi, je vivais depuis longtemps dans la tragédie. C'est pour sauver³² la tragédie que j'ai tiré.

. . . Si j'avais ouvert la porte deux minutes plus tôt ou deux minutes plus tard, je ne les aurais pas surpris dans les bras l'un de l'autre, je n'aurais pas tiré. (*Un temps.*) Je venais pour lui dire que j'acceptais son aide.

. . . J'aimais Hoederer, Olga. Je l'aimais plus que je n'ai aimé personne au monde. J'aimais le voir et l'entendre, j'aimais ses mains et son visage et, quand j'étais avec lui, tous mes orages° s'apaisaient.° Ce n'est pas mon crime qui me tue, c'est sa mort. Enfin voilà.

OLGA: Tu vas rentrer au Parti.

HUGO: Bon.

OLGA: A minuit, Louis et Charles doivent revenir pour t'abattre. Je ne leur ouvrirai pas. Je leur dirai que tu es récupérable.

HUGO: (*Il rit.*) Récupérable! Quel drôle de mot. Ça se dit des ordures,³³ n'est-ce pas?

OLGA: Tu es d'accord?

HUGO: Pourquoi pas?

OLGA: Demain tu recevras de nouvelles consignes.°

HUGO: Bien.

OLGA: Ouf! (*Elle se laisse tomber sur une chaise.*)

HUGO: Qu'est-ce que tu as?

OLGA: Je suis contente. (*Un temps.*) Tu as parlé trois heures et j'ai eu peur tout le temps.

HUGO: Peur de quoi?

OLGA: De ce que je serais obligée de leur dire. Mais tout va bien. Tu reviendras parmi nous et tu vas faire du travail d'homme.

. . . Écoute, Hugo. Et ne m'interromps pas. J'ai encore quelque chose à te dire. Presque rien. Il ne faut pas y attacher d'importance. Tu. . . tu seras étonné d'abord mais tu comprendras peu à peu.

bêtise *f* action stupide
hurler pousser des cris prolongés

orage *m* tumulte de sentiments
s'apaisir se calmer

consigne *f* ordre

HUGO: Qu'est-ce qui est arrivé, Olga? Qu'est-ce que vous avez fait?

OLGA: Le Parti a changé sa politique. (*Hugo la regarde fixement.*) Ne me regarde pas comme ça. Essaye de comprendre. Quand nous t'avons envoyé chez Hoederer, les communications avec l'U.R.S.S. étaient interrompues. Nous devions choisir seuls notre ligne. Ne me regarde pas comme ça, Hugo! Ne me regarde pas comme ça.

HUGO: Après?

OLGA: Depuis, les liaisons sont rétablies. L'hiver dernier l'U.R.S.S. nous a fait savoir qu'elle souhaitait, pour des raisons purement militaires, que nous nous rapprochions du Régent.

HUGO: Et vous. . . vous avez obéi?

OLGA: Oui. Nous avons constitué un comité clandestin de six membres avec les gens du gouvernement et ceux du Pentagone.

HUGO: Six membres. Et vous avez trois voix?

OLGA: Oui. Comment le sais-tu?

HUGO: Une idée. Continue.

OLGA: Depuis ce moment les troupes ne se sont pratiquement plus mêlées des opérations. Nous avons peut-être économisé° cent mille vies humaines. Seulement du coup[34] les Allemands ont envahi° le pays.   **économiser** sauver / **envahir** entrer violemment dans

HUGO: Parfait. Je suppose que les Soviets vous ont aussi fait entendre qu'ils ne souhaitaient pas donner le pouvoir au seul Parti Prolétarien; qu'ils auraient des ennuis avec les Alliés et que, d'ailleurs, vous seriez rapidement balayés° par une insurrection?   **balayé** mis en fuite

OLGA: Mais. . .

HUGO: Il me semble que j'ai déjà entendu tout cela. Alors, Hoederer?

OLGA: Sa tentative était prématurée et il n'était pas l'homme qui convenait pour mener cette politique.[35]

HUGO: Il fallait donc le tuer: c'est lumineux.° Mais je suppose que vous avez réhabilité sa mémoire?   **lumineux** clair

OLGA: Il fallait bien.

HUGO: Il aura sa statue à la fin de la guerre, il aura des rues dans toutes nos villes et son nom dans les livres d'histoire. Ça me fait plaisir pour lui. Son assassin, qui est-ce que c'était? Un type aux gages de[36] l'Allemagne?

OLGA: Hugo. . .

HUGO: Réponds.

OLGA: Les camarades savaient que tu étais de chez nous. Ils n'ont jamais cru au crime passionnel. Alors on leur a expliqué. . . ce qu'on a pu.

HUGO: Vous avez menti aux camarades.

OLGA: Menti, non. Mais nous. . . nous sommes en guerre, Hugo. On ne peut pas dire toute la vérité aux troupes. (*Hugo éclate de rire.*)

OLGA: Qu'est-ce que tu as! Hugo! Hugo! (*Hugo se laisse tomber dans un fauteuil en riant aux larmes.*)

HUGO: Tout ce qu'il disait! Tout ce qu'il disait! C'est une farce.

OLGA: Hugo!

HUGO: Attends, Olga, laisse-moi rire. Il y a dix ans que je n'ai pas ri aussi fort. Volià un crime embarrassant: personne n'en veut. Je ne sais pas pourquoi je l'ai fait et vous ne savez qu'en faire. (*Il la regarde.*) Vous êtes pareils.

OLGA: Hugo, je t'en prie. . .

HUGO: Pareils. Hoederer, Louis, toi, vous êtes de la même espèce. De la *bonne* espèce. Celle des durs, des conquérants, des chefs. Il n'y a que moi qui me suis trompé de porte.[37]

OLGA: Hugo, tu aimais Hoederer.

HUGO: Je crois que je ne l'ai jamais tant aimé qu'à cette minute.

OLGA: Alors il faut nous aider à poursuivre son oeuvre. (*Il la regarde. Elle recule.*) Hugo!

HUGO: (*Doucement.*) N'aie pas peur, Olga. Je ne te ferai pas de mal. Seulement il faut te taire. Une minute, juste une minute pour que je mette mes idées en ordre. Bon. Alors, moi je suis récupérable. Parfait. Mais tout seul, tout nu, sans bagages.[38] A la condition de changer de peau — et si je pouvais devenir amnésique, ça serait encore mieux. . . . C'est non. Je ne travaillerai pas avec vous.

OLGA: Tu n'as pas compris. Ils vont venir avec leurs revolvers. . .

HUGO: Pas de grands mots, Olga. Ecoute: je ne sais pas pourquoi j'ai tué Hoederer mais je sais pourquoi j'aurais dû le tuer: parce qu'il faisait de mauvaise politique, parce qu'il mentait à ses camarades et parce qu'il risquait de pourrir° le Parti. Si j'avais eu le courage de tirer quand j'étais seul avec lui dans le bureau, il serait mort à cause de cela et je pourrais penser à moi sans honte. J'ai honte de moi parce que je l'ai tué. . . après. Et vous, vous me demandez d'avoir encore plus honte et de décider que je l'ai tué pour rien. . . . Vous avez fait d'Hoederer un grand homme. Mais je l'ai aimé plus que vous ne l'aimerez jamais. Si je reniais mon acte, il deviendrait un cadavre anonyme, un déchet° du Parti. (*Une auto s'arrête.*) Tué par hasard. Tué pour une femme. . . . Un type comme Hoederer ne meurt pas par hasard. Il meurt pour ses idées, pour sa politique; il est responsable de sa mort. Si je revendique[39] mon crime devant tous,. . . et si j'accepte de payer le prix qu'il faut, alors il aura eu la mort qui lui convient. (*On frappe à la porte.*)

HUGO: (*Marchant vers la porte.*) Je n'ai pas encore tué Hoederer, Olga. Pas encore. C'est à présent que je vais le tuer et moi avec. (*On frappe de nouveau.*)

OLGA: (*Criant.*) Allez-vous-en! Allez-vous-en! (*Hugo ouvre la porte d'un coup de pied.*)

HUGO: (*Il crie.*) Non récupérable.

pourrir corromper

déchet *m* discrédit

Questions

1. Quelle est la philosophie de l'existentialisme que Jean-Paul Sartre a fait connaître en France?
2. Que signifie le titre *Les Mains sales*?

3. Quand Hugo vint-il chez Olga?
4. Pourquoi Olga défend-elle Hugo contre Louis, Charles et Fratnz?
5. De quelle façon Olga gagne-t-elle du temps pour protéger Hugo?
6. Que demande-t-elle à Hugo de raconter?
7. Pourquoi Hoederer est-il devenu membre du "parti"?
8. Citez plusieurs des principes d'Hoederer.
9. Pourquoi Hugo n'a-t-il pas tué Hoederer quand il en a eu l'occasion?
10. Pourquoi a-t-il pu le tuer au retour de sa promenade?
11. Qu'avait-il eu l'intention de dire alors à Hoederer?
12. Quelles explications Olga donne-t-elle à Hugo lorsqu'elle le juge "récupérable"?
13. Pourquoi Hugo dit-il: "Je ne travaillerai pas avec vous"?
14. Que faut-il, selon Hugo, pour que la mort d'Hoederer soit jugée digne de ce qu'il était?
15. Comment se propose-t-il d'assurer ce jugement?

Notes

1 **avec humeur** peevishly   2 **descendre** to gun down   3 **lâcher** to fire
4 **à losanges** with a diamond-shaped pattern   5 **donner du fil à retordre**
meaning (it) gave me a lot to think about   6 **type** *m* guy   7 **récupérable** salvage-
able   8 **supprimer** to do away with   9 **encadré** surrounded   10 **rester en
faction** to remain on guard   11 **ôter** to remove   12 **joujou** *m* toy (fig.)
13 **s'écarter** to turn aside   14 **malentendu** *m* misunderstanding   15 **rompre les
pourparlers** to break off negotiations   16 **faire sauter** to blow up   17 **être
de trop** to be superfluous, not needed   18 **gêner** to annoy   19 **pétard** *m* small
explosive   20 **gâchette** *f* trigger   21 **c'est régulier** that's normal   22 **efficacité** *f*
efficiency   23 **manqué mon coup** missed my chance   24 **tenir à** to care about
25 **congédier** to dismiss   26 **se flanquer en l'air** to blow his brains out
27 **réchaud** *m* hot plate   28 **épargner** to spare   29 **faire abattre** to have
(someone) beaten up   30 **se foutre de** to make a fool of   31 **gâcher** to bungle
32 **sauver** to vindicate   33 **ordure** *f* garbage   34 **du coup** as a result this
35 **mener cette politique** to see this political strategy through   36 **être aux
gages de** to be in the pay of   37 **se tromper de porte** meaning to be the odd man
out   38 **sans bagages** without commitments or ties   39 **revendiquer** to claim
responsibility for

L'Hôte

DE FAMILLE très pauvre, Albert Camus naquit en Algérie en 1913; un an plus tard son père fut tué à la bataille de la Marne. Malgré sa pauvreté et le peu d'encouragement qu'il recevait de sa mère il fit des études universitaires. Celles-ci furent interrompues à plusieurs reprises par la maladie. Après des études de philosophie très brillantes dans lesquelles l'influence classique est prépondérante, il publia des romans, des essais philosophiques, des pièces de théâtre et des nouvelles. Il reçut le prix Nobel de littérature en 1957.

En dépit de sa mort prématurée en 1960, Albert Camus occupe une place importante parmi les écrivains contemporains. Il appartient au mouvement existentialiste bien que sa philosophie diffère considérablement de celle de Sartre. Ses oeuvres ont un contenu philosophique où l'absurde est présent, mais où il laisse percer l'espoir de le surmonter par la dignité humaine. Choisissant l'Algérie comme cadre° de ses romans et de ses nouvelles, il décrit les paysages nord-africains avec une fervente admiration. Selon lui, la richesse de cette beauté a toujours compensé la pauvreté matérielle de sa jeunesse. Certains de ses personnages sont prisonniers de leur destin à cause de leur indifférence envers le monde ou de l'incompréhension des hommes; d'autres réussissent à surmonter cette indifférence ou cette incompréhension par "l'engagement" à la cause de la justice. D'après Camus l'homme a le devoir de se révolter contre l'injustice et doit être animé par le lien qui l'unit à l'humanité.

cadre *m* site

L'Hôte est un épisode émouvant des événements qui ont précédé la guerre d'Algérie. Cette nouvelle exprime la solitude de l'homme qui demeure incompris malgré son attachement au sol et aux hommes. Le dilemne de Daru vous hantera par sa ressemblance à la situation contemporaine.

L'HOTE[1]
par Albert Camus

L'INSTITUTEUR° regardait les deux hommes monter vers lui. L'un était à cheval, l'autre à pied. Ils n'avaient pas encore entamé° le raidillon abrupt[2] qui menait à l'école, bâtie au flanc d'une colline. Ils peinaient,° progressant lentement dans la neige, entre les pierres, sur l'immense étendue du haut

instituteur *m* professeur
entamer commencer à monter
peiner se fatiguer

plateau désert. De temps en temps, le cheval bronchait° visiblement. On ne l'entendait pas encore, mais on voyait le jet de vapeur qui sortait alors de ses naseaux. L'un des hommes, au moins, connaissait le pays. Ils suivaient la piste[3] qui avait pourtant disparu depuis plusieurs jours sous une couche[4] blanche et sale. L'instituteur calcula qu'ils ne seraient pas sur la colline avant une demi-heure. Il faisait froid ; il rentra dans l'école pour chercher un chandail.

broncher faire un faux pas

Il traversa la salle de classe vide et glacée. Sur le tableau noir les quatre fleuves de France, dessinés avec quatre craies de couleurs différentes, coulaient vers leur estuaire depuis trois jours. La neige était tombée brutalement à la mi-octobre, après huit mois de sécheresse, sans que la pluie eût apporté une transition et la vingtaine d'élèves qui habitaient dans les villages disséminés[5] sur le plateau ne venaient plus. Il fallait attendre le beau temps.

Daru ne chauffait plus que l'unique pièce qui constituait son logement, attenant° à la classe, et ouvrant aussi sur le plateau à l'est. Une fenêtre donnait encore, comme celles de la classe, sur le midi. De ce côté, l'école se trouvait à quelques kilomètres de l'endroit où le plateau commençait à descendre vers le sud. Par temps clair, on pouvait apercevoir les masses violettes du contrefort° montagneux où s'ouvrait la porte du désert.

attenant joignant

contrefort m chaîne secondaire de montagnes

Un peu réchauffé, Daru retourna à la fenêtre d'où il avait, pour la première fois, aperçu les deux hommes. On ne les voyait plus. Ils avaient donc attaqué° le raidillon. Le ciel était moins foncé :° dans la nuit, la neige avait cessé de tomber. Le matin s'était levé sur une lumière sale qui s'était à peine renforcée à mesure que le plafond de nuages remontait. A deux heures de l'après-midi, on eût dit que la journée commençait seulement. Mais cela valait mieux que° ces trois jours où l'épaisse neige tombait au milieu des ténèbres incessantes, avec de petites sautes de vent qui venaient secouer° la double porte de la classe. Daru patientait° alors de longues heures dans sa chambre dont il ne sortait que pour aller sous l'appentis,[6] soigner les poules et puiser dans[7] la provision de charbon. Heureusement, la camionnette de Tadjid, le village le plus proche au nord, avait apporté le ravitaillement[8] deux jours avant la tourmente.° Elle reviendrait dans quarante-huit heures.

attaquer entamer
foncé sombre

valoir mieux que être préférable à
secouer agiter fortement
patienter passer du temps avec patience

tourmente f tempête soudaine et violente

Il avait d'ailleurs de quoi soutenir un siège, avec les sacs de blé qui encombraient° la petite chambre et que l'administration lui laissait en réserve pour distribuer à ceux de ses élèves dont les familles avaient été victimes de la sécheresse. En réalité, le malheur les avait tous atteints[9] puisque tous étaient pauvres. Chaque jour, Daru distribuait une ration aux petits. Elle leur avait manqué, il le savait bien, pendant ces mauvais jours. Peut-être un des pères ou des grands frères viendrait ce soir et il pourrait les ravitailler en grains. Il fallait faire la soudure avec[10] la prochaine récolte, voilà tout. Des navires de blé arrivaient maintenant de France, le plus dur était passé. Mais il serait difficile d'oublier cette misère, cette armée de fantômes haillonneux° errant° dans le soleil, les plateaux calcinés° mois après

encombrer remplir à l'excès

haillonneux portant des vêtements déchirés et misérables
errer aller çà et là
calciné brûlé

Albert Camus au quartier Latin. *(Coll. Viollet)*

mois, la terre recroquevillée[11] peu à peu, littéralement torréfiée,[12] chaque pierre éclatant en poussière sous le pied. Les moutons mouraient alors par milliers et quelques hommes, çà et là, sans qu'on puisse toujours le savoir.

Devant cette misère, lui qui vivait presque en moine[13] dans cette école perdue, content d'ailleurs du peu qu'il avait, et de cette vie rude, s'était senti un seigneur, avec ses murs crépis,° son divan étroit, ses étagères[14] de bois blanc, son puits, et son ravitaillement hebdomadaire° en eau et en nourriture. Et, tout d'un coup, cette neige, sans avertissement,[15] sans la détente[16] de la pluie. Le pays était ainsi, cruel à vivre, même sans les hommes, qui, pourtant, n'arrangeaient rien. Mais Daru y était né. Partout ailleurs, il se sentait exilé.

Il sortit et s'avança sur le terre-plein[17] devant l'école. Les deux hommes étaient maintenant à mi-pente.[18] Il reconnut dans le cavalier, Balducci, le vieux gendarme qu'il connaissait depuis longtemps. Balducci tenait au bout d'une corde un Arabe qui avançait derrière lui, les mains liées, le front baissé. Le gendarme fit un geste de salutation auquel Daru ne répondit pas, tout entier occupé à regarder l'Arabe vêtu d'une djellabah° autrefois bleue, les pieds dans des sandales, mais couverts de chaussettes en grosse laine grège,[19] la tête coiffée d'un chèche° étroit et court. Ils approchaient. Balducci maintenait sa bête au pas[20] pour ne pas blesser l'Arabe et le groupe avançait lentement.

A portée de voix,[21] Balducci cria: "Une heure pour faire les trois kilomètres d'El Ameur ici!" Daru ne répondit pas. Court et carré[22] dans son chandail épais, il les regardait monter. Pas une seule fois, l'Arabe n'avait levé la tête. "Salut, dit Daru, quand ils débouchèrent sur[23] le terre-plein. Entrez vous réchauffer." Balducci descendit péniblement de sa bête, sans lâcher la corde. Il sourit à l'instituteur sous ses moustaches hérissées. Ses petits yeux sombres, très enfoncés sous le front basané,° et sa bouche entourée de rides, lui donnaient un air attentif et appliqué. Daru prit la bride, conduisit la bête vers l'appentis, et revint vers les deux hommes qui l'attendaient maintenant dans l'école. Il les fit pénétrer° dans sa chambre. "Je vais chauffer la salle de classe, dit-il. Nous y serons plus à l'aise." Quand il entra de nouveau dans la chambre, Balducci était sur le divan. Il avait dénoué la corde qui le liait à l'Arabe et celui-ci s'était accroupi° près du poêle.[24] Les mains toujours liées, le chèche maintenant poussé en arrière, il regardait vers la fenêtre. Daru ne vit d'abord que ses énormes lèvres, pleines, lisses,[25] presque négroïdes; le nez cependant était droit, les yeux sombres, pleins de fièvre. Le chèche découvrait un front buté[26] et, sous la peau recuite° mais un peu décolorée par le froid, tout le visage avait un air à la fois inquiet et rebelle qui frappa Daru quand l'Arabe, tournant son visage vers lui, le regarde droit dans les yeux. "Passez à côté, dit l'instituteur, je vais vous faire du thé à la menthe. — Merci, dit Balducci. Quelle corvée!° Vivement la retraite." Et s'adressant en arabe à son prisonnier: "Viens, toi." L'Arabe se leva et, lentement, tenant ses poignets joints devant lui, passa dans l'école.

Avec le thé, Daru apporta une chaise. Mais Balducci trônait[27] déjà sur la

crépi recouvert d'une couche de plâtre
hebdomadaire de chaque semaine

djellabah *f* longue robe

chèche *m* long voile servant de turban

basané bruni

pénétrer entrer

s'accroupir s'asseoir sur les talons

recuit très bruni

corvée *f* travail désagréable

première table d'élève et l'Arabe s'était accroupi contre l'estrade[28] du maître, face au poêle qui se trouvait entre le bureau et la fenêtre. Quand il tendit le verre de thé au prisonnier, Daru hésita devant ses mains liées. "On peut le délier, peut-être. — Sûr, dit Balducci. C'était pour le voyage." Il fit mine de[29] se lever. Mais Daru, posant le verre sur le sol, s'était agenouillé près de l'Arabe. Celui-ci, sans rien dire, le regardait faire de ses yeux fiévreux. Les mains libres, il frotta[30] l'un contre l'autre ses poignets gonflés,[31] prit le verre de thé aspira[32] le liquide brûlant, à petites gorgées[33] rapides.

"Bon, dit Daru. Et comme ça, où allez-vous?"

Balducci retira sa moustache du thé: "Ici, fils.

— Drôles d'élèves! Vous couchez ici?

— Non. Je vais retourner à El Ameur. Et toi, tu livreras le camarade à Tinguit. On l'attend à la commune mixte."[34]

Balducci regardait Daru avec un petit sourire d'amitié.

"Qu'est-ce que tu racontes, dit l'instituteur. Tu te fous de moi?

— Non, fils. Ce sont les ordres.

— Les ordres? Je ne suis pas. . ." Daru hésita; il ne voulait pas peiner[35] le vieux Corse. "Enfin, ce n'est pas mon métier.

— Eh! Qu'est-ce que ça veut dire? A la guerre, on fait tous les métiers.

— Alors, j'attendrai la déclaration de guerre!"

Balducci approuva de la tête.

"Bon. Mais les ordres sont là et ils te concernent aussi. Ça bouge,[36] paraît-il. On parle de révolte prochaine. Nous sommes mobilisés, dans un sens."

Daru gardait son air buté.

"Écoute, fils, dit Balducci. Je t'aime bien, il faut comprendre. Nous sommes une douzaine à El Ameur pour patrouiller dans le territoire d'un petit département et je dois rentrer. On m'a dit de te confier[37] ce zèbre° et **zèbre** *m* individu bizarre de rentrer sans tarder. On ne pouvait pas le garder là-bas. Son village s'agitait, ils voulaient le reprendre. Tu dois le mener à Tinguit dans la journée de demain. Ce c'est pas une vingtaine de kilomètres qui font peur à un costaud° comme toi. Après, ce sera fini. Tu retrouveras tes élèves et **costaud** *m* homme très fort la bonne vie."

Derrière le mur, on entendit le cheval s'ébrouer° et frapper du sabot. **s'ébrouer** *s'agiter* Daru regardait par la fenêtre. Le temps se levait décidément, la lumière s'élargissait sur le plateau neigeux. Quand toute la neige serait fondue, le soleil régnerait de nouveau et brûlerait une fois de plus les champs de pierre. Pendant des jours, encore le ciel inaltérable[38] déverserait[39] sa lumière sèche sur l'étendue solitaire où rien ne rappelait l'homme.

"Enfin, dit-il en se retournant vers Balducci, qu'est-ce qu'il a fait?" Et il demanda avant que le gendarme ait ouvert la bouche: "Il parle français?

— Non, pas un mot. On le recherchait depuis un mois, mais ils le cachaient. Il a tué son cousin.

— Il est contre nous?

—Je ne crois pas. Mais on ne peut jamais savoir.

— Pourquoi a-t-il tué?

— Des affaires de famille, je crois. L'un devait du grain à l'autre, paraît-il. Ça n'est pas clair. Enfin, bref, il a tué le cousin d'un coup de serpe.[40] Tu sais, comme au mouton, zic!. . ."

Balducci fit le geste de passer une lame[41] sur sa gorge et l'Arabe, son attention attirée, le regardait avec une sorte d'inquiétude. Une colère subite° vint à Daru contre cet homme, contre tous les hommes et leur sale méchanceté, leurs haines inlassables,[42] leur folie du sang.

subit soudain

Mais la bouilloire[43] chantait sur le poêle. Il resservit du thé à Balducci, hésita, puis servit à nouveau l'Arabe qui, une seconde fois, but avec avidité. Ses bras soulevés entrebâillaient° maintenant la djellabah et l'instituteur aperçut sa poitrine maigre et musclée.

entrebâiller ouvrir un peu

"Merci, petit, dit Balducci. Et maintenant, je file."°

filer partir

Il se leva et se dirigea vers l'Arabe, en tirant une cordelette de sa poche.

"Qu'est-ce que tu fais?" demanda sèchement Daru.

Balducci, interdit,[44] lui montra la corde.

"Ce n'est pas la peine."

Le vieux gendarme hésita:

"Comme tu voudras. Naturellement, tu es armé?

— J'ai mon fusil de chasse.

— Où?

— Dans la malle.[45]

— Tu devrais l'avoir près de ton lit.

— Pourquoi? Je n'ai rien à craindre.°

— Tu es sonné,° fils. S'ils se soulèvent, personne n'est à l'abri, nous sommes tous dans le même sac.

sonné fou

— Je me défendrai. J'ai le temps de les voir arriver."

Balducci se mit à rire, puis la moustache vint soudain recouvrir les dents encore blanches.

"Tu as le temps? Bon. C'est ce que je disais. Tu as toujours été un peu fêlé.° C'est pour ça que je t'aime bien, mon fils était comme ça."

fêlé fou

Il tirait en même temps son revolver et le posait sur le bureau.

"Garde-le, je n'ai pas besoin de deux armes d'ici El Ameur."

Le revolver brillait sur la peinture noire de la table. Quand le gendarme se retourna vers lui, l'instituteur sentit son odeur de cuir et de cheval.

"Ecoute, Balducci, dit Daru soudainement, tout ça me dégoûte, et ton gars° le premier. Mais je ne le livrerai pas. Me battre, oui, s'il le faut. Mais pas ça."

gars *m* type

Le vieux gendarme se tenait devant lui et le regardait avec sévérité.

"Tu fais des bêtises,° dit-il lentement. Moi non plus, je n'aime pas ça. Mettre une corde à un homme, malgré les années, on ne s'y habitue pas et même, oui, on a honte. Mais on ne peut pas les laisser faire.

faire des bêtises faire des choses stupides

— Je ne le livrerai pas, répéta Daru.

— C'est un ordre, fils. Je te le répète.

— C'est ça. Répète-leur ce que je t'ai dit: je ne le livrerai pas."

Balducci faisait un visible effort de réflexion. Il regardait l'Arabe et Daru. Il se décida enfin.

"Non. Je ne leur dirai rien. Si tu veux nous lâcher, à ton aise,[46] je ne te dénoncerai pas. J'ai l'ordre de livrer le prisonnier: je le fais. Tu vas maintenant me signer le papier.

— C'est inutile. Je ne nierai[47] pas que tu me l'as laissé.

— Ne sois pas méchant avec moi. Je sais que tu diras la vérité. Tu es d'ici, tu es un homme. Mais tu dois signer, c'est la règle."

Daru ouvrit son tiroir, tira une petite bouteille carrée d'encre violette, le porte-plume de bois rouge avec la plume *sergent-major*[48] qui lui servait à tracer les modèles d'écriture et il signa. Le gendarme plia soigneusement le papier et le mit dans son portefeuille. Puis il se dirigea vers la porte.

"Je vais t'accompagner, dit Daru.

— Non, dit Balducci. Ce n'est pas la peine d'être poli. Tu m'as fait un affront."° **faire un affront** insulter

Il regarda l'Arabe, immobile, à la même place, renifla d'un air chagrin[49] et se détourna vers la porte: "Adieu, fils", dit-il. La porte battit derrière lui. Balducci surgit° devant la fenêtre puis disparut. Ses pas étaient étouffés[50] **surgir** se montrer par la neige. Le cheval s'agita derrière la cloison,° des poules s'effarèrent.[51] **cloison** *f* mur de séparation Un moment après, Balducci repassa devant la fenêtre tirant le cheval par la bride. Il avançait vers le raidillon sans se retourner, disparut le premier et le cheval le suivit. On entendit une grosse pierre rouler mollement.[52] Daru revint vers le prisonnier qui n'avait pas bougé, mais ne le quittait pas des yeux. "Attends", dit l'instituteur en arabe, et il se dirigea vers la chambre. Au moment de passer le seuil,[53] il se ravisa,° alla au bureau, prit le revolver **se raviser** changer d'opinion et le fourra° dans sa poche. Puis, sans se retourner, il entra dans sa chambre. **fourrer** faire entrer

Longtemps, il resta étendu sur son divan à regarder le ciel se fermer peu à peu, à écouter le silence. C'était ce silence qui lui avait paru pénible les premiers jours de son arrivée, après la guerre. Il avait demandé un poste dans la petite ville au pied des contreforts qui séparent du désert les hauts plateaux. Là, des murailles rocheuses, vertes et noires au nord, roses ou mauves au sud, marquaient la frontière de l'éternel été. On l'avait nommé à un poste plus au nord, sur le plateau même. Au début, la solitude et le silence lui avaient été durs sur ces terres ingrates,° habitées seulement par **ingrat** infructueux des pierres. Parfois, des sillons[54] faisaient croire à des cultures, mais ils avaient été creusés[55] pour mettre au jour[56] une certaine pierre, propice à° **propice à** bon pour la construction. On ne labourait[57] ici que pour récolter des cailloux.[58] D'autres fois, on grattait quelques copeaux de terre,[59] accumulée dans des creux,[60] dont on engraisserait[61] les maigres jardins des villages. C'était ainsi, le caillou seul couvrait les trois quarts de ce pays. Les villes y naissaient, brillaient, puis disparaissaient; les hommes y passaient, s'aimaient ou se mordaient à la gorge,[62] puis mouraient. Dans ce désert, personne, ni lui ni

son hôte n'étaient rien. Et pourtant, hors° de ce désert, ni l'un ni l'autre, **hors** à l'extérieur
Drau le savait, n'auraient pu vivre vraiment.

Quand il se leva, aucun bruit ne venait de la salle de classe. Il s'étonna° **s'étonner** être surpris
de cette joie franche[63] qui lui venait à la seule pensée que l'Arabe avait pu
fuir et qu'il allait se retrouver seul sans avoir rien à décider. Mais le prisonnier était là. Il s'était seulement couché de tout son long entre le poêle et
le bureau. Les yeux ouverts, il regardait le plafond. Dans cette position, on
voyait surtout ses lèvres épaisses qui lui donnaient un air boudeur.[64] "Viens",
dit Daru. L'Arabe se leva et le suivit. Dans la chambre, l'instituteur lui
montra une chaise près de la table, sous la fenêtre. L'Arabe prit place sans
cesser de regarder Daru.

"Tu as faim?

— Oui", dit le prisonnier.

Daru installa° deux couverts. Il prit de la farine et de l'huile, pétrit[65] dans **installer** mettre
un plat une galette° et alluma le petit fourneau à butagaz.[66] Pendant que la **galette** f gâteau plat et rond
galette cuisait, il sortit pour ramener de l'appentis du fromage, des oeufs,
des dattes et du lait condensé. Quand la galette fut cuite, il la mit à refroidir
sur le rebord[67] de la fenêtre, fit chauffer du lait condensé étendu d'eau[68] et,
pour finir, battit les oeufs en omelette. Dans un de ses mouvements il heurta[69]
le revolver enfoncé dans sa poche droite. Il posa le bol, passa dans la salle
de classe et mit le revolver dans le tiroir de son bureau. Quand il revint dans
la chambre, la nuit tombait. Il donna de la lumière et servit l'Arabe:
"Mange", dit-il. L'autre prit un morceau de galette, le porta vivement à sa
bouche et s'arrêta.

"Et toi? dit-il.

— Après toi. Je mangerai aussi."

Les grosses lèvres s'ouvrirent un peu, l'Arabe hésita, puis il mordit[70]
résolument dans la galette.

Le repas fini, l'Arabe regardait l'instituteur.

"C'est toi le juge?

— Non, je te garde jusqu'à demain.

— Pourquoi tu manges avec moi?

— J'ai faim."

L'autre se tut. Daru se leva et sortit. Il ramena un lit de camp de l'appentis,
l'étendit entre la table et le poêle, perpendiculairement à son propre lit.
D'une grande valise qui, debout dans un coin, servait d'étagère à dossiers,[71]
il tira deux couvertures qu'il disposa sur le lit de camp. Puis il s'arrêta, se
sentit oisif,° s'assit sur son lit. Il n'y avait plus rien à faire ni à préparer. Il **oisif** inoccupé
fallait regarder cet homme. Il le regardait donc, essayant d'imaginer ce
visage emporté de fureur.[72] Il n'y parvenait° pas. Il voyait seulement le **parvenir** réussir
regard à la fois sombre et brillant, et la bouche animale.

"Pourquoi tu l'as tué?" dit-il d'une voix dont l'hostilité le surprit.

L'Arabe détourna son regard.

"Il s'est sauvé.° J'ai couru derrière lui." **se sauver** s'échapper

Il releva les yeux sur Daru et ils étaient pleins d'une sorte d'interrogation malheureuse.

"Maintenant, qu'est-ce qu'on va me faire?

— Tu as peur?"

L'autre se raidit,[73] en détournant les yeux.

"Tu regrettes?"

L'Arabe le regarda, bouche ouverte. Visiblement, il ne comprenait pas. L'irritation gagnait Daru. En même temps, il se sentait gauche et emprunté° dans son gros corps, coincé[74] entre les deux lits.

emprunté embarrassé

"Couche-toi là, dit-il avec impatience. C'est ton lit."

L'Arabe ne bougeait pas. Il appela Daru:

"Dis!"

L'instituteur le regarda.

"Le gendarme revient demain?

— Je ne sais pas.

— Tu viens avec nous?

— Je ne sais pas. Pourquoi?"

Le prisonnier se leva et s'étendit à même les couvertures, les pieds vers la fenêtre. La lumière de l'ampoule[75] électrique lui tombait droit dans les yeux qu'il ferma aussitôt.

"Pourquoi?" répéta Daru, planté[76] devant le lit.

L'Arabe ouvrit les yeux sous la lumière aveuglante[77] et le regarda en s'efforçant de ne pas battre les paupières.[78]

"Viens avec nous", dit-il.

Au milieu de la nuit, Daru ne dormait toujours pas. Il s'était mis au lit après s'être complètement déshabillé: il couchait nu habituellement. Mais quand il se trouva sans vêtements dans la chambre, il hésita. Il se sentait vulnérable, la tentation lui vint de se rhabiller. Puis il haussa les épaules; il en avait vu d'autres et, s'il le fallait, il casserait en deux son adversaire. De son lit, il pouvait l'observer, étendu sur le dos, toujours immobile et les yeux fermés sous la lumière violente. Quand Daru éteignit,[79] les ténèbres semblèrent se congeler d'un coup. Peu à peu, la nuit redevint vivante dans la fenêtre où le ciel sans étoiles remuait[80] doucement. L'instituteur distingua bientôt le corps étendu devant lui. L'Arabe ne bougeait toujours pas, mais ses yeux semblaient ouverts. Un léger vent rôdait° autour de l'école. Il chassera peut-être les nuages et le soleil reviendrait.

rôder errer çà et là

Dans la nuit, le vent grandit. Les poules s'agitèrent un peu, puis se turent. L'Arabe se retourna sur le côté, présentant le dos à Daru et celui-ci crut l'entendre gémir.[81] Il guetta[82] ensuite sa respiration, devenue plus forte et plus régulière. Il écoutait ce souffle si proche et rêvait sans pouvoir s'endormir. Dans la chambre où, depuis un an, il dormait seul, cette présence le gênait. Mais elle le gênait aussi parce qu'elle lui imposait une sorte de fraternité qu'il refusait dans les circonstances présentes et qu'il connaissait bien: les hommes, qui partagent les mêmes chambres, soldats ou prisonniers, contractent un lien étrange comme si, leurs armures quittées avec les vêtements, ils se rejoignaient chaque soir, par-dessus leurs différences, dans la vieille communauté du songe et de la fatigue. Mais Daru secouait, il n'aimait pas ces bêtises, il fallait dormir.

Un peu plus tard pourtant, quand l'Arabe bougea imperceptiblement, l'instituteur ne dormait toujours pas. Au deuxième mouvement du prisonnier, il se raidit, en alerte. L'Arabe se soulevait lentement sur les bras, d'un mouvement presque somnambulique. Assis sur le lit, il attendit, immobile, sans tourner la tête vers Daru, comme s'il écoutait de toute son attention. Daru ne bougea pas: il venait de penser que le revolver était resté dans le tiroir de son bureau. Il valait mieux agir tout de suite. Il continua cependant d'observer le prisonnier qui, du même mouvement huilé, posait ses pieds sur le sol, attendait encore, puis commençait à se dresser[83] lentement. Daru allait l'interpeller[84] quand l'Arabe se mit en marche, d'une allure[85] naturelle cette fois, mais extraordinairement silencieuse. Il allait vers la porte du fond qui donnait sur l'appentis. Il fit jouer le loquet avec précaution et sortit en repoussant la porte derrière lui, sans la refermer. Daru n'avait pas bougé: "Il fuit, pensait-il seulement. Bon débarras!"[86] Il tendit pourtant l'oreille.° Les poules ne bougeaient pas: l'autre était donc sur le plateau. Un faible bruit d'eau lui parvint alors dont il ne comprit ce qu'il était qu'au moment où l'Arabe s'encastra[87] de nouveau dans la porte, la referma avec soin, et vint se recoucher sans un bruit. Alors Daru lui tourna le dos et s'endormit. Plus tard encore, il lui sembla entendre, du fond de son sommeil, des pas furtifs autour de l'école. "Je rêve, je rêve!" se répétait-il. Et il dormait.

Quand il se réveilla, le ciel était découvert; par la fenêtre mal jointe[88] entrait un air froid et pur. L'Arabe dormait, recroquevillé maintenant sous les couvertures, la bouche ouverte, totalement abandonné. Mais quand Daru le secoua, il eut un sursaut[89] terrible, regardant Daru sans le reconnaître avec des yeux fous et une expression si apeurée° que l'instituteur fit un pas en arrière. "N'aie pas peur. C'est moi. Il faut manger." L'Arabe secoua la tête et dit oui. Le calme était revenu sur son visage, mais son expression restait absente et distraite.

Le café était prêt. Ils le burent, assis tous deux sur le lit de camp, en mordant leurs morceaux de galette. Puis Daru mena l'Arabe sous l'appentis et lui montra le robinet où il faisait sa toilette. Il rentra dans la chambre, plia les couvertures et le lit de camp, fit son propre lit et mit la pièce en ordre. Il sortit alors sur le terre-plein en passant par l'école. Le soleil montait déjà dans le ciel bleu; une lumière tendre et vive inondait le plateau désert. Sur le raidillon, la neige fondait par endroits. Les pierres allaient apparaître de nouveau. Accroupi au bord du plateau, l'instituteur contemplait l'étendue déserte. Il pensait à Balducci. Il lui avait fait de la peine, il l'avait renvoyé, d'une certaine manière, comme s'il ne voulait pas être dans le même sac. Il entendait encore l'adieu du gendarme et, sans savoir pourquoi, il se sentait étrangement vide et vulnérable. A ce moment, de l'autre côté

tendre l'oreille écouter

apeuré terrifié

Un vieil Arabe gardant ses mulets: une scène typique de la vie algérienne. *(Roger-Viollet)*

de l'école, le prisonnier toussa. Daru l'écouta, presque malgré lui, puis, furieux, jeta un caillou qui siffla dans l'air avant de s'enfoncer dans la neige. Le crime imbécile de cet homme le révoltait, mais le livrer était contraire à l'honneur: d'y penser seulement le rendait fou d'humiliation. Et il maudissait[90] à la fois les siens qui lui envoyaient cet Arabe et celui-ci qui avait osé tuer et n'avait pas su s'enfuir. Daru se leva, tourna en rond sur le terre-plein, attendit, immobile, puis entra dans l'école.

L'Arabe, penché sur le sol cimenté de l'appentis, se lavait les dents avec deux doigts. Daru le regarda, puis: "Viens", dit-il. Il rentra dans la chambre, devant le prisonnier. Il enfila° une veste de chasse sur son chandail et chaussa ses souliers de marche. Il attendit debout que l'Arabe eût remis son chèche et ses sandales. Ils passèrent dans l'école et l'instituteur montra la sortie à son compagnon. "Va", dit-il. L'autre ne bougea pas. "Je viens", dit Daru. L'Arabe sortit. Daru rentra dans la chambre et fit un paquet avec des biscottes, des dattes et du sucre. Dans la salle de classe, avant de sortir, il hésita une seconde devant son bureau, puis il franchit° le seuil de l'école, et boucla la porte. "C'est par là", dit-il. Il prit la direction de l'est, suivi par le prisonnier. Mais, à une faible distance de l'école, il lui sembla entendre un léger bruit derrière lui. Il revint sur ses pas, inspecta les alentours° de la maison: il n'y avait personne. L'Arabe le regardait faire, sans paraître comprendre. "Allons", dit Daru.

Ils marchèrent une heure et se reposèrent auprès d'une sorte d'aiguille calcaire. La neige fondait de plus en plus vite, le soleil pompait[91] aussitôt les flaques,[92] nettoyait à toute allure° le plateau qui, peu à peu, devenait sec et vibrait comme l'air lui-même. Quand ils reprirent la route, le sol résonnait sous leurs pas. De loin en loin, un oiseau fendait[93] l'espace devant eux avec un cri joyeux. Daru buvait, à profondes aspirations, la lumière fraîche. Une sorte d'exaltation naissait en lui devant le grand espace familier, presque entièrement jaune maintenant, sous sa calotte[94] de ciel bleu. Ils marchèrent encore une heure, en descendant vers le sud. Ils arrivèrent à une sorte d'éminence aplatie, faite de rochers friables.[95] A partir de là, le plateau dévalait,° à l'est, vers une plaine basse où l'on pouvait distinguer quelques arbres maigres et, au sud, vers des amas[96] rocheux qui donnaient au paysage un aspect tourmenté.

Daru inspecta les deux directions. Il n'y avait que le ciel à l'horizon, pas un homme ne se montrait. Il se tourna vers l'Arabe, qui le regardait sans comprendre. Daru lui tendit un paquet: "Prends, dit-il. Ce sont des dattes, du pain, du sucre. Tu peux tenir[97] deux jours. Voilà mille francs aussi." L'Arabe prit le paquet et l'argent, mais il gardait ses mains pleines à hauteur de la poitrine, comme s'il ne savait que faire de ce qu'on lui donnait. "Regarde maintenant, dit l'instituteur, et il lui montrait la direction de l'est, voilà la route de Tinguit. Tu as deux heures de marche. A Tinguit, il y a l'administration et la police. Ils t'attendent." L'Arabe regardait vers l'est, retenant toujours contre lui le paquet et l'argent. Daru lui prit le bras et lui

enfiler mettre

franchir traverser

alentours *m* lieux qui sont autour

à toute allure à toute vitesse

dévaler descendre rapidement

fit faire, sans douceur, un quart de tour vers le sud. Au pied de la hauteur où ils se trouvaient, on devinait[98] un chemin à peine dessiné. "Ça, c'est la piste qui traverse le plateau. A un jour de marche d'ici, tu trouveras les pâturages et les premiers nomades. Ils t'accueilleront et t'abriteront,° selon **abriter** loger leur loi." L'Arabe s'était retourné maintenant vers Daru et une sorte de panique se levait sur son visage: "Ecoute", dit-il. Daru secoua la tête: "Non, tais-toi. Maintenant, je te laisse." Il lui tourna le dos, fit deux grands pas dans la direction de l'école, regarda d'un air indécis l'Arabe immobile et repartit. Pendant quelques minutes, il n'entendit plus que son propre pas, sonore° sur la terre froide, et il ne détourna pas la tête. Au bout d'un **sonore** vibrant moment, pourtant, il se retourna. L'Arabe était toujours là, au bord de la colline, les bras pendants maintenant, et il regardait l'instituteur. Daru sentit sa gorge se nouer.[99] Mais il jura d'impatience, fit un grand signe, et repartit. Il était déjà loin quand il s'arrêta de nouveau et regarda. Il n'y avait plus personne sur la colline.

Daru hésita. Le soleil était maintenant assez haut dans le ciel et commençait à lui dévorer le front. L'instituteur revint sur ses pas, d'abord un peu incertain, puis avec décision. Quand il parvint à la petite colline, il ruisselait de sueur.[100] Il la gravit° à toute allure et s'arrêta, essoufflé,[101] sur **gravir** monter avec effort le sommet. Les champs de roche, au sud, se dessinaient nettement sur le ciel bleu, mais sur la plaine, à l'est, une buée° de chaleur montait déjà. Et dans **buée** *f* vapeur cette brume[102] légère, Daru, le coeur serré,[103] découvrit l'Arabe qui cheminait lentement sur la route de la prison.

Un peu plus tard, planté devant la fenêtre de la salle de classe, l'instituteur regardait sans la voir la jeune lumière bondir des hauteurs du ciel sur toute la surface du plateau. Derrière lui, sur le tableau noir, entre les méandres des fleuves français s'étalait,° tracée à la craie par une main malhabile, **s'étaler** se montrer l'inscription qu'il venait de lire: "Tu as livré notre frère. Tu paieras." Daru regardait le ciel, le plateau et, au-delà, les terres invisibles qui s'étendaient jusqu'à la mer. Dans ce vaste pays qu'il avait tant aimé, il était seul.

Questions

1. Que cherchait à créer Camus dans ses oeuvres, surtout dans celles qui évoquent son Algérie natale?
2. Quelle atmosphère morale est celle de cette nouvelle *L'Hôte*?
3. Où était bâtie l'école?
4. Pourquoi n'y avait-il pas d'élèves ce jour-la?
5. Que pouvait-on voir vers le sud par temps clair?
6. Qui avait assuré le ravitaillement de Daru?
7. Daru était-il satisfait de l'ambiance dans laquelle il vivait? Pourquoi?
8. Qui était Balducci?
9. Quel ordre Balducci donna-t-il à Daru au sujet du prisonnier?

10. Pourquoi l'Arabe était-il prisonnier?
11. A quoi Daru refuse-t-il de s'engager?
12. Que signa Daru de mauvaise grâce?
13. Que laissa Balducci à Daru?
14. Qu'en fit Daru pendant qu'il préparait le repas?
15. Pourquoi la présence du prisonnier dans sa chambre à coucher gênait-elle Daru?
16. Pourquoi Daru put-il enfin dormir?
17. Donnez deux raisons de l'exaspération de Daru de la présence de l'Arabe chez lui.
18. Quel choix Daru donna-t-il au prisonnier après leur longue marche?
19. Quelle route choisit le prisonnier?
20. A quel moment est-il possible qu'une inscription menaçante ait été faite sur le tableau noir?
21. Après avoir lu l'inscription menaçante, qu'éprouvait Daru dans sa solitude?

Notes

1 **hôte** *m* host; guest   2 **raidillon abrupt** *m* steep ascent   3 **piste** *f* trail
4 **couche** *f* layer   5 **disséminé** scattered   6 **appentis** *m* shed   7 **puiser dans** to draw upon   8 **ravitaillement** *m* new food supplies   9 **atteint** affected   10 **faire la soudure avec** to tide (them) over until   11 **recroquevillé** cracked
12 **torréfié** parched   13 **vivre en moine** to live like a monk   14 **étagère** *f* shelf
15 **avertissement** *m* warning   16 **détente** *f* relief   17 **terre-plein** *m* level area
18 **mi-pente** half-way up the slope   19 **grège** raw   20 **maintenir. . . au pas** to hold to a walk   21 **à portée de voix** within shouting distance   22 **carré** square-shouldered   23 **déboucher sur** to emerge onto   24 **poêle** *m* stove   25 **lisse** smooth
26 **buté** stubborn   27 **trôner** to sit as on a throne   28 **estrade** *f* platform   29 **faire mine de** to pretend to   30 **frotter** to rub   31 **gonflé** swollen   32 **aspirer** to drink noisily   33 **gorgée** *f* gulp   34 **commune mixte** *f* village with both French and Arab inhabitants   35 **peiner** to hurt   36 **Ca bouge** There is unrest   37 **confier** to entrust   38 **inaltérable** unchanging   39 **déverser** to cast   40 **serpe** *f* instrument with crescent-shaped blade   41 **lame** *f* blade   42 **inlassable** meaning never letting up   43 **bouilloire** *f* kettle   44 **interdit** speechless   45 **malle** *f* trunk   46 **à ton aise** go right ahead   47 **nier** to deny   48 **sergent-major** brand name of pen
49 **renifler d'un air chagrin** to sniff with a sad expression   50 **étouffé** muffled
51 **s'effarer** to take fright   52 **mollement** lazily   53 **seuil** *m* threshold
54 **sillon** *m* furrow   55 **creusé** dug out   56 **mettre au jour** to uncover
57 **labourer** to till, work   58 **caillou** *m* pebble   59 **copeau de terre** *m* thin layer of soil   60 **creux** *m* hollow   61 **engraisser** to enrich   62 **se mordre à la gorge** to fight each other   63 **franche** unrestrained   64 **boudeur** sullen   65 **pétrir** to knead   66 **fourneau à butagaz** *m* gas stove   67 **rebord** *m* sill   68 **étendu de** thinned with   69 **heurter** to hit against   70 **mordre** to bite   71 **dossier** *m* record
72 **emporté de fureur** contorted in anger   73 **se raidir** to stiffen   74 **coincé** wedged in   75 **ampoule** *f* lightbulb   76 **planté** standing   77 **aveuglant** blinding
78 **paupière** *f* eyelid   79 **éteindre** to put out   80 **remuer** to move   81 **gémir** to moan   82 **guetter** meaning to listen attentively to   83 **se dresser** to stand up

84 **interpeller** to call to   85 **allure** *f* gait   86 **Bon débarras!** Good riddance!
87 **s'encastrer** to be framed   88 **fenêtre mal jointe** *f* window loose in its frame
89 **sursaut** *m* start   90 **maudire** to curse   91 **pomper** to suck up 92 **flaque** *f*
puddle   93 **fendre** to cut through   94 **calotte** *f* cap   95 **friable** crumbling
96 **amas** *m* pile   97 **tenir** to hold out   98 **deviner** to make out   99 **se nouer**
to tighten   100 **ruisselant de sueur** streaming with sweat   101 **essoufflé** out of
breath   102 **brume** *f* mist   103 **le coeur serré** sad at heart

Nous, les parents de gauche

JEAN PAUL OLLIVIER, journaliste et rédacteur en chef de *Paris-Match*, naquit en 1933. Son roman *Le Temps des filles* est presque une autobiographie. Il raconte avec beaucoup d'esprit la vie d'un homme entouré de quatre femmes, vie qu'il semble avoir observée sur le vif.°

    sur le vif c.-à-d. de près

Les personnages du roman se composent d'une mère appelée Sophie et de ses trois filles dont les noms: Marguerite, Flore et Capucine évoquent la nature.

Dans le chapitre suivant intitulé *Nous, les parents de gauche*, il décrit les difficultés partagées si fréquemment par les parents d'adolescents.

NOUS, LES PARENTS DE GAUCHE
par Jean-Paul Ollivier

QUELLE MARGE de liberté fallait-il laisser à nos filles en dehors de la maison? Nous savions que chaque siècle porte en lui un mal, une mode qui déferle irrésistiblement et emporte[1] sur son passage âmes juvéniles et esprits sans expérience.

Tout ce que nous avions fait pouvait être perdu par quelques heures de loisir mal employées. Conscients que leurs distractions° seraient plus difficiles à surveiller° que leur instruction, ma femme et moi avions décidé d'aborder[2] la situation selon un front uni. Cette haute stratégie ne subit d'ailleurs de revers[3] que dans les grandes occasions.

    distraction *f* amusement
    surveiller contrôler

Nos filles devraient-elles sortir peu? Beaucoup? Comment s'assurer qu'elles sortent ni trop ni pas assez? J'aurais aimé éluder ces questions certains jours en étant retenu au loin, par un devoir impérieux,[4] celui de commander l'escadre[5] de la Méditerranée, par exemple. Car les dangers rôdent[6] partout et surgissent° subitement.

    surgir apparaître

Depuis l'homme du Néandertal, le plus classique prend le masque provocant de l'avant -garde.

Avant-garde, franc-tireur,[7] hold-up, blousons noirs, teen-agers, tout un arsenal de mots inventés pour faire trembler les bourgeois (plus ça devient vieux. . .). Mais ce vocabulaire est-il vraiment meurtrier.[8] Sophie m'avait aidé à éloigner de moi tout sentiment de panique, et ce, pour deux raisons:

1. Aucun mouvement d'avant-garde (pierre polie, pierre à feu, âge du bronze, du fer, de l'atome ou du rock) n'a jamais réussi à faire mal tourner[9] l'humanité toute entière depuis quatre millions d'années que l'homme est sur la terre.

2. Aussi vrai que la terre tourne depuis quatre milliards d'années autour du soleil, aucun Villeroi° ne s'est transformé en brebis égarée[10] dans les torrents éphémères, venus happer[11] et corroder la jeunesse vers les paradis des nuits sans sommeil, ou des états d'âme seconds ou troisièmes.

Mais, ce qui n'est pas arrivé peut encore se produire, et le mal peut s'abattre° n'importe quand.

Le soleil s'est levé quatorze mille six cent cinq fois depuis que je suis né. Personnellement, j'ai été sollicité une dizaine de fois par les tendances extravagantes de mon temps; menace gidienne,° influence maurassienne,° séquelles surréalistes, démon existentialiste, érotisme, nihilisme. . .

C'était l'époque où la littérature était la forme la plus pernicieuse de l'avant-garde. Mon père m'avait ordonné des contre-poisons qui se trouvaient, comme un vaccin, dans d'autres livres. Tout s'était bien passé. Mais la littérature n'est pas seule à charrier° dangereusement les miasmes toxiques[12] de l'esprit. La peinture avait pris la relève.° Nous avons, là, franchi sabre au clair[13] les épreuves les plus périlleuses: dadaïsme, cubisme, orphisme,[14] néo-plasticisme, hachurisme,[15] pointillisme, synchronisme, barbouillisme,[16] futurisme, tachisme,[17] le tout débouchant[18] sur l'abstrait avec une candeur qui a, d'emblée,° conquis les porte-monnaie américains.

Il n'y a plus de limite. Passe encore pour ceux qui peignent avec des râpes à fromage,[19] des pistolets ou des poignées de chasse d'eau.[20]

— La peinture est un moyen d'expression comme l'écriture, arguait Flore.

Essayez, en tout bien tout honneur, d'écrire avec une râpe à fromage, le pied d'un fauteuil, ou le genou droit de votre femme. Vous verrez, c'est très difficile. Non, ce qui est grave, ce sont les peintres qui ne font pas mieux, en travaillant avec des pinceaux.[21]

Quand mes filles furent en âge de se laisser emporter par la vague de leur temps, l'actualité de pointe s'était nettement déplacée de la littérature et de la peinture, vers un genre mineur qui a un extrême pouvoir de pénétration: la musique. Je ne veux pas parler de celle de Mozart, Debussy, Prokofiev ou Gershwin, mais de ces compositeurs beaucoup plus jeunes qui ont réussi à être plus connus en huit jours que Beethoven au bout de sa vie.

Les aînées étaient venues me voir en délégation:

— Tu as lu les journaux, Papa?

— Oui. J'ai vu. La Bourse[22] est en baisse.[23]

— Nous ne savons pas si la Bourse est en baisse,[23] mais les idoles sont en hausse. Il a l'air de se passer des choses marrantes° au Palais des Sports. On devrait aller voir.

Il s'y déroulait° des soirées rituelles d'origine très populaire. Le spectacle était accompagné d'un grand fracas de chaises brisées.

Villeroi fut un mauvais gouverneur du jeune roi Louis XV

s'abattre se précipiter

menace gidienne danger des idées d'André Gide
maurassienne de Charles Maurras écrivain politique et critique français

charrier transporter
avait pris la relève l'avait remplacée

d'emblée d'un seul coup

marrant amusant

se dérouler avoir lieu

Sophie était dans notre chambre, achevant de s'habiller, quand je lui rapportais les intentions de nos filles:

— Je sais, dit-elle, elles prétendent que les yéyés sont à la musique ce que Picasso est à la peinture.

— Enfin Sophie, tu ne vas pas laisser tes enfants s'aventurer dans ces bouges° de mal peignés.[24]

bouges *m pl* mauvais lieux

— Mes enfants, non, répliqua-t-elle. Mais nous, oui.

— Comment, nous?

— Oui, mon chéri, toi et moi, et pas plus tard que ce soir. Nous devons nous rendre compte avant de les envoyer.

— Et. . . tu vas le dire à tes filles?

— Certes pas. Nous prendrons le prétexte d'une conférence sérieuse.

Au risque de passer pour des parents de gauche, Sophie et moi franchissions le Rubicon[25] à 21 heures.

L'énergie ambiante[26] aurait pu alimenter une centrale thermique,[27] et pousser au suicide tous les nostalgiques des danses collantes.[28] La température montait avec chaque nouvelle idole, et c'est miracle que le couvercle du Palais n'ait pas subi le sort de celui d'une marmite célèbre.[29] A la fin de la soirée, je surpris dans les mains de Sophie quelques miettes[30] de ce qui avait dû être autrefois un siège.

A la maison, pendant ce temps, les filles avaient décidé d'explorer les rayons interdits[31] de la bibliothèque. Marguerite, juchée[32] sur un escabeau,[33] annonçait les titres et le choix général s'était fixé sur un livre de Freud, car disait Flore: "Papa dit toujours, c'est freudien. On devrait se rendre compte."

Puis elle avait commencé la lecture à haute voix. La litanie des citations hermétiques° avait très vite emporté Capucine dans le sommeil, mais les aînées trompaient leur ennui dans l'attente insaitisfaite du passage qui expliquerait le terme freudien et l'interdit du livre.

hermétique fermé (c.-à-d. impossible à comprendre)

Des coups de sifflet stridents avaient troublé la fin de la soirée du Palais des Sports.

— On est bon pour la rafle,° me cria Sophie à l'oreille.

On. . . rafle On va être arrêté par la police

Elle ne s'était pas trompée. Un quart d'heure plus tard, nous nous trouvions prisonniers dans un panier à salade.[34] Le commissaire ne fut pas entièrement convaincu du caractère social de notre présence au spectacle, mais nous relâcha après la rituelle vérification d'identité.

A la maison, toutes les lumières brillaient encore à notre arrivée tardive. Sophie ne trouva pas de mots assez gentils pour remercier ses enfants inquiets de nous avoir attendus.

— Mes chéries, vous êtes des amours. Mais qu'avez-vous fait pendant toute cette soirée?

— Nous avons écouté un concert yéyé sur Radio-Genève. C'était très amusant, dit Marguerite.

— Et vous, interrogea Flore, c'était bien, votre conférence?

— Passionnant, affirma Sophie. C'était sur Freud.

Scène d'un festival de musique de jeunes. *(Roger-Viollet)*

Questions

1. Que considérait-on comme "avant garde" pendant la jeunesse du père?
2. Quelle était la nouvelle vague pour ses filles?
3. Pourquoi les parents décidèrent-ils d'aller au Palais des Sports?
4. Quel prétexte donnèrent-ils à leur sortie?
5. Décrivez l'atmosphère du concert.
6. Par quoi la fin de la soirée du Palais des Sports fut-elle troublée?
7. Qu'arriva-t-il aux parents?
8. Entre-temps comment les jeunes filles passaient-elles la soirée?
9. Que dirent les parents à leurs filles à leur retour, sur leur soirée?
10. Comment les jeunes filles dirent-elles qu'elles avaient passé la soirée?
11. Qu'était-il arrivé à Capucine et pourquoi?

Notes

1 **emporter** to carry away with 2 **aborder** to approach 3 **subir des revers** to suffer setbacks 4 **devoir impérieux** *m* pressing duty 5 **escadre** *f* fleet 6 **rôder** to prowl 7 **franc-tireur** *m* sniper 8 **meurtrier** deadly 9 **faire mal tourner** to cause to change for the worst 10 **brebis égarée** lost lamb 11 **happer** to lay hold of 12 **miasme toxique** *m* toxic vapor of decay 13 **franchir sabre au clair** to overcome openly 14 **orphisme** *m* relating to orphic mysteries 15 **hachurisme** *m* the "crosshatch school" 16 **barbouillisme** *m* the "daub and blot school" 17 **tachisme** *m* the "splash and spot school" 18 **débouchant sur** spilling into 19 **râpe à fromage** *f* cheese grater 20 **poignée de chasse d'eau** *f* handle used to flush toilet 21 **pinceau** *m* paintbrush 22 **la Bourse** Stock Exchange 23 **en baisse** falling 24 **mal-peigné** *m* meaning "long-haired type" 25 **franchir le Rubicon** to "cross the Rubicon" meaning to make a difficult decision and act on it 26 **énergie ambiante** *f* meaning the atmosphere was so "changed" 27 **centrale thermique** *f* power plant 28 **danse collante** *f* dancing close together 29 **marmite célèbre** *f* alluding to Papin, who discovered steam's energy when he watched it riase the lid on a boiling pot 30 **miette** *f* tiny piece 31 **interdit** forbidden 32 **juché** perched 33 **escabeau** *m* stepladder 34 **panier à salade** *m* paddy wagon

Le Pays du shake-hand

PIERRE DANINOS naquit à Paris. Il commença sa carrière d'écrivain comme correspondant aux Etats-Unis. Jusqu'à la deuxième guerre mondiale il écrivit pour divers journaux. Il fut mobilisé en 1939. Après la guerre il se mit à écrire des essais et des nouvelles. En 1954 parurent dans le journal le *Figaro* de Paris une série d'articles amusants signés par un certain Major Marmaduke Thompson, fidèle sujet de Sa Très Gracieuse Majesté la reine de Grande Bretagne. Le major naturellement n'était autre que Daninos lui-même qui prenait plaisir à souligner spirituellement mille petits aspects de la vie et du caractère français vus par un Anglais au grand amusement des lecteurs français. Par la suite ces articles parurent ensemble dans un recueil intitulé *Les Carnets du Major Thompson*.

Le chapitre suivant se rapporte à une coutume bien française, celle de la poignée de main.

LE PAYS DU SHAKE-HAND
par Pierre Daninos

POUR LES Français — et pour beaucoup d'autres peuples — le pays du shake-hand, c'est l'Angleterre.*

M. Taupin, qui tient toujours, malgré ce que je lui ai dit maintes° fois, à me mettre dans les courants d'air, se croit également obligé de me serrer la main avec une force redoublée parce que je suis Anglais, Anglais du pays du shake-hand. **maint** plusieurs

En vérité, si le vigoureux shake-hand anglais est une image chère aux romans policiers[1] français qui se déroulent[2] en Angleterre pour faire plus vrai, le pays de la poignée de main, c'est la France.

Il s'est passé un peu avec le shake-hand ce qui est arrivé avec la table: les Anglais ont appris au monde la façon de se tenir correctement à table. Mais ce sont les Français qui mangent. Les Anglo-Saxons ont, de même, trouvé un nom très évocateur[3] pour la poignée de main. Mais ce sont les Français

---

* "Shake-hand" étant un terme américain, l'Angleterre ne saurait être que le pays du "hand-shake", ce qui serait aussi faux (Note du Major.)

qui se la serrent. Ce genre de contact plutôt barbare est, chez nous, réduit au minimum. Une fois que nous avons donné la main à quelqu'un, il n'a plus guère à attendre de ce côté pour le reste de la vie.

Un statisticien dont les calculs m'inspirent la plus grande confiance, car il n'appartient à aucun institut de statistique et sait limiter sagement ses incursions° aux environs de certains chiffres sans s'attaquer aux chiffres eux- **incursion** f invasion
mêmes, a calculé qu'un Français de moyenne importance, tel que M. Taupin ou M. Charnelet, passe (environ) trente minutes par jour, soit plus d'une année d'une vie de soixante ans, à serrer des mains à neuf heures, à midi, à deux heures, à six heures. Cela, bien entendu, sans parler des mains des gens qu'il ne connaît pas, des visiteurs, des parents, des amis, ce qui sans doute porterait le total annuel à trois semaines de poignées de main et, pour la vie, à trois années. Si l'on considère que ce travailleur du poignet passe (environ) trois heures par jour à table et huit au lit, on arrive à conclure que le Français ne vit, dans le sens anglais, c'est-à-dire correct, du mot, que trente ans sur soixante, ce qui est insuffisant.★

Pour en revenir à la poignée de main, qui est chez nous à peu près standardisée depuis mille ans, elle possède chez les Français de nombreuses nuances: elle peut être chaleureuse, amicale, condescendante, froide, fuyante,[7] sèche. Il y en a qui estiment n'avoir serré une main qu'après vous avoir broyé les phalanges.[8] D'autres conservent votre main comme s'ils ne voulaient plus vous la rendre, et s'en servent pour appuyer leur raisonnement avant de tout laisser tomber. Il en est qui vous mettent votre main au chaud entre les leurs. Il y en a qui, au contraire, semblent vous glisser un pannequet★★ tout tiède et mou dans la paume, ce qui est désagréable. D'autres ne donnent que trois doigts, deux doigts, ou le bout d'un seul. N'importe: ils donnent quelque chose, on doit le prendre. Je vois souvent

---

★ Un débat des plus orageux, dont on a pu croire un moment qu'il allait mettre fin à leur association, a mis à cet instant aux prises° le trop galopant Major et son collaborateur français, un peu monté. **mettre aux prises** mettre en face d'un adversaire

"Votre façon de vivre, lui dit celui-ci, est simplement mortelle!
— Les Anglais, rétorqua le Major, aiment mourir en vivant ainsi. . .
— Pourquoi alors êtes-vous venu vivre en France?
— Ceci, dit le Major, est une autre histoire. . . Admettez en tout cas que les Anglais perdent moins de temps à table que vous. . .
— Ils en perdent encore trop pour ce qu'il y a dans leur assiette, estima le Français. Et d'ailleurs, c'est faux: vous prenez trois repas par jour alors que nous n'en prenons que deux, et les statistiques prouvent bien que vous absorbez plus de calories!
— Cela vient du fait, reconnu, que notre combustible° est de première qualité, dit le Major. **combustible** m calorie
— Et le thé? a interrogé alors le Français.
— What about the thé? s'est étonné le Major.
— Oui, avez-vous calculé qu'un Anglais qui prend son *early morning tea* à six heures du matin, son thé au *breakfast*, son thé au bureau vers onze heures *(eleven's)*, son thé au déjeuner, son thé au thé, enfin son thé avant de se coucher passe (environ) quatre ans de sa vie en face d'une théière,[4] qui n'est au fond qu'une chinoiserie?"[5]
Le Major, déjà très rouge, a préféré alors quitter la pièce pour éclater dans la plus stricte intimité.[6] Il n'est revenu qu'une heure plus tard, avec son sang-froid,° et après s'être vengé en allant ingur- **sang-froid** m tranquillité
giter une *cup* de son breuvage favori dans un *English tea-room* de la rue de Rivoli.
(Note d'un témoin.)

★★ On notera que le Major, voulant sans doute aplanir le récent incident, a fait une élégante concession en employant la forme française de *pancake*. *(Note du Traducteur.)*

des Français faire des prodiges d'équilibre et d'acrobatie en plein milieu d'un boulevard sillonné[9] de voitures pour faire passer dans la main gauche ce qu'ils ont dans la main droite et, au risque de se faire cent fois écraser,[10] donner leur dextre° à une personne qui les laissera en général indifférents, mais parfois morts.

dextre f main droite

Je regardais l'autre soir un critique dramatique terminer à la hâte° l'article que son journal attendait. Des amis s'approchaient, hésitaient un instant, puis, comme pris de vertige,[11] tombaient sur lui la main en avant. C'était plus fort qu'eux — et surtout que lui. Cinq fois en cinq minutes je le vis serrer la main de gens qui lui avaient dit: "Je vous en prie. . . ne vous dérangez pas!" mais l'eussent jugé bien distant ce soir-là s'il n'avait emmêlé[12] ses feuillets et abandonné son stylo pour leur dire bonsoir. Car les Français sont sur ce chapitre° d'une extrême susceptibilité. Quelqu'un notera tout de suite:

à la hâte au plus vite

sur ce chapitre sur ce sujet

"Tiens!. . . Il ne m'a pas serré la main!. . ."

Et le voici cherchant aussitôt dans sa vie de la veille le détail qui lui a échappé et qui a pu blesser° son supérieur. Ou bien: "Il ne m'a pas serré la main comme d'habitude". . ., ce qui est également grave. Mais l'offense des offenses c'est de ne pas prendre une main et de la laisser pendre.[13] Quand un Français dit: "Je lui ai refusé la main!" il en dit autant que nous lorsque nous déclarons: "Je l'ai coupé mort.★

blesser offenser

Lorsqu'un étranger vit longtemps en France, il prend vite l'habitude de serrer toutes les mains qui sont à portée de[14] la sienne. De sorte qu'aujourd'hui, quand je retourne en Angleterre, mon avant-bras reste machinalement tendu dans le vide. Mes compatriotes ne savent qu'en faire. *Too bad*. . . car, s'il est aisé de tendre une main, il est beaucoup plus gênant de la retirer quand personne n'en veut. L'autre jour, dans Grosvenor Square, un Anglais compatissant° m'a pris la main, mais à la reflexion ce devait être un hasard, ou un étranger.

compatissant ayant pitié

En vérité, le petit peu d'eau qui sépare l'Angleterre du Continent n'a pas été pour rien surnommé bras de mer ou Manche. C'est, à n'en pas douter, la frontière du bras. Huit lieues[15] de mer, et la main que l'on tend n'est plus celle que l'on baise, et le bras qui bougeait doit demeurer tranquille. Les Anglais, dès cet âge le plus tendre où ils se montrent déjà si durs, apprennent à vivre les coudes au corps: à pied, à cheval, à table.

Regardez un Anglais manger. C'est à peine si vous voyez son bras remuer.[16] On dirait qu'il ne mange pas (peut-on dire, d'ailleurs, qu'il mange?) et que ses aliments sont portés au palais[17] par l'Intelligence Service. Il y aurait un planisphère du geste à dresser.[18] On verrait que le bras humain, immobile à Bornemouth, commence à bouger à Calais, s'agite à Paris, et tourne frénétiquement° à Rome, où il devient l'hélice[19] de la pensée.

frénétiquement violemment

Mais ce n'est pas dans la seule façon de se dire bonjour que les Français

---

★ Traduction littérale de "I cut him dead!" (*Note du Traducteur.*)

semblent si étranges à leurs voisins. La suite est aussi étonnante.

Quand un Anglais rencontre un autre Anglais, il lui dit: "Comment allez-vous?" et il lui est répondu: "Comment allez-vous?"

Quand un Français rencontre un Français, il lui dit: "Comment allez-vous? et l'autre commence à lui donner des nouvelles de sa santé.

A première vue, la méthode britannique paraît loufoque.° Mais à la réflexion elle est peut-être plus rationnelle que la méthode française. En effet, dans le premier cas, personne n'écoute personne. Mais dans le second, à quelques exceptions près, le Français n'écoute pas ce qu'on lui répond. Ou il est en bonne santé, et la santé des autres lui importe° peu; ou il est grippé,[20] et sa grippe seule est importante. *Exemple:*

"Toujours ma sciatique. . .[21]

— Ah!. . . la sciatique! Figurez-vous que moi, c'est le long de la jambe gauche. . . En 1951 j'avais été voir un spécialiste. . . encore un! Vous ne savez pas ce qu'il me dit?. . ."

. . . Et le Français qui souffre, souffre davantage encore d'avoir à taire sa sciatique 54 pour écouter la névrite° 51 de l'autre. Il en est ainsi avec les bonnes histoires, les accidents d'auto, les chutes, les affaires, de telle sorte que l'on peut dire d'une façon générale que les Français ne s'intéressent chez eux qu'à ce qui ne les intéresse pas chez les autres. Bien sûr, cet égoïsme dans la conversation ne leur est pas propre; on peut en dire autant des autres peuples. C'est vrai. Et c'est faux. Les Anglais s'intéressent aussi peu à leur prochain que les Français. Mais, ne posant jamais de questions personnelles sur les maux d'estomac, l'impétigo° ou le foie[22] (l'ennemi intime n° 1 des Français), ils n'ont pas à ne pas écouter la réponse.

S'étant ainsi enquis° de leur santé respective, de celle de leurs proches, et des enfants (*Photos?. . . Superbes!. . . Mais je vais vous montrer les miens. . .*), les Français passent au: *Qu'est-ce que vous devenez?*

A l'encontre des° Anglais, qui ne se posent jamais une question aussi angoissante, les Français veulent absolument savoir ce qu'ils devienennt. C'est-à-dire qu'en une minute il faut leur dire si l'on ne divorce pas, si l'on n'a pas déménagé et surtout si l'on est. . .

. . . toujours au Crédit Lyonnais. . .

. . . ou aux Assurances Réunies. . .

. . . ou à la Compagnie des Pétroles. . .

Comme si l'interlocuteur s'étonnait de ce que l'on vous y garde[23] aussi longtemps.

Après cet inventaire, au cours duquel on n'a pas manqué de se lamenter sur le mauvais sort qui vous poursuit et la bonne fortune qui atteint les autres, il est d'usage de faire un rapide retour sur la santé avec un: *Enfin, vous avez la santé, c'est le principal, allez!*

La conversation continue pendant quelques instants encore pour se terminer sur le non moins traditionnel: *Il faut que je me sauve. . . Allez, au revoir, allez!*

loufoque un peu fou

importer être important

névrite *f* inflammation d'un nerf

impétigo *m* affection infectieuse de la peau

enquis (enquérir) s'informer

à l'encontre de au contraire à

J'ai demandé à plusieurs autochtones[24] la raison de l'emploi quasi rituel du mot "Allez!" Personne n'a pu m'éclairer vraiment. Je pense qu'il s'agit d'une sorte de moyen de locomotion invisible sur lequel aime partir le Français en quittant un autre Français. *Really most peculiar. . .*★

Heavens! J'entends mon thé qui siffle. Doux appel auquel ne saurait résister même un très francophile° Anglais. Je dois voir. Et j'en resterai là pour le moment. Cela suffit, allez. . .

francophile qui aime la France

★ "Réellement très bizarre."

Questions

1. Quel est le sujet du livre *Les Carnets du Major Thompson*?
2. Quelle est la coutume parmi les Anglais quant à la poignée de main?
3. Selon le statisticien inventé par Daninos, combien de temps un Français moyen passe-t-il à serrer les mains, par jour, par an, même au long de sa vie?
4. A quoi les Anglais passent-ils plus de temps encore, suivant le Français interpelé?
5. Si un Français vous tend la main que faut-il faire?
6. A propos de la poignée de main, quelle offense un Français peut-il faire à quelqu'un?
7. Qu'arrive-t-il à un étranger quand il retourne chez lui après un long séjour en France?
8. Expliquez la différence de réaction à la question "Comment allez-vous?" pour les Français et pour les Anglais.
9. Après la santé de quoi parlent les Français qui se rencontrent?
10. Comment finit généralement la conversation de rencontre?
11. A quoi le plus francophile des Anglais ne peut-il résister?

Notes

1 **roman policier** *m* detective story 2 **se dérouler** to take place 3 **évocateur** suggestive 4 **théière** *m* teapot 5 **chinoiserie** *f* bizarre, complicated custom 6 **pour éclater. . . intimité** meaning he wanted the strictest privacy in which to burst into anger 7 **fuyant** fleeting 8 **broyer les phalanges** to crush (all) the small bones in (your) fingers 9 **sillonné de** lined with 10 **se faire écraser** to get oneself run over 11 **pris de vertige** overcome by dizziness 12 **emmêler** to mix up 13 **pendre** to hang 14 **être à la portée de** to be within reach of 15 **lieue** *f* league (2.5 English miles) 16 **remuer** to move 17 **palais** *m* palate 18 **planisphère. . . dresser** world map using gestures to delineate borders 19 **hélice** *f* propeller 20 **être grippé** to have influenza 21 **sciatique** *f* hip gout 22 **foie** *m* liver 23 **garder** to keep 24 **autochtone** *m* one indigenous to a country

Charles de Gaulle[*]

CHARLES DE GAULLE avait annoncé une décision irrévocable en 1946 quand il renonça à diriger les affaires de la France.

Il ne comptait pas être rappelé, et n'aurait pas accepté de reprendre ce rôle même si les politiciens l'en avaient prié. Il méprisait la politique et la plupart des politiciens. Il avait été élevé au premier rang par l'Histoire — comme il l'a expliqué bien des fois à Churchill, à l'amiral Stark, à Roosevelt et à bien d'autres — pour sauver la France, tout comme Jeanne d'Arc et Clémenceau.

A la libération il s'était prêté à la formalité de l'investiture[1] politique, car il ne voulait gouverner que suivant la légalité républicaine et démocratique; mais il s'est toujours considéré comme le représentant direct° de la nation **direct** sans intermédiaire devant qui seulement il était responsable et non devant les politiciens. Cette attitude est indubitablement la base typique de la pensée de de Gaulle.

Entre 1946 et 1955 de Gaulle s'engagea réellement dans la politique. En avril 1947 il sortit de sa retraite inféconde° pour annoncer la formation d'un **inféconde** stérile nouveau parti: le Rassemblement du Peuple Français (RPF). Ce parti fut tout de suite très populaire, mais dès 1952 des groupes dissidents se formèrent à l'intérieur du parti, ce qui entraîna le déclin de l'influence politique du général de Gaulle.

En 1953, le général de Gaulle s'intéressa de moins en moins au RPF, expérience qui avait mal tourné et s'était effondrée[2] bien loin de ce qu'il avait voulu. A ce moment, la fin de la guerre en Indochine avait résolu un des plus graves problèmes de la France. La guerre en Algérie n'était pas encore réellement manifeste comme elle le devint plus tard. De Gaulle était fatigué, lassé et dégoûté des affaires publiques dans lesquelles son rôle rappelait celui de Cassandre,[3] ses avertissements[4] tombant dans des oreilles de sourds.

Le 2 juillet 1955, le général de Gaulle réunit les journalistes et tint une conférence au cours de laquelle il fit ses adieux et dévoila° certaines de ses **dévoiler** révéler vues. Il dit que: "... étant donné que toutes les crises mondiales s'étendent jusqu'à nos rivages,[5] si nous ne sommes pas capables de prévoir exactement

---

[*] Un compte-rendu d'un extrait de *Les Trois Vies de Charles de Gaulle*, par David Schoenbrun.

Au pays du "shake-hand", il est normal que le chef de l'Etat et les citoyens se serrent la main. *(Roger-Viollet)*

quel facteur ou quel élément en marquera la fin, il est certain que nous en subirons le choc". Ce tableau était étonnamment clair. La prédiction reprenait de façon typiquement gaulliste, le mot fameux de Mme de Pompadour à Louis XV: "Après nous le déluge". Le général de Gaulle avait dit en fait: "Après le déluge, de Gaulle". Il termina sa conférence en disant: "Je vous dis adieu, et peut-être pour très longtemps".

Pendant sa retraite, de Gaulle étudia longuement l'histoire de la Constitution et se consacra à une analyse impartiale et pénétrante de la situation de la nation française ébranlée et d'un monde tourmenté, situation à laquelle il devrait être prêt à faire face s'il était — quand il serait — de nouveau appelé au secours de la France.

Le dit "déluge" advint° en avril et mai 1958. De Gaulle était sincèrement **advenir** arriver
convaincu que la IVᵉ République était pourrie[6] et que seule une action entreprise par ses partisans pourrait sauver ce qui restait d'honneur, de démocratie et d'union dans une France au bord de l'abîme.[7] C'était pour lui un article de foi que la France pourrait, sous sa direction, retrouver rapidement sa santé et sa grandeur. Il ne voulait être ni dictateur ni empereur, mais il sentait que la France avait besoin d'un président puissant, investi de pouvoirs presque illimités, ce que la Constitution de la IVᵉ République ne permettait pas.

Le 15 avril, le cabinet Gaillard tomba, ce qui devait être la dernière crise gouvernementale de la IVᵉ République, car aucun politicien ne put réussir à former un nouveau cabinet.

Le matin du 28 mai, après une journée épuisante d'indécision, le Premier ministre Pierre Pflimlin se décida à donner sa démission au président René Coty, afin d'être disponible quand le général de Gaulle accepterait, s'il acceptait, d'être investi comme Premier ministre, selon les procédures de la Constitution.

De Gaulle refusa de se soumettre aux absurdités rituelles des procédures parlementaires. Il entendait,° disait-il, respecter la Constitution, mais non **entendre** avoir l'intention de
les pratiques des politiciens. Il exigea d'avoir la garantie d'un pouvoir absolu pendant deux ans et la possibilité de renvoyer[8] les Chambres pendant qu'il établirait une nouvelle constitution et remettrait en ordre les affaires de la France.

Pour résoudre ce dilemme, le président Coty, comprenant que son inter- **Elysée** résidence du président de
vention personnelle était nécessaire, convoqua de Gaulle à l'Élysée° à sept la République française
heures et demie en cette soirée capitale du 29 mai, convocation à laquelle de Gaulle ne pouvait guère refuser de se rendre.

Au cours d'une négociation très tendue avec le président Coty, le général de Gaulle écarta les derniers obstacles à la procédure qui pourrait lui permettre de former un gouvernement. Il accepta de recevoir les chefs des différents groupes parlementaires ensemble et non individuellement en tant que chefs de partis. Il refusa de prendre part à un débat parlementaire sur le fait qu'il ait à former un gouvernement, mais accepta d'aller en personne

lire à l'Assemblée son discours d'investiture. Coty et de Gaulle convinrent° **convenir** se mettre d'accord sur
ensuite qu'il serait créé un comité constitutionnel consultatif afin que le
parlement eût son mot à dire dans l'élaboration d'une nouvelle constitution.
Tout devait être vite fait, de façon à pouvoir proposer au début de l'automne
le projet de nouvelle constitution à un référendum national.

Les négociations entre Coty et de Gaulle durèrent deux heures. Entre
19h 30 et 21h 30, le soir du 29 mai 1958, la France fut sauvée, in extremis,
d'une guerre civile.

A l'âge de 67 ans Charles de Gaulle commença une nouvelle carrière
d'homme d'Etat, en tant que président de la République française. Et
comme Jules César dont le Cassius de Shakespeare disait: ". . . il enjamba
ce petit univers étroit comme un colosse", Charles de Gaulle, lui aussi,
passerait en colosse cette décennie° de sa vie. **décennie** *f* période de dix ans

Questions

1. Quelle était la pensée de de Gaulle sur son rôle envers la France?
2. Que fit-il en 1947?
3. Pourquoi après 1952 le général s'intéressa-t-il de moins en moins
   au RPF?
4. Pourquoi, dans les affaires publiques, le rôle de de Gaulle a-t-il pu
   faire penser à celui de Cassandre?
5. Que dit de Gaulle aux journalistes le 2 juillet 1955?
6. Que fit-il pendant sa retraite?
7. Quand advint le dit "déluge"?
8. Comment le président René Coty parvint-il à résoudre le dilemne?
9. Quelle garantie exigea de Gaulle pour une durée de deux ans?
10. Que devait-il faire pendant ces deux ans?
11. A quoi refusa-t-il de prendre part?
12. Quelle formalité accepta-t-il?
13. Quand de Gaulle et le président Coty parvinrent-ils au bout de leurs
    négociations?
14. Quel numéro porte la République rétablie en France par Charles de
    Gaulle?

Notes

1 **investiture** *f* establishing in office   2 **s'effondrer** to collapse   3 **Cassandre**
i.e., that of a prophet to whom no one listens   4 **avertissement** *m* warning
5 **rivage** *m* shore   6 **pourri** corrupted   7 **abîme** *m* abyss   8 **renvoyer** to
adjourn (the assembly of)

NTC ADVANCED FRENCH TEXTS AND MATERIAL

Cultural History
Tableaux culturels de la France
Le passé vivant de la France
De la Révolution à nos jours

Contemporary Culture
L'Express: Ainsi va la France
L'Express Learning Package (includes text, 3
   audiocassettes, interview transcript)
Le Nouvel Observateur: Arts, idées, spectacles

Cross-Cultural Perspectives
The French-Speaking World

Text and Audiocassette Learning Packages
Practice & Improve Your French
Practice & Improve Your French Plus
Sans Frontières

Handbooks and References
Guide to French Idioms
Guide to Correspondence in French
French Verbs and Essentials of Grammar

Dictionaries
NTC's New College French and English Dictionary
NTC's Dictionary of *Faux Amis*
Plus a large selection of Imported Pocketbook Classics

For further information or a current catalog, write:
National Textbook Company
a division of *NTC Publishing Group*
4255 West Touhy Avenue
Lincolnwood, Illinois 60646-1975 U.S.A.